连清川 著

曹操 的 自白书

GUANGXI NORMAL UNIVERSITY PRESS
广西师范大学出版社
·桂林·

**图书在版编目(CIP)数据**

曹操的自白书 / 连清川著. —— 桂林：广西师范大
学出版社, 2025. 1. —— ISBN 978-7-5598-7253-1

Ⅰ. K827=342

中国国家版本馆CIP数据核字第2024CF4396号

---

CAOCAODE ZIBAISHU
曹操的自白书

作　　者：连清川
责任编辑：黄安然
特约编辑：王一婷
装帧设计：高　熹
内文制作：常　亭

---

广西师范大学出版社出版发行

　广西桂林市五里店路 9 号　邮政编码：541004

　网址：www.bbtpress.com

出版人：黄轩庄

全国新华书店经销

发行热线：010-64284815

北京启航东方印刷有限公司印刷

开本：860mm×1092mm　1/32

印张：20.25　　　　　字数：370 千

2025 年 1 月第 1 版　　2025 年 1 月第 1 次印刷

定价：108.00 元

---

如发现印装质量问题，影响阅读，请与出版社发行部门联系调换。

谨以此书献给我的妻子唐跳跳，

江湖人称"跳总"

# 传说与事实之间

　　据说，光绪皇帝曾对德龄公主感慨，自己的境遇，还不如汉献帝。距离失败的百日维新已经五年，年轻的皇帝深陷挫败，不仅无力推进帝国变革，甚至连自己的命运也失去把握。沦为曹操傀儡的汉献帝，是他的自嘲，亦是某种慰藉。

　　倘若连清川的推断准确，如同历史上的很多人，光绪误读了汉献帝。这位东汉末代皇帝，在一个分崩离析的时代，展现出惊人的适应性与政治手腕。自九岁起，他就开始了被人挟持的生涯，残酷也从来是日常生活的一部分，他的生母被何皇后毒死，何皇后被董卓毒死，哥哥刘辩也被毒死。他逃出董卓的控制，又陷入新的颠沛，贵为天子，常只能住在门窗都无的农舍，与朝臣开会时，士兵们就在篱笆旁围观，推搡说笑，他们常是董卓残部、黄巾余寇，忠诚只是暂时的。

　　曹操带来安全感，也代价不菲。不过，比起之前的惊惧，这容易忍受得多。汉献帝谨慎、自制，调停各方矛盾，偶尔也动怒，表达自己的主体意识。在某种意义上，他与曹丞相是合作者，"挟天子以令诸侯"的被动角色。

当然，如同袁绍、荀彧、吕布、刘备、孙权等，汉献帝只是这本书的配角，曹操才是主角。这也是一部修正主义之作，比起那个奸诈、残酷、毫无原则的一代权臣，作者想还原一个丰富、立体、与传说不同的曹操：他忠于汉室，至死都未废除汉献帝；他反传统、寻求平等，一心要打破士族垄断，唯才是举正代表这种革新精神。他凡事直截了当，高度诚实，承认自己的欲望，在诗作中直抒胸臆。

在拿到《曹操的自白书》时，我颇感诧异。那该是一九九〇年代末，我第一次知道连清川的名字。在风行一时的《南方周末》上，我常读到他的国际政治评论，对其简练、干脆、世界视野，印象尤深。那也是报刊的黄金时代，成为一名揭露真相、探索思想的记者，常赢得意外的尊敬与回报。在一次广州之行中，我与他在成排的榕树下散步，这个城市的夜间排档上，坐满了下夜班的编辑记者们，雄心与虚荣、理想主义或恃才傲物以及荷尔蒙，在生菜、白粥与珠江啤酒间飘荡。

这注定是短暂的甜蜜。连清川经历过这希望与幻灭间的剧烈摇摆。短暂消沉过，他又寻找新寄托。他喜欢《纽约客》《纽约书评》的报道与评论，它们是新闻、文学、历史与思想评论的混合体。他也着迷于约瑟夫·J.埃利斯、戈登·S.伍德式的历史写作，在严谨分析与动人叙述之间，找到一条中间道路。更重要的是，他们总在探讨最重大的问题，如个人与时代的关系如何，其才华与性格将怎样塑造时代，又怎样被时代改变。

多年来，我们偶尔见面，却无话不谈。在香港湾仔，我们喝虎牌啤酒，看着东南亚风情在眼前晃动；在上海长宁路，我们哀叹时代之变，他说自己最爱的仍是做新闻。在一些特别的历史时刻，他的愤怒与坚持，尤令我感佩。比起很多同代人，我们都没变，他尤其没变。

这本书也是某种变化。一个如此热爱现实的人，扎入历史；他期待自己的笔下总有事实依据，却要在传说与不可考的真实间挣扎。在自序中，他追溯了自己的写作心路，被曹操的坦率以及被历史的误解触动。尤其打动他的是，曹操代表了某种反叛精神，在一个士门豪族统治的世界，曹操要作出寒族子弟的反叛，用个体对抗结构性力量。他获得了暂时的成功，最终不免失败，还被钉在历史与传说的双重耻辱柱上。

历史是一面永恒的、变动不居的镜子，折射出新时代的面貌。每一代人都要重新理解历史，带着只属于自己的经验，借历史之酒，浇心中块垒。在连清川的叙述中，我看到一代人的际遇。我猜，在他写到那些轻狂少年，大风起于青蘋之末，寒门的希望与无奈时，会特别动容。

这本书也重新激起我对曹操、三国时代的兴趣。曹操的一生，也是政治与文学纠缠的历史，他的马基雅维利式的政治智慧，与"人生苦短，譬如朝露"的文学趣味，恰是硬币的正反面。我也对刘备、诸葛亮产生新的感受。前者是否是伪善的象征，关注自己的形象超出一切，是一名真正的功利之徒？后者看似无所不能，却只是一种技术理性；无限聪敏之下，还有一种压榨平民的冷酷之心。

　　当然，这很可能只是臆想。但你知道，我们从来是靠臆想而非事实而活，罗贯中的《三国演义》，永远比陈寿的《三国志》更能塑造我们的思想与性格。在这种意义上，连清川的努力也带着这种显著悖论。

许知远

2024 年 7 月 15 日于北京

# 在"主观非虚构"与
# "客观非虚构"之间求索

一二十年前结识连清川兄时，他是媒体人，记不得是为了采访还是约稿。数年一瞬而过，再至上月时收到他的邮件，已是要我为他的新作《曹操的自白书》作序，原来他已从媒体人转化为历史人，至少已兼有历史写作者的身份了。

虽然盛情难却，我心里却毫无把握，万一他的书写成媒体评论，或者写成戏说，我这序该如何写？不过在读完他的自序，又抽看了部分书稿后，我放心了——至少清川兄明白历史与文学的区别，已经阅读了大量研究曹操的论著，尽最大努力查阅了相关史料。

毕竟清川兄不是历史学的科班出身，对于曹操这样一个重要而复杂的历史人物，两三年的研究时间也远远不够，我还是有几点与他不尽相同的看法，需要在将这本书介绍给读者的同时作个交代。

在自序中清川兄提到，有鉴于"最近这些年里，为历史人物翻案的书籍汗牛充栋"，他"无意为曹操翻案"。显然他还不了解为曹操"翻案"的背景，对"翻案"的概念不免受到流俗的影响。

1958 年，翦伯赞发表《应该替曹操恢复名誉》，郭沫若发表《替曹操翻案》，先师谭其骧先生就指出："说是替某人恢复名誉，应该此人的名誉一向很糟，才谈得上恢复。说是替某人翻案，无论正翻反也好，反翻正也好，总得新的评价和旧的评价完全相反或基本上相反，才算得上翻案。"他指出，自古及今，果然有很多人说曹操坏，却也有不少说他好，也有人在某些方面认为他好，同时又在某些方面认为他坏的。即以近几十年来出版的历史教本而言，一般对曹操的评价并不特别坏，范老范文澜的《中国通史简编》和吕振羽的《简明中国通史》都是骂了他的，但那只是把他作为汉末军阀的一员骂了而已，实际上对他的评价远在孙权、刘备之上。此外，1949 年前后还有些专论曹操的小册子和论文，立场和观点虽各有不同，结论大致都是肯定多于否定。既然过去人们对曹操的评价不全是否定的，也有肯定的，那么我们今天要肯定曹操，怎能说是替他恢复名誉，替他翻案呢？至于小说戏剧里的曹操，那是另外一回事。小说、戏剧确是只有说曹操坏，没有说他好的。小说戏剧里的曹操是否应该写得、演得和真正历史上的曹操一样，那又是历史小说、历史剧是否定要符合于历史事实的问题，也不是翻案不翻案的问题。

先师的话已经说得很明白，很完整，就历史研究或历史普及而言，曹操无案可翻。所以在一本普及性历史著作中，作者按自己的研究结果和观念叙述即可，不必顾及并不存在于历史研究领域中的"旧案"，也不必刻意批评驳斥在非历史领域和民间对曹操的各种恶评。

清川兄称，求真是记者的本能，"我们要重新置身他所在的历史情境之中，寻找关于他的真相"。我非常赞赏这种求真的态度，这与我们历史学者的追求完全一致。但我必须指出，记者所寻求的真相、对记者寻求真相的要求，与历史学者追求的真相和对历史学者追求真相的要求，还是有区别的。因为记者追寻的是新闻，新闻只能是某一事物或人物发展的阶段性结果，只能是表层的、阶段性的、相对的真相。而历史学者追求的历史事实，应该是深层的、全过程的、绝对性更强的真相，或者说终极真相。但另一方面，记者有条件、有可能进入或接近现场，接触和采访当事人，而历史学者基本没有这样的条件，只能依靠记者们留下的新闻和其他能收集到的证据。至于记者对这一事件所作的评论和预测，对历史学者毫无意义，因为预测是否准确已有事件发展的结果所证明，所反映的是记者本身的能力，所作的评论也只显示其本人的价值观念，而这些都不是历史学者复原或重构历史事实所需的。比方说，裴松之注陈寿《三国志》引用的材料，追根溯源，大部分出于当时的"记者"采访、记录、报道的新闻，但已经经过不同历史学者的整理和研究。所以对同一事件、同一个人，往往有两种或多种不同的说法，甚至大相径庭，截然不同。

在自序中清川强调"这是一本非虚构作品，其中的许多内容，是我个人的猜测、分析和推理。毕竟，曹操的时代离我们已经将近两千年了，许多史料和细节，早就已经湮灭，永远不可能还原，可是这也许正是历史的一部分，它给我们的留白，恰恰是让我们自己去选择，去决定，我们要如何看待历史，以及我们要如何用历史来定义自己"。

我赞赏他严肃真诚的态度，但还是要指出历史写作必须严格区分历史事实和历史观念，也即历史中的科学与人文这二者之间的区别，而不能有任何混淆与人为改动。历史事实属科学，只有一个事实，而事实本身存在标准答案。以书中写到的吕伯奢事件为例，现存史料中就存在三种说法。曹操究竟有没有杀吕伯奢，究竟有没有说过或表达过"宁我负人，无人负我"，此事发生在何时何地，尽管或许我们永远无法找到证据、复原真相，但都是客观存在，不应该也不可能"让我们自己去选择，去决定"，在真相无法复原的情况下，对史料的严格引用就显得尤为重要。既不能随心所欲，也不能草率疏忽。但对此事及"宁我负人，无人负我"的观念，以及对曹操这个人物的评价，"我们如何看待"？本来就没有标准答案，当然可以而且应该"由我们自己去选择，去决定"。"用历史来定义自己"，我的理解是如何从历史吸取经验或教训，获得灵感或启示，从而找到或看清前行的路，引领自己和他人走向未来，那更是属于人文，近乎历史哲学。对于一般历史学者来说，是一个难以企及的目标。

时下流行的"非虚构作品"，包括清川这一本自定的

"非虚构",严格说来还是属于"主观非虚构"。而要达到客观的或实质上的"非虚构",即准确重构历史事实,极其困难,几乎不可能成功。像这本书中不少内容,就是出于清川"个人的猜测、分析和推理"。问题是,将近一千八百年前的人和事,仅凭两三年间的阅读研究,以及整个当代中国几十年内积累的知识和社会经验,如何能完全猜得对,析得清,推得合理呢?即使能在某一方面做到了,又如何得到验证呢?

我读过的最高水平的"非虚构"历史书,是罗新《漫长的余生》一书中对传主王钟儿生平的描述和重构。有关王钟儿的直接记录和原始史料只是一篇数百字的墓志,但作者的全部"虚构"都有扎实的研究基础和确切的史料根据,并且采取非常严谨的态度和方法,对某些缺失只是提供相当接近的类比,绝不轻易断言完全相同或足以取代。这固然是因为作者本身就是这一段历史研究的一流专家,也有幸获得一些宝贵的替代性史料——与王钟儿同时代同类人物的墓志。

我自然不应用如此高的标准苛求于清川,但还是要提醒他"主观非虚构"与"客观非虚构"的区别,以及"客观非虚构"的难度,更期待他的作品会越来越接近"客观非虚构"。

这些就是我将这本书推荐给读者的理由,不知清川兄以为然否?

葛剑雄

2024 年 7 月于香港中文大学(深圳)

# 他的失败，延续了两千年

几年前，我无意中读到澳大利亚历史学家张磊夫先生的《国之枭雄：曹操传》，其中提到，曹操曾经写过一篇自我剖白的文章。

这是我第一次读《让县自明本志令》，也叫《述志令》。当时我就深受震撼。曹操，从此在我心里，就成了一个熟悉的陌生人。

中国人有谁不了解曹操呢？罗贯中的《三国演义》，大约是除了《西游记》之外，中国人读得最多的，几乎所有中小学必读书目中都有这两本小说。

奸臣，篡汉的贼子，智谋过人的混蛋，性格突出的恶棍，杀人如麻的暴君……加在他身上的标签有无数，基本就是一个"恶人的集大成者"。

但是在《述志令》中，我看到的完全是另外一个曹操，真诚，忠贞，坦率，困囿于时代的混乱，在误解与诽谤中挣扎。

这是两个迥然而异的曹操。

真实的他究竟是怎样的？他面临了怎样的环境，做了怎样的选择？为什么会在历史的风云变幻中，成为《三国演义》里罪大恶极的人物？

我遂动念寻找他的真实面相，这也让我陷入绝望的泥淖之中。

曹操不仅仅是一个单独的个体，而且是生活在一个极其复杂、混乱、变动不居的时代中人。

于是，为了梳理曹操的真实面相，我也就跟着重新梳理了汉献帝、荀彧、袁绍、刘备、孙坚、孙权、孔融、杨修、曹丕、诸葛亮、鲁肃、周瑜的故事……这些我们眼里的"熟人"，最终全都变成了熟悉的陌生人。

结果，就是现在的这本《曹操的自白书》。在这里，曹操不再是大家熟悉的那个人，而是变成了另外一个人。

我无意为曹操翻案。最近这些年为历史人物翻案的书可谓汗牛充栋，有许多可以说是矫枉过正，更有很多纯粹是哗众取宠。何况无论从专业类历史研究还是大众类历史普及来看，曹操都已无案可翻。

我是记者出身。记者的职责之一其实是提出好问题，尽管价值评判有时也很重要，但发现问题和提出问题才是无限趋向于"直"的有效路径。我们所要做的，是从纷繁复杂的线索和环境中，去寻找他之所以成为他，或者他不得不成为他的因素和问题所在。

我想要探究的，是他处在一个怎样的环境，面对一个怎样的局面，做了哪些事以及哪些选择；而这些选择又导致怎样的结果。更进一步，这个结果与我们习惯的认知，又有怎样的不同。

当然，我也不奢望本书能够得到所有人，甚至是我十分敬重、喜欢和认同的历史学家与作家的认同。历史的面相从来就是多元的，而多元的历史又有多元的解释。

或者说，历史一经发生，就已经是不同的历史。

《三国演义》对曹操的种种编排，本书已多以史实破除其中的谬误与歪曲，兹不赘述。严谨的历史学家和作家，也有非常充分的，不喜欢、厌恶或者从价值观上否定曹操的理由。

曹操是个残暴的人，他经常屠城。

的确，在《三国志》中，多次出现曹操"屠城"的字样。但是我所看到的，具体描述曹操屠城的严肃史料，只有一处关于襄贲的记载，六个字，"所过多所残戮"。其他的记载，都是一个字，"屠"。

除刘备外，那个时代屠城的人实在太多了。董卓屠城，吕布屠城，孙策屠城，孙权屠城，马超屠城……

还是那句话，我并不想替曹操洗白。虽然现在很难确切地知道那个时代的屠城到底有多么惨烈，但是屠城就是屠城，屠夫就是屠夫，没有什么好辩解的。

只是，我们是否可以就此认为曹操代表文明的倒退？

现代世界又如何？迟至二十一世纪，大屠杀仍在不断发生且效率进一步提升，谁比谁更文明？什么时代比什么时代更文明？

文景之治、贞观之治，都惜杀。和平时期惜杀，战争时期如麻。而已。

曹操"挟天子以令诸侯"，是一个缺乏政治道德的人。

但与其说曹操是"挟"天子，不如说他是"奉天子以令不臣"。再说了，就算"挟"了天子，你以为哪个人就听你的"令"了？"奉天子"的目的，只不过是为获得一种合法的正义性，本质上是没有意义的。

并且我还要说，汉献帝从来没有被挟持过。不仅如此，在相当长的时期内，他还是曹操的合作对象。只是到了建安晚期，他们关系破裂，变成了敌对关系。顺便说一下，汉献帝是一个相当聪明和有能力的人，从来就不是什么傀儡。

曹操自封丞相，又自封魏公及至魏王，显然是有篡位准备。

然而事实是，曹操封魏公和魏王，至少合乎当时的"法律程序"，这些都有档可查。

更加重要的，如同本书论述，曹操后期的这一系列擅权的行为，更多出于自卫，而非进取目的。与任何一个普通人一样，曹操经历了多重的变化。了解一个个体变化的过程，比简单地去做一个价值判断更有意义。

曹操为什么会成为戏剧或传说中白脸的曹操，而不是原真的、复杂的曹操？

因为在历史的进程中，政治、公众和娱乐需要他成为单一化、符号化的曹操。就如同唐太宗被描述成完美无瑕的君主一样。

一切的脸谱化、道德化、污名化，都与真相无关。

要最大限度地还原历史中的曹操，必须把他放在他所处的历史情境，考察他所处的环境、社会关系，以及他的行动逻辑。

而令我惊奇的一件事情是：在过去的将近两千年的时间里，人们是如此有意无意地忽略了曹操自己的作品。尽管他和曹丕、曹植共享"三曹"的盛誉，但是他的作品仅仅被当成文学，而不是了解他真实面貌的历史材料。

中国人常说，文如其人。但是在曹操身上，这句话似乎失效了。人们谈起他的作品的时候，总是指责他用虚假的文字掩盖真实的行动。这真是一件奇异的事情，至少我还没有发现任何一个中国文人的作品，被认为与他内心的真实想法如此悖离。

我也企图说明的是，曹操是一个超越他的时代的人。

他从个体的经历出发，所要改变的，却是那个时代世族政治的整体缺陷。他想要修补甚至改变这种制度，使之成为一个世族与庶民共治的政治。

在《三国志》中，陈寿对他的评价是，"非常之人，超世之杰"。何为超世？超越了他所在的世界。

结果，他被他的时代所唾弃，也被身后长久的时代所咒骂，而世世代代君主体制下的官僚体系，更是必须把他抹黑成反面典型。但是想一想，哪怕直到今天，庶民的世界依旧不过是一个天真的幻想而已。

换句话说，他的失败延续了两千年，到现在也没有成功。

但是说到底，我在文中谈到的曹操的理想和故事的主旨，他遭遇到的困难，汉室是否重新统一，他与汉献帝的真实关系如何，他为何孜孜以求于推翻世家大族独霸天下的权力，这些桩桩件件，与生活在现在的我们有什么关系？即便曹操如同我所论述的这样，又能对我们当下的世界和生活有什么影响？

为此，我们不仅要重新置身他所在的历史情境之中，寻找关于他的真相，也要从历史情境中抽离出来，才能发现关于他的真相对于我们自己的意义。

所以在本书中，我也悄悄地放入许多现代的方法论和价值观。以现代的观念去观照历史，观察历史人物，在于更好地了解和理解我们自己。当我们置身于自己的时代，置身于我们自己的情境，置身于我们自己的社会之中，我们会做怎样的选择？我们会成为怎样的人？

美国卓越的历史学家约瑟夫·J.埃利斯写过一本《华盛顿传》，他认为，华盛顿一生最大的关怀，就是历史将如何评价自己。其实曹操也一样。曹操在他的时代所关怀的是：他不要成为一个篡位的人。而华盛顿在他的时代，所关怀的是：他不要成为一个君主。

中国人常常批评一种观念，说"以成败论英雄"是不好的。我们更多的是"以道德论英雄"。所以当我们品评历史人物的时候，总是黑白分明，忠奸立辨。这不仅仅是大众心理，而且坚固地镌刻进了严肃学者的心理机制。用一个理论化的词来说，是"二元化"。

但我向来喜欢无是无非的结果。并非不关心是非，而是因为是非往往很难被简单判断。我们应该更多关心的是选择：当你处在一个具体的情境之中，做怎样的选择。

曹操苦心孤诣地写下自白书，最后的结果却是失败。这封自白，也被当成了他的罪状。作为一个寒族，他试图改造时代的实验是一场彻头彻尾的失败。而在历史的评判中，他完全成了他想要成为的人的反面。

但是我所期望的是，处在现代社会中的我们，不再以那样二元对立的方法去观察历史，以道德化的评判看待我们的历史和传统。只有当我们挣脱这可怕的价值观循环，成为一个客观观照历史与现实的民族，一个能够接受多元化思维的民族，我们才有可能更加靠近并实现现代化。

这是一本非虚构作品，其中的许多内容，难免会有个人的猜测、分析和推理。毕竟，曹操的时代距离我们将近两千年了，许多史料和细节早已湮灭，永无可能还原。这正是历史的一部分，它给我们的留白，恰恰是让我们自己去选择和决定要如何看待历史，以及如何用历史来定义自己。

作为一个记者出身的作者，我所能保证的是，这本书里的每一个字，我都力争做到有据可查。对于引用的一些野史和传闻，我也都用明显的字样，例如"据说""据传闻"等，给出标示。

然而，这并非一本学术著作，而是一本大众读物。作为记者和历史爱好者，我所能做的，不过是尽心竭力去检索历史的细节，搭建其中的关联，如许知远所说，"在传说与不可考的真实间"挣扎着属于我个人的思考。但是作为门外汉，我自然无力按照学术规范，检查文物，搜寻文献，运用新的记录。其实，我们之间的目标也有很大的不同，历史非虚构并不追求学术上的贡献，而毋宁说是让读者有一个思考更多可能性的机会，也获得一种回看历史的全新视角与出发点。

因此，若本书在历史学术规范上有所不足，甚或冒犯，只能请史学诸君原谅则个。至于其中若有谬误，甚或错漏，那么问题自然是我全部承担，与我所引用的观点和文字，全不相干。

我并不期待这本书是对曹操真相的一个盖棺论定，它也不过是一家之言。但我很希望它能够成为破除妖魔化曹操的一个起点。让历史人物还原真实的面相，对于我们所有人，都很重要。

# 目录

楔子              001

第一章 任侠天下     015

第二章 隐居       039

第三章 父亲       075

第四章 许都       107

第五章 故友零落     169

第六章 三个野心家   291

第七章 赤壁       367

第八章 汉家       403

第九章 寒族的愿望   493

第十章 终章       579

尾声              606

致谢              617

这个政权曾被寄予全新开始的希望，扬言要否定克劳狄乌斯家族的偏执和诡计，而这些最终被证明不过都是谎言。

[美] 詹姆斯·罗姆《哲人与权臣》

# 楔子

曹操心情郁郁寡欢，忿恨不平。

因为荀彧。

建安十七年（公元 212 年），曹操已经五十八岁。离起兵反对董卓，涤荡中原已二十三年。与荀彧亦主亦友的友谊，也持续二十一年。

事情的起因是董昭。

董昭虽说也是一个聪明人，但曹操的身边有荀彧、有郭嘉、有荀攸、有程昱、有贾诩，要算军事贡献，董昭连早早故去的戏志才都比不上。

但是董昭有一个优点，他总能在关键时刻提出让曹操格局一新的策略。比如，是他向曹操提出了把汉献帝接到许县的详细建议。

这个策略，让曹操从此秉持汉献帝的诏令，北伐南征，代表大汉天子的正统。在盖着大汉皇帝玉玺的诏令面前，谁若公然违抗，就是乱臣贼子。

但是董昭认为，现在要往前推一步了。皇帝现在不仅不是曹操的助力，反而成了阻碍。在东汉末年的乱局里，有皇帝的诏令只是一个方便。真正决定一切的，是谁的手上有更多的刀枪、粮食、土地、人口。

曹操是丞相，大汉王朝的丞相，土地、人口、人才都是他征战来的。但一切荣光属于皇帝，属于大汉王朝。如果皇帝哪天死了，或者被别人夺了帝位，或者许都朝廷被别人攻陷，那么曹操所有的一切都会随之湮灭。

只有当这所有一切都姓曹的时候，土地、军队、人口才都是曹操的。而他，包括千千万万在过去二十三年里和曹操一起浴血奋战、风餐露宿、九死一生的人，才能有一个终极的归宿。

所以，他的方案是让曹操晋爵魏公；而表面上的方法是，恢复汉朝旧制，建立封建五等爵。

五等爵就是公、侯、伯、子、男。公爵作为五等爵中的顶级爵位，能拥有土地，建立朝廷，成为国中之国。这样，哪怕皇帝死了，朝廷灭了，曹操的国中之国依然有着正当性，可以独立存在。

而现在，曹操只是武平侯，这还是汉献帝建安元年（公元 196 年）时候的爵位。

过去十七年，曹操已经从一个普通将领，成为统一中原，"十分天下有其六"的汉室丞相。

他老了，但朝廷里那个有着模糊面相的皇帝，那些阴谋丛生的世族，还有那仍在割据八方的诸侯，都心怀叵测，如同暗夜中的魑魅魍魉，等着给曹操致命一击。

已到刻不容缓之际，董昭看得清楚。

可是，当董昭向曹操提出这个策略的时候，曹操却犹豫起来。

"按以往惯例，只有圣人和皇帝才能建立五爵制度。这可不是臣子可以做的事情。我哪里敢担这样的责任？"

他知道董昭说的是对的。自从他把汉献帝迎到许都，恢复大汉朝廷后，觊觎汉献帝，夺取朝廷的阴谋就没有停止过。

明抢的是袁绍，暗夺的是刘备，更多可笑之人，干脆动不动就伪造诏令。

还肯把朝廷诏令当回事，让一切都跟朝廷姓的，不过他曹操一人而已。保护朝廷的确是他的职责，可是，保护他的部属、他的兵士、他的家人，不也是他的责任吗？

但是，他挣扎着要维护他的名誉。有太多的人已经公然宣称他曹操要篡夺汉室。而封了魏公，就坐实了这个指控。


董昭必须指明利害。

"明公，您现在虽然在朝廷拥有威权和德行，法制严明，但是到今天却依然没有奠定基业，这实在不是一个长治久安的明智之举。您也知道，建立基业的根本，在于土地和治下的百姓。现在时候已经到了，只有建立自己的基业，才能有效地自我保护。"

可是曹操迟迟没有动作，始终没有下这个决心。

董昭知道，自己必须寻找有力的盟友。于是，他去找了荀彧。没有人比荀彧在曹操心里有着更重要的位置。

他们的同事钟繇曾经说过一段话，最能明确说明这个事情："古代的有为明君，总是把自己的臣子当成老师；差一点的，把臣子当成朋友。但是曹公做得更绝，以他的聪明才智，有什么是他看不透的呢？可是，每次碰到大事，他都要去咨询荀先生。这就是我所说的古代君臣间的师友关系啊。我们这些人，光是执行曹公给的命令，都提心吊胆，担心理解不到位。我们和荀先生的差距也太远了。"

只要荀彧同意向曹操进谏，曹操就会欣然同意。

董昭也想当然地认为，荀彧会同意。

荀彧却让董昭碰了个硬钉子。

他对董昭说："曹公当年兴起义兵讨伐董卓，是为匡扶朝廷，安定天下。秉持的是忠贞，坚守的是退让。君子要维护一个人，应该爱护他的名声。不应该撺掇曹公去进位魏公。"

荀彧的话，不仅让董昭大吃一惊，恐怕也给所有曹操阵营的人带来难以消化的冲击。这是荀先生该说的话吗？难道荀先生不是最该支持曹公事业的人吗？

董昭和多数曹营的人，都看错了荀彧。

荀彧，来自著名的世家大族颍川荀氏。在长达上百年的过往中，荀氏一族在朝廷都担任重要职位，连逆天的董卓都不敢轻视。荀彧的叔父荀爽，曾在短短九十五天里，从一介平民升至司空。无论朝廷是谁当权，荀氏永远只效忠于一个人，那就是皇帝。

荀彧也曾经在董卓手下当过官，在全国举兵反对董卓的时候服务过袁绍，但当他投奔曹操之后，就再也没有改换门庭。

他看得出来，这个乱世中，能让大汉恢复生机的，或许只有曹操。然而，真正让他殚精竭虑、忠心耿耿的，只有一个人，就是坐在许都皇位上的汉献帝。

这样说也行，对荀彧来说，服务曹操，是为服务汉献帝。

现在的情形非常令人担忧。

许都朝廷已经建立十七年，却有越来越多的人认为曹操"挟天子以令诸侯"，目标就是篡夺汉室，建立曹家王朝。四年前在赤壁，周瑜已经公开叫出了"托名汉相，其实汉贼"的口号。

如果曹操进位魏公，不就坐实篡汉的嫌疑了吗？如果曹氏篡汉，那么他荀彧这么多年辅佐曹操的目标，不就成助纣为虐了吗？他一生奋斗的事业，不就名誉扫地？他颍川荀氏家族百年来的清誉何在？

况且，他说的就是心里话。他当然明白董昭和那些劝谏者的忧虑。但是董昭这些人看到的只是身家性命，却看不到曹操百年之后的声名。

在荀彧看来，他自己才是唯一忠心维护曹操的人，只有他真正读懂了曹操两年前写的自白书《让县自明本志令》

（亦称《述志令》）：曹操的内心，是忠于汉室的。

这个事情没有任何结论，曹操就开拔往南方去了。

他要继续攻打孙权。朝廷里的纷争，不是他关心的焦点。只有一统天下，才是他心中真正的伟业。

整个朝廷，都以为这件事情已经过去。可是突然，一切都朝着疯狂的方向奔去了。

曹操的军队行进到家乡谯县的时候，他突然让荀彧南下劳军。所有人马上知道，要出大事了。

从建安元年（公元 196 年）开始，曹操和荀彧之间就有一个默契：曹操四处攻伐，荀彧留守看家。事实上应该追溯到更远，曹操起兵没多久，占领兖州的时候，陈宫、张邈勾结吕布，要抢夺曹操的地盘，幸亏荀彧的坚持，才为曹操保住了根据地。没有人比荀彧更稳妥，更能够让曹操放心。

可是这次，曹操却不需要他看守家园了。

荀彧惴惴不安地来到了谯县，心不在焉地按照规矩举办犒军的礼仪和宴会。喧嚣过后，他示意曹操，想留下来和他单独说说话。

曹操知道他要说什么。但他只是给荀彧作了个揖，就让他和别的将士一同离开。

荀彧再也没能和曹操说上一句话，他等来的，是曹操给汉献帝上的一道表："臣现在很快就会到达长江，奉命讨伐罪人。应该有您的大臣，拿着您的命令才符合规矩。荀彧就

是这样一个国家的重臣。军事行动讲究速度，所以臣来不及
先行请示。现在先把荀彧留下来，让他代表您来彰显朝廷的
威望。"

　　这道奏表的意思，是不让荀彧回到许都，回到汉献帝的
身边。荀彧只能随着大军一起往南走。忧心忡忡的他在军队
到达濡须的时候病倒了，接着就被送到寿春养病。

　　然后，曹操派人送来了一个食盒。荀彧打开来，发现是
空的。荀彧当然明白曹操的意思，喝下毒药自杀了。

　　曹操这辈子，为许多人哭过，亲人、朋友，甚至是敌人。

　　刚起兵的时候，他的战友鲍信在和黄巾军的战斗中牺
牲，连尸体都找不到，他让人给鲍信刻了一个木头人，扶棺
痛哭；打败了袁绍家族，占领邺城的时候，他跑到袁绍的墓
前，涕泪交加；荀彧死后第二年，他的侄子荀攸也因病过
世，曹操还是痛哭流涕；更不用说，荀彧推荐给他的谋士郭
嘉早逝，他想起郭嘉就掉眼泪。

　　可是荀彧死的时候，他一滴眼泪也没有掉过。

　　荀彧的死，慢慢地变成了一个谜。谣言漫天飞舞。寿春
有人跑去和孙权说，因为曹操要荀彧去杀汉献帝的伏皇后，
荀彧不肯，就自杀了。孙权于是开始散布这个谣言。消息传
到蜀中，传到刘备的耳朵里。刘备恨恨地说，老贼不死，祸
乱不已。


　　荀彧的死，对曹操是一个重大的打击。

曹操出身宦官[1]，生来就被世家大族所鄙薄；但是他雄才大略，立志统一天下，救民水火，制定朝廷制度，发誓要打造一个清平世界。他引荀彧为同道，二十多年来，他们惺惺相惜、共创大业——那将会是一个恢复王道、秩序井然、万民各遵其道的大同世界，不再被世家豪族掌控的万世基业。

两年前，他苦心孤诣地写作了自白书《让县自明本志令》，向全天下披肝沥胆，剖明心迹。荀彧应该能读懂。

但他只读懂了曹操的第一层意思，也就是匡扶汉室，恢复江山；却没有读懂第二层意思，也就是改变礼制，效法周公；更没有读懂第三层意思，即重塑天下，肇造万民。

荀彧曾经向曹操献策说："现在曹公对外以武立功，对内以文立学。让干戈渐渐平息，大道流行，天下灾祸消弭，制度具备，这是周公旦能够安定天下的原因。一方面立德立功，一方面又能够建立文化，这才是孔子著书立说的本意，让规章制度能够作用于当时，扬名于后世。如果等到武力平定才来制定制度，以求能够安定治道、推广教化，对于国家利益来说，未免有点迟钝。"

这样的话，当然有道理，却未免过于迂腐和因循守旧。现在是乱世，而导致乱世的责任，各方面都有，凭几个乱臣贼子未必就能做到。曹操在年轻的时候就已经看到了这一层，他和袁绍、张邈等这些故友之间的差别也就在这里。所有的人都以为修修补补就能拯救汉朝，只有曹操知道必须打

---

1 据《三国志》记载，曹操之父曹嵩（？—194 年），字巨高，是东汉末年宦官中常侍大长秋曹腾的养子。

破重建。

他们相互之间完美误会，都以为读懂了对方的心声。其实，出身已经注定悲剧：一个来自世族，一个来自寒族[1]。

荀彧不仅是世族的杰出代表，更是世族在曹氏阵营中毫无争议的领袖。

荀彧推荐和使用的世族子弟，位高权重者包括荀攸、钟繇、陈群，行政人才者包括郗虑、王朗、辛毗，地方大员包括杜袭、赵俨，军事人才包括司马懿。可以说，荀彧推荐的世族子弟占了曹营人马的半壁江山。

并且，荀彧是朝廷的尚书令，代表着朝廷的意见。而荀彧对于进位魏公的公开反对，几乎可以看成整个世族阵营的反对。

无论如何，荀彧死了。曹操彻底变成了一个孤独的人。从现在开始，他真的要和所有人决斗了，不再仅是孙权、刘备这些野心家，还有像荀彧这样顽固死守着旧世界秩序的世家贵族。

荀彧的死，已经把曹操死死钉在了汉贼的位置上，他的荣誉再也无关紧要。他的理想，是他剩下唯一可以依靠的东

---

1　最早提出曹操"寒族出身论"者，为史学大家陈寅恪。其主要依据是曹操之父曹嵩乃宦官的养子，因此曹魏政权应定义为法家寒族政治，与曹操对立的汉朝、袁绍等政权则算作儒家豪族政治。这个理论影响极大，陈寅恪之后的名家如何兹全、周一良，还有中国台湾的毛汉光等，大多沿袭了这一框架。笔者非史学研究出身，自然更承袭此大家论调。当然，今日之史学界对此理论框架也存有争议，反对者认为东汉豪族与寒族的界限难以判定，其实，士庶之别也并没有门阀时代那么严格。此说亦一并列出，供读者参考。

西。这恐怕是他始终不曾为荀彧流下一滴眼泪的原因：荀彧终究只是旧时代的微风，而他才是新时代的惊雷。

他只能赤手空拳，去独自打造一个如同开天辟地的新世界。

就像他年轻的时候，一无所有，却壮怀激烈。

# 让县自明本志令

　　孤始举孝廉，年少，自以本非岩穴知名之士，恐为海内人之所见凡愚，欲为一郡守，好作政教，以建立名誉，使世士明知之；故在济南，始除残去秽，平心选举，违迕诸常侍。以为强豪所忿，恐致家祸，故以病还。

　　去官之后，年纪尚少，顾视同岁中，年有五十，未名为老。内自图之，从此却去二十年，待天下清，乃与同岁中始举者等耳。故以四时归乡里，于谯东五十里筑精舍，欲秋夏读书，冬春射猎，求底下之地，欲以泥水自蔽，绝宾客往来之望。然不能得如意。

　　后征为都尉，迁典军校尉，意遂更欲为国家讨贼立功，欲望封侯作征西将军，然后题墓道言"汉故征西将军曹侯之墓"，此其志也。而遭值董卓之难，兴举义兵。是时合兵能多得耳，然常自损，不欲多之；所以然者，多兵意盛，与强敌争，傥更为祸始。故汴水之战数千，后还到扬州更募，亦复不过三千人，此其本志有限也。

　　后领兖州，破降黄巾三十万众。

　　又袁术僭号于九江，下皆称臣，名门曰建号门，衣被皆为天子之制，两妇预争为皇后。志计已定，人有劝术使遂即帝位，露布天下，答言"曹公尚在，未可也"。后孤讨禽其四将，获其人众，遂使术穷亡解沮，发病而死。

及至袁绍据河北，兵势强盛，孤自度势，实不敌之；但计投死为国，以义灭身，足垂于后。幸而破绍，枭其二子。

又刘表自以为宗室，包藏奸心，乍前乍却，以观世事，据有当州，孤复定之，遂平天下。

身为宰相，人臣之贵已极，意望已过矣。

今孤言此，若为自大，欲人言尽，故无讳耳。设使国家无有孤，不知当几人称帝，几人称王！或者人见孤强盛，又性不信天命之事，恐私心相评，言有不逊之志，妄相忖度，每用耿耿。

齐桓、晋文所以垂称至今日者，以其兵势广大，犹能奉事周室也。《论语》云："三分天下有其二，以服事殷，周之德可谓至德矣。"夫能以大事小也。昔乐毅走赵，赵王欲与之图燕。乐毅伏而垂泣，对曰："臣事昭王，犹事大王；臣若获戾，放在他国，没世然后已，不忍谋赵之徒隶，况燕后嗣乎！"胡亥之杀蒙恬也，恬曰："自吾先人及至子孙，积信于秦三世矣；今臣将兵三十余万，其势足以背叛，然自知必死而守义者，不敢辱先人之教以忘先王也。"孤每读此二人书，未尝不怆然流涕也。孤祖、父以至孤身，皆当亲重之任，可谓见信者矣，以及子桓兄弟，过于三世矣。

孤非徒对诸君说此也，常以语妻妾，皆令深知此意。孤谓之言："顾我万年之后，汝曹皆当出嫁，欲令传道我心，使他人皆知之。"孤此言皆肝鬲之要也。所以勤勤恳恳叙心腹者，见周公有《金縢》之书以自明，恐人不信之故。然欲孤便尔委捐所典兵众，以还执事，归就武平侯国，实不可也。何者？诚恐己离兵为人所祸也。既为子孙计，又己败则国家倾危，是以不得慕虚名而处实祸，此所不得为也。前朝恩封三子为侯，固辞不受，今更欲受之，非欲复以为荣，欲以为外援，为万安计。

孤闻介推之避晋封，申胥之逃楚赏，未尝不舍书而叹，有以自省也。奉国威灵，仗钺征伐，推弱以克强，处小而禽大。意之所图，动无违事，心之所虑，何向不济，遂荡平天下，不辱主命。可谓天助汉室，非人力也。然封兼四县，食户三万，何德堪之！江湖未静，不可让位；至于邑土，可得而辞。今上还阳夏、柘、苦三县户二万，但食武平万户，且以分损谤议，少减孤之责也。

第一章

# 任侠天下

而布衣之徒，设取予然诺，千里诵义，为死不顾世，此亦有所长，非苟而已也。

司马迁《史记·游侠列传》

## *1.*

曹操，小名阿瞒，字孟德。少年时代，名声就很不好。

所有的人都说他聪明，很擅长随机应变。但他太放纵自己了。他喜欢飞鹰走狗，到处游荡，什么正当的营生也不肯做，并且酷好恶作剧。连他的父亲曹嵩都不喜欢他。

当时流传着许多关于他恶作剧的故事。

叔叔看不惯他游手好闲的样子，经常劝诫他的父亲要管教好他。这让曹操很烦躁。

有一次，他在路上碰见叔叔，做出歪嘴斜脸的样子，叔叔很惊讶，问他怎么回事。"突然间中了恶风。"他回答说。叔叔吓了一跳，赶紧跑去告诉曹嵩。曹嵩也吓了一跳，立马把曹操叫了过来，结果曹操好头好脸的，什么事儿也没有。

"你叔叔说你中了恶风，是好了吗？"曹嵩问。

"我没有中风啊。大概是叔叔不喜欢我，所以才这么说我的吧。"曹操回答说。

曹嵩以为弟弟真的只是不喜欢曹操，才故意这么歪曲，所以以后弟弟再来说曹操的坏话，他一句也不相信。

还有一个故事说，曹操那会儿才十岁，经常到附近的河里去游泳，有一次居然碰见一只大鳄鱼，但他一点儿也不怕，还奋力还击，居然就把鳄鱼给吓跑了。不过这小子太损了，从河里出来之后，他什么都没说。后来又有人去游泳，也碰到了鳄鱼，失魂落魄跑掉了。曹操听说后，哈哈大笑，"我被鳄鱼攻击，都没在怕的。怎么还会有人怕鳄鱼呢？"

这些故事，有的是以讹传讹，有的是在他成名之后编来诋毁他的。其实，在当时，四乡八野的老乡们看到的，只是一个游手好闲的官宦子弟，都看不上他。

这种人能有什么出息呢？而且他的性格里，似乎有种自暴自弃的天性。

但这也不能怪他。他的出身让他缺乏自信的资本。父亲曹嵩原本并不姓曹，是谯县的富贵人家，认了宦官曹腾当爹，改了曹姓，才飞黄腾达起来的。

这个曹腾有着好名声。后来曹家因为和西汉的开国功臣曹参是同乡，又都姓曹，就自称是曹参的后代。当然这只是攀扯附会，根本没有这回事。曹腾从小就进宫当了太监，服侍过四个皇帝，汉顺帝当太子的时候，他就是贴身的宦官，很是受宠。曹腾虽然只是个宦官，但是对于朝中的大臣都非常客气，并且经常向皇帝推荐有能力的人才，都得到了皇帝的重用，因此当时朝中的大臣对曹腾都交口称赞。

但他总归只是一个宦官，那些家世清白的世族子弟，天然地认为这种在皇帝身边靠做奴才、嚼舌根出身的，肯定没好人。

当时的益州刺史种暠，有一次在函谷关搜出了蜀郡太守写给曹腾的信，原来这个太守因为吏治不太好，想托关系给曹腾送礼，让他在皇帝面前帮他说好话。种暠一看，果不其然吧？

他马上就写弹劾奏表，说曹腾作为一个宫中的内臣，竟然勾结地方大员，行为不轨，应该免官问罪。皇帝倒也不是个糊涂蛋，他回复种暠说："信是从外面向里面寄的，你又没有搜到曹腾写给太守的信，他有什么罪呢？"

曹腾听到这个事，竟然没有生气，还经常在皇帝面前说，种暠这个人忠于职守，连皇帝身边的人也不怕，是个有气节的人。种暠的确也有能力，再加上曹腾的这些话，后来升做了司徒。他感慨万千，常常对人说，"我今天能够成为三公之一，这是曹常侍的恩德啊。"

曹腾在宫里做了三十年太监首领，官位达到大长秋（皇后宫中总管），还封为费亭侯。

大约因为曹嵩本来和曹腾就是老乡，也可能原本两个家族就有比较深厚的关系，所以曹腾收了曹嵩做养子。

在曹腾的关照之下，曹嵩自然是一路顺风顺水，继承了费亭侯的爵位，并且一直做官到司隶校尉（监督京师和周边地方的监察官），大司农（管理国家财政的官职），最后还花了一亿万钱，买了三公之一的太尉，达到了人生巅峰。

因此，曹操在汉桓帝永寿元年（公元 155 年）出生的时候，就已经是宦官人家了。但在他逐渐长大的时光中，他从父祖的宦官生涯中感到的似乎不是荣耀，反而是耻辱、疏离，他终其一生，都在和自己的身份做斗争，想要洗刷掉自己身上的这个标签。

这和他所在的时代有着直接的关系。在东汉末期，朝廷的两大势力之间彼此攻讦，争夺军政大权：一个是宦官集团，一个是外戚集团。

从西汉以来，外戚就成为朝廷中最重要的力量。所谓外戚，就是皇后的家族。长期以来，一旦皇后确立，皇后的家人，一般是父亲或兄弟，就会被立为大将军。这不是一个虚职，而是总揽朝政的实权位置。

可是东汉的皇帝往往都非常短命，活到二十几、三十几就挂了。于是宫中争夺皇帝位置的人非常多。小皇帝自然而然就成了大将军的傀儡。可小皇帝长大之后，就不愿意当傀儡了，于是依靠宦官的力量，干掉大将军。这样，宦官就替代大将军，成为掌握朝廷大权的人。

但是小皇帝一结婚立皇后，大将军就又来了，变成了一个恶性循环。


朝廷里的力量当然不止这两股。另外一个重大的力量，就是世族。

所谓的世族，就是世世代代当官的人。汉朝实行的人才选拔制度，叫察举制。举秀才，就是推举有文化有知识的人；察孝廉，就是寻找道德高尚、孝顺廉洁的人。但是这些人由谁来推荐呢？当然是地方上的乡绅、基层干部。

这就变成了肉都烂在自家锅里。乡绅和地方官员推选出来的，当然都是官员和官员的亲属。这些人从地方干部、基层干部开始做起，当然推选的也就是自己熟悉、了解的家族和乡里的亲朋故旧。再通过地方、条线等官员经历的历练，一步步爬到中央，官至要害部门。

于是，在地方上，这些长期当官的官员和家族，就成了豪强；这些代代相传，在地方或者中央做官的人，就成了世族。

当然，世族并不都是草包，恰恰相反，在那个时候，世族的确是整个朝廷的中流砥柱。因为在那个科学技术极其原始的时代里，书籍是奢侈品，主要用竹简、丝、帛等费工或昂贵的材料制作；知识更是稀缺品，传播非常困难，教育普及程度很低，因此读书的人口总量非常小。读书也是一件昂贵的事情，只有世族和豪强才能负担得起不需要劳动谋生、可以花很多时间读书的人。

所以察举制选择的范围非常有限，就只能在这个人群中选择。

世族本身都是世代做官，因为从小耳濡目染，在行政经验上，比普通人有太多优势。仅凭他们的父祖辈和下属就已经形成了巨大的关系网。因此无论在政绩考评还是晋升路径上，他们都比普通出身的人要快很多。这种传承到了汉末，已经变成了一个极其固定的体系，朝廷最重要的位置三公（管理财政的司徒，管理土地政务的司空，管理军事的太尉）

的后代是三公，地方长官的后代是地方长官。

于是，世代做官的人就成为世族，而普通人家出身的人就成了寒族。还有一种称之为单家的，和寒门差不多。

世族之所以成为世族，不仅仅因为他们世代为官，勾连成片，而且因为他们都是饱读孔学的儒家子弟，已经形成了一套非常稳固的价值观体系，例如忠于朝廷、谨守礼仪、热心文教、修行教养等等。

这些世族一方面垄断了朝廷中的政务职位，但是另一方面，他们毕竟都是读书人出身，对于礼义廉耻、道德仁政，有很深的认同感。所以，他们对于依靠裙带关系出身的外戚和依靠做皇帝奴才出身的宦官，都非常不齿。

在曹操十一岁（延熹九年，公元166年）和十三岁（建宁元年，公元168年）那两年，朝廷出现了两次大的动荡，汉桓帝和汉灵帝手下的宦官集团，两次发动政变，大肆搜捕和屠杀世族人士，并且下令，被牵连的世族子弟永世不得录用为朝廷官员，这就是著名的"党锢之祸"。

党锢事件发生的时候，曹腾早已去世多年，他在世的时候，反而与世族之间关系良好，并没有参与对世族的迫害。但问题在于，当世族与宦官集团直接对立之时，所有与宦官关系密切的人，都成为世族敌视的对象。

在相当长的时间里，世族几乎是以清除宦官在朝廷中的势力作为自己的政治目标，而宦官最想要消除的朝廷力量，恰恰就是世族。双方已经势不两立。

而在整个天下的口碑之中，世族自然是正义的清流，宦官自然是邪恶的浊流。清流和浊流争斗不休，在汉末无一日停息。

曹操逃不过整个天下的评判，逃不过社会的评判，逃不过世族的评判。他是寒族，是浊流，有着为天下鄙夷的出身。

由不得他不自卑。

## 2.

但是曹操毕竟不是那种自怨自艾，沉浸在自我世界里的人。依凭父亲的官员身份，虽不是世家子弟的他，也从小博览群书，特别爱好兵书，年纪轻轻，就已经写了许多兵法心得，名为《接要》，还自己注释了《孙子兵法》十三篇。

他从小就胆大妄为，性格豪爽。他又耻于宦官家世，自然也就结交豪侠。因为这些与众不同，他一方面和父亲的关系疏远，另一方面和世族子弟来往密切。

在世族与宦官集团愈来愈敌对，党锢之变使双方剑拔弩张的时候，世族的年青一代中产生了一个奇怪的现象，他们像绿林好汉一样，啸聚成群，心气相通，急公好义，危难相扶，变成了一个"游侠集团"，并且其中的许多人物，都有了江湖诨号，当时知名的包括了三君（朝廷中的三个正义前辈）、八俊（人中豪杰，反宦官势力冲锋在前）、八顾（道德榜样，正直不阿）、八及（和三君之间有良好关系，能够引导进入世族圈子）、八厨（散财助人、家底殷实，能够用财物来帮助英雄豪杰）。这些人里，许多成为一时之雄，包括刘表、胡母班、张邈等人。

这些游侠成了世族子弟和民间社会争相仿效的对象，许多人因此结交同好、互为联盟，平时在一起饮酒论世，有事的时候就共渡难关。汉家天下一方面危机四伏，另一方面却成了这些少年才俊的思想乐园。

于是，东汉末年弥漫着一种奇异的矛盾。在朝廷之中，宦官与外戚相互攻讦，世族死气沉沉，官场污浊不堪，末世迹象无所不在；而世族子弟奔走江湖，慷慨激昂，令百姓仰望，青年人的荷尔蒙气息充斥着整个社会。


其中一个小集团颇为引人关注，那就是由袁绍、张邈、何颙、许攸、伍琼、吴子卿所构成的奔走之友。

张邈是东平世族，八厨之一。何颙，南阳世族，已经在朝廷中担任重要官职，在党锢之祸中曾遭受迫害。许攸，南阳世族，与本朝太尉、冀州刺史的儿子们都有密切的关系。

而这个小集团的领袖袁绍，更是名噪一时的重要人物。袁绍来自汝南世族，当时全天下最知名的世族之一。他的父亲袁逢和叔叔袁隗都曾经位及三公，而他们整个家族是所谓的"四世三公"，也就是连续四代，都有人做到三公的位置，故友亲眷遍及天下。袁绍从小名气就很大，很早就被朝廷中的重臣关注，如果不出意外，也必然成为三公的继承人。

曹操，是袁绍的好朋友。他和这个小集团之间关系密切，搞不好就是其中一员。

任何时代的年轻人都一样，有无穷的精力、大把的时间，有荷尔蒙驱动的躁动不安的灵魂，有惹是生非的天性本能。少年袁绍和少年曹操，两个人都是胸怀天下的豪侠之士，又都是游手好闲的纨绔子弟。

传说，他们俩整天腻在一起，在长安城里到处闲逛。有一次，他们一时兴起，跑去看别人结婚，看着看着就动起了歪心眼。俩人开始在主人家的园子里大呼小叫："有贼！"

婚礼马上乱成一团，一大班子好事的宾朋好友都跑出来看热闹。曹操趁新房没外人，抽出刀子就冲进去，劫持了新娘往外跑。俩人亡命逃窜的时候，袁绍慌不择路，衣服挂在树丛里，一时挣扎不出来，动弹不得。

曹操看着好笑，不但不去帮忙，还冲着院子里大声喊："小偷在这里！"袁绍吓得七魄失了六魄，这要是被抓住还不让人暴打一顿？幸亏他拿着刀子一阵乱砍，把路给开出来了。两个人也顾不得劫夺新娘了，扔下人就往外跑。

他们不但捉弄别人，还相互捉弄。袁绍心血来潮，想搞搞曹操，夜里派了人用剑去扔曹操。结果第一剑扔得低了，没打中他。曹操估计下一剑可能会扔高一点，就紧紧贴着床板。果然，下一剑就扔高了。

这些都还不算离奇。曹操闲来无聊，有一天偷偷溜进了中常侍、大宦官张让的家里。张让是什么人？汉灵帝的贴身顾问，当时全天下最有权势的人。结果张让发现了他，随手抓了一把手戟，冲到庭院里，对着曹操一顿挥舞。曹操边挡边跑，最后跳墙逃窜。

关于这些少年英才的故事有真有假，但在那个时候，世族子弟们就是这样：一方面，他们衣食无忧，招猫逗狗，整个长安城就是他们的大游乐园，他们有大把的青春和热情可以挥霍；而另一方面，他们又心焦如火，看着天下纷纷扰扰、危机四伏，他们嘤其鸣矣，求其友声，誓为家国、为天下抛洒热血，匡扶正义。

虽然曹操是宦官子弟，但是他和这些世族子弟有着相同的理念、志向，他们不但接纳了他，并且和他成了生死与共的好朋友。

在袁绍、何颙、张邈这些世族子弟的推崇下，曹操的名声逐渐溢出了这个小圈子，开始被更多人认知，赏识。

和他父亲一起在朝廷里当官的桥玄，官至太尉，为官清廉，声誉卓著，是当时人们做官为人的榜样。他认识曹操之后，非常惊讶，对曹操说："我见过的天下名士多了去了，但是没有一个能和你相比。你自己要好好努力。我已经老了，万一天下有变，我希望能把老婆孩子托付你照顾。"

李膺是在党锢之祸中被杀掉的一个世族领袖，他的儿子李瓒也非常看好曹操。他也是最早看到曹操前途的人之一，他对儿子说："天下马上就要乱了，天下英雄，没有比得过曹操的。张邈和我是好朋友，袁绍是咱们家的亲戚。但这两个人你们都不要去投靠。如果我出了事，你们以后就去投靠曹操。"

这个先见之明，后来保住了李膺一门血脉。

何颙是曹操和袁绍的奔走之友，是最早和曹操成为朋友的一批世族子弟。他刚刚认识曹操不久，就认定他会是成大事的人。他对朝廷的命数越来越悲观，私下跟朋友说："汉家的天下就要完蛋了。能够安定天下的人，必定是这个人了。"

可是，曹操并不像袁绍那样，家世显赫，朋友故交遍天下，天生闻名于世；也不像何颙那样，年纪轻轻就已经被朝臣看上，成为新一代的官员典范。他的名声，依然只能在小圈子里流传。桥玄建议他说："你现在还没有什么名气，应该去结识一下许劭。"

许劭也是世族重镇汝南郡的人，著名的读书人、学者。

察举制到了汉桓帝、汉灵帝的时候，已经完全沦为了世族的私人之物。读书人想要出人头地，就得贿赂选举官。而选举官则和地方相互勾结，私相授受。一时之间，察举圈就像泥潭一样，污浊不堪。当时，有人刻薄地编了一个顺口溜："举秀才，不知书；察孝廉，父别居。寒素清白浊如泥，高第良将怯如鸡。"说的是那些被察举为秀才的人，根本就不认识字；而举为孝廉的人，把父亲赶出家门。寒门出来的人都品德污浊，而世家将门出来的人都胆小如鼠。

官方的推荐途径越来越不靠谱，想要真的被天下、被朝廷看见，就得有公众认可的名声。

　　许劭和他的堂兄许靖，就是能够让贤达名闻天下的名士。他们对于地方官员滥用察举的现状十分不满，于是每个月在汝南聚集名流大族，臧否人物、品评高下，向全社会宣布他们对天下优秀人才的评价。由于他们才高八斗，文章见解深为当时的读书人所认同，他们的评价也就具有很高的可信度，渐渐竟然具有了全国性的影响力和权威性，变成全国性的人才排行榜，连朝廷都要对他们评价过的人高看几分，江湖人称"月旦评"。

　　就连袁绍这样家世的人都怕许氏兄弟。他和许氏兄弟是同郡老乡。袁绍这个人是特别喜欢交朋友，不但家里一堆人在朝廷当官，有着推荐提拔人的权限，而且出手阔绰，马如流水。因此他身边总是跟着一大群人。有一次他回家，又是一大群狐朋狗友跟着，香车宝马，冠盖云集。但快到郡界的时候，他突然就怕了。

　　他和那群跟班的人说："我这么多车马跟从，太招摇了，可不能让许劭看见。"就把他们全都赶走了。

　　曹操听了桥玄的话，就去找许劭，问他："我是怎样的人？"

　　许劭不肯回答。曹操很执拗，隔两天就去问一次。许劭没办法，说："你是治世之能臣，乱世之奸雄。"曹操大笑接受。


　　关于这个评语，有许多版本。

其中一个说，曹操为了让自己的名声能够传出去，就带了很多礼物，低三下四去求许劭，让他给自己一个评语。但许劭非常讨厌曹操的为人，所以死活不肯作评。于是曹操耍了诡计，拿住了许劭的一个短处威胁他。许劭不得已，说："你是清平之奸贼，乱世之英雄。"曹操大喜而去。

还有一说，是桥玄自己给了曹操评价。桥玄说："现在天下即将大乱，群雄纷起，龙争虎斗。能够拨开乱局、理清天下的人，难道不就是你吗？然而，你实在是乱世之英雄，治世之奸贼。可恨我老了，看不见你富贵的时候，希望能够把我的子孙后代托付给你。"

被许劭点评了，就像被开了光似的，整个天下的世族子弟马上都知道了有"曹操"这么一号人物，并且许劭对他的评价如此之高。他天下闻名了。

但是曹操也知道了天下人。这些世家贵族、名流大儒，才是掌握世界准则的人。只有通过他们，曹操这个出身尴尬的年轻人，才能拥有自己的一席之地。

他已经准备好要出发了。

### 3.

曹操一出山，立即名震天下。

年满二十岁的时候，他父亲的同事、担任京兆尹（管理京畿同时参与国家政务的官职）的司马防举荐他做孝廉，他出任洛阳北部尉，负责管理洛阳北部的治安。

　　他在这个位置上应该是政绩卓著吧，很快就被提拔为顿丘令。

　　有一个传说，讲他担任洛阳北部尉，是如何凭借手段狠辣，一举成名。他一上任，就立即下令，严格管理都城的四个城门。在衙门里，做了二十几个五彩杀威棒，列在衙门两边。

　　那个时候实行宵禁，一到晚上除非持有朝廷命令，所有人都不能出门，否则就是重罪。但是有权有势的人没当回事。汉灵帝身边有个非常受宠的宦官叫蹇硕。他叔叔胆子大，竟然晚上大摇大摆跑出来玩，让曹操逮住，直接一阵乱棍打死。

　　治安一下就好了，整个洛阳都太平了。

　　宦官们通通都慌了。这么一个不省事的主儿，放在洛阳，对他们实在太危险了。曹嵩还在朝里当官，他们又除不掉曹操。于是干脆联名向汉灵帝推荐曹操，让他升官，去当顿丘令。

　　这个故事是后来江东吴国人编的，目的无非是编派曹操从年轻时起，就是个杀人不眨眼的狠人。故事看似很正面，但曹操的狠劲也就一览无余了。

　　这个故事漏洞太多。洛阳北部尉，按照当时的官制，是负责洛阳北部地区的盗贼和刑侦的，相当于公安局刑侦科长，不负责治安，当然也就无权捉拿违反宵禁的人。五彩大棒这种描述的确很抓人眼球，但并不存在。

他在顿丘令这个位置上没有待多久，因为堂妹夫犯罪被杀，他也被连坐免官了。不过很快，就有人认为他通博古文，明晓事理，于是举荐他当了议郎。

顾名思义，这就是个言官的位置，负责向朝廷和皇帝进言。

不知道是许劭的那句话"治世之能臣"的影响，还是曹操本身就生性坦率，在言官任上，他成了一个非常大胆、敢说真话的人，甚至成了朝廷官员中的一股清流。他上的奏疏，既弹劾郡府州县地方政府腐败，贪污横行，又声言政府官员欺压百姓，安分守法的弱势群体经常遭到陷害。

他最引人注目的奏疏，直接指向三公这些朝廷的最高官员，指责他们上书时总是回避皇亲国戚，而置国家利益于不顾。汉灵帝看了他的上书，深受感动，把他的奏疏拿给三公的办公室去传阅，并且责令他们反省自我，限期改正。

当然，他的话不总是有用。党锢之祸过去已经有些年了，但是他依然耿耿于怀。于是他上书说，在党锢之祸中遭难的大将军窦武"正直却被害，奸邪之人充满朝廷，良善之人拥塞不用"。言辞激烈，正义凛然。但这种话，汉灵帝不知道听过多少，根本就没当回事。

这时的曹操，内心是充满了对世族的崇敬和追随之心的。因为在朝廷的外戚、宦官和世族之中，显然只有世族站在正义的立场上。在党锢之祸中罹难的，的确是窦武、陈蕃这样的忠义之士。

这样的事情经历太多了。曹操的建言只是偶然被听了进去，而事实上也根本没有改变什么。当世族和外戚、宦官斗争的时候，他们都是不顾惜生命的英雄；但当他们面对国家行政的时候，却要么无能为力，要么沆瀣一气。

汉家朝廷的问题，不都是外戚和宦官造成的。在瓜分利益这个方面，世族的贪婪面相，并不比那两家差多少。

随后，曹操发现，那些被他弹劾过的人，或者建言过的事中人，竟然都成了议郎。

到这个时候，连形式上的察举制都已经毫无意义了。汉灵帝在皇宫的西园拨出一间房屋，专门装卖官的钱。从关内侯、虎贲将、羽林尉，什么官都可以卖，明码标价。而要做到三公这个位置的，先交钱，后上任。

俸禄为两千石（年薪二十四万斤粮食，月薪两万斤）的，价格两千万钱（约莫相当于今天的四百万人民币）；俸禄四百石的，价格四百万钱。如果的确是名声很好的，可以减半，或者收三分之一。他还非常体贴：如果有现钱的，交现钱才能上任；比较穷的，就上任了以后交，但是得翻倍。

当时有个名流叫崔烈，一路上做官名声都很好，所以就准备升任他当司徒。皇帝搞了个仪式，正式拜官，群臣集会，气氛热烈。皇帝这个时候看着崔烈走上来，就对旁边的人说，哎呀有点小后悔，应该可以收他一千万。这个时候皇帝旁边的乳母程夫人说话了："人家崔烈是冀州的名士，哪里肯买官？起初是不愿意的，幸亏我从中说和，人家才肯给了五百万。"

原来崔烈花了五百万，买了司徒这个官。但是崔烈毕竟是世族名士，心里还是很不安。回去问儿子，外面有什么评价吗？儿子崔钧说："您以前的名声确实很好，但是现在这个司徒让大家都很失望。"崔烈问："为啥？"崔钧说："议论的人都嫌弃他有铜臭味儿。"

崔烈大怒，举起拐杖就打儿子。崔钧起身就跑，一边跑一边说："以前舜帝的爸爸要打他，他就说，如果拿小棍子打就忍着，拿大棍子打就要跑。我这可不是不孝哦。"

连崔烈这样的名士，都要买官，整个朝廷上，当然也就充满了买来的官。所以曹操的话，就算汉灵帝真能听个一句两句，也没什么用，满朝文武都是他的顾客嘛。


朝政已经没有希望了，曹操也就沉默了。他这个"治世之能臣"所碰上的，是乱世之前的短暂平静而已。

风起于青蘋之末，乱世之风正在草尖上慢慢地舞动起来，只是还没有变成暴怒的狂风而已。

但年轻的曹操已经失去了方向。


## 4.


正当他开始消极逃避朝廷事务的时候，风刮起来了。天下乱了。


河北人张角造反了。他是民间宗教"太平道"的领袖，拥有数十万教徒，分布在全国九个州里的八个，宫里和军队里都有教徒。他把全国的教徒分成了三十六个堂口，称作"方"，大的方有一万人，小的方有六七千人，每个方都有一个堂主，名为"渠帅"。

张角造了一个口号，"苍天已死，黄天当立"，意思是说，他将会取代汉朝的朝廷。光和六年（公元183年），张角和三十六方的堂主们约定，第二年三月五日全国起事，暗号是"岁在甲子，天下大吉"，因为光和七年（公元184年）是甲子年。

可是时间还没到，二月，张角的阴谋就泄露了。京师里出了一个叛徒，把起事的计划都给捅了出来，并且供出了京师的渠帅和教徒名单。这还了得，朝廷马上就派兵四处搜捕，一时人心惶惶，被抓被杀的黄巾教徒多达数千人。

张角没辙了，只能提前起事。全国数十万人，统一在脑袋上裹着黄色的头巾，因此叫黄巾军。在一个月时间里，七个州的教徒纷纷起事，在全国响应。他们快速攻陷了几十个城市。

张角很得意。他似乎看到了黄袍加身的美好前程。他给自己和两个兄弟起了威猛的名字：他叫天公将军，二弟张宝叫地公将军，三弟张梁叫人公将军。天地人都是他的护佑，天下很快就要太平了。

洛阳城里一团糟。皇帝和宦官都傻眼了。他们不知道该怎么办。

现在，朝廷不是朝廷，军队不是军队。因为有行政或领兵经验的朝廷大员，都在监狱里关着，或者在家里待着：党锢之祸不是说了吗，对那些世族永不录用，朝廷里的也全被赶走。

关键时刻，还得靠他们啊。皇帝和太监们马上非常聪明懂事地宣布党锢结束了，大家都可以高高兴兴回来做官了。赶紧披挂，打仗去。

曹操也被任命为骑都尉。但是也许更加令他兴奋的，是他第一次能够有机会和朝廷的中流砥柱近距离接触，接受他们的指导，去寻找重新振兴国家的机会和方法。当时朝廷最有能力的三大名臣全部得到起用：皇甫嵩、朱儁和卢植。

他们或是名满天下的名士，或是博学多才的大儒，或是久经历练的官员。他们带着曹操，一起来到了河南中部的颍川。

这些世族出身的官员，大多真的是能臣，下马能读书，上马能杀敌。几场拼杀下来，短短几个月时间，光和七年（公元184年）十一月，黄巾军的主力迅速土崩瓦解。张角病死，张梁十月被斩杀，张宝十一月被斩杀。主要叛乱结束，剩下的黄巾残兵败将，分散躲藏到了各地的深山老林里，一有机会，就出来为非作歹。

可是汉朝确实气数将近。三个功勋卓著的大儒，很快又被皇帝和宦官冷落。

曹操毕竟还年轻，还有幻想。因为成功打击黄巾军的军功，他被重新分配掌管地方，去担任济南诸侯国的国相。

他的率真、天真和较真的劲儿，立马全都显露了出来。他似乎又找回了当洛阳北部尉时候的生猛。在这个诸侯国里，有十个县，县长都是各种皇亲国戚的裙带关系。曹操上奏朝廷，一下子免了其中的八个。

济南国还有一"妖"。三百年前西汉时期，有一位城阳景王刘章，在诛杀吕后的时候立了功，于是当地给他立了祠。不知道为什么，香火特别旺盛，到了这个时候，整个济南国居然有六百多个祠堂。

这其实就是一个生财之道。地方官员把祭祀的流程和物资需求，承包给商人来运营。商人们拿着官方祭祀的名义，置办服装、祭品以及乐团，把典礼搞得极其奢华。钱从哪里来？所有的祭祀用度，都以官方名义摊派下去，最终承担费用的，是地方农民。所以整个济南国民不聊生，穷困潦倒。

曹操来之前，历届的国相，没有人敢吭一声。他们要么从中分肥，要么沉默不语。如果没有和这些地方官员的合作，他们恐怕连位置都坐不稳。诸侯国国相这个位置，看似显赫，其实鸡肋。

在西汉汉武帝的时候，实行了推恩令，诸侯国的国王们，可以把自己的封地分裂之后，再传给儿子们。于是领地被分得越来越小，国王的力量当然也就越来越小。这的确一举解决了诸侯国威胁中央政权的问题。但是诸侯国再小，也要管理。于是就派国相来管理。

国相在职位上相当于郡守，是这个国的行政长官。但他名义上是对诸侯国负责的。所以，国相从某种程度上比郡守还要不如。郡守是对中央负责的，而国相一方面要管理地方，一方面要监视诸侯。关系搞不好，诸侯给皇帝上个本子，那他也吃不了兜着走。所以当国相，最好就是得过且过，熬过时间走人，地方上不得罪，诸侯也不得罪，混资历而已。

但曹操是那号人吗？他从来不信邪，到哪都要搞得轰轰烈烈。他一上来就把这六百座祠堂差不多推干净了。不但如此，他下令从此之后，无论官员还是百姓，都不许再参与祭祀，否则一概论罪。

济南国还真的一下子就太平了。官员既然没有生财之道了，也就不敢胡作非为；商人们没了官员的支持，也就没有名目，百姓也就不用交这些摊派了。

曹操在济南国四下巡视，到处推祠堂。那些干过坏事，或者还在干坏事的人，一听到曹操来了，连夜卷了铺盖，到邻近的郡里去躲避风头。

但是，治理一个小小的济南国，让这里的百姓安居乐业，能有什么用呢？皇甫嵩、朱儁和卢植都已经靠边站了，宦官重新把持政权，朝廷里都是蠹虫，到处都民不聊生。济南国一地的清平，无关痛痒。

三十三岁的时候，他和父亲走上了恰好相反的道路。这一年，曹嵩终于在西园交了一亿万钱，成了太尉，到了人生巅峰；而曹操因为治理济南国卓有成效，升任东郡太守。

他已经完全没有了心气。十三年为官生涯，他像陀螺一样从一个职位到另一个职位，在任何一个位置上都待不了多久。

作为一个年轻官员，他已经充分证明了自己的能力。作为地方官，他能够革除弊政，为民做主，安抚四方；作为中央官员，他能够仗义执言，痛斥同侪，重整乾坤；作为一个平叛将领，他能够提枪上马，征战乱党，恢复安宁。

他确实是一个治世之能臣，但是并没有什么用。整个朝廷都烂了，连三大儒这样全国仰望的偶像，都不过成了积灰的古董，他一个小字辈，能抵抗得了整个庞大的宦官集团吗？恐怕在他还能做出点什么之前，就已经尸骨无存了。越能干，越危险。由于他以前在议郎和济南相的位置上，常常得罪宦官和外戚，他们都已经盯上他了。

他拒绝上任，请求回到中央，重任议郎。百无聊赖的他称病不上朝，然后干脆告病辞职，回到了谯县老家。

第二章

隐居

今日行小径，着花喜见蒲公英。

故乡冷雨中，托钵归来赤脚行。

方始迁来，曼珠沙华正盛开。

[日]种田山头火

*1.*

曹操并不是守株待兔，他真的回去隐居了。

他在谯县县城的东边，建了一座书房，专门用来读书。这座书房建在一片沼泽地中间，并不好找。他乐得清闲，闭门谢客。夏秋读书，冬春打猎。

汉灵帝中平四年（公元187年）冬天，他的第二个儿子曹丕出生了。

曹操的家庭生活，到此时都尚算完满。和他生活在一起的，是他的原配夫人丁夫人。还有一位刘夫人，红颜薄命早逝了。但是刘夫人生下儿子曹昂和一个女儿（后来的清河长公主）。还有一个后来对他来说非常重要的女人——卞夫人，这个时候，已经是他的侍妾。曹丕就是卞夫人所生。

三十多岁，在那个时代里并不算年轻。大多数人都只能活到四五十岁，贵族的家庭营养好些，或者能够活到六七十岁，但那已经是异乎寻常的高寿了。

曹操隐居，并不是故作高深。

其一，确实是避祸。他的家族之所以能够飞黄腾达，他之所以能够那么快地出人头地，全然依靠了他的祖父、他父亲的养父、宦官首领、中常侍曹腾的恩泽。因为曹腾，他父亲曹嵩继承了爵位，能够跳过许多等级，直接成为朝廷的高级官员。而他，在曹嵩已经建立的基业之上，才能在二十岁的时候就被举为孝廉，从而开始了晋升之道。否则，以他寒族出身的身份，即便能够功成名就，只怕也要耗费相当长的时间。皓首穷经，博取一个微薄的功名，在那个时代里，毫不稀奇。但他偏偏成了宦官集团的叛徒，结交世族子弟，攻击太监头领，为党锢之徒放言。既然他已经选择了阵营，那么他就成了一个容易击败的对象。那些世家大族在朝廷中根深叶茂，比如袁家、荀家，都有数十年到上百年的经营，不是轻易能够撼动的。但是曹操呢，除了父亲之外，没有根基，扳倒他太容易了。

　　而他已经拥有了一个不小的家庭，养有几个孩子。保护妻小，当然是他义不容辞的职责。只要他退出朝廷纷争，宦官集团倒也不会太为难他。

　　其次，对他来说，读书育儿，等待时机，未必是一个坏的选择。天下纷扰的乱局，过往的历史已经多次发生。尽管现在朝廷腐败，汉灵帝卖官鬻爵，行为丑陋，但是在一片苍凉之后再次中兴，也并不是没有可能的事，只要有不世明君的出现。王莽败坏了汉家，不是有光武帝来收拾河山吗？七王之乱已经快把天下打散了，不是还有周亚夫来拯救苍生吗？回到更加遥远的时代，圣人迭出的春秋战国，不是有乐毅、蔺相如、越王勾践种种王侯将相，把垂死的国家重新振兴、称王称霸的旧史吗？

许劭的评语也许是对的。但现在是一个混沌的时期，既非治世，又非乱世。他曹操不过是一个小有名气的中级官员罢了。读书种桑，牧歌田园，对他未必不是一件好事情。等到天下清明了，总会有用得上他的机会。

那个时候的人，是坚信有海晏河清这件事的。等待明君，等待圣君，一切都会好起来。

但是时代早已不容许曹操做一个沉湎于田园牧歌的人了。

当他年轻时与宦官集团决裂，加入世族子弟的啸聚团体，他就已经深刻地卷入了朝廷政争之中。哪有那么便宜？世族天下，是你能够随意进出的吗？

麻烦自己找上门来。中平五年（公元188年）六月，冀州刺史王芬和他少年时候的老朋友许攸找上门来，跟他商量一个惊天大阴谋。

王芬听信了术士的话，说天象有变，对宦官不利，看起来宫里的太监都要灭门了。于是王芬纠集了许攸和其他几个世族子弟，结成一个小团伙，假称要剿灭黄巾军的余党，从朝廷骗取了一支小部队，准备在汉灵帝前往北方故宅的时候将他劫持并且废掉，然后拥立合肥侯当皇帝。他们想拉曹操入伙。

曹操立刻拒绝了。

他说："废立皇帝，是天下最不吉祥的事情。古人在做这种事的时候，会充分权衡成败，计算轻重，然后才会付诸行动。举两个例子，一个是伊尹废立太甲，一个是霍光废掉昌邑王。伊尹能够成功，是因为他怀抱赤诚，官居宰相，位置在所有的官员之上，所以进退也好，废立也好，都能够水到渠成。而霍光呢，他受了汉武帝和汉昭帝两代的托孤之责，凭借的是名臣的地位，内有太后的重权，外有群臣的拥戴；而昌邑王即位的时间很短，资历尚浅，在朝中缺乏可信赖的臣子，给意见的只有几位亲近的侍者，所以霍光做事就像转个圈子，成功就像摧枯拉朽。你们光看成功的先例，却完全不分析成功的原因，也根本看不见现在面临的困难。两位自己估计一下，你们连接的党羽，能有七国那样的力量吗？合肥侯的尊贵地位，有没有吴王、楚王那么高？如果没有，依靠一个偶然性的事情来行事，还妄想成功，这也太危险了吧。"

七国之乱是汉朝一个极其深刻的教训。当时的诸侯国有独立的财政权，自己挖矿，自己铸币，诸侯王都是富甲天下、拥有实权。当汉景帝想要削减他们的封地，吴王和楚王便联合了七个刘姓的宗室诸侯王起兵叛乱。战火蔓延大部北方地区。汉景帝任命开国功臣周勃的儿子周亚夫，用了三个月时间，牺牲了数万将士，才将叛乱平定下去。

黄巾军数十万之众，尚且不能动摇汉灵帝的根基，就凭王芬、许攸和一支称得上可怜的小部队，就想推翻汉灵帝，简直就是可笑的自杀行为。

事实证明，曹操的眼光是十分毒辣的。江湖术士的道行终究浅薄，汉灵帝根本连北方都没去，因为汉灵帝身边的天文官跟他说："北方有红色的云彩，估计有阴谋，不能去北方。"汉灵帝取消了行程。

黄巾军的谎言当然很快就穿帮了，汉灵帝召回军队，还让王芬去京城解释。王芬一看事情就要败露，干脆自杀了。许攸流亡天涯。

## 2.

虽然逃避和拒绝了王芬的阴谋行动，但曹操的清闲日子也没能过多久。

这是个多事之秋，按下葫芦浮起瓢，全国各地暗流涌动，各方势力蠢蠢欲动、百姓困厄，大规模的动乱近在咫尺。

王芬、许攸败落之后没多久，当年八月，曹操回老家还不到一年，为了抵御西北边将叛乱，朝廷又把曹操征调回去，担任了典军校尉。

曹操所在的是汉灵帝新设的禁军组织，名为西园八校尉。其中有好几个，是曹操原来的世族好朋友。上军校尉是灵帝宠爱的太监蹇硕，中军校尉是袁绍。这支部队的规格很高，除了大将军何进之外，军事将领都归蹇硕节制。这实际上是在为未来的皇权交接未雨绸缪。

既然隐居的愿望落空了，朝廷的军事行动多起来了，对于曹操来说，这未必不是一个效力朝廷的好机会。

就在这个时候，对于曹操一生，对于汉室江山，最大的变数发生了。

汉灵帝死了。这个汉朝倒数第二个皇帝的命实在太好了。他登基的时候，天下还算太平。终其一生，他都在被宦官摆布，不断和朝廷重臣发生冲突，杀死和放逐了一批又一批精明强干的官僚。等到黄巾军起义的时候，他手上居然还留下了皇甫嵩、朱儁和卢植这样一批汉朝最后的猛人，替他削平了几乎无法消除的叛乱。虽然有黄巾军和凉州叛乱这样大规模的动乱，但是在他活着的时间里，好在都有惊无险，最起码京城洛阳依然一片繁华，灯红酒绿。他卖官鬻爵，财宝把西园的整个房子都堆满了，他美美地享用了汉朝天下最后的美好时光。

现在，他优哉游哉过完了他三十多岁的人生，留下了孤儿寡母面对这一个彻底已经烂透了的摊子。他的大儿子刘辩十七岁，小儿子刘协九岁。

这个混账皇帝干了最后一件混账事。本来刘辩就是皇太子，当皇帝名正言顺；但是汉灵帝喜欢刘协。他悄悄留了话给蹇硕，让蹇硕扶立刘协当皇帝：这就是他把军队，把他能够想到的猛人，包括袁绍、曹操都放在蹇硕手上的原因，实在不行就兵变。

可是，他的皇后何氏是刘辩的亲妈。她怎么可能让刘协上去？她也不能坐以待毙啊，她的哥哥是大将军何进，天底下最有权势的人。

潘多拉魔盒缓缓打开，大屠杀开始上演。

何进找袁绍商量，要整个端掉宦官群体。但是太后死活不肯。因为蹇硕虽然是皇帝的人，但是皇后也有宠信的宦官啊，干掉蹇硕不就可以了吗？

但是何进有私心。因为汉灵帝本来一直就宠信宦官，把他这个大将军的位置都架空了，让他成了一个光杆司令。这和历代大将军有天壤之别。刘辩当了皇帝，也是个小皇帝，身边围着那么多太监，妹妹也有亲信太监，什么时候轮到他来当家？何不乘着这个机会，把宦官集团整个端掉，他不久顺理成章成了帝国真正掌握实权的老大？

袁绍通过何进亲信门客张津，劝何进不如把宦官一网打尽。何进因为袁家世代官高显赫，而袁绍和身为虎贲中郎将的弟弟袁术都是天下豪杰心之所向的人，便接受了袁绍的建议。

汉灵帝没有看错人，蹇硕对他还真是忠心耿耿。蹇硕看出来，何进是刘协继位的最大障碍，所以准备下手干掉何进，拥立刘协。结果还没动手，就被何进先下手杀了。这时候太监们倒真是怕了，纷纷找何进求情，只要不杀，任凭处置。

但袁绍却不依不饶起来了。世族的立场，个人的站位，以及宦官手上的权力，都让他下定决心要除掉宦官集团。他再度劝何进立即动手，剿灭宦官。

但何进就是个做事软面的人，犹豫不决，袁绍再三劝告都无补于事。曹操一听到他们的计划就笑了。

他跟别人分析说："宦官阉人，自古以来就有。只要他们的主子不宠信他们，不给他们权力，就不会落到今天这个地步。如果要治他们的罪，只要抓住他们的元凶就可以了。这事儿派一个狱吏就能办了，何必纷纷扰扰招那么多外面的将领进来？现在想要把宦官全部除掉，消息一定会泄露。我已经预见了他们的失败。"

何进手下有个叫陈琳的谋士也说："将军虽然违背了经义，但是合乎道义，天下人都会听从您的意见。但您现在反而要动用刀兵，还要招致外援。各路兵马齐聚，强者为王。这相当于是把刀口向着自己，把刀柄送到别人手上。这肯定不会成功，而只会成为动乱的根源。"

但是他的话，何进听不进去。他下令让正在剿灭叛军的并州刺史董卓带兵过来围城。

何进一边让袁绍带洛阳的武官去甄别太监，让袁绍的弟弟袁术选择了两百个性情比较温柔敦厚的虎贲士进入宫里，准备替换掉那些担任守卫的太监，然后自己到宫里，劝说太后。

中常侍张让、段珪等现在已经绝望，又偷听到了何进和太后的对话，等何进从太后宫里一走出来，他们又冒充太后命令，让他回头，去另外一个宫殿，还有商议。何进一进去就被杀掉了。他们让宫里的尚书去召见大臣，说有重要人事安排。尚书疑惑，要求请大将军出来商量。太监把何进的头颅丢给尚书，说："何进谋反，已经伏法。"

宫中顿时大乱。

这时袁绍和他的弟弟袁术本来就候在宫门外等何进命令，听见何进死了，直接带兵冲进宫里，一阵乱砍。甚至看到只要没有胡须的人，就都一刀砍翻。有些宫中的侍者，怕士兵误杀，赶紧脱下裤子证明自己不是太监，才幸免于难。

其中多有一些太监，并无劣迹，甚至常常行善积德，或者根本就远离是非，不理政事。袁氏兄弟却不管这些，凡是太监，一个都不放过，短短几个时辰，杀死两千多人，其中许多根本就是误杀。

张让、段珪守不住皇宫，慌乱之中挟持刘辩和刘协一起逃出宫外，朝中大臣卢植、闵贡慌忙一路追赶。这一行人跑到护城河边的时候，皇帝口渴，闵贡杀了羊进献，乘机大声对张让说：你们这些阉割了的奴才，竟然敢挟持皇帝，"自从王莽覆灭以来，就没有你们这样的奸臣贼子。现在还不赶紧去死，一会儿我就射杀了你们"。

张让、段珪从来没有作乱的想法，挟持皇帝，更是迫不得已。听到闵贡这么一说，大为羞愧，立即跪在地上，向皇帝行叩头大礼，说："我们这就去死，请陛下珍重自己。"十几个大太监全都投河自尽。

董卓带兵进京，还没到就听说何进被杀了，赶紧带着兵一路猛冲到了城西，就把刘辩和刘协一起接上，带回皇宫。但是董卓不喜欢刘辩，直接把他废了，立了刘协，也就是汉献帝。然后他又把何太后毒死了。

一片乱杀的赢家，是董卓，他给自己封了个相国的位置，开始独揽朝政。

现在应了陈琳的预言，乱世争雄，有兵的才是大爷，引狼入室的袁绍也没有什么好果子。

董卓要换皇帝，就把袁绍找来商量："我看刘协比刘辩要强一些，所以要立他做皇帝。小的聪明些，大的看起来很笨，比较起来就知道怎么样了。我看就这么办吧。你想想灵帝的样子，真是让人非常郁闷。"

袁绍回答说："皇帝虽然还比较小，但也没听说有什么不好的行为。您现在要废掉嫡子，另立庶子，我恐怕大家都不会同意您的意见吧。"

董卓马上就怒了："臭小子，天下的事还不是我说了算吗？我现在就要这么干，看看谁敢不听！你以为董卓的刀不锋利吗？"

袁绍唰的也把刀拔了出来，把刀横在胸口，说："天下有刀的人，难道只有你一个吗？"他一边说，一边向后慢慢退了出去。脱离董卓的视线，他马上就逃出了洛阳，一路逃到河北。

洛阳变成了人间地狱。

### 3.

董卓倒是挺器重曹操，准备封他做骁骑校尉，找他商量事情。

　　曹操知道董卓必定没有什么好下场，根本不想和他纠缠。他连夜换上平民服装，逃出洛阳，一路向东想要逃回谯县，召集军队，反对董卓。

　　这一路逃难的行程，成了曹操人生中的一个秘密，留下了许多亦真亦假的传说，尤其是在旧友吕伯奢家里的遭遇。

　　一个最温和的版本说，曹操经过成皋，在吕伯奢家里住了一夜，就赶紧上路继续逃亡。在路上碰见了两个人，容貌威武，曹操赶紧低头避让。结果这两个人笑着说："我看你一路奔跑，脸上都是恐惧的神色，怎么回事呢？"曹操觉得这两个人应该是好汉，就把自己的事全都告诉了他们。临别之时，曹操把自己的佩刀解下来，送给了他们，说："用我这把刀，聊表我的诚意。希望两位不要说出去。"

　　第二个版本说，曹操带着几个人，经过了老朋友吕伯奢的家里。吕伯奢正好不在，他儿子联合家里其他人，要劫夺曹操一行的马和行李。他们奋起反抗，曹操亲手杀死了其中几个人。

　　第三个版本，说曹操到了吕伯奢家里，他不在，五个儿子都在，对曹操礼敬有加，酒肉招待。但是曹操认为自己违背了董卓的命令，怀疑吕伯奢家人还是要图谋自己，在夜里突然发动袭击，杀死了八个人，然后继续逃窜。

　　最流行的一个版本，曹操夜宿吕伯奢的家里，听见锅碗瓢盆撞击的声音，误以为是兵器的声音，认为这家人想要杀了自己去给董卓邀功，于是当晚就把吕伯奢的家人杀了个干干净净，然后仰天悲伤地说："宁我负人，无人负我。"后来演绎的说辞是："宁可我负天下人，不叫天下人负我。"

前面一种说辞，是在误杀之后无奈的悲伤，给自己找一个借口作为安慰；后面一个说辞，是主动要把自己放在全天下人之上。

曹操与吕伯奢家人的情况，已经无从得到一个准确的描述了，但是他在中牟的遭遇，却是真实的。曹操经过这里的时候，被当地一个亭长怀疑是逃犯，把他绑起来，送到了县衙门。县里正好有人认识他，就赶紧跟县令求情，他才得以逃出生天。

曹操一路上跌跌撞撞，一边躲，一边跑，整整走了三个月，终于来到了陈留。这时，他才听说了皇帝被废，太后被杀的消息。他决定起兵讨伐董卓。

陈留的朋友卫兹帮助了他，他们俩把自己的家财全部变卖掉，开始招募义兵，一共聚集了五千个士兵。而这个时候，他的家族中人，陆续到来，成为他军队的中流砥柱，包括夏侯惇、夏侯渊、曹仁、曹洪。这是曹操所有的起家本钱。

### 4.

董卓的确是一个可怕的人。

但董卓也曾经于国家有功。在其漫长的军旅生涯中，慢慢培养出了野心与戾气。他本来已经是朝廷的隐患，何进与袁绍还敢引狼入室，汉室的气数也的确是尽了。

　　他是陇西临洮人，父亲曾经在颍川做过小官。他从小就好勇斗狠，胆大包天。董卓在凉州就是个勇猛好斗的人，他的部队以骁勇善战著称。可是现在，没有人约束了，董卓和他的军队，就像是从地狱里放出来的恶魔。

　　他做的第一件事情，就是占据了国家兵器库和财库，在城中随意劫掠挥霍。

　　然后，对任何有一点得罪自己的人，随意杀害。有个侍御史叫扰龙宗，去向董卓汇报事情的时候，忘了解下佩剑，被董卓立即扑杀。他又把何进的姨妈拉出来杀了，弃尸宫苑之中，不让收尸。

　　董卓的军队当年二月经过颍川阳城，当地的民众正在春社祭祀，军队冲上去逢人就杀，抢了农民的牛车，把砍下的人头绑在车的两边，把妇女全都赶到车上，一车一车拉回洛阳，说这是杀敌所得的战利品。进了洛阳开阳城门，把人头全都焚烧，又把妇女分配给士兵为奴为妾。


　　东汉百年无战事，天下财富齐聚京城，洛阳冠盖如云，公卿宅邸连成一片，各家各户全都金银满屋。董卓就如同打仗之后的纵兵劫掠，放任将士随便闯入官员家里，将金银财宝劫掠一空，奸淫掳掠官员家属，无恶不作，称之为搜牢。

　　而更加恐怖的是，董卓挖开汉灵帝的文陵，把其中的财物宝贝全都搜刮一空。他更加放纵兵士，冲入宫中，竟然发生随意强奸公主和宫女的事情。

百年繁华都市洛阳，一时之间如同地狱一样，任凭董卓和他的将士们蹂躏搜刮。

5.

这样恐怖的消息，不断传出洛阳，自然也传到了远离京城的曹操耳朵里。

他应当很庆幸自己在董卓入京的第一时间里就选择了出逃。否则他要么就会沦为刀下之鬼，要么在董卓的刀剑逼迫下助纣为虐。治世良臣的幻梦破灭了，朝廷已经沦陷，他去当谁的臣子？

他唯一能做的事情，就是兴义兵，诛董卓，恢复汉室，重建秩序。

他现在不是什么奸雄，还轮不到他。在朝廷里规规矩矩做了十多年官之后，他遁入江湖，天真得像个刚刚出门的孩子。

反抗董卓义兵的天然领袖是袁绍。

初平元年（公元190年）正月，董卓祸乱京城的消息已经天下皆知。驻守地方的大员们终于决定不再袖手旁观，而要共同举事，讨伐董卓，其中包括：

袁绍与河内太守王匡屯驻河内；冀州牧韩馥留在邺城，为联军提供粮草；豫州刺史孔伷屯兵颍川。

兖州刺史、汉室宗亲刘岱，陈留太守张邈和他的弟弟张超，东郡太守、桥玄的侄子桥瑁，山阳太守、袁绍的堂兄袁遗，济北相、曹操的朋友鲍信都屯兵酸枣。后将军袁术驻屯鲁阳。

他们每个人手上各有数目不等的兵马，合并起来一共有十几万，推选袁绍做盟主，曹操只获得了盟军中的奋武将军这样一个排名末尾的位置。

袁绍的背景太强大了。他的家族是世族领袖，他自己在逃离洛阳之前，已经是司隶校尉，现在也是地方大员，而盟军之中，和他直接有相关关系的人，占了将近一半。

曹操逃出来的时候，赤手空拳，既没有朝廷的任命，又手中空空。只不过因为他是袁绍的朋友，所以成了首脑之一。他在这个人群中，只能算小字辈。

当然，不仅仅是这些人宣布起事。没有和盟军合兵的，还有西河太守崔钧，前太尉崔烈的儿子；广陵太守张超，张邈的弟弟；长沙太守孙坚；青州刺史焦和；刚刚当了荆州牧的刘表在襄阳起兵；刘备，那时只是在公孙瓒手下的一个小军官，也附和了。

但是京城的情况又变了，变得更加恐怖。

袁绍逃出京城，原本应该会受到董卓的惩罚。但是他早年的奔走之友起了作用。伍琼和何颙都成了董卓的官员，他们劝董卓说：

"废立皇帝这种大事，不是普通人敢干的。袁绍不懂天下大势，只是因为害怕所以逃跑，不是有什么雄才大略。现在如果着急通缉他，反而会坏事。袁家四代都广施恩德，门生故吏遍天下。如果他收拢豪杰，聚集民众，各地英雄纷纷响应，那么山东（函谷关以东）就不是您的了。不如赦免了他，给他个郡守的官，那么袁绍肯定会非常高兴免于罪责，就不会搞事。"

董卓觉得有道理，就封了袁绍做渤海太守。

不仅如此，伍琼和周毖还推荐了韩馥、刘岱、孔伷和张邈这些人来当各地的刺史、郡守之类的官员，结果，这些人都成了反袁大军中的首领。董卓这才明白这俩原来和袁绍是一伙的，把他们全杀了。

盟军所在的酸枣和洛阳之间，不过几百里地。董卓担心盟军如果大军出动，他未必能够守得住，而西汉时候的旧都长安，在秦朝的时候就依靠崤岖天险，拦住了六国多次攻击，所以决定迁都长安。三公太尉黄琬、司徒杨彪和司空荀爽来劝谏也根本拦不住，董卓还发怒罢免了黄琬和杨彪。

董卓不想把洛阳完整地丢给盟军。他派手下把洛阳城外百里之内的民居仓房全部烧干净，又自己带着兵将，把洛阳皇宫全部烧毁。然后纵兵劫掠，把城内所有的宗庙、库房、民家，全部扫荡一空。抓捕富户，随便捏造罪名杀害，然后把他们的财产全部没收。

可怜洛阳从西汉开始，就被当成是陪都，而在东汉之后，更是正式成为首都。即便是在西汉末年遭逢兵乱，虽有破毁，但基本构架都在。经过这一番烧杀，繁华落尽，只剩废墟，遍布鬼魅。

董卓挟持汉献帝来到长安，又给自己加官晋爵，成为太师，又号称尚父，学的是姜尚在周文王死后，被周武王称为尚父。把全家无论大小老幼，全部拜官封爵，连还在牙牙学语的孙女董白，都被封为渭阳君。

他在离长安二百六十里的郿，给自己新建了一座城市，名叫"万岁坞"，俗称"郿坞"。城墙比长安还高，并在城里储存了足够三十年用的粮食，他得意洋洋地说："如果我能成功，就雄霸天下；就算不能成功，守着这座城也能安享晚年。"

董卓贪官好财也就算了，令人难以忍受的是他嗜血成性，烧杀无度，性格残忍，视人命如草芥。

董卓手下的胡兵胡将，最爱胡作非为，于是就被司隶校尉赵谦给杀了。董卓大怒，说："我喜欢的狗别人要骂它都不行，何况还把人给杀了。"就把赵谦抓起来，活活打死。

老太尉张温，是桓灵二帝期间广受尊敬的世族领袖，董卓非常讨厌他，说他和袁术有勾结，把他杀了。

除了来自东方的威胁，北方的将帅也都开始有异动。董卓就在郿坞办了一桌酒席，召集了几百位颇有势力的将帅。等他们一落座，董卓的兵就马上围上来，把他们抓住，有的割舌头，有的斩手脚，有的凿眼睛，有的直接下锅煮。那些一时还没死掉的，就在宴席的花团锦簇之中，满地打滚，惨叫震天，把一场宴席办成了人间地狱。没有被虐杀的人吓得筷子勺子掉了一地，董卓在那里依旧谈笑风生，大快朵颐。

　　但是董卓最恨的当然是山东盟军的人，如果他们一旦被俘虏，董卓就会用猪油膏涂上布匹，一层层裹在俘虏身上，然后从脚上开始点火，直至把人烧成灰烬。袁绍的一位部属李延不幸被俘，董卓就把他扔到锅里，生生煮死。

　　虽说董卓怕盟军，但是以袁绍为首的盟军，也非常害怕董卓。盟军的组成，主要是各州的守备军队和临时招募来的义军，没有什么战斗经验。而董卓的虎狼之师，来自北方蛮族，本身就凶悍好战，而且在北方天天和异族大战，都是九死一生打出来的。

　　袁绍一早就非常害怕董卓。当时董卓刚刚进京，立足未稳的时候，鲍信就劝他说，董卓兵力强盛，又不怀好意，我们应该先下手为强。他刚到京城，情况不熟，人马疲乏，现在马上袭击他，就可以一战成擒。但袁绍根本不敢。

　　所以盟军虽然成立了，拥有十几万之众，但是各人带着自己的人马，各收自己的一亩三分田，却一步也不敢向西主动进攻，在酸枣一直张望等待。曹操急了，跑去说袁绍：

　　"我们现在举兵除暴，各路大军已经兵合一处了，各位还在等什么呢？如果董卓挟持皇室，占据险要关卡，闭门不出，等着我们去攻打，那还比较难办。可是现在他劫持天子，焚烧都城，全国都恨得咬牙切齿，他这是自取灭亡啊。如果我们现在马上发兵进攻，一战就可以安定天下，机不可失啊。"

但是整个盟军，全都畏敌如虎，不敢妄动。曹操气不过，于是带上自己的人马向西进攻，只有张邈派卫兹带了一些兵马配合。

走出没多远，他就在荥阳碰到了董卓的悍将徐荣。

董卓怕的是东方盟军的大势力，而不是曹操这种势单力薄的小部队。徐荣部下是在北方和蛮族打过无数恶战的正规军，而曹操手上是临时组织起来的民团，结果可想而知。两军从白天战至夜晚，曹操一败涂地。卫兹散尽家财招募的五千人马损失殆尽，自己也以身殉国。曹操在混战中也身中数箭，战马也被射死，眼见性命不保。

堂弟曹洪看着形势紧急，赶紧把曹操扶上自己的战马，自己跟在旁边步行，且战且退。

两人到了汴河边上，水深流急，曹洪根本没法游过去。曹操一把将曹洪拽上马，两人一马，狼狈过江。

曹洪在谯县家里，本来就是马贩子，家里骏马成群。为了支持曹操，变卖家产跟着起兵，身边就留着这一匹神马，名叫白鹄，跑起来只听到风从耳边过去，根本听不见马蹄声，就好像马蹄根本没有踏到地上。当时甚至有个民谣专门称呼这匹马，说是"凭空虚跃，曹家白鹄"。

曹操和曹洪逃出数百里，才得以安全。可是当他回到盟军驻地的时候，心又沉到江底。

张邈领着一支盟军，驻扎在酸枣，和他一起的是刘岱、桥瑁和袁遗。这些人整天盛宴不停，美酒不断，高台谈宴，不思进取。

曹操非常愤怒，他一边责骂，一边忍不住动员众人一起消灭董卓。他大声说：

"各位，我有一个计划！我们让袁绍带着他部队，到孟津；我们酸枣的各位，守住成皋，占据敖仓，堵住轘辕关和太谷关，控制所有的险要关卡；然后袁术带领他自己的军队，进军丹水县、析县，占领武关，震慑三辅。然后我们也不必出战，高墙深垒，不断制造疑兵，同时不断向全国喊话，表明态势，号召勤王。所有人看到这一情况，就会知道我们处于上风，全国闻风而动，董卓就完蛋了。如果像现在这样，大军打着讨伐董卓的正义大旗，却迟迟没有动静，那么天下人就会失去对我们的冀望！我为诸位感到羞耻！"

曹操的这个计划，具有相当大的可行性。董卓力量强大，即便凭盟军的力量，也未必能一举歼灭。但是如果袁绍、袁术和酸枣诸将，能够对董卓形成三面包围之势，然后召唤和等待各路英豪去合围长安，董卓无路可去，只能束手待毙。

但这是天下盟主袁绍才能制定的计划，曹操算什么！张邈根本不听。


曹操知道他在这里已经没有什么用处了，别人也不会再分兵给他，他只有依靠自己的力量重建军队。于是他和夏侯惇跑到扬州再去募兵，扬州刺史陈温、丹杨太守周昕送给了他四千兵马。可是往回走的时候，部队却叛变了，夜烧营垒，曹操虽然亲手杀了几十人，但是其他人一哄而散，只剩下五百人继续跟着他，路上又收纳了一些逃兵，一共一千多人。

流落至此，曹操无路可退，只能去投靠驻扎在河内的袁绍。

曹操匡扶汉室的第一次努力，就这么轻易失败了。

对于曹操，这是一个巨大的教训。

反董联军虽然声势浩大，但早就注定了毫无结果。组成联军的，都是世族子弟，许多人还是党锢之祸的受害者家属。他们从小养尊处优，对他们来说，官爵富贵都是从天而降的，不需要自己的努力。他们惯于朝廷政争，与宦官、外戚之间的争夺，向来得心应手。

董卓是个外来户，又是杀人不眨眼的军头，不是他们自己人。但是要真刀真枪去拼杀，这些世族子弟并没有那样的心气，也不愿冒那样的险。这就是袁绍杀起太监来，勇猛威武，而一旦面对董卓就气馁心虚的原因。朝廷的确是肝脑涂地了，但和他们有什么关系呢？换一个皇帝就是了，他们还继续荣华富贵、高官厚禄，谁当了皇帝，都离不开他们。

董卓暴虐，天下人人得而诛之，但天下是天下人的事，要他们以身犯险，他们才不愿意呢。义兵已经起了，口号已经喊了，他们该做的事情也就做完了。

曹操起初不明白这些道理。因为他以为天子就是天下共主，而董卓就是天下共贼。只有剪灭董卓，才能解救天子，恢复朝廷的秩序，说不定还真的能够实现中兴，扫除在此之前天下扰攘的局面。他心里大约还有一些治世良臣的迷梦。

但是天下是世族的天下。他只是一个寒族。当汉朝天下烽烟四起的时候，他只是一个局外人。

6.

但袁绍是个局内人。他其实看得清楚。董卓的兵锋之烈，在当时的格局下，只有并州军才能与之抗衡。但是丁原一死，并州军也归了董卓。

山东盟军固然可以拼死一搏，但必然损失惨重。就算他袁绍愿意，其他的世族同伴也不会愿意。就算能打进去，他有多少好处呢？朝廷里还有杨彪、蔡邕、卢植、皇甫嵩这些德高望重的老臣在。在外面，拥有盟主的位置，名声又好，又有实权，进去了，他反而成了小字辈。况且，能不能活着杀到董卓跟前，还是一个未知数呢。

所以，与其苦哈哈杀过去，不如改弦更张，换个皇帝。这个皇帝既然是他立的，那么他自然就成了改天换日的大功臣，成为主导天下的人，第二个霍光。所以，他就跟冀州刺史韩馥商量，要立幽州牧刘虞做皇帝。

刘虞是皇室宗亲，为人正直，心系朝廷。他也曾率领一支有力的队伍参与剿灭黄巾军，平叛之后被任命为幽州牧。幽州地方偏远，穷困艰难，而当时战乱已起，本来青州、冀州应该要给的接济，竟然因为道路不通运送不至。于是刘虞劝耕农桑，又和乌桓等异族修好，开展边贸，竟然政通人和，当地民众十分拥戴他。在整个宗室之中，他也是有口皆碑。

如果让刘虞来当皇帝，天下归心，世族服膺，董卓手上的汉献帝自然也就废掉了。然后，以新皇帝的名义举天下之力攻伐董卓，他袁绍只要动动嘴皮子，就能坐收渔利，这是最好的算盘。

既然曹操在他的帐下，他不妨来问问老朋友，也是幕僚的意见。

这已经是第二次有人来问曹操改立皇帝的事情了，他的立场还是没有改变。他回答袁绍说："董卓的罪过，已经暴露在全国人面前了。我们这些人聚合民众，兴发义兵，远近响应，正是受正义的感召。现在皇帝虽然弱小，受制于奸臣，但并非昏聩败坏，是个亡国之主。突然间换了皇帝，天下怎么可能安定呢？要换皇帝，你们自己去北方找刘虞吧。"

这其实是正解。且不说刘虞同意不同意，天下二主，本身就很凶险。有人同意，也会有人不同意。那么盟军自身就会发生分裂，到时候内部的矛盾都处理不完，怎么能够同心同德去消灭董卓？这是乱政，是山东诸侯的私心所致，而不是真正为了维护天下的利益。

但是袁绍主意已定，就去游说刘虞。而刘虞既然是一个正派忠诚的人，怎么肯答应做这么悖逆朝廷的事情？他怒骂袁绍的使者说："现在天下已经崩塌，皇上受到劫持，我们这些人得到朝廷那么多恩典，却不能够洗雪国耻。各位现在占据州郡的重要位置，应该想着一起同心协力辅佐王室，但你们怎么反而图谋造反，沆瀣一气相互抹黑呢？"

袁绍、韩馥说服不了刘虞，就改了口气，说要么你领尚书事，按照朝廷的规则来给大家封官拜爵。刘虞还是拒绝，逼得没办法准备干脆投奔匈奴，断了袁绍的想法，他才终于放弃。

董卓的确是魔鬼，但他并不是唯一的魔鬼。

在天下承平的年代里，所有的魔鬼，都被镇压在朝廷的礼仪和制度之下，只能通过政争的形式泄露一二。世族、外戚和宦官之间的明争暗斗，都在这套程序下进行。但是当董卓这个魔鬼攫取了朝政，礼仪和制度的封印被揭掉了，所有的野心和欲望都被释放了出来。没人真正在乎朝廷的法制，大家都想变成董卓那样的权臣，甚至夺取天下。想要夺取天下，就得变成魔鬼。

董卓这个魔鬼，不仅祸乱了京城和长安，而且释放了藏在众人心中的魔鬼。但是山东的乱局，是世族自己制造的。

汉献帝的初平二年（公元 191 年），当董卓的势力尚在顶峰，整个关中、长安和洛阳还在暴虐和血腥之中挣扎，期待盟军前来解救的时候，山东诸侯的相互残杀却早已开始了。而汉献帝暗中向诸侯的多次呼救，一一被忽略，蔑视。

诸侯刚刚合兵不久，刘岱和桥瑁之间有矛盾，刘岱就杀了桥瑁，派了王肱取代了东郡太守。

汉献帝派刘虞的儿子刘和去请求刘虞解救。但是刘和走到袁术地盘的时候，就被袁术扣住了。袁术还逼着刘和给刘虞写信，骗取兵力。刘虞的部下公孙瓒劝他不要派兵，但刘虞不同意，公孙瓒就又偷偷派人去撺掇袁术，把刘和与刘虞的兵马全部扣住。汉献帝的求救落空，公孙瓒于是和刘虞结怨，在两年之后杀死了刘虞，自己当了幽州牧。

公孙度是董卓部将徐荣的同乡，被董卓任命为辽东太守。他一到那里，就立即杀了当地的官员，全面替换为自己的部下。初平元年他就公开对部下说，现在是他们该当王的时候了。于是自封为平州牧、辽东侯。

袁术和袁绍虽为兄弟，但袁术是嫡出（正妻所生），而袁绍是庶出，彼此之间向来矛盾重重，现在干脆彻底分家，开始互攻。袁术之前就已经占据了南阳，他手下的大将孙坚，和曹操同为反董卓联盟中真正抗击和打败过董卓军队的人。孙坚的根据地在阳城，袁绍派周昂去攻打阳城，孙坚长叹说："诸侯共同举义兵，为的是救助社稷。眼看董卓就要败落，同盟却互相残杀。我还能和谁同心同德呢？"周昂不是孙坚的对手，很快就被击败了。

各个方面的势力开始分化组合，袁绍联合刘表，袁术联合公孙瓒。袁术就让孙坚乘胜追击，攻击刘表，孙坚却被刘表的部将黄祖所杀。

刘表也是汉朝宗室，是初平元年（公元190年）董卓任命的荆州牧，到任后联合当地世族蒯越、蔡瑁，袭杀了地方豪强，站稳脚跟。他虽然号称起兵反董卓，但兵马根本就没有踏出荆州界。

刘焉也是汉朝宗室，他自己请求出任益州牧。当时益州内乱严重，刘焉到任后快速平叛，稳定了益州。然后，他马上联合了五斗米道教主张鲁，攻杀了朝廷的汉中太守苏固，占据了益州和汉中。盟军起事的时候，他借口"米贼断道"，拒绝出兵。汉献帝派他的儿子刘璋前来呼救，刘焉不但不理，还把儿子留在了益州。他还打造了一千多辆皇帝专属的车辆，似乎有称帝的意思。

韩馥知道自己的能力不如袁绍，就把冀州的州权让给了袁绍，却担心之后还是难逃毒手，在厕所自杀。袁绍于是成了冀州牧。

就这样，除了曹操和孙坚有过正面出战，董卓还没有动过刀枪，反董卓联盟就已经四分五裂。而这些人里，也只有他们两位，不是世族出身。

鲍信对曹操说："袁绍作为盟主，借着权力收割自己的利益，肯定会内部生乱的，只不过又培养了一个董卓而已。如果我们想要抑制他，现在力量又不足，只不过是自寻死路。不如我们看看黄河南面有什么机会，再来应付变化发生。"

但事实上，曹操也已处在穷途末路。

曹操逃出洛阳的时候，完全没有预计到眼下的困境。他在汉灵帝的朝廷里，做到了西园八校尉的位置。但这并不完全是他的本事，一部分是因为父荫，更关键的是他有一批世族好友，有权有势的袁绍尤为重要。

到初平元年（公元 190 年）盟军兴起的时候，他不过是个跟班，连济北相鲍信的地位都比不上。他只是众多领袖中垫底的一个。然而只有他傻乎乎地一心一意地要去打董卓。结果反而被董卓打了个底儿掉。

少年时代的同伴似乎都变了。但其实大家都没变，只有他变了。袁绍、张邈、袁术这些人在朝廷中，本来就继承了父亲们的政治传统：以政争来夺权力。世族清流当然一方面有扶危助困、救国于难的想法，但他们并没有宦官和外戚那样的便捷权力，而只能依靠朝廷政争来夺权。朝廷太平的时候是这样，朝廷危难的时候还是这样。

曹操离开了朝廷，离开了他的少年伙伴，就什么都不是了。他本来就是个寒族，没了朝廷的制度，没了世族的支持，他就一无所有。

和董卓之间的战争被彻底打败了，他也就彻底被打醒了。光靠他寒族的身份，一腔拯救天下的热血，像个孩子一样在世族的天下里横冲直撞，根本成就不了任何功业。他必须先依靠世族，积蓄自己的力量，才有可能在这乱世之中找到出路，找到经国济世的正道。

所以，他必须投靠袁绍——他少年的好友，来自天下最大的世族，当下最有力量的人。他的棋，终于下对了。

在被皇甫嵩、卢植打败之后，黄巾军化整为零，分裂成无数的板块，各自遁入山林。但是他们却并不安静地待在山林之中，而是各自寻找机会，攻城略地，企图东山再起；也有借机和朝廷谈判，洗脚上岸的人。当时著名的黄巾军部落有黑山、黄龙、白波、左校、郭大贤、于氐根、青牛角、张白骑、刘石、左髭丈八、平汉、司隶、大计、掾哉、雷公、浮云、飞燕、白雀、杨凤、于毒、五鹿、李大目、白绕、眭固、苦哂等，大的有两三万人，小的也有六七千人。朝廷已经没有了统一指挥，地方诸侯一方面要和董卓作战，另一方面彼此之间争斗炽烈，根本无暇剿匪，所以黄巾军残部反而有机会不断袭扰，也颇打过几次胜仗。

至于为什么整体失败之后，仍然有那么多人跟随黄巾军，这就更好解释了。董卓治下的人间地狱自不必说，诸侯旗下也没有好日子过。战争就没停过，精壮男子要么被抓丁当兵，要么遭受盘剥。与其在诸侯手下曲折求死，不如在黄巾军中以命换生。


初平二年（公元 191 年）秋天的时候，于毒、白绕和眭固这些被称为"黑山贼"的余部，就搞了一支黄巾军的联合部队，一共十多万人，来攻打魏郡、东郡。

位于兖州的魏郡形势恰好比较复杂。它是中原核心地带，紧挨着长安、洛阳所在的司隶校尉部，北边是冀州，南边是豫州，其辖下有多个世族聚集的大本营，比如东郡、陈留、泰山。当时袁绍忙着夺冀州，袁术忙着拿南阳，所以兖州反而没有一个大的诸侯把控，最大的就是兖州刺史刘岱。

但是刘岱的能力不行，也无法统合兖州。黑山贼势如破竹，而刘岱任命的东郡太守王肱根本抵挡不了。

袁绍对兖州是有想法的，还做了比较多的渗透。济北相鲍信，原本就和他一起在何进手下，也算朋友；陈留太守张邈，袁绍的奔走之友；山阳太守袁遗，袁绍的堂兄。八个郡国里占了最少三个，拿下兖州，就可以和冀州连成一片，天然是下一个目标。

所以，他派了曹操去夺取东郡。打破落户、业余兵黄巾军，曹操还是手到擒来的，况且这次是袁绍在背后，所以一进东郡，他就在濮阳大败白绕。袁绍大喜，立刻上表封曹操为东郡太守。

曹操在群雄争霸之中，终于有了一块立足之地。这是一个起点。


或许对于曹操来说，地盘并不是最重要的事情。在他以往三十七年的人生经验中，除了天真的反董卓联军时期，他少有失败。最重要的反而是两个深刻的教训：

其一，时代真的变了。他做事情的方法必须改变。在洛阳、顿丘和济南国，他都一往无前，赤肝直胆。但那个时候，朝廷在他的背后，他无需权谋，只需勇气。而现在完全不同了，人心如同鬼蜮，在每个号称匡扶汉室的人背后，都有一个庞大的棋盘和算盘。他以前的朋友，现在的主子袁绍，就是最典型的案例。而刘氏宗室呢？刘表、刘焉、刘

岱，有一个算一个，都是拥兵自重、心怀叵测的家伙，除了
刘虞。但恰恰是刘虞，败得最彻底，死得最快。

他需要权谋，需要方法，需要手段。他不缺，但是到现
在，他都还没有用。

其二，世族，世族，世族。没有世族的支持，一切都
只会是一场虚空。只有世族的力量，才能支撑得起匡扶汉室
的雄心、扫荡中原的壮志、一统天下的宏图。世族是资源所
在，世族是力量源泉，世族是人心所向。

争夺世族的战争已经开始了，同攻城略地的战争一样惨
烈。刚刚从汉朝的体制中脱离出来的各路军阀，所看重的还
是世族子弟。

阵营最强大的，自然还是同为世族子弟的袁绍。他手
下的人才，都几乎是一时之选。他所在的冀州不仅是战略要
地，而且是全国最富饶和安定的地方，可谓人杰地灵，来自
全国各地的知名人士，都聚集在那里。从颍川来的世家子
弟，荀彧和兄弟荀谌、辛评和弟弟辛毗、郭图，都是跟随袁
绍从洛阳逃到冀州来的；还有一批人，原本就在冀州服务韩
馥的，也都留下来辅佐袁绍，包括沮授和田丰；河北本地的
世族名流，逢纪和审配，也都跟随了他。

刘表在荆州已经安定了下来，治理相当有效，荆州成
了当时最平安的地方，别处硝烟弥漫，只有他这里天天召集
一批饱学之士，谈古论今。于是全国各地名士也纷纷南下避
祸，按照荆州人自己的说法，文学之士，达到千人之多。直

接服务于他的各地世家名士，包括了韩嵩和傅巽，来自本地世族的，则有蒯良、蒯越两兄弟，蔡瑁和张允。

荆州真正成了当时藏龙卧虎的地方。诸葛亮的家族就在这个时候来到荆州隐居起来，这时候他才十岁，他的伯乐司马徽已经在那里，他长大之后，逐渐和到这里避祸隐居的崔钧、徐庶成为好朋友；庞统也落户到了荆州。

刘焉把从中原的南阳、三辅等地流亡而来的流民组织起来，组建了四川最强军队"东州兵"，于是稳定下来，移治成都，汝南许靖、南郡董和、江夏费观都已经到来。

形势再明显也不过了。在诸侯争雄中立即崭露头角的，要么是皇家贵胄，如荆州刘表、益州刘焉、幽州刘虞；要么是王公世族，如河北的袁绍、淮南的袁术；要么是铁血英雄，如攻灭了刘虞的幽州的公孙瓒、辽东的公孙度。


曹操是没有前途的。他身边没有世族子弟，只有从谯县跟来的姻亲故旧，曹家和夏侯家。

但他马上就时来运转了。荀彧来了。

荀彧的叔叔荀爽，是董卓朝廷的太尉。董卓入京的时候，荀彧马上就请求离开洛阳，获得了一个县令的位置。他却弃官出逃。走之前，他跟颍川乡里人说："颍川是四战之地，天下有变，就马上会被各路兵马反复冲杀。大家应该马上离开，千万不要久留。"可是乡里人都舍不得颍川这块人杰地灵的地方，第二年董卓部将李傕经过这里，多数留下来的乡人，都遭到屠戮。

当时的冀州太守就是颍川世族，他当然知道颍川荀家的厉害，马上派人来把荀彧全家都接走了。随即袁绍替代了韩馥，当然是以上宾之礼来重用荀彧，他的兄弟荀谌当时也在袁绍帐下。

荀彧却始终觉得袁绍不能成大事。当曹操获得东郡，他马上主动投了曹操。

这对曹操来说，真是瞌睡碰到了软枕头，没有比这个更珍贵的及时雨了，他说："你呀，就是我的张良。"

那年，荀彧二十九岁，颍川荀家出现在曹操阵营里，意味着曹操可以成为争雄天下的势力。那么接下来，颍川世家的选择对象，就多了曹操这么一个可能。而颍川，又是全国世族的领袖之地，它能够滚雪球式地带来各地世族的归附。

荀彧来归的意义，远比夺取东郡，要大得多。

曹操立足未稳，他的野心也还没有扩散出来。他现在只是袁绍旗下一个小小的太守。也许他荡平天下的豪情还没有生发出来，这时候，看见山河破碎、汉室倾危，洛阳残破、长安受辱，他内心的忧伤，或许远远大过于雄心。也许慈悲之心，才是他奋发向上的起点吧。

在这段时间里他写下了《薤露行》，看不见半分的壮志与杀气。

贼臣持国柄，杀主灭宇京。

荡覆帝基业，宗庙以燔丧。

播越西迁移，号泣而且行。

瞻彼洛城郭，微子为哀伤。

董卓占据了国家，帝业动摇，帝京火焚。百姓流离，遍地号哭。我看见那残破的洛阳城，就像商纣王的哥哥微子，看见烈火洗劫过的故都那样，心里只剩下哀伤。

第三章

父亲

"我的孩子，"做父亲的说，"这只是一条路，强迫人家服从。此外，还有另外一条道路，可以让世人自愿服从：当人们感觉到利益攸关的时候，他们就会高兴地服从于他们认为比自己更有智慧的人。"

[古希腊] 色诺芬《居鲁士的教育》

*1.*

董卓死了。

董卓肯定是要败的，所有人都知道。没有人能够依靠纯粹的暴力维持长治久安，这个道理，史不绝书。夏商的桀纣，秦朝的始皇，不都是这样败掉的吗？这些世族子弟，自小熟读经史和圣人之书，无论学的是《春秋左氏传》，还是《春秋公羊传》，道理是基本相通的。

然而恰恰是山东群雄，这些熟知历史的世族子弟，延长了董卓的生命，增加了他的罪孽。汉献帝派使者发出的一次又一次呼救，被不同的人置若罔闻，袁绍、袁术、刘焉、刘表，全都如此。

他们聚合了十多万的义兵，却拥兵自重，逡巡不前，把所有的时间和资源都花费在了争权夺利和抢掠地盘之上。

本来，如果能像曹操规划的那样，山东群雄占据险要，呼唤天下英豪勤王，那么汉朝的秩序就能够恢复。剪除董卓的任务，只能落在困囿于朝廷后方的臣子身上。这些臣子无兵无将，根本无从与董卓抗衡。他们只能用阴谋。而所有的阴谋，都是有后遗症的；处理的事情，也都不干净。

孔子曾夸奖齐桓公，说他"正而不谲"，就是行事正派，不要阴谋。圣人的教诲是一回事，实际行动却是另一回事。对于朝中大臣来说，山东没有指望，他们也没有别的选择。要玩阴谋，就得用见不得光的人，做见不得人的事。

这个见不得光的人就是吕布，这个见不得光的事就是暗杀。

吕布是很受并州刺史丁原亲待的将领。他自己也确实有本事，当时的顺口溜为证："马中有赤兔，人中有吕布。"可是吕布还是把丁原给杀了。

吕布本来和董卓"约为父子"。可是吕布得到的是什么呢？董卓的贴身侍卫。

杀掉丁原要换的是荣华富贵，位高权重。难道只是为了当董卓的奴才吗？那不比当丁原的将领来得光明正大？董卓这个人就是军旅出身、粗而无文、刻薄寡恩，脾气又很坏，哪怕他自己的部将，一旦言语不慎得罪了他，他就能立刻把人给杀了。

董卓当然知道想把自己碎尸万段的人多不胜数，所以到哪里都把吕布带着。可是他控制不了自己的脾气。吕布有一次不小心说错话，办错事，他顺手操起一根手戟就扔向吕布。好在吕布行动敏捷，躲了过去，马上郑重向董卓谢罪。董卓当然还是看重他的，也没太计较。

吕布这个人还有个特点：好色。因为经常为董卓守在近身，不免和董卓的一个婢女私通。没错，没有貂蝉，就是一个婢女。但是他还是怕董卓发现，内心惴惴不安。

更关键的问题还在于：自从丁原死了，并州军被董卓吞并。并州军的地位也就在董卓的军队序列中下降，被边缘化了。原本，并州军和董卓的凉州军是边境双雄，谁也盖不过谁。现在，连董卓的部将都能使唤吕布了。其中的落差，何其之大？

司徒王允、司隶校尉黄琬、仆射士孙瑞，在等待关东群雄多时之后，知道已经没有希望，只能依靠自己了。初平三年（公元192年）他们开始拉拢吕布，让他去杀董卓。

吕布还扭捏了一下："我们俩是父子，不好吧。"

王允嘲笑他："你姓吕，他姓董，你们俩本来就没有什么骨肉之情。你什么时候死都不知道呢，谈什么父子情？他拿手戟扔你的时候，有父子之情吗？"

吕布立刻爽快答应。

初平三年（公元192年）四月，汉献帝生了一场病，病好后，召集群臣在未央宫举行朝会。

董卓如同往日一样戒备森严。他自己乘车直接入宫，从军营到宫内，一路上两旁都站满了士兵。他的车旁，左边是步兵，右边是骑兵，对他贴身保护，附近的街市全都戒严，还有吕布和其他将领前后布防。

王允和吕布的同乡、骑都尉李肃招募了包括秦谊、陈卫在内的十多个勇士，吕布安排他们穿着卫士的制服，在宫廷的北掖门待命。王允也让士孙瑞把汉献帝签署了的诏书偷偷塞给吕布。

董卓刚刚进入北掖门，李肃马上冲上去，用戟刺向董卓，董卓外面穿着朝服，里面却穿着铠甲，所以只有手臂受伤，但一下就被捅下马车。董卓在地上回头大声叫："吕布在哪里？"

吕布大声回答："有诏书。"董卓大骂："庸狗，你怎么敢这样？！"吕布才不管他呢，大步上前，长矛一下就刺穿了董卓身体，士兵一拥而上，立刻就把董卓杀死了。董卓手下的主簿还想上去抢董卓的尸体，结果也被吕布一矛刺穿，前后杀了三个人，其他人再也不敢轻举妄动。

吕布这时从怀中掏出诏书说："讨伐的只是董卓，其他人概不追究。"于是董卓的部下将吏，全都站立不动，山呼万岁。长安城中人听说董卓被诛，全都载歌载舞，官吏、百姓，包括他们的女眷甚至把珠宝和衣服都拿出来卖掉，换了酒肉钱，整个城市的酒楼食肆，到处都是庆祝的人群。

接下来当然就是清算，董卓亲属三族全都被诛杀，他的两个弟弟和一些在郿坞中的亲眷，被部下用箭射死，或用斧头砍死。董卓的母亲已经九十岁了，跑到郿坞的门口祈求饶命，但立刻就被士兵砍头。

董卓的尸体被放在市场上示众，据说，董卓非常胖，天气已经开始热了，他身上的油脂都流到地上，把路上的草都染成红色。到了晚上，守尸体的小吏做了一个灯芯，插在董卓的肚脐眼上点燃，瞬间火光灼灼，一直烧到天亮也没烧完，如此一连烧了好几天。

董卓一介武夫出身，依靠和异族之间的情谊，在边境靠军功发达。这个人粗鲁无文、嗜杀成性，像个神经病一样祸乱朝廷，死是必然。但是，他对于世家大族和文学名士，有着异乎寻常的崇拜和热爱。起初他是想留用袁绍和曹操的，他们逃了之后，他们的朋友何颙、伍琼都得以留用。

颍川荀氏当时的长辈，荀彧的叔叔荀爽，在董卓当政的第一时间就被征辟，荀爽刚想逃，就被地方官员抓住，任命他为平原国相；刚刚走开没多远，使者又追上来，他被拜封光禄勋；在官位上才待了三天，就又被拜任司空。从一个布衣平民到三公的位置，一共才花了九十五天。

灵帝手下三大名臣，董卓一个都没杀。皇甫嵩和他其实有着很深的过节，当年受汉灵帝委托夺董卓兵权的人，就是皇甫嵩。董卓当了太师以后，有一次还特地把皇甫嵩叫到自己的车驾前面，问他现在服不服。皇甫嵩说，服。他就大笑，也没把他怎样。

董卓迁都的时候，卢植极力反对，当时董卓想杀他，但马上被人劝住，只给免了官。他立即告老返乡。董卓后悔，派人追杀，不过卢植走小路，没有被发现。

董卓在进京之后，就刻意巴结朱儁，着意结交。山东盟军成立的时候，董卓还邀请朱儁担任太仆，做自己的助手，被朱儁严词拒绝，他才悻悻作罢。

　　孔融也在这个时候被董卓征召进京，他是孔子的二十世后人，从小就名震天下。孔融这个人，刚直敢言，经常出口顶撞和规劝董卓。董卓虽然很烦，但也并没有为难孔融。

　　最典型的当然是蔡邕，他是两汉历史上声名赫赫的名臣、文学家、艺术家、诗人、历史学家、天文学家。他是耿介之臣，在汉灵帝在位时，曾上密奏，要汉灵帝改变十件事。他不仅得罪皇帝，还得罪朝中重臣，结果被流放，又被暗杀。在董卓乱政之前，他已经在江东吴地避祸长达十二年。董卓上位之后就征召他，他躲避不出，无论怎么叫都没用。董卓大怒，放狠话说："我族灭别人是随便的事。蔡邕就算再骄傲，灭他全族对我来说也易如反掌。"蔡邕没办法，只好出来。

　　蔡邕非常受董卓的信赖，他因此甚至两次成功阻止了董卓的僭越之举。一次是董卓要称"尚父"，另外一次是董卓要坐皇帝的车驾。

　　当然，无论董卓如何讨好结交世族，都始终无法得到他们的支持和信任。道理也很简单：其一，董卓并非同道之人。世族虽然通过垄断仕途，也把整个国家搞得乌烟瘴气，但是有汉之世，多数的糟事都不是他们做的，儒家的一套约束机制起码在表面上是有用的。其二，还是缺乏安全感。董卓尽管对世族另眼相看，但是对于得罪他的世族，他还是会痛下杀手，比如前太尉张温、伍琼。其三，在权力分配上，董卓并没有非常制度化地重用世族，基本上他还是独裁。三公也好，尚书令也好，司隶校尉也好，都只不过是花瓶摆设，最多也就是参谋。

董卓与世族迟早是要刀兵相向的。除了山东盟军之外，世族针对董卓的刺杀曾经发生过很多次。王允和荀爽也密谋过，但是荀爽在这期间得病死了，所以没有实施。袁绍、曹操的奔走之友何颙，也曾密谋刺杀，却被董卓因为别的事情收监，在狱中忧愤而死。

作为刺杀董卓的首功之臣，王允当然就受到了重用，吕布也封为奋威将军，和三公一个级别。

其实在刚刚诛杀董卓之后，汉朝再一次出现了中兴的希望。汉室在灵帝之后，有好几个机会可以重振山河，而并不是非要一路向下。

汉灵帝死后，何进担任大将军，已经和世族联手。这时候党锢之祸已趋平息，朝中名臣济济，完全可以压制宦官，恢复以世族为主要力量的治理。奈何何进一意孤行要消灭太监，以至于引狼入室，来了个乱政的董卓。

董卓西迁之后，山东盟军完全可以号召天下勤王，本身就是民心所向。外面有盟军，里面有三大臣、荀爽、王允等一大批内应，无论通过暗杀还是强攻，都可以彻底解决掉董卓和他手上的凉州军。山东群雄却摇着讨伐董卓的旗号，暗中争权夺利、互相攻讦、分割地盘，根本无心与董卓作战。

王允、吕布暗杀了董卓之后，情况同样如此。这时候皇帝在位，名臣在朝，盟军在外。所需要的，无非就是把朝中群臣团结起来，安抚董卓旧部让他们放弃抵抗，然后让山东盟军开进来，替代首都防卫，清算董卓势力，诛除首恶，就可以重归天下太平。尽管已经有了诸侯争霸的情形，但中央权威还在，收编凉州军和并州军，朝廷立即就有了可用的、能征善战的军队。公孙瓒、袁术、刘表、刘焉这些人，是不敢公开违逆朝廷的正统地位的。只要政令清明，重树权威，这些人都得乖乖回归朝廷。

但王允和吕布都是草包。搞搞阴谋还行，治理国家就一塌糊涂。他们上来第一件事，先把蔡邕杀了。

董卓被杀时，蔡邕刚好和王允坐在一起，听到消息便叹息了一声，显得有些悲伤。王允就怒了，大骂蔡邕说："董卓是国家的大贼，几乎颠覆了汉室。你是皇帝的臣子，应该和我们一样痛恨他才对；但你因为他对你亲善，就忘掉了骨气！今天我们诛杀了有罪的人，你反而却为他悲痛，你难道不是和董卓一样的逆贼吗？"

蔡邕求情说，我还要编汉史，你可以给我刺字，砍掉我的脚，留我一条命，我把汉史编完。太尉马日磾加上一批名士名臣前来求情，王允固执己见，把蔡邕在狱中就处决了。

蔡邕之死使整个凉州兵内部极为恐惧，都说："蔡邕只是因为和董卓亲善就被杀了，我们如果放下武器，肯定就坐以待毙了。"

吕布当时是挟私愤，想劝王允把凉州兵全杀了，但是王允不肯。有人劝王允让皇甫嵩担任凉州兵的将军，王允又担心如果凉州兵没有解散，会让山东盟军起疑心。所以，他既不发赦免凉州兵将领的诏令，又让凉州兵就地解散。吕布更是拿着诏令，派李肃去陕西杀掉董卓的女婿牛辅。

于是当时城中流言纷纷，说王允要把整个凉州兵都灭掉。董卓部将李傕、郭汜等四散而逃。他们在路上遇见了牛辅的谋臣贾诩。牛辅已经被他的部将所杀，贾诩也就逃了出来。

贾诩对李傕和郭汜说："我听说长安朝廷里的人议论，要把我们这些从凉州来的人全部杀死。你们几位如果抛弃大军，单独出逃，那么一个亭长就能够把你们绑起来送给朝廷。不如你们带领部队往西走，一边走一边收拾咱们的军队，然后去攻打长安，为董公报仇。如果可以成事，那么就拿着朝廷的命令征伐天下；如果不成功，到时候再逃也来得及啊。"

李傕和郭汜觉得有理，就一路收拾董卓各部留下的残兵，同时到处招呼董卓旧部，包括樊稠、李蒙和王方等，等返回长安的时候，已经有了十多万兵马。他们就开始围攻长安。

仅仅十天时间，长安城破。吕布稍作抵抗就败退了。城里再无抵抗力量，李傕、郭汜纵兵残杀，朝廷公卿死伤无数，百姓更是死伤相藉。

王允带着汉献帝逃到宣平门城楼上，李傕到了城门下，跪倒磕头。汉献帝问李傕："你们不但自己作威作福，还放任兵士到处胡作非为，是想干什么？"李傕回答说："董卓是忠于陛下的，而无故被吕布杀害，我们只是为董卓报仇，不敢做悖逆的事情。"

王允被逼无奈，只好服罪。李傕、郭汜杀了他和宗族内十多个人。

李傕、郭汜这些人把董卓的骨灰收集起来，想埋葬在郿坞。但是下葬当天，风雨大作，暴雨滂沱，雷还劈中了董卓的墓，洪水冲入墓穴，把棺材都漂起来了。

初平三年、四年（公元 192 年、193 年）对于长安和三辅（都城所在地区）来说，世道真是如同十八层地狱，关关难过。李傕、郭汜，比董卓还要残暴。朝中的一些大臣，动员西北的韩遂、马腾来偷袭长安，不但没有成功，还屡屡战败。

他们在关中打仗，就像在西北对待羌胡异族一样，放纵士兵四处劫掠，抢劫、杀人、强奸、放火、屠城，无恶不作，所过之处，寸草不生。三辅地区原本有几十万户人家，经过双方军队的来回劫杀，粮食消耗殆尽，民户集体逃亡，剩下的老弱病残，上演了人吃人的惨剧。两年之间，三辅成为一片焦土，粮食与赋税自然无处可出，到了这个时候，连皇帝和大臣都吃不饱饭了。

三大名臣基本上都在李郭乱政的时候陨落。早在董卓末日之前辞官逃走的卢植，老死在了袁绍的冀州；皇甫嵩病死长安；朱儁备受欺凌，在李郭二人相互攻讦的过程中，活活气死。

朝廷中已经没有了老成谋国，能够折冲樽俎的平衡力量，也没有了董卓这样能够真正一手遮天的强大力量；汉献帝岁数太小，完全成为傀儡；李傕和郭汜，连短期的目标都没有，更不用说统一天下的大志。

大汉已经完全成了一辆没有方向和车夫的马车，随时都会颠覆。

2.

初平三年（公元 192 年），从北面进入兖州的黄巾军黑山贼，在东郡被曹操阻击，吃了败仗。但是对他们来说，这不是什么重要的事情。在张角等几个首领死后，他们已经失去了目标，只是为了生存，到处抢劫而已。东郡抢不着了，就在兖州的其他地方转悠，哪能打下来就打哪里。

曹操占据了东郡之后，就在这里募兵练兵，并且追着黑山贼打，继白绕之后，又分别击败了于毒、眭固和匈奴王子於夫罗的军队，把东郡境内的黑山贼全都肃清。

这时候袁绍的势力正在急剧扩充。青州刺史焦和在初平二年死了，整个青州一下子变成了无主之地，袁绍起用了猛人臧洪代理刺史，接管青州。

臧洪也是世族子弟，广陵郡人，祖上也都历任地方长官。张邈、张邈的弟弟张超、刘岱、孔伷和桥瑁在酸枣会盟举兵的时候，他被推荐上坛领誓。因为这些人没有进取心，很快也就散了。他受张超的指派前去联系刘虞的时候，被袁绍留下，派往青州。

臧洪能力超强，到了青州，剿抚并用、坚壁清野，很快就打得这些黄巾流寇无法立足。青州的黄巾军聚合起来，一起向西往兖州方向逃窜。这股流寇虽说是在逃亡，但连同家属一起，足有百万人之多。他们在兖州的东边门户泰山郡又被郡守应劭打败，只好继续向西逃窜，先进入了任城国，杀死了任城国相郑遂，又掉头往北，进攻东平国。

兖州刺史刘岱，就驻扎在东平，他想主动出击。鲍信劝他说："现在黄巾贼聚集了上百万人，百姓都非常惶恐，将士也无心作战。我看敌军虽然人多，但军队没有什么辎重，不过是以劫掠为生。我认为应该积蓄力量，固守城池。贼人战也不能战，攻也不能攻，一定会分裂逃散。那个时候我们再追击残敌，一定能够获胜。"

可惜刘岱刚愎自用，选择主动出击，结果一战被杀。

世族子弟、东郡人陈宫已经归入曹操帐下，对曹操说："现在兖州已经没了主人，皇帝和我们之间的通信也完全隔绝了。我建议到州里和他们的官员沟通，让您去那里担任州牧。如果能够以此为基地，就可以开始经营天下，这是霸王之业啊。"

鲍信当然同意，于是派人去东郡把曹操接过来当了兖州牧。

　　这时曹操的兵力也实在不怎么样，而且没有多少久经沙场的战士，有的都不过是他打下东郡时募集的新兵。他率领了一千多骑兵和步兵，直接杀到了黄巾军的营地，结果让人打了个大败而归，死伤好几百人。

　　此时的曹操，却并不是董卓兵锋下仓皇奔逃的曹操了。在袁绍的大旗下，在世族子弟的帮助下，他找到了归属感，也恢复了信心和能力。败军之际，他力挽狂澜，亲自披挂上阵，巡视士兵，鼓舞士气，一马当先。于是这支军队士气大增，在此后连续多次打败黄巾军。

　　黄巾军的首领写信给曹操说："当初你在济南的时候，捣毁神坛，和我们的领袖张角观点是一致的。你当时好像是知道道理的，现在怎么反而迷惑了呢？汉朝的江山已经到了尽头，我们黄巾军的时代到了。上天已经设定了这个运数，不是你的才能和力量能够逆转的。"

　　曹操接到信，气得破口大骂。他采用两面手法：一方面以游击战的方式，埋伏袭扰，频频得手，黄巾军不胜其扰，想要逃跑；另一方面，他又不断放出消息，引诱黄巾军部分将士投降。

　　但是曹操的忠诚战友鲍信，却在寿张的一次战斗中牺牲，尸骨无存。曹操到处寻找遗体都没有下落，只好找人用木头刻了鲍信的雕像，下葬祭祀的时候痛哭流涕。

　　黄巾军一路败退，向北逃到济北国的时候，难以为继，向曹操请求投降。初平三年（公元192年）冬天，曹操接受了这一路黄巾军成建制的投降，一共获得了三十万士兵，加上他们的家属人口超过百万，曹操把这些黄巾军的主力改编成了一股具有极强战斗力的部队，名为青州兵。

这一来，无论从民户，还是军队，曹操一下成了诸侯中极具规模的势力。但是他依然只是袁绍的臣属。袁绍一听曹操拿下了整个兖州，大喜过望，马上向汉献帝上表，封曹操做兖州刺史。这个时候其实朝廷已经派了一个名叫金尚的官员来做兖州刺史，只是他还在路上，曹操就已经打败黄巾军，占了兖州。金尚只好在路上停了下来，结果又被袁术劫持，归顺了袁术。

随着曹操在兖州的节节胜利，他在世族中越来越受重视。首先前来投奔的人是毛玠。

毛玠是陈留人，董卓之乱时跑去荆州避难，看见刘表政令不清，也没有什么大的志向，于是就跑到了兖州。曹操当了州牧，他就投奔了曹操。

毛玠带来了一个石破天惊的大战略。

他对曹操说："现在天下分崩离析，皇帝居无定所，朝廷的库房里连一年的粮食储备都没有，中央没有什么可指望了。老百姓流离失所，饿殍遍地，也根本没有办法安定下来生产，想依靠民众来恢复供应，也是不可能的。

"袁绍和刘表割据一方，看起来好像人口众多，军队强盛。但他们都没有长期经营的思路，也缺乏建功立业的基础。靠他们来重振汉室江山，也没有希望。

"在我看来，要想长治久安，第一要给军队一个正义的信念，第二要保护地方，积蓄财富。我的办法有两条：其一，奉天子以令不臣，也即把皇帝接到身边，规训那些不守道义的逆臣；其二，保护百姓恢复生产，种植粮食，获得军队的给养。做到这些，我们就能成就霸王之业。"

毛玠的话基本上可以概括为两个原则：一是政治上的，为曹操取得正统地位；一是经济上的，要发展生产，以为永续。

毛玠的话指明了曹操未来的努力方向：把兖州当成一个根据地，不是去皇帝那里，而是让皇帝来到自己这里，接受自己的保护，号令天下。

曹操几乎立刻就接受了毛玠的建议，他马上派使者去拜见河内太守张杨，希望能够借道通使长安。张杨正准备拒绝，但是那时投奔他的董昭已经看出端倪："袁绍和曹操看起来是一家，但是肯定不能长久。曹操现在虽然弱小，但是他一定会是天下英雄，应该和他结交。现在有这个缘分，应该帮助他通使，而且要上表推荐，万一事有所成，那么情分就很深了。"

张杨同意了。董昭还帮曹操写信给李傕、郭汜，小心翼翼根据他们的不同情况，写了不同的信。

李傕、郭汜看到曹操的信，觉得本来山东群雄就准备自立天子，曹操的话不可信，想要扣留使者。但是另外一个世族子弟钟繇出现了，劝告李、郭说："现在天下英雄并起，各自伪造诏书，自专自为，只有曹操心向朝廷，如果挫伤了他的忠心，只怕以后来归附朝廷的人就不敢指望了。"李傕、郭汜听了，非常高兴，反而重赏了曹操的使者。

对于曹操来说，当下从属于袁绍，的确是无奈之举。没有袁绍，他就无法发展自己的力量，也无法吸引世族子弟的加入，就无从成为群雄之中重要的力量。他当然有自己的志向，但是如果无法拥有强大的力量，所谓的匡扶天下、恢复汉室，就是一句空话。

现在，和朝廷之间建立联系了，又有了自己的地盘，有了自己的核心军队，他就有了起步的资本。

### 3.

作为袁绍的得力部将，曹操正面和袁术对抗上了。二袁之间的战争，已经酝酿了许久。

因为袁绍是庶出，后来又过继给了他的叔叔，袁术打心眼里看不上袁绍。但是袁绍的名气一直比袁术大，是何进的属官，很受重用。他和名满天下的何颙、伍琼等人关系密切，和张邈、鲍信又都亲近，这些人在党锢之祸中出力良多，为天下世族所看重，所以袁绍自然也就成为世族的青年领袖，比袁术更加受人尊敬。

董卓控制中央政府的时候，其实同时拉拢过袁氏兄弟，想给袁术一个后将军的位置。袁术也看得出来，董卓是个没有前途的家伙，就和袁绍几乎同时逃离了洛阳。由于在山东聚合反董联军的契机，他们又聚在了一起。然而，盟主又是袁绍。这让袁术心理极不平衡了。

袁绍意图拥立刘虞当皇帝的时候，也来找袁术商量过。

可是袁术的心里，已经没有皇帝了。况且，如果刘虞同意，那么，大汉就又有了一个年长的、广受尊敬的、有能力的皇帝，这和袁术的野心太不匹配了。袁术的回答是：这样做不符合公义。

到了袁绍拥有冀州，属下文臣谋士、悍将勇士成群的时候，袁术再也忍不住了，他说："这些混蛋都不跟我，反而去跟我家的家奴吗？"兄弟俩于是各自寻找盟友，采用远交近攻的方法，相互攻伐：袁术和北方幽州的公孙瓒联合，要南北夹击袁绍；而袁绍则和南面荆州的刘表结合，也要南北夹击大本营在南阳的袁术。

袁术写信给公孙瓒说，袁绍根本就不是袁家的子弟。袁绍大怒，决心攻打袁术。两边各自有过几次惨烈的战争：在北方，袁绍与公孙瓒抢夺幽州；在南边，袁术与刘表抢夺荆州。

曹操所在的兖州，与袁术处在了短兵相接的位置。袁术部将孙坚为刘表所杀，又被刘表断了粮道，在荆州已经无法生存，于是向北挺进，意图攻下兖州。

袁术联合了黄巾军余部黑山贼和匈奴的单于於夫罗，开始攻打兖州南部门户陈留郡，进兵封丘。曹操军队连续发起进攻，一连取得了匡亭、封丘、襄邑、太寿、宁陵之战的一系列胜利。袁术被彻底赶出兖州，一路跑到九江，才算喘过气来。他拿下了扬州，可谓失之东隅，收之桑榆。

　　然而正当曹操军事上节节胜利的时候，他的厄运却开始了。

　　当年曹操辞职回乡的时候，买官当上太尉还不足一年的父亲曹嵩，就被免职了，也回到谯县隐居。董卓进京，曹嵩害怕被董卓追杀，就躲到了山东琅琊，投奔了琅琊王刘容。初平四年（公元 193 年），刘容死去，琅琊国国除，曹嵩无处可去。

　　曹嵩只是个花钱买官的普通官僚，本身从来没有什么政绩，更没有匡扶天下的雄心和能力。所以曹操起兵的时候，他就拒绝跟随，而居家避难。但是现在，曹操是一州之主，他又无处可去，只好同意曹操的邀请，前往兖州。曹操让泰山太守应劭派兵迎接。

　　曹嵩全家走到泰山的时候，徐州牧陶谦派了几千骑兵前来追杀。曹嵩这时候在等曹操和应劭的兵马，根本没有防备。曹操的弟弟曹德首先就被陶谦的士兵砍翻在地。慌乱之中，曹嵩带着小妾跑到后门，想从围墙的破洞中逃出。但是他的小妾太肥了，挤不过去。他们俩又逃到厕所中，被陶谦的士兵找到，全部杀害。

　　曹嵩带领的曹氏家族的许多亲戚，都在这次谋杀行动中被害。

　　后来的记载，是另一种说法：曹嵩到兖州来投奔曹操，随身带了一百多车的财物。曹嵩多年在朝廷当官，买太尉这个位置，还花了一亿万钱，所以曹家的富有，可想而知。陶谦为了向曹操示好，派了他手下的一个军官张闿，带了两百个骑兵护送曹嵩。但是这个张闿，是黄巾军投降过来的叛将，看见曹嵩家的财产，就起了歹心，到了泰山就把曹嵩全家杀死，抢了财物逃跑了。所以，陶谦只不过是好心办了坏事。

　　后一种说法，看来是为陶谦辩护。陶谦虽然是徐州牧，但是他和公孙瓒、袁术都有深厚的关系，并且曾经联合袁术一起攻打过袁绍。而曹操是袁绍的部将，兖州又和徐州接壤，他和陶谦曾多次发生冲突，陶谦攻打过泰山和任城，而曹操也攻下了徐州十几城，双方的仇怨已深，陶谦袭击曹嵩是再自然不过的事情。


　　兴平元年（公元 194 年），曹操发动了复仇战争，攻打徐州。陶谦根本不是对手，很快就丢了首府彭城，转移到郯城，曹操攻城不下，转道攻下了取虑、睢陵、夏丘。

　　这次复仇战争为曹操留下了极其恶劣的名声。有记载说，攻下彭城之后，曹操坑杀了数十万人，鸡犬不留，他下令把尸体都扔在泗水里，连泗水都被堵塞，流不动了。

　　曹操屠城到底有多么惨烈，各方记载不一，各执一词。作为复仇战争，屠城恐怕是实有其事，至于屠戮了几十万，恐怕有夸张的嫌疑。曹操的军队，曾多次被记载屠城，但是对于屠城状况的记录，基本上从无细节。魏蜀吴三方对战争多有详细记载，对屠城之事，却从来语焉不详。因此，夸大对方的残暴，以求取自家同情，只怕是一种政治策略。[1]

对于曹操来说，父亲之死，不过是厄运的开始。

## 4.

曹操后院起火，险些丢了整个兖州：两个他非常信任的人，张邈和陈宫邀请了吕布来当兖州牧，全州世族纷起响应，占据城池，驱赶曹操。

但这只是表面现象。事实上，曹操卷入了一场世族内部的兖州控制权争夺战，他无从逃避。

山东盟军兴起的时候，董卓派了泰山世族胡母班，来游说当地势力投奔自己。袁绍命令王匡杀了胡母班。王匡当时是河内太守，随后被董卓击败，逃入泰山，组织起了一支"泰山军"，准备和陈留太守张邈联合，夺取兖州。而他们俩之间，还有一个盟友叫边让，陈留人，原本是九江太守，据说边让很看不起曹操，经常出言侮辱。

在曹操主政兖州期间，他杀了边让全家，同时又和胡母班家族联合，杀死了王匡。

从曹操的角度来看，如果他要稳定兖州，必须联合而不是随意杀害当地的世族子弟。他是个外来人，缺乏根基，当

---

1　不同于笔者观点，也有人认为曹操阵营内部一直视屠城为日常化的军事命令，只有少数几次被谏止而留存于史书而已。一并列出，供读者参考。

时正在全面笼络世族子弟，怎么会因为一些小事，就杀掉边让和王匡？

从当时的形势来分析，这只可能是袁绍的指令。袁绍的目标，是清除掉能够和他竞争的兖州世族势力，从而牢牢控制兖州。在当时兖州境内，张邈是陈留太守，他弟弟张超是广陵太守，属于兖州境内的一个大势力。王匡拥有泰山兵，胡母班是王匡的妻兄，而边让又是国之名士。如果整个兖州的世族联合起来，袁绍肯定无法真正染指兖州。所以，他先命令王匡杀死胡母班，引起家族内讧，接着又挑动胡母班的家族，联合曹操杀死了王匡，断了张邈一条臂膀。随即让曹操杀死边让，又削掉了兖州世族一条腿。

不但如此，他甚至想杀了张邈。袁绍担任反董盟主的时候，曾摆出一副志得意满的样子。张邈认为，这是为正义而战的事业，不是个人出风头的机会，就经常义正词严地责怪袁绍。

袁绍因此非常怨恨张邈，等曹操当了兖州牧，他让曹操找机会把张邈杀了。曹操当然不愿意，跟袁绍说："张邈是我们的好兄弟啊，不管他说得对不对，都应该宽容他。现在天下还这么乱糟糟的，怎么可以兄弟之间相互伤害呢？"

曹操对张邈真是以命相托的。他去攻打陶谦的时候，甚至对家里人说："如果我有什么意外的话，你们就去投奔张邈吧。"他出发的时候，特地去见了张邈，相对垂泪，情如兄弟。他是曹操少年时的至交，起兵反董时唯一的支持者，进入兖州时关键的引路人。

　　曹操根本不想杀张邈。张邈原本也欢迎曹操主政兖州。曹操是外来人，在兖州就得依赖张邈的力量。张邈不会认同袁绍，无论是他的为人还是政治目标。与年轻时共同辅弼汉室的处境不同，袁绍在山东盟军起来的时候，就显示出了不合时宜的野心，甚至想另立皇帝，况且他为人轻浮、不知收敛，张邈早已和他疏远。

　　但是当袁绍指示曹操杀他的消息传来之后，张邈的信心肯定动摇了。无论如何，曹操是袁绍的臣属。袁绍已经拥有了冀州和青州，兖州是志在必得的，那么曹操能做什么选择呢？总不能为了他张邈而和袁绍翻脸吧？

　　陈宫更是曹操想不到会背叛他的人。陈宫是东郡人，曹操入主东郡的时候，他就在曹操麾下，并且是他提议并实施了推举曹操担任兖州刺史的计划。曹操东征徐州时，以东郡托付于陈宫，几乎可谓心无芥蒂，陈宫为什么要叛曹？

　　出发点几乎一样。虽然没有来自袁绍的命令，但是王匡、边让和张邈，都是兖州的名族，陈宫也是。当他推举曹操当刺史，整个兖州的主政官员，都听从了他，可见他在兖州有多么重大的影响力。袁绍能放过他吗？所以当时他心不自安，主要不是针对曹操，而是针对袁绍。但是驱赶袁绍，就是驱赶曹操，因为曹操是袁绍在兖州的代理人。

　　当曹操听从袁绍命令，开始清理兖州世族控制力的时候，他就成了兖州世族的敌人。

　　曹操出征徐州的时候，陈宫找到了张邈："现在天下分崩离析，豪杰并起。太守您拥有十万部属，站在这四战之地，举起宝剑四下顾盼，也足以成为一个天下英雄啊。现在反而听命于曹操，也太看轻自己了吧。现在曹操的部队都出去东征陶谦了，到处都一片空虚。我看吕布是一个壮士，非常会打仗，很少有对手。我们不如把他迎接进来，占据住兖州。然后我们慢慢观察天下的形势变化，等到时机合适，再采取相应的行动。这真是纵横天下的好时机啊。"

　　陈宫和张邈的主意是：引进一个没有当地背景的强人，然后依靠自己的世族力量控制他，以便和袁绍、曹操的势力抗衡，这和当初引进曹操是同一个思路。张邈一下就被说动了。他和弟弟张超、陈宫一起，去邀请吕布屯驻在濮阳，担任兖州牧。接着，他们发动兖州的各个郡县，共同反叛曹操。

　　张邈与陈宫的联手背叛，确实让曹操措手不及。他唯一的幸运，是留下了荀彧留守鄄城，他的兖州首府。而荀彧应对叛乱，更是全程惊心动魄。

　　张邈派人去诈荀彧，说："吕将军过来帮助曹使君一起攻打陶谦，你应该赶紧给他的军队供应粮食。"荀彧敏感地知道，张邈肯定有问题，于是一边整顿军备守城，一边派人赶紧通知东郡太守夏侯惇。

　　夏侯惇赶到已是夜晚，于是连夜发动士兵，杀了几十个试图和张邈里应外合的叛乱分子，才把鄄城的形势稳定下来。

就在此时，吕布和张邈所联结的豫州刺史郭贡带着几万军队，兵临城下，要求和荀彧对话。夏侯惇阻止荀彧，说："您现在是州府所在地的留守，重任在肩。您不能去，去的话恐怕会有危险。"

荀彧说："郭贡和张邈从来都没有什么交情。来的速度这么快，我看他们之间肯定还没达成什么协议。这个时候去说服他，哪怕不能帮助我们，也可以让他中立。但如果我们先怀疑了他，他一生气，就有可能和张邈联合。"

郭贡见到荀彧，发现他并不慌张，同时也觉得鄄城没有那么容易攻下来，于是退兵。鄄城的警报解除，荀彧就派刚刚投效曹操的程昱去稳定范县和东阿的守将。

程昱先去说服了范县县令靳允。靳允的母亲、弟弟和老婆孩子，已经全数被吕布扣为人质。程昱说："你知道，吕布是一个粗人，也从来不和人交心，刚强却非常无礼，只是一个匹夫而已。……你现在如果叛变了曹使君，那就是违背忠义，跟随恶人。以后母子一定会都被牺牲掉的呀。我希望你考虑清楚。"

靳允流着眼泪说："我不敢有二心。"

程昱又一路奔波到东阿，他本来就是东阿人。东阿的县令枣祗根本没有二心，反而早就严阵以待。

最终，靠着荀彧、程昱和夏侯惇，整个兖州只留下了这三座城池在曹操手里。

曹操听到消息，赶紧从徐州赶了回来。吕布攻打鄄城始终不克，就回到濮阳。

曹操说："吕布得了这么大一个州，居然不会利用地势之便，乘着这个机会来攻击我，却跑到濮阳去驻军，我看他不会有什么大的作为。"于是马上掉头去攻打濮阳。

这次冒失而轻率的进攻，差点又一次要了曹操的命。

曹操的人包围了濮阳，在城里找了个奸细，偷偷点着了濮阳的东门。但这并没有给曹操带来想要的结果，两军交战，曹操的人马不敌，青州兵被吕布冲击得七零八落。吕布的骑兵都已经抓住了曹操，却不认识，还问他："曹操在哪里？"

曹操随手一指说："刚才那个骑黄马逃走的就是。"于是骑兵就去追骑黄马的，曹操才得以脱险。但是城门的火却还没有熄掉。

兖州的叛乱也的确让袁绍深感意外，他当然也不能让这只煮熟的鸭子飞了。他紧急派了五千兵马增援曹操，甚至一度自己带兵南下，和曹操一起夹攻吕布和张邈的联军。


## 5.


兴平元年（公元 194 年），曹操遭逢人生的至暗时刻。他带着袁绍给他的队伍，在濮阳和吕布对峙了百日，一直到双方都已经没有了粮草，各自休战，引兵退却。

而这一年，也是整个天下万物衰亡、濒临绝境的时刻。

到处都在打仗。在首都，李傕和郭汜已经翻脸，天天带兵对打。皇帝像是一个玩具，被他们抢来抢去。皇帝每易手一次，就有一批王公大臣被杀害，宫人被掳掠。在北方，袁绍和杀死了刘虞的公孙瓒正在大战，抢夺幽州的地盘；在南方，为报杀父之仇，投效在袁术帐下的孙策，也在大战刘表，攻打江东；中原地区一片混战，几十个大小军阀，既有朝廷任命的官员，也有黄巾军的残部，还有董卓死后分裂出来的部将，各自在争夺地盘。整个天下，几乎没有一片不在燃烧的焦土。

人祸总是伴随着天灾，这一年的灾害几乎没有停止过。先是大旱，从四月到七月，全国各地都没有下雨，农作物全部歉收；六月，洛阳又连续发生了两次大地震。

到了七月，蝗灾扫遍全国各地，从首都到兖州、冀州，到处都有记载。饥荒开始在全国蔓延。长安地区的谷子，已经卖到了五十万钱一斛（一百二十斤）。更加可怕的是，到处都出现了人吃人的惨剧，哪怕是首都长安，饿死的人也不计其数。

曹操和吕布作战，除了战况惨烈之外，更加严重的问题是，双方都因为军粮不足而困窘，甚至几次休战。为了能使战争延续下去，曹操甚至开始裁员，不再招募新兵。双方之间的战争打打停停，都觉得难以为继。

曹操心态浮躁，在很长一段时间，动作走形，决策摇摆。

袁绍看到曹操久攻兖州不下，就想着干脆把曹操的军队合并过来，同时要求曹操把家人送到邺城做人质。曹操似乎没有选择：如果兖州打不下来，他不是还得去邺城，寄居在袁绍旗下？

程昱刚好出差回来，赶紧来问曹操是否有其事。

曹操说："有。"

程昱急了："我看将军您是因为最近的事情而深感恐惧，乱了心神吧？袁绍现在占据了燕赵旧地，已经有了吞并天下的雄心，但是他的智力根本没法支持他的野心。您觉得自己能够久居袁绍之下吗？将军您有龙虎之威，难道只想做韩信、彭越吗？现在兖州虽然被打残了，但是仍然据有三城，能战的士兵不下一万。以将军您的神武，加上荀彧和我的辅佐，一定能够成霸王之业，请您三思啊。"


另外一件事，刚好陶谦病死，刘备占据了徐州。那么，如果吕布打不下来，不如先去打徐州？

他找荀彧商量。荀彧也急了。他认为，只有兖州才可能是扎实的根据地。现在兖州多数地方已经落入了吕布和张邈手里，而徐州还不一定打得下。如果倾力去打徐州，留不留部队守剩下的这三座城？如果留的兵多，肯定打不下徐州；如果留的兵少，虎视眈眈的吕布一下子打过来，整个兖州就都丢了。如果没了根据地，曹操还能去哪里？真的去给袁绍当部将吗？

应该乘着打仗的间隙收割熟麦，节约粮食，储蓄稻谷，和吕布打持久战。收回了兖州，才有一切的可能性。

　　曹操原本是一个心态稳定，对输赢并不在意的人，但是张邈和陈宫的意外背叛，袁绍咄咄逼人，以及兖州未来的迷茫，让他有些心浮气躁。

　　但曹操还是曹操，他终于想通了，听从荀彧和程昱的劝告，拒绝了袁绍的要求，集中兵力，先解决兖州内部的叛乱，消灭吕布和张邈。


　　兴平二年（公元195年），几乎整整一年的时间里，曹操和吕布在兖州大大小小打了几十次的仗。运用荀彧的计谋，他在战争期间，派人收割沿途的麦子。有一次，甚至几乎全部士兵倾城而出，收割麦子，导致了城防空虚，只剩下不到一千士兵。曹操把城里的妇女全都武装起来，让她们去守营寨。

　　相持到了八月的时候，曹操的坚持终于起到了作用，部队开始逐渐反败为胜，一座座城池重新收复。吕布和张邈一路败退，兖州只剩下了雍丘一座孤城。

　　到十二月，曹操攻下了雍丘，张超自杀。曹操灭了张邈三族。张邈去找袁术，想让袁术派兵夺回兖州，但在路上，就被绝望的士兵杀害了。已经没有退路的陈宫，只能跟着吕布一起投奔了刘备。

　　十月，在董昭和钟繇的运作下，曹操终于收到了汉献帝的册封，名正言顺地成了兖州牧。


　　从意外得到兖州，到意外失去兖州，然后又夺回兖州，曹操在兖州足足浴血奋战了两年时间，其间付出的代价极为巨大。自己在濮阳受了伤；夏侯惇在一次攻击吕布的时候被箭射中了一只眼睛，成了独眼龙；二十几年的好朋友张邈背叛自己直至被杀，被族诛；全权信赖的陈宫先投后叛。

兖州的经历，给曹操的一生都留下了阴影。他从年少开始，就对世族有种超乎寻常的信任，朋友也全都来自世族，以世族为榜样在为自己的将来设定目标。但从山东盟军兴起开始，他所看见的世族的形象开始模糊，变化，颠覆。

他身边有了强大、忠诚的世族子弟，荀彧、荀攸、毛玠都已经来了。但是他少年的伙伴袁绍在变化，张邈背叛了，陈宫翻手为云，覆手为雨。

但他自己是寒族出身，程昱是单家子（家境贫寒的子弟），枣祗更加只是平民，他们的忠诚度和能力，并不低于世族，反而更加忠诚，更加愿意以死相报。

兖州事变，大概就成了埋在曹操心里的一根刺。

# 许都

# 第四章

仿佛在君父的城邦，午夜竟有剑一样的

光芒兀自闪耀。玉佩

风响，我兀坐

而起——听见室外越过天空的

激鸣而逝的马嘶

[中国台湾] 杨泽《仿佛在君父的城邦》

*1.*

汉献帝刘协虽然还没有长大，却很快就显示出了早慧。从九岁起就被人挟持的经历，让他比同龄的人，更加早熟。

出生和成长在深宫之中，他比其他人看到了更多的残酷和血腥。他的聪明，反而成了他的诅咒：他就是因为太聪明，才成为董卓的猎物。

董卓确实是一个可怕、残忍的人。没多久，他就杀了何皇后，接着又毒死了刘辩——被贬为弘农王的皇帝。刘辩也许并不是好皇帝，但他是无辜的，从登基那一天起，他就一直受人裹挟，先是何进，继而宦官，然后是董卓，没有一天时间自己当家做主过。整个天下的人都非常同情他。

临终之前，他和王妃唐姬各自留下了一首歌，成了预示汉室悲剧的谶语。刘辩歌里唱道："天道易兮运何艰，弃万乘兮退守藩。逆臣见迫兮命不延，逝将去汝兮适幽玄。"

唐姬也跳起舞来，唱道："皇天崩兮后土颓，身为帝王兮命夭摧。死生路异兮从此乖，奈我茕独兮心中哀。"

弘农王说："你将会成为死去的王的妃子，就再也不能成为平民的妻子了。你自己珍重，我就先告辞了。"于是喝下了毒药。唐姬并没有独活，马上也吞下毒药随他而去。[1]

董卓派来送毒药的人，就冷冷地站在旁边，看着这一切。

汉献帝彻底成了孤儿。他的亲生母亲早就被何皇后毒死，何皇后随即也被董卓毒死，随着哥哥刘辩和嫂子的惨死，他已经没有任何直系亲属。

王允和吕布刺杀董卓的成功，或许能给他带来命运的转变。但没想到，王允这个蠢货，带给他的是更加惨烈的生活。

如果说董卓还有心思拿着他来挟制天下的话，那么李傕和郭汜两个毫无目标的人并不知道能拿汉献帝来做些什么，他们只是本能地控制他，维护住自己花天酒地、杀人越货的生意而已。

而此时，灾祸频仍，蝗灾酷烈，长安和天下已经开始堕落到人吃人的恐怖境地。

兴平二年（公元 195 年），汉献帝虽然才十四岁，但早已心怀慈悲，想救助他的臣民。

他命令打开皇家仓库，把米和豆掺在一起，熬成粥救济

---

1　另有一说，唐姬当时并没有随同弘农王遇害，而是活着回归了乡里。父亲想让她改嫁，却屡被她坚决拒绝。她的生命悲剧并没有就此结束。李傕攻破长安之后，纵兵四处劫掠，唐姬也不幸落入乱兵之手。李傕贪图她的美貌，想纳她为妻，还是为她所拒。所幸的是，她始终没有透露自己是弘农王妃。贾诩听说此事，上书汉献帝，告知唐姬的艰难处境。汉献帝听闻，悲不自禁，立即下诏把唐姬接迎过来，安置在一个园子里，并且派侍中封拜她为弘农王妃。

饥民。然而，一段时间过去，却毫无裨益。献帝怀疑官员贪污，于是叫人拿了米豆各五升，就在他的大殿前烧火煮粥，结果煮出了两大盆。他把贪污的官员痛打五十大棒，重新赈济饥民，长安的饥荒得以缓解。

但是，李傕和郭汜却打起来了。

起因是妇人之妒。郭汜的老婆怀疑他和李傕的侍妾有染，担心自己失宠，开始设法离间李郭二人。

他们本来都是董卓的旧部，董卓死后又一起攻陷了长安，常在一起饮酒作乐。李傕家里做了好酒好菜，就给郭汜送过来。郭汜的老婆在豆豉里下了药，等到郭汜要吃的时候，就把豆豉拣出来给郭汜看，说："一根树枝上不能落下两只雄鸟。我一直怀疑您信任李将军是不靠谱的。"

他们又一次饮酒作乐的时候，郭汜大醉。他想起老婆说的话，怀疑是李傕下毒，赶紧按照偏方，用粪水当药喝了，解了"毒"。

两家就此结下怨仇，开始抢夺汉献帝。

李傕先下手为强，派了数千士兵，把长安的宫城团团围住，把汉献帝劫持到了自己的军营里。他把宫里所有金银财宝，包括皇帝的车马和用具，通通搜刮到自己的军营，又放了一把火，把皇宫、官府和临近的民居全都烧掉。

洛阳的宫城被董卓烧了，而长安的宫城被李傕烧了。汉献帝不仅没有了亲人，现在，连家也没有了。

郭汜见李傕劫持了献帝，于是就把一批大臣劫持到军营里，同他们商量如何攻打李傕。太尉杨彪站出来指责郭汜说："群臣共斗，你们俩一个人劫持天子，一个人拿公卿做人质，这是什么行为！"郭汜大怒，拔剑就要把杨彪杀了，幸亏被人拦住。陶谦原本想邀请朱儁，一起发动兵力攻打长安，解救献帝。朱儁却认为，要先埋伏在李傕、郭汜身边，伺机发动兵变。事情发展到这个地步，献帝成了俩人争夺的玩偶，计划再无可能实现，自己也成了人质，简直要活活气死。

仗就这么在汉献帝面前打起来了。郭汜怕自己打不过李傕，联合了几千个羌人和胡人战士，并许诺，等攻下李傕，就把皇帝身边的宫女给他们。

于是，郭汜和胡人联军开始攻打李傕的兵营，箭下如雨，一直射到汉献帝的脚边，射伤了李傕。

事到如今，李傕实在没想清楚自己为什么还要养着汉献帝，态度逐渐变得怠慢。为防止郭汜抢夺，他把汉献帝转移到了一个更加安全的地方，叫北坞，并把这里团团围住。

城里粮食不够，汉献帝身边的宦官和臣子都陷入饥饿之中。汉献帝要求李傕送米五斛、牛骨五架，好让身边的人活命。

李傕说："哎呀，皇上要吃饭，哪能只给米呢？"结果送了一堆已经腐烂的牛骨，臭不可闻。汉献帝大怒，想要公开责怪李傕，身边的人赶紧拦住说，李傕本来就是个粗鄙的人，先忍忍，以免后患。

　　李傕不懂，可有许多人懂。他对汉献帝的怠慢，让身边的将领纷纷怀疑起自己的前途。于是几个将领开始谋划叛变李傕，从他身边抢走汉献帝。

　　结果计划很快败露，将领们转而投奔了郭汜。力量对比发生逆转，郭汜明显强大起来。于是，李傕和郭汜发起谈判，在几个董卓旧将调停下，双方交换人质，汉献帝转到了郭汜的手里。

　　然而郭汜也是个草包，不知道该拿汉献帝怎么办。他能想到的，就是把汉献帝重新塞回长安。但是长安已经是一片废墟，什么也没有。

　　汉献帝已经想明白了其中的关节。只要他还在李傕和郭汜的控制下，就根本无法获得自由，只能永远做个傀儡。董卓也好，李傕也好，郭汜也好，为什么非得把他控制在关中？因为他们害怕山东诸侯。而只有后者，能够解救自己。

　　所以，他决定往东走。他向郭汜提出，他要去弘农，更加靠近旧都洛阳。但郭汜不同意。

　　汉献帝早已无法忍受在李郭二人手上颠沛流离的生活。他发怒说："祖宗的灵位全在洛阳，何太后的墓也刚刚落成，我都没来得及去祭奠。我梦想着去东边，日夜期盼，但郭汜还想让我去西边（长安）吧？"

　　他开始绝食。

　　郭汜实在拗不过他，只好同意一些大臣的意见，让汉献帝先转移到邻近的县里去。汉献帝达到了他东行目标的第一步：离开长安。

## *2.*

他这一动心起念，也同时打开了一个潘多拉魔盒。如果汉献帝乖乖待在长安，任凭李傕和郭汜两人在那里抢夺，别人也都不敢妄动。可汉献帝一离开京城，走在路上，那就谁都可以染指了。

现在皇帝是一个傀儡，手中无兵无将又无权，这谁都知道。但他不是没用。首先，只要他在，他就是中央，名义上所有的州县都有义务缴纳赋税，贡献钱粮。事实上许多州县的主事人，还是会心甘情愿地奉献物品、赋税给中央：他是棵真正意义上的摇钱树。其次，他毕竟还是天下共主，尽管相当于一块橡皮图章，但任何人只要把他握在手里，就可以号称奉皇命行事。至少许多人依然深信不疑。

就这样，汉献帝的东行之路变得极其复杂，各路妖魔鬼怪都纷纷出来抢夺，只是，汉献帝这个唐僧的身边，却没有一个能够斩妖除魔的孙悟空，只能依赖他自己的坚韧与聪慧。

七月，汉献帝终于走出长安，到了宣平门。郭汜的数百个士兵挡住了城门桥，大声叫："这是天子吗？"汉献帝让人打开车门帷幕，说："各位士兵，你们敢这样逼迫至尊吗？"郭汜的兵这才害怕，一边让出路来，一边山呼万岁。

献帝走到新丰县时，郭汜仍不死心，想要挟持献帝到董卓的郿坞，就定都在那里。献帝的近臣立即召集原来董卓的一批部将，包括杨定、董承和黄巾军投诚的白波贼杨奉，集中到新丰县。郭汜害怕被围攻，跑到附近的南山躲起来。

　　郭汜的部将夏育、高硕在营中放火，试图逼出献帝，把他劫持回西边。近臣把献帝带出，杨定和杨奉派兵挡住夏、高，献帝得以脱身，一路狂奔，到了华阴。

　　董卓旧部段煨在华阴置办了皇帝所需的用具和公卿百官的物资，邀请献帝到自己营中休息。在董卓部下时，就与段煨有嫌隙的杨定，诬陷段煨有反心。担任太尉的杨彪、司徒赵温都说："段煨不会反的，我们用性命担保。"杨定和董承又伪称郭汜已经来到了军营，献帝恐惧，不敢进段煨营中，就露宿在路边。

　　杨定、董承和杨奉早就决心攻打段煨，跑去向汉献帝请旨。汉献帝说："段煨根本没有什么犯罪的表现，你们要攻打他，还想要我旨意！"杨定他们没办法，反正没旨意也要打。战争持续了十多天也未见分晓。段煨算是对得起献帝的了：战争期间，仍然如旧供给皇帝的御膳和百官的饮食。


　　李傕和郭汜眼看就要丢掉献帝，都后悔了。他们又一次联手，想劫持他回长安。本来随同保护献帝的另外一位董卓部将张济，又和杨奉、董承起了冲突，掉头和李郭联合来抢献帝。双方军队在弘农大战，杨董联军大败，连累随献帝东行的百官死伤惨重。

　　献帝和残军一路败逃，露宿在曹阳。杨董假装准备向李郭张联军投降，秘密派人去找盘踞在附近河东郡的白波贼李乐、韩暹、胡才和南匈奴右贤王去卑。杨董联军、白波贼和匈奴兵，突袭李郭张联军，反败为胜。

献帝的目标是不断东行，而李郭张的追兵不断在后面追击，双方一路且打且走。最遭殃的是随同献帝东行的百官，这些手无缚鸡之力的大臣，在每次战斗中，都会被屠戮一批。双方部队打完仗，李傕还要继续追杀百官，贾诩拦住他，说："这都是朝中大臣，你杀他们有什么意义？"黄巾军将领李乐看见形势不妙，就让汉献帝骑马先逃。汉献帝不肯，说："我不能放弃百官独自逃生，他们是无辜的。"

追击和保护汉献帝的双方人马队伍相接，分布长达四十里地，缠斗不止。一直逃到陕县，汉献帝才得以建立营垒自守。

此时在汉献帝身边剩下的虎贲士和羽林军，已经不到百人。李傕、郭汜的军队晚上举着火把，绕着营垒大呼小叫，士兵和官吏都大惊失色，觉得在劫难逃，想各自散去逃生。他们已经逃到了黄河边上。唯一的途径，就是渡过黄河，才能摆脱后面的追兵。杨彪让李乐夜里准备好船只，约定举火把为号，把献帝偷渡过河。


汉献帝和皇后伏寿、国舅伏德、国丈伏完一行人乘夜色步行去河边。董卓旧部将军董承，想让自己的贵妃女儿当上皇后，竟然安排侍者乱中刺杀皇后。幸亏被皇后的侍者左灵发现，一刀砍杀了刺客，迸出的鲜血溅了皇后一身。

在一片混乱之中，逃难的人连滚带爬来到岸边，却发现河堤高十多丈，根本下不去。伏德把随身携带的绢布做成吊篮，让人背着皇帝吊下去。其他的百官要么爬下去，要么沿着河堤一路滚下去，许多人把衣服、帽子都磨破了。

仓促之间，李乐找不到能把所有人都渡过去的船只，士兵和官吏都抢着上船，上不去的就趴在船边，致使船开不动。董承和李乐用戟砍向扒船的手指，掉落船舱的手指，多到可以捧起来。

这次抢渡，能上船的除了皇帝、皇亲、杨彪、董承这些人，也不过才几十个，跟随献帝从长安逃出来的官员、宫女和百姓，都被追兵掠夺残杀，剥掉衣服，割掉头发，当晚冻死的人不计其数。和王允一起合谋刺杀董卓的士孙瑞，也在这晚被李傕所杀。

李傕追击不及，看见对岸的火光，大声叫道："你们要把天子劫持到哪里去？"董承他们害怕李傕放箭，找来一批被褥遮挡，才总算逃离了李傕军队的追击。

就这样，经过了半年时间的逃亡，一路上的混战、追杀、劫掠，汉献帝终于暂时在安邑落脚。河内太守张杨派了几千士兵背着米来送给汉献帝，河东太守王邑则送来布匹，给百官裁衣御寒。汉献帝同时派人去跟李傕、郭汜讲和。到了这个时候，这两人也知道汉献帝再也回不到自己控制之下了，就派人把扣押的大臣、宫女和皇帝的御马车驾，送还给了汉献帝。

但是在汉献帝身边的，要么是董卓的旧将，要么是黄巾军的残部，他不过又落入了另一群贼寇的手里。安邑条件很差，汉献帝经常只在农舍里停留，连门窗都关不上。和群臣开朝会的时候，士兵们就在篱笆边上围观，层层叠叠，说说笑笑，完全没有皇室尊严。

皇帝的尚书、司隶校尉这样的官员进进出出，当地的百姓和士兵好奇，都拿土块扔他们。将领们自己到处偷鸡摸狗，抢肉抢牛，抢到了就自己烹煮下酒，完全不管皇帝有没有的吃。

他们把扎营地的农民都收为部属，让他们送礼给自己，然后上表皇帝，要求赏赐官职。当地的医师、推车的、砍柴的，都变成了校尉、御史之类的官员，官印都来不及刻，就用锥子画，然后写上文字说明。

条件虽然艰苦，但好在文武百官都还安全，汉献帝也能暂时安定下来。


在安邑，迎来新的一年（公元196年）。汉献帝给这一年取年号建安，即建立安宁，以祈求终能逃出虎口，重建朝廷。然而，安宁并没有来到，新一轮的争斗就开始了。

董卓旧部张杨和董承想让献帝回都洛阳，但是黄巾军旧部杨奉、韩暹和李乐却不想离开自己的地盘。新一轮战争开始，韩暹先攻击董承，董承跑去投靠张杨。本来胡才也想攻击韩暹，但是献帝派人阻止了他。

张杨派董承先在洛阳修缮被董卓一把大火烧掉的皇宫，刘表听说了，也派人一起去修缮皇室，并且带来了许多物资。五月，汉献帝派人去求杨奉、李乐和韩暹把自己送回洛阳。这些人暂时停战，先送皇帝回去。

建安元年（公元 196 年）七月，汉献帝历尽九死一生，终于回到了阔别六年之久的洛阳。八月，住进张杨新修的宫殿"杨安殿"。张杨认为，这是自己的功劳，所以宫殿就以他的名字来命名。张杨随后回到河内驻地野王，杨奉也带兵外出戍守。

残破洛阳，处处废墟，董卓烧得很干净。献帝的到来，并没有让周边地方诸侯欢欣鼓舞，他们连粮食都不肯送来。跟随皇帝从李傕、郭汜魔爪中逃出来的文武官员，只能各自在洛阳觅食，到处找野菜充饥。他们中间的许多人，都睡在旧皇宫的墙壁旁边，一些人躺下走不动路，就此饿死了；还有一些人，被也在到处寻找粮食的士兵杀死。

献帝东归，八百里路，走了整整一年时间，其间几次都险些命丧黄泉。一个不过十四岁的孩子，竟然有着这样的毅力和决心，出乎所有人的意料。

但终于落脚在旧都的汉献帝依然一无所有，前景莫测，没有人真正关心汉室复兴和他的朝廷。在长达一年多的逃亡过程中，汉献帝看清了许多人，其中有杨彪、董昭、赵岐这些由世家大族所构成的忠臣，一路无怨无悔，拼死保护他；他也能够看出，像董承、杨奉、韩暹这些人尽管带兵阻挡了李傕、郭汜、张济的进攻，但各有自己的目的。

献帝虽然岁数还小，但是他聪慧、勇敢、有胆略。为了保护大臣与随从，他敢于以身犯险；为了摆脱李傕、郭汜的控制，也能耍些手段；军阀的威逼，他也敢于驳回；为了笼络，他经常封官赐爵；各方的关系，他努力调停，甚至可以不计前嫌和李傕、郭汜讲和。

然而，即便贵为皇帝，他一路上也在狼狈逃窜，常常才出虎口，又入狼窝；身边的人各怀鬼胎，拥兵自重。说实在的，他仍然只是一个颠沛流离的孤儿，谁能够拯救他？谁又能够拯救汉室，重建朝廷？

目前他无能为力，必须找到一支可靠、稳定的力量，才能卧薪尝胆，慢慢重建朝廷。他一路不避艰险，决意东行的目标，就是在东方诸侯中，找到这支力量。

但到现在为止，一切看起来，毫无希望。

汉献帝初即位时，董卓刚刚进京，虽然之前有黄巾军的肆虐，韩遂、马腾的边关作乱，但中原一片繁花似锦，洛阳、长安金碧辉煌，关中富甲天下。短短七年过去，洛阳、长安已化成灰烬，中原数遭铁蹄横踏，人烟荒芜。

天下已经变得非常可怕了。汉献帝到达洛阳的时候，长安已经连续四十多天陷入饥荒，成为一座名副其实的鬼城。身体稍微强壮一点的人，都逃离了；而无力出逃的人，在长安城里如同鬼魅，彼此杀害，靠吃人来存活。在几年时间里，长安一带的关中，成了无人区。

### 3.

汉献帝的价值，有人知道，有人不知道。

汉献帝刚到洛阳的时候，在遥远的邺城，袁绍的冀州首府，幕僚们发生了一场激烈辩论。

谋士沮授说："现在各个州郡，虽然都打着兴义兵的旗号，事实上都在图谋相互吞并。现在我们冀州已经安定下来了，兵强马壮，文士也纷纷依附我们。我们现在应该向西进军，去迎接皇帝，把首都就定在我们的首府邺城。这样就可以挟天子以令诸侯，积蓄力量，讨伐那些不向我们朝拜的人，还有谁能够抵挡我们呢？"

但另一个谋士郭图不同意，他说："汉室衰败已经很久了，现在想要复兴也太难了。如果把皇帝迎过来，放在我们身边，那以后动不动就得上表给他。如果听从他，那我们就不能随心所欲；如果拒绝他，就成了违抗皇命，这实在不是什么好主意。"

沮授说："现在如果我们迎接皇帝，就成了天下正朔。也就只有眼前这个时机了。如果我们不早做打算，只怕有人会捷足先登。"

袁绍最终也没有接受沮授的意见。

曹操当然更加密切地注意汉献帝的动向。毛玠给他的建议，他不是听听就算了。当年起兵，他的短期目标是：诛杀董卓，安定天下；而他长期的目标从来就没有变过：恢复汉室，匡扶天下。但这只能是他的目标，他没有办法把它变成袁绍的，也没办法变成群雄的。他个人的能力，也无法攻入关中，解救皇帝。

　　眼见着皇帝流离失所，朝不保夕，他的行动必须快。在最初的半年时间里，他基本上无计可施，因为一路上全是各路军阀，他的军队根本就过不去。甚至当汉献帝暂时落脚在安邑的时候，他就已经派了曹洪带兵西进，想去迎接献帝。但是董承和袁术勾结，派兵挡住了曹洪的去路。

　　等汉献帝回到洛阳，曹操马上就想去迎接汉献帝。

　　但他手下很多人也表示反对。他们认为，这时汉献帝的身边有韩暹、杨奉这些悍将，又和张杨有联合，要去迎接汉献帝，恐怕就会直接和这些人起冲突。董承不是刀兵相见了吗？

　　荀彧再一次起到了定海神针的作用。他知道，一直以来曹操都把维护乃至保护皇帝、匡扶国家当成自己的志向。这也是他荀彧坚定不移、无论有多大风险也要坚决站在曹操身边的原因。而现在是千载难逢之际，怎么能为了区区几个军阀，而放弃百年大计？

　　他立即和曹操说："将军第一个举兵反对董卓，虽然一直只是在王室之外为国家排忧解难，却无时无刻不是心系汉室，这也正因您一直有着匡扶天下的志向。现在，献帝东迁，军阀遍地，阻拦了您的去向，所以没法去迎接他。但您还是想派兵打通安邑，还派使者冒风险去联络他。皇帝已经还都洛阳，有志之士希望能够保存国本，黎民百姓因为怀念旧时而心生悲哀。

"但最是这个时候，不能心生动摇，恰恰应该排除万难前去奉迎主上，顺从民众的期望，这是大顺；扶持皇帝，秉持至高无上的公道，从而镇服群雄，这是大略；奉养皇帝，扶助宏大的道义，就能够吸引各方名士，这是大德。韩暹和杨奉这几个逆臣贼子有什么可怕的？但是如果现在不马上行动，各方势力就会抢夺皇帝。以后再考虑迎接皇帝，恐怕就来不及了。"

就在这个时候，曹操又接到了同乡好友，这时正在汉献帝身边的丁冲的来信，说："足下平生常喟然有匡佐之志，现在正是时候啊。"

张杨的幕僚董昭已经看清了形势。韩暹、杨奉、董承和张杨这几支把汉献帝保护到洛阳的军阀，各有各的打算。虽然现在看上去没什么动作，但他们手上各自有兵，时间长了，难保其中哪个不会起劫夺献帝的心思。为今之计，只有尽快让曹操来接走汉献帝。杨奉当时的兵力最强，却没有联盟对象，所以要先解决掉杨奉。于是他自作主张帮曹操写了一封信给杨奉说："现在要保护皇帝，不是一个人能建立的功勋。皇帝身边有四支力量，但是彼此之间相互依赖，一旦缺少了其中一个，事情就很难做成。将军应该主持内部事务，我来作为您的外援。我现在有粮食，将军有部队，我们之间如果互通有无，就能够相互补足。死生契阔，共谋大事。"

杨奉高兴极了，跟身边的人说："兖州的兵马就在许都，靠我们很近，有兵有粮，是我们应该仰仗的力量。"他马上上表给汉献帝，封曹操为镇东将军，并继承父亲曹嵩的费亭侯爵位。

而那边，董承和韩暹又闹了起来。董承担心自己的实力不够，必须找人帮忙压制，改变了主意，偷偷写信让曹操过来。

一切条件具备，曹操再没有犹豫，立即就带了兵启程去洛阳。

曹操一到，立即成为朝廷的依靠。他随身带去了粮食，让文武百官都吃上了饭。其后，他朝见了汉献帝，马上弹劾韩暹和张杨。韩暹兵少，根本没有抵抗的余地，单人匹马跑出去投奔了杨奉。但是汉献帝明白，这两个人虽然不是什么善茬，也的确心怀鬼胎，但始终保护着自己一路来到洛阳，所以下诏不许追究。

曹操拉着董昭坐在一起，问他："现在我来了，接下来怎么办？"

董昭说："天子身边的这些人，各怀鬼胎，肯定不会服从您。如果留在这里辅佐皇帝，很多事情都不太方便，最好把皇帝迁到许县去。虽然朝廷颠沛流离，都盼望有一天能够安定下来，突然又要迁徙的话，难保不会有一些议论，但是，行非常之事，才会有非常之功。希望将军能够计算利弊，不能犹豫。"

曹操说："我原本就是这么打算的。但是现在杨奉就在附近的梁县；听说他兵多将广，会不会成为我的后患呢？"

董昭说："我们现在就说京都没有粮食，准备让皇帝暂时去鲁阳。鲁阳靠近许县，转运粮食方便，就不会再有粮食危机了。杨奉这个人虽然很勇猛，却没有头脑，肯定不会怀疑。书信往来的时间，就足以把大事完成，杨奉还能做什么呢？"

曹操听从董昭的建议，向汉献帝提出到许县定都的计划。汉献帝立即就同意了。曹操一边派了使者，按照董昭的话，麻痹杨奉，一边一刻也不停留，把汉献帝迁移到了许县。

杨奉听说汉献帝根本没去鲁阳，一直往许县去了，这才知道自己上当，马上和韩暹一起带兵来追击曹操。这自然在曹操的预料之中，他在路上埋伏了一支奇兵，把杨奉的军队痛打一顿。


刚到许县，汉献帝马上就来到曹操营中，任命曹操为大将军，并且增封为武平侯。

曹操诚惶诚恐，上了一封表章辞让，说："臣自己经常反省，天资愚钝，才智低下，进没有匡扶天下的功劳，退却有拾遗补阙的优点。虽然现在有了犬马微劳，却并不是臣自己的能力，而不过有赖部下将校的协助。陛下追念臣的微小功劳，让臣继承了父亲的爵位，臣的祖上也得到了陛下关照的荣光。臣得到了如此无边的福分，却还没有丝毫的作为以报效陛下。……臣自己反思，负担不起这样的厚恩，还是沿袭原本的俸禄爵位就很荣幸了。"

汉献帝此时应该非常感慨。远至董卓，中经李傕、郭汜，近至杨奉、张杨，他们从来都是讨官要爵，贪得无厌。而曹操直到建安十三年（公元 208 年），官职爵位基本上没有变动过。

同时，和李傕、郭汜故意刁难不给供奉，和张杨稍有贡献就居功自傲也不同的是，曹操还不断主动地、谦恭地向汉献帝供奉皇室的用具，把他真正当成皇帝来对待，而不只是一个被挟持的政治玩物。

在一封《上器物表》中，曹操贴心地写道："臣的祖父曹腾，有顺帝赏赐的器具。这次所供奉的器物中，有铜器四只，各能装四石的东西，还有能装五石的铜器一只。天子用的纯银化粉盒一只，捣药杵臼一套，铜熨斗两个。"

此后，曹操陆续上贡了许许多多皇帝专用的物品。这些东西，要么是曹操家族历年得到的皇帝赏赐，要么是曹操征战过程中的所得。从某种程度上说，这已经是曹家私产，根本无需奉献给汉献帝，但是他却毫不吝惜，全部上贡。


从九岁登基的初平元年（公元 190 年）开始，一直到现在建安元年（公元 196 年）九月，汉献帝从来没有一天真真正正地当过皇帝。而只有曹操，无论从语言还是行动上，都给了他一个皇帝该有的尊严和礼遇。

曹操把许县改成了许都。汉室终于有了一个稳定的首都。不仅如此，皇帝的宗庙、祭祀的亭台、皇宫，都陆陆续续建设起来。

汉献帝看到的从来都是摧毁，洛阳烧了，长安烧了，挖掘皇陵、盗窃宫室、抢劫宫女、杀戮大臣。而只有曹操，在不断建设。

这才是真正的建安，建立安宁啊。

### 4.

建安元年（公元 196 年）曹操四十二岁。他和汉献帝联手了。

他把皇帝迎接到了许都。他拥有了兖州和豫州两个州。他的手上，已经人才济济，既有在兖州时代就已经屡立奇功的荀彧、荀攸、程昱，还有随着汉献帝来到许都的钟繇、董昭这些名冠一时的名士和谋臣。荀彧被征召，作为汉献帝的侍中、尚书令，成为重要的朝廷官员。

现在，他才是代表了汉室正统的有为之臣，就像他的老朋友丁冲说的"平生常喟然有匡佐之志"，他做到了。

只要汉献帝在这里，世族子弟就会源源不断来奔。除了那些心怀异志的诸侯之外，所有的世族，最终都会以服务朝廷的名义为自己所用。董卓和李傕专政之时，朱儁尚且不顾危险想要靠近皇帝，而如今在许都政通人和，谁会不想来呢？名义上，他仍然是袁绍的属臣，但是董昭、高柔还有很多人早已看出，曹操是不会久居人下的，尤其现在，政出许都，曹操有地利之便，袁绍也不好忤逆皇帝。他就可以慢慢脱离袁绍而自立。

当然，曹操远非可以高枕无忧。献帝脱出了关中，其实同时也就意味着天下分崩离析，诸侯各自为政，英雄逐鹿时代的正式开始，虽然事实上早就已经开始。他所占据的兖州，以及在迎接汉献帝之前刚刚获得的豫州，处在四战之地的中央，情势何止岌岌可危。在北方，是袁绍兵多将广的冀州和青州，公孙瓒的幽州，张杨的河内；在东边，是刚刚从刘备手里夺取了徐州的死敌吕布，以及多次被自己击败、正在淮南崛起的袁术；在南面，是荆州的刘表，江东的孙策和南阳的张绣；而在西面，是韩遂、马腾的凉州，张鲁的汉中和刘璋的益州。


汉献帝虽然代表朝廷，但是当时毛玠所说的"奉天子以令不臣"实际上并不是一个可行的政治策略：并没有什么人会真的听令，他早就见识过了。

而且，他很快就发现了。汉献帝带来的这班臣子，这些汉室忠臣、世家大族都不是什么善茬。紧接着发生的几件事情，让曹操发现，他的确有匡扶之志，但汉室原来是一个烫手山芋。

汉献帝在定都之后，马上开始大封功臣，董承、伏完、种辑、伏德等十三个从长安带来的旧臣，全都封了侯。

接着，汉献帝马上写信斥责袁绍兵强马壮，却不肯援助皇室，吓得袁绍上表自辩。

然后，他又把曹操封为大将军，袁绍封为太尉，气得袁绍破口大骂。这个时候曹操还算是袁绍的部属，吓得赶紧上表辞让，这才重新封袁绍为大将军，曹操为司空，平了袁绍的气。

这只是表面的不和谐罢了。汉献帝身边的人，即便经过了如此惨烈的东迁经历，却依旧看不起曹操。献帝到了许都，准备大宴宾客。曹操上殿的时候，就发现杨彪脸色不对。他根本不了解这些人，又见过献帝身边的人如何相互屠戮，生怕杨彪对自己不利。于是就在宴会上假装生病上厕所，中途逃出宴会，回到军营里。


就在这个时候，孔融也来到了许都。

曹操梦想的人才济济，的确随着汉献帝而到来，许都开始人丁兴旺。可是，许多曹操的终身敌人，也随之到来了。

但是曹操的确没有太多的心思和时间，来对付这些阴谋诡计或是贵族心气。他有更重要的事情。

这一年，他刚刚损失了荀彧推荐的戏志才。这个人是一个奇才，曹操写信给荀彧，问道："自从志才去世之后，就没有什么可以商量大计的人了。汝南、颍川本来就有许多奇异之士，有谁可以推荐的呢？"

荀彧于是推荐了郭嘉。郭嘉在天下刚刚大乱的时候，就有意投奔袁绍，结果大失所望，他对为袁绍服务的同乡辛评、郭图说："袁绍啊，只不过是效仿周公礼贤下士，却根本不知道用人的玄机。看到的事情多，却总是不得要领；喜欢筹划计谋，却常常没有决断。要和他一起摆平天下大难，成就霸王之业，也太难了吧。我看还是得改换门庭，另投明主。我劝你们也赶紧走吧。"于是就跑回到老家去，躲了起来，一躲就是六年。

现在，荀彧终于推荐他出山。不过一次深谈，曹操就大喜过望，逢人就说："能够帮助我成就大业的，一定是这个人啊。"

而郭嘉的评价就更加直接了："这才真的是能任用我的主上啊。"

在这个关键时期，荀彧推荐给曹操的许多人，后来都成为曹操营垒里的关键人物：他的堂侄荀攸，早在迎立献帝之前就立了大功的钟繇，后来厥功至伟的陈群和无人不知的司马懿。


如果说人才建设需要时间的话，那么另外一件事情，却已经刻不容缓。当初在徐州攻打陶谦，后来在兖州和吕布相争，因为同样一件事，曹操多次退兵，那就是缺粮。

从黄巾军崛起以来，诸侯并起，到处都是战争，哪里都没有安定。农民纷纷放弃田地，四处逃难。各个割据诸侯都拥兵自重，扩张兵力，连年厮杀，粮食损耗大、生产少，缺粮成了所有诸侯的心病。他们的解决方法是放纵士兵，到处抢劫。这些诸侯多数是草莽出身，目光短浅，往往吃饱了却不知储蓄，还把没吃完的都丢掉了，生产就更谈不上了。许多军队，根本等不到别人来攻打，因为粮食匮乏就自行解散了。

哪怕最为强大的两股军事力量——袁绍和袁术，都经常为粮所困：袁绍在河北的时候，军人以桑葚为主食；而袁术在淮南，士兵以河蚌为食。

长安、洛阳、冀州、兖州、豫州，这些战火肆虐最为严重的地方，人吃人已经不是什么稀罕的现象。加上天灾频仍，人口减员严重，粮食更加稀缺。

在东阿跟随曹操守城的枣祗，向曹操提出了屯田的建议。曹操随后颁布了《置屯田令》："安定国家的方法，在于强兵足食。当年秦国人以农业优先，所以可以吞并天下；汉武帝实行屯田，以巩固西域边防。这都是前代的优良政策。"

他任命枣祗为屯田都尉，任峻为典农中郎将，开始雇佣农民在许都附近开垦农田，一年下来，收割了超过一百万斛粮食。这个方法迅速推广到了所有州郡，在他治下，到处都是粮食满仓。

建安元年（公元 196 年）见证了曹操在整个格局中的上升趋势。迎立献帝，虽然没能让诸侯臣服，但他已经取得了政治优势；迁都许都，让众多人才归附，尽管有许多人是冲着汉献帝而非曹操才投奔许都的；而屯田则根本上解决了曹操军队和治下百姓的粮食供给问题。

兖州和豫州成了人们向往的安定乐土，没有一个地方，比曹操的地盘更加稳固，富有前景。

现在，他该着手开疆拓土了。

## 5.

　　曹操的第一个目标是离他最近的南阳张绣。张绣继承
张济获得了南阳郡的控制权。张济是董卓带进洛阳的凉州旧
部，董卓死后，他曾经和李傕、郭汜一起打进长安，也伙同
李张一起劫夺过汉献帝。在四处流窜的过程中，军队缺粮，
他就跑去南阳打劫，在一次遭遇战中中箭身亡。他的堂侄张
绣继承军队攻占了南阳。

　　张绣本身就很弱小，而且刚刚占据了南阳，立足未稳。
建安二年（公元197年）春天，当曹操陈兵南阳首府宛城附
近的淯水河，张绣马上献城投降。


　　顺风顺水的曹操总是有作死的劲头。曹操这个人，虽然
很有主见，但也放浪不羁，从来不顾忌世俗眼光。到了南阳
之后，他就娶了张济的遗孀；又和张绣的亲信胡车儿，手拉
手促膝谈心，因他勇猛善战，让曹操非常喜欢，还亲手送给
他很多黄金。

　　张绣又惊又怒。娶自己的堂婶，被张绣看成一种侮辱；
而拉拢亲近胡车儿，是想对自己图谋不轨吗？自己好歹是一
方诸侯，和南面的刘表也一直往来密切，如此欺凌自己，他
哪能咽下这口气？他开始谋划除掉曹操。

　　曹操知道自己得罪张绣，也准备干掉他。但他对张绣并
不在意，觉得不是自己的对手。张绣此时的谋主是贾诩。在
李傕、郭汜兵败之后，他转投了董卓另外一个旧将段煨。但

是贾诩在段军中名声见长，为段煨所猜忌。正好此时张绣接替张济，他就暗中联络张绣，请张绣派人接走自己。贾诩被张绣以子孙之礼相待，成了张绣军队的核心成员。

贾诩安排了一个天衣无缝的计谋。

张绣知道曹操忌惮自己，主动提出请曹操允许自己带部队迁出宛城，这样曹操就可以放心了。不过，撤军需要穿过曹操的军营。曹操同意了。

张绣于是又说，自己的辎重车辆比较少，但是很重，所以又请求让士兵穿着甲胄通过，以减轻车辆的重量，曹操又同意了。

于是张绣带兵全副武装，在通过曹操军营时发动了突然袭击，曹操和部下都没有防备，仓促应战，死伤狼藉。曹操败退，在战斗中被射伤了右臂，战马也被射伤。

曹操的放浪和傲慢让他付出了一辈子伤感的代价。长子曹昂受伤，骑不了马，把自己的马给了他，他才逃出生天。曹昂随之战死，侄子曹安民也被杀害。曾经在濮阳之战中奋力拼杀，救出曹操的典韦，力战而死。曹操的次子曹丕才十一岁，也跟随在军中。形势紧急，曹丕孤身一人乘马得以逃脱。

张绣带兵追出，结果被曹操设伏打败。他逃往穰城，投奔了刘表。曹操的这次出征，可谓无功而返。在他离开南阳返回许都之后，被他占领的许多城镇，重新归附了张绣。

南阳就在兖州南边，离许都也并不遥远。无论是张绣自己出兵，还是有人借道来攻打许都，都是曹操难以承受的。曹操不能容许张绣长期在自己的肘腋之下，建安二年（公元197年）十一月，曹操再次攻打张绣。

再次兵临淯水，曹操悲从中来。他知道是自己的骄纵，导致了两个孩子、典韦和诸多将士的牺牲。他于是设下祭坛，祭拜亡魂，哭得死去活来。将士们看见曹操如此体恤官兵，极为感动，于是同仇敌忾之心纷起，奋勇杀敌，夺得了南阳的诸多城镇。


建安三年（公元198年）春天，曹操再一次把张绣逼到了旮旯里，团团围住了穰城。

荀攸告诫曹操说："张绣虽然依赖刘表，但是肯定不能长久，如果缓一缓，他就会和刘表产生矛盾，那个时候再来攻打，一定能胜；可是现在如果急着要占领，那么刘表肯定来救。"

曹操以为过虑。可刘表果然来了，派兵要包抄曹操的后路。

原本，刘表和张绣的联合是动摇不了曹操的。但更大的风险却在背后：袁绍开始和曹操离心离德。

看着把汉献帝迎接到许都的曹操日益强大起来，袁绍眼红了。他跟曹操说："你看，许都本来就是个乡下，气候又潮湿；洛阳已然残破，这些地方都不适合当首都。你还是把皇上迁都到鄄城吧，那里富庶，我也照顾得到。"

曹操又不傻，鄄城离袁绍太近，袁绍抢起来方便得很，当然一口拒绝。

谋士田丰建议说："既然曹操不肯迁都，那我们干脆尽早攻打许都吧。如若不然，我们最终都会成为曹操的阶下囚，悔之晚矣。"

正好有个来投奔曹操的袁绍部下，把田丰的计划全盘告知曹操。这才是真正的心腹大患，曹操赶紧部署撤军。张绣见曹操想跑，就想来捡便宜了。

这一退一追，充分展示了两个人——曹操和贾诩——的军事奇才。

贾诩劝张绣不要追，否则一定会败。而曹操在退军的时候就写信给荀彧说："敌人来追我，我故意放纵他；到了安众，我一定会让张绣吃个大苦头。"

张绣果然没有听贾诩的，一路追杀过来。曹操前有刘表，后有张绣，眼看就要吃败仗了。

可是曹操用兵，从来不走寻常路。他就在安众连夜凿了个地道，把粮草辎重统统运过去，绕到了刘表的身后，直奔许都。然后，他埋伏了一支奇兵等着张绣。天亮的时候，张绣赶到，以为曹操逃跑了，放马追杀。曹操的奇兵突起，掩杀张绣后部，把张绣打了个落花流水。

张绣逃回宛城。贾诩劝他赶紧收拾一下残兵，再去追杀。张绣一下懵了，说："我之前没听您的话，才落到现在这个田地。现在已经吃了败仗，怎么还要去追呢？"

　　贾诩说："兵势有变。您尽管去，肯定会打胜仗。"将信将疑的张绣于是又带兵追杀，结果真的吃掉了曹操的后部。

　　张绣问贾诩这是为什么。

　　贾诩说："很简单啊，虽然将军您也很善于用兵，但并不是曹操的对手。他刚刚退军，但知道您肯定会追杀，一定会亲自断后。他带的兵，您肯定是打不过的。可是曹操看到自己的计策已经奏效，他境内来自袁绍的威胁很大，所以一定赶紧往前赶路了。尽管他也会留下其他将领断后，但这些人就不是您的对手了。所以，您即便是用了败兵来打他们，也一定会胜。"

　　曹操回到许都，荀彧问他："之前您说一定会打败张绣，为什么？"

　　曹操说："敌人想要打击我们回师的部队，并且前后夹攻。这就把我们的士兵置于死地，士兵们一定会拼死奋战，所以我知道一定会胜利的。"而曹操和贾诩通过这次交锋，彼此心生佩服，他们的联合，就成了迟早的事情。

　　三征张绣，代价巨大，曹操始终也没有拿下南阳。开拓疆土的事情，似乎碰到了瓶颈。


## 6.


　　吕布却突然到了穷途末路。

　　吕布这个人的口碑一直很差。暗杀丁原，暗杀董卓，不管道义如何，手段就十分卑鄙。何止如此？只要形势对他不利，他就不会忠诚于谁，拔腿就跑，就像当时把汉献帝和王允丢给李傕、郭汜；而有利可图，他几乎没有任何犹豫，第一时间就到，就像接任兖州刺史。

李傕和郭汜攻陷长安的时候，吕布逃了出去，想投奔袁术。但袁术认为他是一个反复小人，没有接纳，他就又跑去投奔袁绍。

袁绍利用他打击黄巾军的余部张燕。吕布打仗确实很强，很快就把张燕打败了。问题是，他自恃功高，不断向袁绍要求扩军，军纪又差，经常纵容部下到处打家劫舍。他的军队和董卓军队一样，在并州、凉州和异族作战，从来都习惯于纵兵劫掠。袁绍是世族出身，向来体恤民众。两人的关系陷入紧张。

吕布看出形势不对，就请求到洛阳去。袁绍假意答应，准备刺杀吕布。

临行的当天晚上，袁绍派了三十个甲兵，假装要送吕布。吕布觉得异样，就派人在营帐中弹筝，自己悄悄跑掉了。甲兵听见帐里有乐声，根本没有怀疑，等到夜半，冲进去朝着吕布的床乱砍一气。第二天早上，袁绍才发现吕布没死。吕布骁勇，他也是怕的，赶紧下令紧闭城门。

吕布就这样逃离了袁绍，想投靠河内太守张杨，在路上遇见张邈，两人惺惺相惜，临别时手拉手说了很久的话。这才有了后来张邈邀请吕布来夺取兖州的事情。

得以占据兖州，吕布完全是瞎猫碰上了死耗子：袁绍和兖州世族斗法，而曹操成了牺牲品。曹操当时心慌意乱，被张邈和陈宫的背叛搞得身心俱疲，因此一时昏招迭出，才让吕布和张邈联军在兖州盘桓了一年多。等他回过神来，才认清吕布这种有勇无谋的人，哪是他的对手。

吕布脸皮厚，运气也不差，为人反复无常，有奶便是娘。但是他的确能征善战，在那样一个乱世，英雄难得，所以总能找到投靠的下家。他被赶出兖州的时候，正好陶谦病死，徐州的一些世族子弟就拥戴刘备做了徐州牧，吕布就去投奔刘备。

对于刘备来说，接管了徐州固然高兴，但他内忧外患一大堆。在内，陶谦的旧部不服，徐州的世族也压不住；在外，曹操虎视眈眈，袁谭的青州就在北方头顶上，南边的袁术当然更加难以对付，不说四面楚歌，也是乌云压顶。他以为能够得到吕布，当然是一大助益。

但问题很快来了。吕布对刘备说："咱俩都是边地来的老乡啊。我看见关东起兵反对董卓，当时就想杀了他。等到我杀了之后到东边来，关东的诸将却都不是东西，不仅没人愿意收留我，而且都想杀了我。"他请刘备进自己的营帐，坐在老婆床上，并让老婆向刘备行礼。俩人就开始喝酒吃饭，吕布大剌剌地称刘备为弟。

这一切都很不符合礼仪规范。士人之间相互敬重，无论岁数大小，都以"兄"或"君"相称。吕布行为放浪，言语无状，刘备虽然嘴上没说什么，但也一肚子的不高兴。

没等刘备有什么动作，吕布又开始发作了。他刚到徐州，就写信给袁术，准备取刘备而代之。

袁术马上给吕布写了回信，满口的奉承，一纸的诱骗。他说吕布杀了董卓，帮他报了董卓杀家人之仇，是一大功劳；赶走曹操，为他雪耻是第二大功；赶走刘备，为他解除了肘腋之患，是第三大功。袁术大方送给吕布二十万斛军粮，约定袭击刘备。吕布于是起兵，趁刘备不在，联合陶谦的一些旧部，赶走留守的张飞，攻取了徐州的首府下邳，自称徐州刺史。

刘备没有办法，只能回来投奔吕布。吕布倒也好，不但不杀，还让刘备屯驻小沛。

但袁术容不得刘备，想要痛打落水狗，一举消灭刘备，派了纪灵带兵三万攻打小沛。吕布部将说："将军不是一直想杀刘备吗？现在就让袁术代劳好了。"吕布反而说："不行，如果袁术干掉了刘备，等于就向北联合了泰山诸将，我就在他的包围之中了。"他自己带了一千步兵、两百骑兵，去小沛救援刘备。

吕布驻扎下来，派人请来纪灵，设宴款待。吕布说："刘备啊，是我的弟弟。弟弟被困，做哥哥的当然要来救他。我生来不喜欢相斗，但喜欢调停。"

他让人在营门中举起一支戟，对纪灵说："你们来看看我射那支戟的小枝。如果一发就中，你们就离开吧。如果不中，你们就留下来决斗。"拈弓搭箭，一箭就射中小枝。纪灵大惊，说："将军神人天威啊。"马上就退了兵。

吕布如果稳住徐州，对袁术十分有利。曹操的兖豫两州，南接袁术扬州，东邻吕布徐州。袁术如果和吕布结盟，就可以从两个方向同时进击曹操，让他两线作战，左右为难。所以，袁术继续深化和吕布的关系，派人为儿子向吕布的女儿求亲。不但如此，他还派人把自己准备称帝的想法告知吕布，并准备迎娶吕布女儿。

这下算是彻底踩了徐州世族的底线。陶谦是朝廷任命的徐州牧，他临终时把徐州交代给刘备，当然是非常之时的非常之举，可以理解。刘备和陶谦旧部不和，被吕布乘机攻占了，他们也能接受。刘吕两人都是游侠出身的军阀，本身没有太大的区别。但如果吕布和正要篡逆的袁术联合，那他们在徐州的人算什么？不都成朝廷的叛臣了吗？他们和家族，以后在朝廷那里，还能抬得起头吗？

下邳国名士陈珪首先想办法断掉吕袁的婚事。他向吕布建言说："曹操已经把皇帝迎接到了许都，正准备征伐四方。将军应该和他一起协同国策，寻求徐州的安宁。如果今天和袁术结为姻亲，会被天下指责，恐怕是非常危险的事情。"

吕布也回想起来，当初自己落难投奔袁术，结果直接被他赶走了，心里早就不舒服。尽管女儿已经在出嫁的路上，还是马上派人中途截回，还把袁术的使者斩首送往许都。

但是对于徐州世族来说，这还不够。必须赶走或者干脆除掉吕布。

陈珪于是想派儿子陈登去联络曹操，但是吕布不肯。对曹操他还是非常忌惮的。

　　曹操这时却主动上门了。汉献帝流亡的时候，曾经派人送了亲笔信给吕布，要求吕布去迎接他，但吕布手上没兵没粮，根本无法跨过沿路的重重军阀，只好写信给汉献帝说明情况，请求谅解。汉献帝派人回信，封他做平东将军、平陶侯。那个时候，道路不通，军阀遍地，汉献帝的使者东躲西藏，走到山阳的时候，丢掉了册封的文书。曹操就拿这个来说事，奏请汉献帝封吕布做左将军，派人带了将军的印绶和自己的亲笔信给吕布。信里写道：

　　"当初皇帝封您做平东将军的时候，文书在山阳屯丢掉了。国库里现在没有好的黄金，我拿自家的好金给您做了个金印；国库里也没有紫色的绶带，我把自己用的绶带送给您，以示慰问。朝廷是很相信将军的，您派来的使臣不太合适，请您重新派个使臣过来，对朝廷表示您的忠诚。"

　　吕布大喜过望，觉得曹操对自己还是不错的，而且看起来汉献帝对自己也还是非常信任的，于是就派陈登出使许都，还送了曹操一条绶带，以示答谢。

　　这明显就是曹操和陈珪唱的一个双簧，设法让陈登过来一起商量除掉吕布的计划。陈登一见曹操，就跟他说，吕布这个人勇而无谋，反复无常，应该早点收拾掉他。

　　曹操说："吕布，狼子野心，的确是很难久养的。"然后就把陈登封为广陵太守，加封陈珪秩禄中二千石，并让陈登回去，联合徐州的世族，作为内应，准备攻打吕布。

　　陈登临走，曹操拉着他的手说："东方的事情，就此拜托给您了。"

　　吕布派陈登去朝廷，本来是想求封为徐州牧的，把对徐州的占领通过朝廷命令坐实。但是曹操不但没有答应，还给陈珪、陈登封了官，吕布就怒了。

　　他拔出戟来，一下砍断了桌子，骂陈登说："你父亲劝我和曹操联合，不和袁术通婚。现在我所求的东西一无所获，你们父子俩倒是封官加爵。看来你们俩是把我卖了吧？你跟我说说看，怎么回事？"

　　陈登一点都不着急，等吕布骂完，才慢悠悠地说："我是跟曹操提了您的要求啊，而且跟曹操说，'你对待我家将军要像养虎一样，应该用肉把他喂饱了，如果他没吃饱，就会吃人'。但是曹操说，'不对，不是你说的那样。我对你家将军就像养鹰一样，饿的时候就会听话，如果喂饱了他，他就会飞掉'。他是这么说的，我也没有办法。"

　　这话确实像是曹操说的，吕布倒也相信。只好算了。

　　袁术听到吕布和曹操联合，大怒，和韩暹、杨奉等这些过气将领联合，要攻打徐州。吕布问陈珪怎么办。陈珪说，很简单啊，这几个人联合，就好像几只鸡的联合，肯定站不到同一根树枝上。坐等瓦解就好了。果然，仗还没打，联军就已经破裂，袁术大败。

　　吕布还真是一个扎扎实实的反复小人。建安三年（公元198年）七月，曹操从南阳回军许都的时候，吕布人品再一次败坏：他又联合袁术攻打刘备。

刘备兵力薄弱，根本打不过，便派人向曹操求救。曹操派夏侯惇去支援，却被吕布打败。刘备已经无处可去，只好跟着夏侯惇一起，投靠了曹操。

刘备的一个部下袁涣，归了吕布。吕布知道他文章写得好，就让他写信骂刘备，袁涣不肯。吕布再三强求，袁涣就是不答应。吕布大怒，带兵来威胁："你写就有活路，不写就死。"

袁涣神色不变，笑着回答说："我只听说好的德行会侮辱无耻的人，却没听说过骂人可以侮辱谁。如果刘备是个君子，那就会对将军的话非常不齿；如果他是个小人，肯定会写信骂回将军。那么我们主动去骂刘备，就是自取其辱。况且，当时我服务于刘备，就如同今日服务于将军。以后我如果离开了将军，有人让我写信辱骂您，您觉得可以吗？"

一番话说得吕布哑口无言。

曹操既然暂时没拿下张绣，闲着也是闲着，更何况陈珪、陈登父子早就作为内应，等他过来。他于是亲自带兵来攻吕布。打徐州，曹操熟门熟路，一路攻城略地，一直打到下邳。陈珪、陈登和徐州世族早就等得不耐烦了，曹操的兵马刚到彭城，他们就起兵响应，全州俱反，唯剩下邳孤城一座，被团团围住。

曹操写信给吕布劝降。吕布立刻就有心投降了，他在白门楼上对士兵说："你们不用担心，我自己去投降明公（指曹操）吧。"

从兖州兵败追随吕布而来的陈宫知道，曹操是绝不可能原谅自己的。兖州之变，就是因他而起。是他说动了张邈，邀请了吕布，发动了整个兖州的世族一起背叛曹操。而当时曹操对他是无与伦比地信任。曹操在两年时间里浴血奋战，几乎到了绝境，险些死在吕布手里。曹操就算放过吕布，也不可能放过自己。他绝不能让吕布不战而降。

他大骂说："曹操是个逆贼，也配称明公吗？你如果今天投降，就好像拿鸡蛋碰石头一样，怎么可能活得了命？"吕布想想也有道理，自己和曹操确实算是血海深仇，于是坚定守城决心，派人向袁术求救。

袁术本来不肯，说："吕布不肯把女儿嫁给我儿子，活该要败，凭什么又跑来向我求救？"

吕布的使者说："明上[1]今天如果不救吕布，是自己招徕失败。吕布一旦被灭，接下来就是您啊。"

吕布这边也担心袁术因为儿女亲家的事情，不肯来救，于是用锦缎缠在女儿身上，把她绑在马上，到了晚上亲自送她出城。但是刚出城门，就和曹操的军队迎面撞上，对面射箭如雨，过不去，只好回城。

吕布虽然骁勇，却偏偏儿女情长。他又计划让陈宫和高顺守城，自己出门去截断曹操的粮道，逼退曹操。但是吕布

---

1　袁术正准备称帝，所以称明上。

的妻子说："将军出城去截断曹操粮道，事情是对的。但是陈宫和高顺向来不和，您一走，他俩肯定不会同心守城，如果城池丢了，将军靠什么来自立？当时您从长安逃走，我已经被将军抛弃过一次了，幸亏被人藏了起来，才逃过一劫。今天您也不用管我！"于是吕布犹犹豫豫，下不了决心。

当然，袁术终于还是想通了，亲自带着几千骑兵来救。但吕布又一次大败，从此龟缩自保，不敢出来。

陈宫说："曹操远道而来，肯定是不能持久的。将军可带一部分兵马，在城外安营扎寨，而我率领剩下的兵马守城。如果曹操去攻打将军，我就带兵去攻打曹操背后；如果曹操来攻城，将军就去攻打他。用不了十天半个月，他的粮食就会耗尽，那个时候我们去攻打他，一定能够胜利。"

吕布觉得有道理，准备带兵出去。吕布的老婆又来了，说："以前，陈宫服务于曹操的时候，曹操对他真是掏心掏肺，但他还是舍弃曹操来投奔您了。今天您对待陈宫，还不如曹操对他好。现在您要把整座城都委托给他，把老婆孩子都放在这里。万一有变，我还能是您的老婆吗？"

吕布马上就不淡定了，放弃了出城的计划。

曹操的军队围困下邳三个月，始终攻不破城池，军队渐渐疲惫，曹操于是准备撤军。荀攸和郭嘉都不同意，说：

"吕布有勇无谋，现在已经连续打了败仗，早就已经没有了心气。军队大战，都是依靠主帅，主帅精神不振，士兵就没有斗志。陈宫虽然很聪明，有智谋，但是他每次想计策都比较慢。所以趁现在吕布的心气没有恢复，陈宫的计谋还没有定下来，赶紧攻击，吕布肯定就完蛋了。"

这两个谋士还想出了破城的方法：把下邳附近的泗水河、沂水河的堤坝挖开灌城。然而，下邳有三重城池，引水灌城，竟然也没能使城墙倒塌。但是水漫城池，城内更加行动不便，物品久泡水中，粮食也出现紧缺。

经过如此长久的围困，吕布的部将早就已经疲惫不堪，于是几位将领就绑架了陈宫，打开城门向曹操投降。

吕布带着剩下的人，跑到白门楼上一看，曹操的大兵已经围了上来，吕布跟手下说，把他的脑袋砍了去送给曹操吧。手下的人不忍心，吕布就自己投降了。

吕布这个人，虽然在各个诸侯间反复叛变，毫无忠诚之心，但是他起家于并州军，和自己的部下生死与共，情同兄弟。故而，在他刺杀董卓之后东奔西走，游走于各地诸侯的时候，也极少有人叛变，大多甚至从一而终。

吕布败落，他部下第一猛将高顺随同他一起被杀。张辽在下邳战后降曹，臧霸降曹后成为曹营中一大诸侯。其余投降的战将，在后来的曹营中，也多是忠诚始终之人。

但吕布自己，运气就没有那么好了。

他被五花大绑带到曹操面前，看见曹操就大声叫道："绑得太紧了，稍微松松吧。"

曹操笑了，说："绑老虎能绑得不紧吗？"

吕布不服气，说："我对这些部将都非常好，但是一到紧急时刻，他们竟然都背叛我。"

曹操又笑了，说："你背叛了老婆，去喜欢那些部将的老婆，这叫对他们好？"

吕布一时沉默了，接着请求曹操说："明公所担心的人，不就是我吗？现在我已经认输了，您就不用担心天下平定不了了。明公带步兵，让我带着骑兵，我们一起征战，这天下还不容易打下来吗？"

曹操还真是有些心动。毕竟，并州出身的骑兵，吕布的勇猛善战，在当时的确闻名遐迩。

吕布看见刘备在曹操身边，就对他说："玄德，您现在是曹公的座上客，我是阶下囚。您就不能跟曹公说说，给我松松绑吗？"

曹操已经松动，笑着说："你自己跟我说不行吗？"

刘备向前一步，跟曹操说："明公忘了丁原和董卓了吗？"

曹操点头称是。

吕布大骂说："大耳贼，最不可信了。"

主簿王必也上前对曹操说："吕布是个勇武的劲敌，他还有部下分散各地，绝不可以宽纵。"

曹操转过来对吕布说："我本来还想宽恕你。但是主簿不听我的话，能怎么办呢？"

这时，陈宫也被带来见曹操。曹操对陈宫说："公台，你平时都说自己的智力可高了，今天怎么落到如此田地？"

陈宫看着吕布说："这小子听不进我的话，所以才落得如此下场。如果他听我的，未必就会落到你的手上。"

虽然陈宫捅了曹操一刀，但是陈宫在世族中的影响力，他个人的智谋，都是曹操十分珍爱的。他想要网开一面，饶过陈宫，重新纳入自己麾下。他笑着问陈宫："今天的事情，你觉得怎么处理呢？"

陈宫说："我作为你的臣子不忠，作为儿子不孝，死是分内的事。"

"可是你现在这样，你母亲怎么办呢？"

"我听说，以孝治天下的人，不会害别人的亲人。我的老母亲能否活命，在明公，不在我。"

"那你的老婆孩子怎么办呢？"

"我听说，施仁政的人，不会断绝别人的后代。我的老婆孩子能否活命，也在明公，不在我。"

曹操还来不及接话，陈宫就对曹操的身边人说，"请你把我杀了吧，以明军法"。站起来头也不回地走了出去。

曹操流着眼泪送走陈宫。把吕布和陈宫一起绞死，并且把他们的头颅，挂在许都示众。他回到许都后，把陈宫的母亲接到城里，赡养终身；把陈宫的女儿养大成人，并且亲自送嫁。

曹操与陈宫的恩怨，成了传奇；而曹操对陈宫的情义，感动了世族。徐州世家大族的心，全都融化了，争先恐后归顺曹操。

他们的惊喜，源源不断。

吕布的旧将，除了张辽主动归顺曹操之外，臧霸则早在城破之前就已经逃亡了。曹操让臧霸回归，还主动让他担任守护徐州的重任。但是对于臧霸手下的两个将领，徐翕和毛晖，曹操则想痛下杀手：因为他们两个原本是曹操在兖州时候的将领，却都跟着张邈投奔了吕布。

曹操让刘备去给臧霸传话，让臧霸把两个人的首级给他送去。臧霸对刘备说："我之所以能够自立，就是因为不会做这样的事。曹公对臧霸有不杀之恩，我不敢违抗命令。但是曹公是一个有王霸之心的君主，应当可以用正义的道理劝诚他。请将军帮我去跟主公说情。"

曹操听了刘备的转述，非常感慨，说："这是古君子的德行啊，臧霸的所作所为，非常符合我的心意。"他不但不杀徐毛二人，还让他们继续跟着臧霸守徐州。

还有一位叫毕谌的文士，当时也在兖州做曹操的部下。张邈叛乱的时候，劫持了毕谌的母亲、弟弟、老婆和孩子。曹操曾让毕谌去找张邈，说："你的老母亲在张邈那里，你跟他去吧。"毕谌对曹操磕头说，我没有二心，请您放心。感动得曹操涕泪横流。谁知道毕谌转头就投奔了张邈，后来又跟随吕布到了徐州。

这次攻灭了吕布，也就生擒了毕谌。许多人都暗暗为毕谌捏了把汗，觉得他是必死无疑了。

结果曹操说："难道这些孝顺父母的人，不会忠于君主吗？这种人才是我所求的啊。"竟然让毕谌待在徐州继续当官。

陈珪和陈登父子原本就是曹操安排在吕布身边的内奸，当然得到重用。而另外一个世家家族，陈纪和儿子陈群，顺理成章地，也都成了曹操的臣子。而这个陈群，原本就是荀彧推荐过的颍川世族。

现在，通过扫平吕布，曹操不仅得到了徐州全境，更加关键的是他已经通过对陈宫、臧霸和毕谌的处理方式，得到了天下世族的心：他曹操是讲究忠义仁孝的，完全符合儒家的能臣标准。

他并没有通过控制汉献帝，挟天子以令诸侯，而是真正以合乎传统的方法，荡平天下，重建朝廷。他还要进一步证明，那些真正怀有篡逆之心的人，会是什么下场。

这个样板，就是袁术。

## 7.

袁术老早就有心自立为皇帝了。

他当然不是一个简单的人。汝南袁家，四世三公，这样的威名谁都知道，袁绍也是靠着这样的背景，成为众星捧月的当世英雄。从袁家内部来说，袁术比袁绍是更加正宗的继承人。

年轻的时候，他曾经担任长水校尉，江湖人称"路中悍鬼袁长水"。汉灵帝死后，何进准备对宦官动手的时候，同时启用袁氏兄弟。何进被杀，攻进宫里的除了袁绍，袁术也是主力。

在关东联军反对董卓的时期，除了曹操带兵去攻打荥阳，大败而归之外，真正和董卓有正面对抗的，也就数袁术的部将孙坚。

孙坚本人出身寒族，无根无基，只不过做了几个县的县丞而已，连正经八百的官都不是。但在攻打黄巾军的时候，他开始崭露头角，屡立奇功，一路上升到了长沙太守的位置。

初平元年（公元190年），孙坚逼死荆州刺史王睿，杀死南阳太守张咨。在带兵北上时遇见了袁术，就投靠了他。

其实孙坚投靠袁术的原因也很简单。他一介寒族出身的人，杀死王睿和张咨，从根本上就已经得罪了所有荆州和豫州的世族，荆州世族恨不得生吞了他。当时刘表已经在荆州站稳脚跟，马上就准备攻打孙坚。这时候，只有投靠世族出身的袁术，依仗袁术的力量，才能自保。这和寒族出身的曹操投靠袁绍，一个道理。

董卓根本看不起那些由世家大族组建起来的军队，他曾轻蔑地说："关东军是注定要失败的，他们都很怕我啊，没有什么作为。"但是他却知道孙坚的厉害，说："只有孙坚这个人有点小倔强，还挺会用人的，告诉我的部将们，让他们提防孙坚。"孙坚曾经效力于太尉张温，在西北讨伐边章、韩遂，当时就劝张温杀了董卓。

　　董卓派了亲信的部将胡轸和吕布一起去抵挡孙坚。可是，胡轸部队属于董卓自己的凉州兵，而吕布的部队是杀了丁原之后被吞并掉的并州兵。所以胡轸暗戳戳地说："这次出门打仗，得杀掉个把戴青色绶带的人，才能够整齐军队。"实际上，青绶说的就是吕布。

　　于是胡轸和吕布一起进攻孙坚占领的城池，刚到城下，吕布就在军中散布谣言，说孙坚的人已经打过来了。一下子部队大乱，孙坚乘夜掩杀，胡军大败，连猛将华雄都被孙坚杀死。

　　董卓看到部下打不过孙坚，就派了李傕来找孙坚，想和他通婚，并且让孙坚随便挑刺史、郡守的位置，他可以让孙坚的子弟、部下都封官。孙坚立马严词拒绝，说："董卓逆天无道，荡覆王室。现在不把他夷灭三族，布告四海，我死不瞑目，怎能跟他和亲？"


　　孙坚一路进军，一直打到靠近洛阳九十里的地方。正是由于孙坚的逼迫，董卓才认真对待东部盟军的威胁，继而焚烧洛阳，迁都长安。因此，袁术虽然没有亲自带兵攻打董卓，但事实上一直在背后支持孙坚，提供军粮。

　　董卓逃跑之后，孙坚进军洛阳，看到城中一片废墟，几百里之间渺无人烟，惆怅落泪。

　　他派人打扫被烧毁的洛阳皇宫，修缮董卓撤退时盗掘的皇家陵墓，并且填平盗墓留下的坑洞。

　　孙坚驻军在城南，早上突然发现，一口井里有五色光芒，士兵们都吓坏了，不知道有什么妖异。孙坚就派人下井，却发现了汉朝的传国玉玺。这个玉玺，实际上是汉高祖刘邦从秦始皇那里一路传承下来的，上面写着"受命于天，既寿永昌"，但是缺了一角。这个玉玺是在袁绍和袁术攻打皇宫、屠杀太监的时候被带出来扔到井里的。

　　袁术听说孙坚得到玉玺，就想让他交出来。孙坚不肯，袁术于是扣押了孙坚的夫人，孙坚只好用玉玺交换。不久之后，袁术派孙坚攻打刘表，孙坚就在战斗中被流矢射中去世了。

　　对于山东诸侯合力围剿董卓的事情，袁术从来不感兴趣，他只感兴趣自己的发展。这是袁术的个性所致。他在数十年的生涯之中，已经演示了世族家庭中最为极端的面相：自私、残忍、虚荣、自大。他不在乎朝廷，不在乎兄弟，不在乎部下。朝廷蒙难，他不救；兄弟蒙尘，他不管；部下蒙羞，他不理。但凡触及他自身的一点尊严与利益，他马上就暴跳如雷，睚眦必报。在山东群雄中，他最早行动去争夺地盘。山东联盟还没有瓦解，他已经一路南下，夺取荆州南阳。

　　和袁绍翻脸之后，他随即被刘表赶出荆州。他原本想北上夺取兖州，结果被曹操一路追杀，一直败逃到九江，才喘过气来。他随后杀掉了扬州刺史陈温，自立为扬州牧。

　　陶谦死后，刘备做了徐州牧，立足不稳，袁术就想乘机再拿下徐州。于是他就写信给吕布，说："我有生以来，就没听说过刘备这个人。"他和吕布联合，赶走了刘备。吕布却自己做了徐州刺史，不过袁术也乘机夺取了徐州广陵郡等一些地盘。

袁术还是不死心，写信给陈珪，想让陈珪帮自己夺取徐州，说："我和你是旧相识，当然不会把你当成部下。如果我们一起办大事，你当然就是我的心腹啊。"不仅如此，他还把陈珪的另外一个儿子陈应从下邳绑架过来，威胁陈珪。

但是陈珪哪里肯答应。他早就看出来袁术心怀异志，迟早会叛变朝廷。他回信给袁术说：

"曹将军神武，能够看清形势，恢复汉室的典章刑法，拨乱反正，清定海内，这些都已经有了非常明显的征兆。我以为足下应当和曹将军勠力同心，匡扶汉室。假如您阴谋不轨，以身试祸，岂不是让人非常痛惜吗？如果您迷途知返，还可以避免灾祸。我和您是老相识，所以现在和您讲的都是情理，虽然忠言逆耳，但是这也是骨肉之间才会有的真情。但如果您想让我营私阿附，我死也不会做的。"

袁术没有获取徐州，但是做皇帝的心思却越来越炽热。

袁术一直认为，有三个征兆，说明自己是替代汉朝的天命所归。

第一，是他的家世。他姓袁，源自春秋时候的陈国，而陈国是替代舜的诸侯国。舜是土德，而陈自然也是土德。既然火德的汉朝就要灭亡了，当然应该是土德的陈来替代汉朝。

第二，是当地传得纷纷扬扬的一句谶语："代汉者，当涂高也。"涂，就是途，道路的意思。袁术字公路，也是道路的意思。所以这句话说的就是他。

第三，他从孙坚手上抢了玉玺。谁有玉玺，谁当然就是皇帝咯。

所以，当兴平二年（公元 195 年）李傕、郭汜和张济联军在曹阳打败汉献帝的勤王联军时，袁术就认为汉献帝快死了，而他称帝登基的时候到了。

他找来部下商量，说："现在刘家天下已经衰微，整个国家都乱哄哄的。我袁家四世三公，百姓所仰望。我想要应天顺民，各位觉得如何？"

这个时候，谁敢做这样的事情？皇帝还没死，天下虽然纷乱，但所有的诸侯军阀都始终得打着皇帝的旗号，才敢胡作非为。枪打出头鸟，谁敢第一个称皇帝，谁就会变成众矢之的的。多数的诸侯军阀互相攻并，无非想做大自己，等到皇帝翘辫子了，再谋称帝，才是一个正确的顺序。

没人同意他，但是大家都看得出来，袁术有这个野心很久了，从他几年前不惜使出下三滥的手段抢孙坚的玉玺，就可以看出来，所以没人敢说不。

只有他的一个谋臣严象说："古代的时候，周国在西岐经营了很多代，一直到周武王的时候，积德累功，三分天下已有其二，都仍然勤勤恳恳侍奉商朝。您虽然祖上就开始服务汉朝，有很大的功勋，但治下还没到周国那么强盛。现在汉室虽然微弱了，但是没听说皇帝做过商纣那么残暴的事。您要取而代之，是不符合公理的。"

　　袁术听了，不吭声。

　　他于是又去找另外一个谋士张范。张范知道他想让自己写登基文书，就装病不去，让弟弟张承去应付他。袁术说："当年，周朝衰弱，才有齐桓公晋文公称霸；秦朝政令混乱，才有汉朝开创新世代。你看看，我今天土地广阔，谋士众多，想要遵循齐桓晋文的功绩，学习汉高祖的事迹，你觉得如何？"

　　张承说："我以为，可以还是不可以，要看德政是否具备，而不是看有多少土地兵马。如果能够施行德政，满足天下人的愿望，那么即便一介匹夫如同项羽，也能成就功业；但如果僭越无度，逆潮流而动，那么全天下的人都会背弃他，谁肯让他成功？"这话其实在点袁术：你的德政不够啊。

　　袁术又吃了个闭门羹。

　　他想起了孙策。在孙坚死后，孙策跑来向他哭诉，请求让他重新带领父亲的兵马，为袁术效力。在袁术的支持下，孙策慢慢在江东发展起来，占据了丹杨郡、会稽郡、吴郡、豫章等地，也成为一个有竞争力的割据势力。

　　只要孙策支持他，那他就真是地广人多，势力庞大。他就派人去找孙策。

　　孙策哪能不明白现在称帝的风险？他写了一封非常长的

信阻止袁术，洋洋洒洒列举了九条不应该谋逆篡位的道理，然后说："您家族五代担任相位，是汉朝的宰辅。国家给您家族的荣耀和宠爱，没有任何一个家族可以比拟。我以为，您应该效忠守节，报答王室。现在许多人被图谶的说法所迷惑，牵强附会说一些不伦不类的解释。我是您的臣子，但不会为了取悦您，就答应您去做必然失败的事情。我经过深思熟虑，不得不劝告您打消这个念头。忠言逆耳，驳回了您的看法会导致您的厌恶。如果这样能够帮助您做出正确的决策，那我也在所不惜。"

袁术原本以为，像孙策这种自己一手扶植起来的人，当然会和自己一条心，不料却遭到如此强烈的反弹，非常发愁，病了一场。

但是袁术被皇帝梦给魇住了，任何的反对与反弹，都已经无济于事。孙策见袁术不肯采纳自己的谏言，知道他马上就要成为天下公敌，如果继续和他联合，简直就是自寻死路。他当机立断，宣布和袁术断绝关系。

建安二年（公元197年）春天，袁术不管所有人的反对，在寿春称帝，建国号仲家，分封百官公卿。

袁术这个人，年轻的时候就非常贪图享乐，现在当了皇帝，更是变本加厉。他的后宫有几百个妃子，全都是绫罗绸缎，大鱼大肉。

但是仗已经打了十多年，四处凋敝，他占据的淮南，也是经年战争，根本经不起他这么折腾。很快，士兵受冻挨饿，经常逃跑，哪怕没有战事也会自然减员；而江淮一带百姓穷困，饥荒四起，人吃人的现象又开始到处蔓延。

袁术僭位，已成天下公敌，除了吕布这种不开眼的人还敢与他联合之外，所有的人都忙着和他切割。

经过董卓、李傕、郭汜这些混世魔王的折腾，汉室江山的确已经大为衰微，汉祚将尽，这是每个人都能看出来的趋势。然而此前的所有改朝换代，都必须遵循一个前提，那就是皇帝残忍凶暴，作恶多端。兴兵伐无道，取而代之，才具有法理上的正义性。汉献帝幼冲即位，被董卓所胁迫，天下诸侯应该做的，无非就是清君侧，恢复皇室权威。秦失其鹿，天下人共逐之。但是汉朝的鹿还没有丢，谁敢去抢？

袁术先抢，那就袁术先死。这也是谁都看得懂的结局，只有袁术自己不懂。

曹操听说了孙策拒绝袁术的事情，就派了王诵去表彰他，并且拿着汉献帝的诏书，要拜孙策为骑都尉，继承孙坚的爵位为乌程侯，策动他一起去讨伐袁术。

孙策不太高兴，想得到将军的名号，于是王诵自作主张，给了他一个"明汉将军"的称号，暗示他还是要忠诚于汉室。曹操很快上表，任命孙策为讨逆将军，封爵为吴侯。孙策开开心心地就开始领兵讨伐袁术。

也是合该袁术穷途末路，众叛亲离。这些年来，袁术为了自身利益，可谓无恶不作。豫州境内的陈国国王刘宠，勇武善战，精于骑射。董卓乱政期间，全国饥寒，唯有陈国还富庶安定，国相骆俊对于所有路过的饥民难民，无不慷慨救济。刘宠自立为辅汉大将军，兴兵反卓，保境安民，无人不夸。袁术向陈国讨要军粮，被骆俊拒绝后，派了劫杀曹嵩的张闿进入陈境，借机暗杀刘宠和骆俊，然后带兵进去抢粮抢人。陈国自此衰微，沉入黑暗。

在袁术的腐败统治下，江淮人人自危，于是就有地方力量奋起自保，抗拒袁术的兵马。沛县的许褚就是其中之一，他聚集了当地的年轻人，把数千个有宗族关系的家族联合在一起，在村里立起高墙，抵挡各路军马。曹操路过的时候，许褚就带着家人前去投奔。曹操大喜，说："这是我的樊哙啊。"就让许褚带着族人，成了他的贴身卫士。

建安二年（197 年）九月，也就是袁术称帝半年左右，曹操南下扬州，亲征袁术。袁术一触即溃，慌忙放弃了首都寿春，渡过淮河往南逃窜。

袁术的末路到来的时候，那些他曾经庇护过的人，尤其当年沿路劫杀汉献帝的人，也纷纷走向末路。

十一月，韩暹和杨奉的军队又开始闹粮荒，到处抢劫，而吕布自己也没有多余的粮食供给他们。于是他们就偷偷和刘备联系，想联合他攻击吕布。刘备把杨奉请到沛县，请他吃饭，在席间就把他杀了。

韩暹失去了杨奉，独木难支，想要逃回并州，在路上就被地方官员发现并杀死。

胡才很快也被仇家杀死，李乐闷闷不乐，不久就病死了。

郭汜势力早就衰弱，被自己的部将杀害。

剩下一个李傕，合并了郭汜的残兵，退回到长安附近的黄白城。第二年，凉州的另外一个军头起兵攻陷了黄白城，杀死李傕，把首级献给曹操。汉献帝恨极了李傕，亲自下令把李傕的头颅挂在许都示众。

所有人都明白了，现在，朝廷已经在许都安定下来了。那些曾经挟持和违背过汉献帝的人，迟早都会被曹操消灭，曹操才是汉庭的中流砥柱，跟着他，才真正有前途。而像袁术这种乱臣贼子，已经可以数着日子过了。

奉天子以令不臣的意义开始浮现出来。只要朝廷安定，那就人心归附。在乱局之中，人们的确不知该如何行动，也不知道自己漂萍浮根，该跟着谁，未来在何处。但是当朝廷建立，就如同灯塔，所有的光芒都会向它汇聚。判定谁是忠臣、谁是逆臣的标准就非常清晰了。

汉室中兴的希望隐约出现，而天下开始从混乱重新走向归一。

## 8.

曹操莫名其妙就突然怀疑杨彪。

建安二年（公元 197 年）九月，就在曹操亲自攻打袁术之前，他把杨彪抓起来下狱了，控告他有大逆之罪，说他想要废掉汉献帝：因为杨彪的老婆，是袁术的妹妹。

当时已经被汉献帝任命为将作大匠（宫廷建筑官）的孔融都来不及穿上正式的朝服，就跑去见曹操，说："杨公世代清白，是全国都非常敬仰的人，《周书》上面说'父子兄弟，罪不相及'，怎么能因为袁术有罪，就归罪杨公呢？"

曹操说："但这是皇帝的意思啊。"

孔融说："如果周成王要杀召公，那么周公旦会不知道吗？"他用了一个周朝的典故，当时周成王所有的政务，都是周公旦摄政主持的。

"现在全天下有识之士，之所以仰望明公，是因为您聪明仁智，辅佐汉朝，起用贤良，罢黜奸人，天下熙熙攘攘，都来归附。如果今天横杀无辜，那么天下人察言观行，谁人不会侧目而视？孔融是鲁国男子，明日就拂衣而去，再也不上朝了。"

曹操语塞，于是让许都令满宠负责审讯杨彪。孔融和荀彧都非常担心，连忙跑去对满宠说："您可以审问他，但是不要拷打。"满宠听从了他们的劝告，并没有对杨彪用刑。

过了几天，满宠求见曹操，说："我已经拷问杨彪好几天了，他什么也没有说。这个人名满海内，如果罪责不是很清楚的话，一定会让天下民众对您失望，我为您感到可惜。"

曹操马上释放了杨彪。孔融和荀彧都以为满宠拷打了杨彪，非常愤怒。看到杨彪毫发无伤，都表示感激。

汉献帝在整个杨彪事件中，一言不发。杨彪大概会因此感到失望吧。他觉得汉室已经彻底沦亡了：所有的政令，基本上都出于曹操之手。他于是上书说自己脚部痉挛，以后十多年的时间根本就不出门了。

经过这个事件，孔融和荀彧也逐渐采取了不同策略。对于孔融而言，他可以容忍曹操擅权，但不允许曹操侵犯汉室，替代汉室。朝廷中既然无人敢说真话，那么他就当仁不让。而对于荀彧来说，他知道曹操还是如董昭所说，"行非常之事，乃有非常之功"。如今割据混战，民不聊生，如何能够维护汉室呢？就算能够维持，这样的一个国家，还有什么希望？所以，他必须小心翼翼维系平衡，既不能给曹操一统天下的行动制造障碍，也不能让曹操侵犯大汉天子，汉家朝廷。

就像他当年离开袁绍投奔曹操时想的那样，整个天下，只有曹操才有智慧和能力平定各方诸侯，重建制度，恢复生产，树立权威。一个只有空架子的汉室没有任何意义，而有了权威的汉室，才有可能中兴。

而且，他也看出来了，虽然汉献帝才十六岁，但是这个小皇帝，是有主意，有担当，有想法的。


汉献帝当然不想当傀儡，他的确有自己的打算。如果要当傀儡，他当初也就不必拼死逃出李傕和郭汜的控制，也可以不用从洛阳迁到许都。三年被董卓挟持，三年被李傕和郭汜控制，在路上九死一生流亡一年，他已经看透了这些军阀的嘴脸和世家大族的空谈误国。他必须和一个既有能力，又有忠心的人联合起来，才有复兴汉室的希望。

但是他身边没有什么可以信任和依赖的人。到现在为止，还有比曹操更有能力，而且更加恭敬的人吗？杨彪忠心，却是一介书生；董承虽有一些力量，但是心怀叵测；孔融这些人，谈谈文学的确不错，可是孔融一辈子就没打过一次胜仗。这些都不是他能够依靠的人。

他早就学会了韬光养晦和虚与委蛇。曹操需要安定团结，杀人也好，抓人也罢，基本上都无关宏旨。他汉献帝手上也是有牌的：世家大族的忠诚，朝廷政令的正义，以及分散在全国各地的依旧忠诚于他的大小力量。当初李傕、郭汜、张济追逐他的时候，不也很快能召来韩暹、胡才勤王吗？只是这些人不成器而已。

所以，最重要的，是稳住和利用曹操。曹操的人，也不全部是曹操的。荀彧就是忠于他的，还有董昭、孔融，还有刘备、董承。损失掉杨彪，他即便心疼，但不是不可以付出的代价。现在，他还不能和曹操起冲突。

许都的稳定，是压倒一切的大事。让曹操出去征伐，他所有的功劳，都是天子的；他所有的光荣，也都是汉室的；他获得的所有土地，也都属于汉庭。曹操权威越大，汉家皇室的权威也就越大。

所以，他必须一言不发。


许都朝廷虽然刚刚建立一年，其中的利益关系，已经开始复杂纠结起来了。世家大族，无论是否曹操的人，都在许都聚集，他们中的许多人仍然遵从于汉室，忠诚于汉献帝。的确，所有人都知道，曹操是安定汉献帝、建立许都的功臣。然而，曹操的出身，让他们鄙夷；曹操的手段，让他们难受；曹操的野心，让他们担忧。他们和曹操，既联合，也斗争，并且一旦找到时机，就要给曹操制造麻烦。

曹操当然明白这一点，必要的时候，他也会给这些世家大族一些厉害看看，就像对待杨彪一样。杨彪当然不可能和袁术联合，也不会谋逆，看看当初他是如何维护汉献帝，一路陪伴不离不弃就知道了。

可是为什么要拿杨彪开刀？杨彪仗着自己是皇帝忠臣，又是世代三公、弘农杨氏的世族背景，在刚到许都的时候，就敢于轻蔑，甚至压制他。如果任由杨彪如此跋扈，他在朝廷之中，还如何能一言九鼎？如果皇帝和大臣成了他的掣肘，他又如何能纵横天下，一统山河？

杨彪事件只是一个警告。打压了一个最忠诚于汉献帝，但未必忠诚于自己的人，无非就是警告那些随风倒，想投靠吕布、袁术、袁绍、刘表等割据势力的人，必须紧紧和自己联合起来，才能真正建立朝廷的未来和权威。

他知道自己在世家大族心目中的地位。他们需要他，但又看不起他；他们利用他，但同时又提防他；他们仰仗他，却不能给予应有的信任，还要不断制造麻烦。

当然，他还需要和世家大族继续联合，还有许多的征战，需要他们支持；还有许多的人，需要为他所用。因此，他顺水推舟，给了荀彧和孔融一个面子，放了杨彪。

从本质上说，汉室的光荣不是靠这些人耍耍嘴皮子就能够达成的，而需要铁和血，需要牺牲。他的长子曹昂，侄子曹安民，爱将典韦，都是这样在征战中殒命的。

他还必须继续征战。首先，要消灭掉反复无常的吕布和胆大妄为的袁术。


袁术最后的日子终于来到了。

建安四年（公元199年）夏天，吕布灭亡后，袁术知道曹操的下一个目标，就是自己。他烧毁寿春的宫殿，往南逃跑，想去投奔在庐江郡潜山的部属陈兰和雷薄，结果这两个人眼见袁术快要崩溃，哪里肯收留他。

袁术走投无路，最后想起了自己的哥哥袁绍。他于是写信给袁绍，想把皇帝位置让给哥哥。信里说："汉朝失去天下已经很久了。天子被人挟制，各个地方的军政大事，都不过在各地强人的家里决定。群雄角逐，分裂国家，这和当年的战国七雄没有什么不同，也不过是弱肉强食而已。我们袁家拥有天命，早有各种祥瑞证明。你现在拥有四州，百万民户，没人比你更加强大，也没人比你更加崇高。曹操说他想要扶助衰败，拯救弱小，但他凭一己之力，怎么可能为汉朝续命，拯救已经灭亡的朝廷？我现在把天命归还给你，你也不应该再犹豫，要乘势而起啊。"

袁绍虽然还不敢僭越称帝，但是早从当盟主那一刻开始，他的心态就已经改变了。在他看来，汉家之鹿已失，群雄共逐。可是有人能逐得过他吗？取冀州，并青州，夺幽州，得并州。他直接控制的就有四州，曹操控制的兖州、豫州和徐州，名义上不也是他的吗？十三州他独得其七，已然过半。称帝，只要一个适当的理由。

所以袁绍收信，嘴上不说，却暗暗称是。袁术虽然愚蠢，但毕竟也是袁家的人，也能帮上忙。他准备接纳这个和他作对了近十年的弟弟。

但是袁绍在北方，最近的势力范围，也就是他的长子袁谭所控制的山东青州北部，中间隔着已被曹操控制的徐州。

袁术领着残兵败卒再次渡过淮河北上，试图通过下邳，靠近青州袁谭。但是曹操早就预料到会有这么一出。他马上派刘备和大将朱灵去截击。袁术这时候哪还打得过曹操的部队，悻悻回师寿春。

袁术的军中已经断粮了。在距离寿春还有八十里的江亭，袁术暂时停顿下来。他问厨子还有多少粮食，厨子回答说，只剩下麦屑三十斛了。

这时候正是夏天，酷热难当。袁术想要喝口蜂蜜水，但到处也找不到蜂蜜。袁术坐在床上，叹息良久，突然间大声吼道："袁术居然落到这步田地！"从床上跌倒下来，吐血一斗（两千毫升），死了。

袁术的堂弟袁胤害怕曹操追杀，根本不敢在寿春停留，赶紧带着袁术的家人，护送灵柩投靠了袁术的老部下庐江太守刘勋。可刘勋很快也被孙策剿灭，袁术的家人就落到了孙策的手里，后来袁术的一个孙女，还成了孙权的嫔妃。

袁术原本是带着他从孙坚那里抢来的传国玉玺，想要献给袁绍。但在他死后，玉玺偶然落到了他以往任命的广陵太守徐璆的手里。徐璆几经周折，回到许都，把玉玺献给了曹操。

但曹操对玉玺一点兴趣也没有，立刻就转手献给了汉献帝。就这样，玉玺重归汉室。

玉玺辗转正好十年，好似一个宿命。

它的丢失，是在中平六年（公元189年）八月，汉灵帝死后，汉献帝登基之前，袁绍、袁术带兵屠宫杀太监的时候；而重归汉室在建安四年（公元199年）夏天，曹操逼死了篡逆的袁术之后。

许都朝廷此时生机勃勃，宗庙制度建立，三公百官重置，屯田百姓安定，乱臣贼子授首。割据的吕布、张杨、袁术被消灭，乱政的董卓、李傕、郭汜已死光，张绣已经投降。十年里无尽的血海战火在中原的大片土地上渐渐熄灭，从关中到徐州，包括司州、豫州、兖州、扬州，已经连成一片完整的国土，都在汉室朝廷的控制之中了。

这时候玉玺重归朝廷，难道不正象征着汉室就要中兴了吗？

曹操功勋卓著，他的大志得到了报偿，他的忠诚也得到了考验。天下归心，难道所有人不都应该心向朝廷，重建大汉荣耀了吗？

如果真是如此走向，那么未来的曹操，也许就不必留下许多骂名，酿下千古疑案了。

建安四年（公元199年）夏天，在袁术走向穷途末路的时候，曹操并不是天下最强大的人，更没有能力一手遮天。朝廷中忠臣良将如云，世家贵族摩肩接踵；民众心怀天子，献帝励精图治：没有一种时局，更加适合这样一个明主贤臣的王朝。

但是，战争的阴霾却悄悄聚拢，一场旷世大战正在酝酿。那个时代最有权势、最有力量的人，唯一的想法，就是干掉曹操，劫持献帝，然后实现自己的皇帝梦。

袁术死的时候，天下正在从丧乱中，艰难恢复。曹操南征北战，所过之处，墟里无烟，城中无人，曾经一片繁华的汉室天下，如今尽成废墟。他目睹世界如何毁灭，人民如何沦落，不禁阵阵悲凉。在《蒿里行》中，他写道：

> 铠甲生虮虱，万姓以死亡。
>
> 白骨露于野，千里无鸡鸣。
>
> 生民百遗一，念之断人肠。

只有真正心怀生民的人，才能写下这苍凉的诗句。然而铁血战火，尚未停息，而生民百姓，还要继续熬过更多这样阴霾笼罩的严冬。

# 第五章

# 故友零落

我们对于权力追寻者的关键假设是，他之所以追求权力，是将其作为针对剥夺的一种补偿手段。通过改变自我的特性或者自我在其中运作的环境，权力被人们期望用来克服对自我的低下评价。

[美] 哈罗德·D. 拉斯韦尔《权力与人格》

*1.*

没有什么东西是从天上掉下来的。这句话，对于袁绍来说，尤其真实。

世人都以为他是天生的领袖，但他也是从尸山血海中爬出来的。

他和曹操不一样。曹操这样寒族出身的人，可能终其一生的目标，无非是成为宰执之臣。但是对他来说，这样的位置在年轻的时候就已经唾手可得。中平六年（公元189年）他就已经是大将军何进的首席幕僚了，无论是诛杀宦官、引入外援还是执行围宫，何进都是找他商量，让他执行的。而就在这个时候，他已经被任命为司隶校尉，戍卫京城地区，是朝中最重要的大臣之一了。

他当然并没有曹操说的那么愚蠢，为了诛杀宦官不惜引狼入室。他有着非常周全的安排。让董卓进京的时候，他已经让丁原率先带兵进京了，而且丁原比董卓先到。即便董卓和凉州兵有什么异动，丁原的并州兵也完全能够压制董卓。

让边境两股力量同时进入京城，当然也不仅仅是诛杀宦官那么简单。尽管上军校尉蹇硕是西园八校尉的首领，但是在另外七个人中，有半数以上并不属于宦官集团。他自己是中军校尉，下军校尉鲍鸿是太尉张温的部属，朝廷重臣；典军校尉是曹操，助军左校尉是赵融，也是朝廷重臣；助军右校尉是冯芳，属宦官集团；左校尉是谏议大夫夏牟，右校尉淳于琼是他自己的部属。所以，他们在京城的兵力上，至少也与宦官集团势均力敌。

引入外援的目的，主要是为京城全线换防，整体取代掉宦官的力量。这不仅仅是为了当前的目标，而更是为了一劳永逸地扼杀宦官集团卷土重来的企图。在当时，太后与小皇帝依然对于宦官集团十分信任，即便能够一时除掉这个势力，越往后，宦官卷土重来的可能性就越大。所以必须把京城的布防，全部换成何进信任和能够调动的军队。

这样一个天衣无缝的计划却功败垂成。先是何进被宦官杀了，继而丁原被吕布杀了。尽管何进的死，他已早有预料，当时曾力劝何进不要进宫，何进却偏偏不听。他的计划全盘崩溃，只能逃离京城。

曹操是完全不能够理解他的，也完全无法理解他所付出的代价。当他发起山东盟军的时候，董卓就将他滞留在京都的一家老小五十多口人，全都逮捕杀死，其中包括了他的生母、叔叔袁隗、亲哥哥袁基。

董卓先是把袁氏家人的尸体都埋在了城门外，后来害怕袁氏的亲朋故旧来盗取尸体，又挖出来重新埋在了自己的堡垒郿坞里。

这是对他袁家多么大的侮辱？袁绍的嫡母（袁逢的正房，袁术的母亲）死的时候，灵柩返乡，到汝南去参加葬礼的达到了三万人。而袁绍的生母被杀，却被董卓草草埋葬，甚至连尸首都不得安宁。袁家效忠汉朝长达百年，就这个下场？

他当然想杀进长安，杀了董卓复仇，但是他不能。

天下群雄都没看清楚袁绍的意图。他不能，也不愿带领盟军进攻长安。这是一个完全没有把握的战斗。董卓迁都长安，从战略上来说极其高明。首先，进入长安，就有了崤岭作为天险。当年战国之时六国合纵，意图一举消灭秦国，但就是在这里，亡军折翼，以至于多年之内，六国再无力量阻止秦国出关。这是血的教训。

其次，董卓杀了丁原，已经拥有了并凉劲旅，这是整个汉朝天下最能作战的两支部队，再加上原来洛阳的卫戍部队，董卓的兵力已经大大超过了他们的力量。而山东盟军是什么？各个地方临时拼凑起来的乌合之众而已，曹操的人马与徐荣的军队可谓一触即溃，就是一个例证。经过了上百年的承平岁月，汉朝的军队，除了在边疆与异族作战的队伍之外，没有一支是能打的。

所谓的号召天下兵马勤王，更是一个笑话。刘焉能出兵马？刘表能出兵马？真正愿意出兵攻打董卓的汉朝宗室，也不过刘虞一个人而已。连宗室尚且如此，更何况是地方牧守呢？这些人怯懦、贪婪、不忠诚，是显而易见的。一个例子可以充分证明：韩馥在起兵的时候竟然问，我们跟随袁绍还是董卓？这样的将领，这样的军队，怎么能够去主动攻打董卓？去的结果只有一个，那就是把好不容易聚集起来的十多万兵马，送去给董卓屠杀。然后呢？董卓的人马就可以一马平川，征服天下，再也没有人能够挑战他。所有的人都会变成砧板上的鱼肉。

所以，袁绍的计划是从外部入手，彻底瓦解董卓的力量。办法就是：拥立刘虞为帝。这个方法有点冒险，但并非不可执行。

汉献帝刘协本身就并非完全合法。废帝刘辩并没有什么过错，只是因为董卓不喜欢他。当初就是因为汉灵帝喜欢刘协，不喜欢刘辩，所以让蹇硕以军事政变的方式来废刘辩而立刘协，因为何进的干预，才没有成功。虽然董卓拿着何太后的诏书立了汉献帝，但所有的王公大臣都知道，这是胁迫的结果。立刘协，并不能服众。

刘虞是皇室近亲，从皇统上来说，是没有问题的。此外，刘虞是皇室忠臣，在朝廷和世族中都有口皆碑。一旦他被立为皇帝，董卓手上的刘协就没有任何作用了。以新皇帝的名义，号召天下勤王，关内关外都会群起响应。杀董卓就成了诛杀乱臣贼子，他连辩白的机会都没有，岂不得应声而倒？

这本来又是一个天衣无缝的计划。只是，他没有算到的，是刘虞的迂腐。刘虞不仅一口回绝，还痛骂一通袁绍的使者。

袁绍三番五次、苦心孤诣的计划，全被破坏掉了，实在令人心灰意冷。此时，局势已经再明朗不过了：汉祚已尽，群雄逐之。他必须保护自己，保护家人。韩馥是一个没有用的人，跟韩馥绑在一起，只有死路一条，只能取而代之。

逢纪也来劝他说："将军现在谋划大事，却要仰仗别人提供军资给养，如果不占据一个州的话，没有办法自我保全。"

袁绍说："是啊，冀州的兵力强盛，而我的士兵反而饥寒交迫。如果无法获得冀州，恐怕难有立身之地。"

逢纪说："我们可以和公孙瓒相连接，引诱他向南来袭击冀州。公孙贪婪，一定会来；韩馥胆小，肯定害怕。我们就可以派人去说服韩馥，让他知道利害祸福，他肯定会退让。这样的话，就可以占据他的位置。"

恰如所料，公孙瓒果然是个贪婪无义的人。他本来就和刘虞不和，想要自立门户，能够袭取冀州，那是天大的喜事。所以他马上以讨伐董卓的名义，兵发冀州，韩馥果然吓得要死。

袁绍派外甥高干和谋士荀谌去游说韩馥说："公孙瓒乘胜向南来袭，冀州的各个郡县都纷纷起响应。袁将军却又刚好带兵外出了，他的意图很难猜测，我们很为您担心啊。"

韩馥是个没主意的人，问道："那怎么办呢？"

荀谌回答说："公孙瓒举整个燕代的兵力，锋芒不可阻挡。而袁绍又是当世之杰，肯定不会久居将军您的门下。冀州是天下的重要资源，如果两雄相争，两军交锋，存亡一眼可见。但是袁绍是将军的旧部和同盟，我们为您打算，不如就把冀州让给袁绍。他如果得了冀州，一方面公孙瓒就不是他的对手了，另一方面他肯定会善待您。冀州交到了自己人手里，而您又有让贤的好名声，您就稳如泰山了。希望将军不要怀疑。"

韩馥有些部下认为，袁绍的兵马完全依赖冀州来养活，就像婴儿一样脆弱，给他断奶，他马上就得饿死，怎能让给他呢？韩馥说："我是袁氏家族的老部下，才能也不如袁绍。对于古人衡量自己的道德能力，退让职位是很可贵的事情。我都不可惜，你们有什么好抱怨的呢？"

韩馥让出官衙，自己避居外面，让儿子把冀州牧的印绶给袁绍送过去。

韩馥的一些手下依然不服，在袁绍入据官衙的时候甚至拔刀相向，被袁绍逮捕后杀害。而袁绍的部下朱汉，曾经被韩馥轻蔑，一面想报复韩馥，一面以为可以通过羞辱韩馥讨好袁绍，于是在没有袁绍授意的情况下，擅自带兵包围韩馥的宅邸，自己拔刀冲了进去。韩馥上楼躲避，朱汉抓住韩馥的长子，把两条腿生生打断。

袁绍听到朱汉如此胆大妄为，大怒，立即把朱汉抓起来杀了。但是韩馥就此心有余悸，就请求袁绍，让自己去张邈那里。

后来有一次袁绍派人去张邈那里商量事情。因为韩馥也坐在那里，使者和张邈悄悄耳语。韩馥认为，这是袁绍派人来对自己下手，就起身去厕所，在里面用裁纸刀自杀了。这大约是韩馥自己多心，他对于袁绍已经没有任何威胁。

这是初平二年（公元191年）的事情。自从听说袁绍得了冀州，各地的袁氏故旧，或是世族豪侠，纷纷赶来冀州投奔；有些地方州郡的人起事，也都打着袁氏的旗号。袁绍俨然已经成为匡扶汉室的一面旗帜。

如同袁绍所预计的那样，在山东群雄龟缩不前的时候，天下诸侯的吞并战争却率先打响。接下来的道路该怎么走？他问沮授，现在天下大乱，朝廷动荡，如果要安定天下，该怎么做呢？

沮授回答说："现在冀州的地面上并不太平，有着几股不安分的势力，黄巾军狡猾，黑山军跋扈。我们现在的策略，应该先举兵向东，夺得青州；然后回师讨伐黑山，平定冀州；接着挥师北上，公孙瓒根本不堪一击；随后，震慑东北的戎狄，收服匈奴。按照这个策略，我们就可以横亘在大河的北方，聚合四州的土地，拥有百万兵马。做完这些，我们应该去长安把皇帝迎接过来，还都洛阳，号令天下，讨伐不服的人。以此争锋，谁还能成为我们的敌人？我看只要如此经营几年时间，功成名就，不会太难。"

袁绍大喜说："真是说到我心里去了。"

但是策略归策略，袁绍在冀州，面对的是四面皆敌的尴尬局面。在他的北方，是幽州。当时虽说刘虞是幽州牧，但是公孙瓒已经和刘虞翻脸，准备南下攻打冀州。西面是格局混乱的并州。自从丁原离开，并州基本上就成了无主之地，在北部和西部，都已经被异族，包括匈奴、乌桓等侵蚀殆尽。而黄巾军的余部黑山贼，则在冀州东部和南部活跃，既侵扰幽州，也侵袭冀州。东部是青州，有个刺史焦和，但是完全没有任何战斗力，天天被黄巾军追着打。青州南部的孔融更是一个世家纨绔，仅剩一座小城自守。南部是兖州，当时来自黄巾军和董卓方面的压力都很大，尽管有张邈、鲍信等人坐镇，并没有多少崩盘的压力，但也并不平静。

然而，恐怕最令袁绍伤心的，是他最大的威胁来自弟弟袁术。原本兄弟携手，能在乱世之中谋得最大的利益，最广的地盘。但是袁氏兄弟，在朝廷之中就已然不睦，最大的原因在于袁术对嫡庶之分的执着，尤其袁绍早年暴得大名，让他十分不快。所以袁术从没有过和袁绍共谋天下的打算。否则，最后谁当老大呢？

袁绍和袁术先后从京城出奔，袁绍投河北，而袁术则向东跑到南阳，获得了孙坚。在山东联军兴起之时，表面上两个人坐到了一起。但是袁绍被推举为盟主这件事，让袁术更加不快。

两兄弟真正分道扬镳，是在袁绍意图拥立刘虞之时。袁绍特地派人去通知袁术，希望他也能加入。

袁术早就相信了当涂高的谶语，一早就已经有了另立天下的思路，哪里肯听袁绍的？他回信说："你这个时候不寻思上讨国贼，下雪家耻，却图谋另立新帝，这不是我应该听到的。你又说家族惨遭屠戮，不能向北称臣。这是董卓所为，跟大汉有什么关系？皇帝的命令就是天，天道是不可仇视的，更何况还不是皇帝杀害了族人。"

袁术听说世族子弟纷纷投奔冀州，并且打着袁绍的旗号反董卓，他的嫉妒心彻底掩饰不住，破口大骂。袁术当时的主要目标，是刘表的荆州，而刘表是袁绍的盟友。所以袁术就偷偷写信给公孙瓒，要求联盟，让他去攻打冀州，在信里，他把袁绍称为"家奴"。

袁绍自小就谨慎自持，好不容易博得了天下盛名，广受世族和大臣的尊敬，怎么能咽得下这口气？兄弟俩自此完全翻脸，并且带着盟友彼此攻讦。

因此，袁术在南边，一方面威胁着兖州，一方面与北方的公孙瓒相互勾结，随时都在威胁冀州的安全。

当然，首先出战的，还是公孙瓒。

公孙瓒不是什么等闲之辈，也是真刀真枪打出来的豪杰。中平年间，他在幽州讨伐乌桓，威震塞外。公孙瓒对乌桓作战十分凶悍，每每听到乌桓来袭，就像遇见仇人一样，没日没夜地厮杀。他和数十个善于箭术的士兵联合组成方阵，全都骑着白马，左边的箭手往右边射，右边的箭手往左边射，战无不胜。他还选了一批特别善于骑射的人跟在自己身边，全都骑白马作战，号称"白马义从"。乌桓人都怕极了公孙瓒，彼此警告要避开公孙瓒。经过几年苦战，乌桓逐渐退出了幽州地面。

初平三年（公元 192 年）袁绍与公孙瓒正式全面开战，双方在界桥各自投入了数万兵力，而袁绍差点命丧其手。

在双方苦战之际，公孙瓒属下的两千多骑兵无意中把袁绍的营帐团团围住，疯狂攻击，一时间箭如雨下。

袁绍的谋士田丰赶紧把袁绍扶出营帐，想让他躲到一堵空墙后面。袁绍拿自己的头盔使劲敲击地板大喊："大丈夫，应该向前战斗而死。躲到墙壁后面，我还能活得下去吗？"他返回前线，命令手下的强弩反击，一下子就杀死了对方的许多士兵。这些人原本就不知道这是袁绍的大营，遭到强烈反击，于是溃散。

袁绍脱险，刚刚和手下会合，就听说自己的冀州大本营有人叛乱，黄巾军余部黑山贼张燕联合公孙瓒，已经拿下了他的首府邺城。所有的部将都大惊失色，那些家小在邺城的人甚至开始失声痛哭，只有袁绍神情自若，不为所动。

幸好，在黄巾军中竟然出现了一个好心人陶升，原本是洛阳的一个宫城小吏，偷偷背着黄巾军，把袁绍的家小，连同将士家属，一起用车送到袁绍的兵营所在地。

袁绍家属无事，马上回师攻打邺城，与一路偷袭的黄巾军黑山贼于毒大战五日，斩杀了于毒和董卓派来的冀州牧壶寿。在接下来的时间里，袁绍把主要的精力放在黄巾军身上，一路扫平了盘踞在冀州的黄巾军余部左髭丈八、刘石、青牛角、黄龙、左校、郭大贤、李大目、于氐根，彻底削平了在冀州境内的黄巾军余部，这才回到邺城。

界桥之战，公孙瓒元气大伤，白马义从全军覆没。

当年冬天，公孙瓒又联合了刘备、陶谦，从徐州进攻袁绍。但这个时候曹操已经在兖州站住脚，和袁绍一个从西、一个从北，大败反袁联军。公孙瓒被打得溃败，从此龟缩幽州，再不敢挑战袁绍。

初平四年（公元193年），刘虞既不满公孙瓒和袁术勾勾搭搭，又不满他和袁绍连年战争，便出兵攻打公孙瓒，对方却杀了个回马枪，很快就活捉刘虞和他的子女，随后就把他们全部杀害。

刘虞为人宽厚，在幽州极得民心，深受属下拥护。许多人都想为他复仇，却始终未能遂愿。后来有些人投奔袁绍，有些人投奔曹操，但对公孙瓒都恨之入骨。

彻底获得了幽州的公孙瓒却开始故步自封，只想守住幽州的一亩三分地。也正好是这年，汉献帝派使者前来和解，希望两人以百姓江山为重，不要相互攻伐。袁绍听说皇帝来人，出迎百里，拜奉帝命。而公孙瓒也顺水推舟，从此自守幽州不出。

他在首府易京筑了十几重城墙，每重都高五六丈，城墙外都设置护城河；在最中央，筑起高十丈的城墙，自己和一群妻妾住在里面。在自己的宫室外面，他也建起了上千座高楼，把宫城围在里面。

他的宫城，用铁门封住。为了防止有人在内部谋杀他，他把所有的士兵都放在外面，里面只有女人。他训练了一批嗓门特别大的女仆，内外传达都靠这些大嗓门女人。

做了所有这一切，他开心地说："我以前还以为旌旗一指，天下皆定。现在看起来，这不是我能够做到的。不如休兵停战，耕田蓄谷。兵法上说，百楼不攻。我现在有各种楼宇上千座，储蓄的谷子三百万斛。等到我吃完这些谷子，天下的纷纷扰扰也就都结束了吧。"

就像当年董卓在郿坞建筑堡垒一样，公孙瓒以为，他建设了一个坚固的乌龟壳，就能够躲到里面等待天下安宁。这不过是自欺欺人，这样做，不过向世人暴露了他内心极度的虚弱。


公孙瓒退出竞争，对袁绍来说的确是好事，但是后者也根本平静不下来。从他入主冀州之后，黑山贼张燕已经盘踞在并州、上党一带，并且常常带兵袭扰幽州。初平四年（公元 193 年）被赶出长安的吕布前来投奔袁绍，联合攻击张燕。双方大军数十万混战，吕布骁勇，多次冲锋陷阵，屡败张燕。但是张已盘踞多年，加上兵员众多，袁绍也未能消灭，双方不得不休战。遭到袁绍忌惮的吕布，干脆逃遁投奔张杨。

袁绍派外甥高干担任并州刺史，但也只能停留在并州东南部的一小块地方，北部大部地区依然控制在异族手中。好在高干甚为得力，横断并州，尽管西有匈奴、乌桓，北有黄巾、张燕，但都无法继续为害冀州。冀州安居乐业，政通人和，成为袁绍崛起四方的一大助力。

大约在初平三年（公元 192 年）的时候，张邈弟弟张超的部属臧洪前去联络刘虞，道路不通，被袁绍留下。正好青州刺史焦和受到黄巾军攻打，一筹莫展，困病而死。袁绍就任命臧洪为青州刺史，治理青州，与公孙瓒任命的青州刺史田楷争雄。

臧洪在青州两年时间，就完全扭转了焦和留下的烂摊子，把黄巾军逼得无处藏身。黄巾军只能向东迁移，攻袭兖州，这就给了曹操夺取兖州的机会。曹操赴任兖州刺史之后，臧洪被派去填补东郡太守的位置。

当时青州形势还是非常胶着，一度一州有三个刺史：公孙瓒委派的田楷，驻地临淄；刘备推荐的孔融，驻地北海；代替臧洪担任刺史的袁绍大儿子袁谭，驻地平原，而刘备是平原国国相。因此袁绍所据青州地盘，十分狭小。除了这三方势力，还有徐州牧陶谦派出的泰山诸将，分别占据南部、东部郡县。

袁谭到任时，袁绍正三面受敌，根本没法给袁谭提供协助。袁谭先是北攻田楷，把他赶回幽州，其后建安元年（公元 196 年），又东袭孔融，掳其妻儿，孔融只身逃亡许都。接着袁谭曜兵海隅，也就是泰山诸将占领的地盘，让他们全部投降，从而基本上平定了青州大部。

袁绍自己平定冀州，高干横断并州，袁谭扫荡青州，三州之地数百万民户得以安宁，而袁绍为政宽松，袁家又门生故吏众多，治理能力强大，广受百姓拥戴。此时，和公孙瓒决战的时机也就到了。

与此相反，幽州已经日益疲敝。连年征战，四处饥荒，加上公孙瓒任命的各地官员腐败、暴虐，导致他手下人没粮吃，到处烧杀抢掠，幽州很快陷入饥荒，出现了人相食的惨剧。

建安四年（公元 199 年），袁绍倾城而出，对幽州志在必得。

公孙瓒派儿子公孙续紧急向黑山贼张燕求救。在过去十年里，黑山贼张燕和袁绍的部队无休无止地纠缠，败多胜少，早已结下了深仇大恨，反而时常得到公孙瓒的帮助和救济。在张燕看来，帮助公孙瓒就是帮自己，所以马上发兵十万，兵分三路，直扑易京。

公孙瓒听说援兵就要到了，非常高兴，就写信给公孙续，约定兵到之时，举火为号，内外夹击袁绍。

袁绍既然围城，对双方信使自然非常关注，于是公孙瓒的信就落到了他手里。袁绍秘书陈琳善于书法，模仿公孙续笔迹，回信答复同意。袁绍布置伏兵，到了时间便举火。公孙瓒以为救兵到了，倾巢而出，被袁绍的伏兵打了个落花流水。

他退回城里，坚守不出。反正城中的粮食有的是，可以吃到天荒地老。

但袁绍已经不容许他继续吃下去了，他安排士兵们从城底下挖地道。每挖到一座楼下，就先用木柱顶住。等快挖到公孙瓒宫城下，就放火烧掉柱子。于是公孙瓒将领们所建的卫城卫楼，全都稀里哗啦坍塌下来。

公孙瓒就暴露在袁绍的眼皮子之下。

再无幻想的公孙瓒，杀死了自己的妻妾儿女，放了一把火，把自己也烧死了。

剿灭了公孙瓒，袁绍地拥四州，户口数百万，兵甲数十万，州库殷实，将臣如云，天下归心。河北归于一统，英雄天下无敌。从初平二年（公元191年）占据冀州到建安四年（公元199年），短短八年间，他从一个无兵无权的渤海太守，变成了统合四州、睥睨天下、世族仰望的雄主。沮授的计谋，他已经实现了一大半。

但等落实沮授接下来的战略，一切都已不同。他即将面对的敌人，是自己曾经的朋友、跟班、部属曹操。

他却没把曹操放在眼里。

## 2.

没有袁绍的帮助，就没有曹操的今天。世人皆知。

曹操从出山一路做到西园校尉，一半靠祖荫，一半靠才能。

汉灵帝昏庸贪婪，但并不笨。曹操担任议郎与济南国

相的政绩他看得到，提拔曹操成为典军校尉，是汉灵帝的
眼光。

但曹操离开京城即陷入困境。许劭的评语的确增加了他
的知名度，但并不能改变他的出身，没有世族的支持他连命
都难保。

袁绍的确把曹操当成了朋友，而不仅仅是部属。所以有
些话，袁绍可以当着曹操的面说。但是说着说着，他们之间
就有了嫌隙：他们对于朝廷、皇帝和天下的看法，竟然如此
不同。

曹操刚投奔袁绍不久，盟军还没有散架的时候，有一
次袁绍问："如果这次不能成功的话，你们接下来应该占据
哪里？"

曹操反问："足下觉得应该如何？"

袁绍说："我南面据守黄河，北面依托燕和代，兼并
戎狄这些异族的部众，然后向南争夺天下，这样应该就能
成功。"

曹操回答说："我集合天下的聪明有志之士，以道义来
统合他们，没有什么办不到的。"

袁绍觉得大概曹操就是个傻子吧。这个回答等于什么都
没说。要想匡扶天下，得有地、有人、有资源。靠大话解决
不了问题。曹操的意思却并不是空话，而是说：师出有名。
得有一个正统道义的位置，地、人、资源会随之而来。袁绍
说的是术，而曹操说的是道。

至于拥立刘虞，袁绍要解决的是实际问题。但曹操看来，这不但解决不了现实问题，反而会释放出众人心中的魔鬼。刘虞可以称帝，刘焉、刘表也都是皇室宗亲，凭什么认定他们就会支持刘虞，而不是各自称帝？天下诸侯难道不可以乘此机会，都过一把皇帝瘾？

袁绍曾经得到一枚玉印，他和曹操并坐的时候，把印举起来，凑到曹操的胳膊肘边。曹操大笑着说："我不想听你想说的话。"袁绍难道还有别的心思？

再有，袁绍派人对曹操说："现在袁公势力强盛，兵强马壮，两个儿子都已经长大成人。天下群英荟萃，可是哪一个能超过他呢？"

曹操没有回答。袁绍这话的意思，大约是让曹操死心塌地跟着他，做他的部属。袁绍跟曹操几十年的朋友，当然能看出曹操胸怀大志，并非久居人下之人。但不管怎么说，袁绍对曹操是够意思的。是他给兵给资源，让曹操打下东郡，并且上表让曹操做了东郡太守；曹操去了兖州，也是他上表为曹操要了兖州刺史的位置；张邈、吕布叛变的时候又是他帮曹操补充人马，甚至亲自带兵帮曹操打回了兖州。虽然说在某种程度上曹操的地盘就是他的，但毕竟曹操出人头地了，甚至可以为自己代言。

曹操对袁绍也算不错，这些年一直忠心耿耿，战董卓，平黄巾，拒袁术，打公孙瓒，攻陶谦，取兖州，战吕布，帮他挡住了袁术和陶谦，安定了南方的局面，使他能够专心于冀青幽并四州，并且终于统一了河北。

他们的主从关系已经心照不宣地维持了相当长的时间。当然，也并不是说袁绍对曹操毫无戒备。兴平元年（公元194年）袁绍曾想拿曹操的家人做人质，只是被程昱劝退了。

他俩真正离心离德，开始脱离关系，应该在建安元年（公元196年），曹操把汉献帝接到许都，随之发生了几件与皇帝相关的事情。

袁绍大概并没有料到曹操会把汉献帝接到许都。他手下有人比曹操和毛玠更早就意识到了这个策略，只是袁绍自己错过了。

汉献帝在河东流亡时，袁绍派谋士郭图为使者朝觐过汉献帝。郭图回来的时候，就劝他迎接汉献帝定都邺城，但袁绍拒绝了。

另外有种说法，建议迎接汉献帝的人是沮授。其实沮授在袁绍刚刚夺得冀州的时候，就说过类似的话，只是当时的建议是还都洛阳。袁绍本来都同意了，但是郭图和淳于琼说："现在天下纷纷扰扰，英雄并起，秦失其鹿，先得者王。如果把天子迎接到附近来，动不动就得上表说事，如果听他的，那我们的权力就小了，如果不听他的，那么我们就抗命了。这实在不是个好计划。"

沮授争辩说："现在把朝廷引到我们这里来，是至高无上的公义，时间也非常合适。如果不及早打算，一定会有人比我们抢先。权衡一定要把握时机，成功在于速度。将军尽快打算。"

袁绍最终也没有听他们的。

汉献帝一到许都，先给了袁绍一个下马威。他写信斥责袁绍"地广兵多，却一意自己收纳党羽；不但没有派出军队勤王，反而擅自相互征伐"。

汉献帝一生性格温和，极少动怒，反而多次调停朝臣与军阀之间的矛盾，比如调停李傕与郭汜，董承与韩暹，袁绍与公孙瓒。这份诏书的口气就算十分严厉了。

袁绍接到诏书，非常惶恐，写了一封长长的表章自辩。袁绍少年得志，从来都得到万众的青睐与拥戴。他并没有把汉献帝放在眼里，皇帝的口气却如此不客气，实在让人难堪。当年他和何进出生入死要保护的，是刘辩，而不是这个皇帝。可如今，他已是天下公认的共主，袁绍也不好说什么，想必内心十分憋屈。

可是，不愉快的事情一件接着一件。

随后汉献帝封曹操为大将军，却封他做太尉。袁绍气疯了，这简直是对他的公开侮辱。他跟部下说："曹操好几次差点就死了，还不是多亏了我救他的命吗？现在他要忘恩负义，挟天子来命令我吗？"他马上上表辞让。

封大将军之事，反倒未见得真是曹操自己的想法，虚名对他而言，从不是排序太靠前之事。况且袁绍动怒几乎是预料之中的事，他现在力量薄弱，甚或还要依靠袁绍，怎么会在这个时候得罪他？

曹操也立刻上表辞让，并表示应该由袁绍来担任大将军。汉献帝这才更改成命，改封袁绍为大将军，督军冀青幽并四州，封邺侯。袁绍这才高高兴兴接受了。

袁绍心里还是把曹操当成了可以颐指气使的部下。跟着汉献帝跑到许都的，有好几个人和袁绍有过节，其中包括杨彪、孔融和大长秋梁绍。既然曹操能帮他杀王匡、杀张邈，那么不妨再当一次刽子手吧。

当年董卓废掉刘辩，是袁绍的叔叔袁隗拿着诏书，把皇帝从位子上扶下来，并且收缴了印绶，被杨彪当面斥责。孔融是袁谭在青州的主要敌人。梁绍是宦官，大约是早年诛杀宦官时候的漏网之鱼吧。

这不是又让曹操去得罪天下世族吗？杨彪和孔融是毫无疑问的世族领袖，而梁绍忠心耿耿陪同汉献帝东迁，一路九死一生，杀了他们，谁还能相信曹操是真心维护汉室？袁绍这招一箭双雕还真是歹毒。

曹操回答袁绍说："现在天下土崩瓦解，群雄并起，不管是辅臣相国，还是君子长者，人人心中都闷闷不乐，无所排遣，各为自己打算，现在真可以说是上下彼此猜疑的乱局啊。即便我们以诚相待，还担心他们不能够信任我们；如果要除掉他们中的一些人，那不是搞得人人自危？况且，我这个人是从寒族中出来的，一直在蒙有尘垢的名誉中挣扎，经常还被一些庸人欺凌践踏，哪里经得起这些埋怨呢？"

袁绍有点醒悟过来，曹操似乎有了自立之意。他认为，曹操只是假托一些义正词严的借口，实际上已经和自己离心离德，他必须另有打算。

所以他跟曹操说，许都地处偏僻，低洼潮湿，实在不适合作为首都；而洛阳已经完全破败，当然更不合适；还是迁都到鄄城，既是曹操的根据地，离自己又近，大家比较容易相互照应。

曹操当然知道袁绍什么意思，委婉拒绝。

田丰说，迁都之计，既然曹操不同意，那么应该趁着曹操还弱小，尽早拿下许都，把天子抢过来。毕竟曹操动不动就拿着诏令，号召天下。只怕终究会被他利用，到时候后悔就来不及了。

袁绍还是没听他的。曹操也只不过刚刚在兖州安定下来而已，虽然奉迎了天子，但是能做什么呢？袁绍为人最大的问题，就在于太过骄傲。他的确还是没把曹操放在眼里。

建安二年（公元 197 年），曹操出征张绣铩羽而归，袁绍写信给他，言辞傲慢无礼。

曹操看了信，内心大怒，又不好发作，但是行为异常，神色焦灼。部属以为他是因为败给张绣而烦闷，都很担心。钟繇不放心，于是去问荀彧。

荀彧说："曹公这么聪明的人，绝不可能因为过去了的事而耿耿于怀。肯定有其他原因。"他就去问曹操。

曹操把袁绍来信给荀彧看，问道："我有心去征讨这个久怀不义之心的人，但觉力量和他仍然有很大差距。怎么办？"

荀彧早就知道，这两个当世豪杰之间的竞争，终将改变天下格局，只有消灭袁绍，曹操才有可能真正飞龙在天。

荀彧要鼓励曹操，和袁绍来一场千古对决。

他说："我们观察自古以来成败胜负的案例就会发现，如果主政者是合乎时代的，那么即便一时弱小，也必然会变强；反之，如果他不合乎时代，那么即便一时强盛，也必然变弱。刘邦和项羽争夺天下的成败存亡，就足以证明这一点。

"现在和您争夺天下的人，只有袁绍。这个人，外表宽容，内心猜忌，任用人才，却怀疑其心，而您聪明练达，不拘一格，唯才是举，这是您的度量胜出。袁绍迟疑重重，少有决断，往往失败，在于无法把握时机，而您能够决断大事，变化万端，这是您的谋略胜出。袁绍管理军队，宽纵和缓，不立法令，军队虽然人员多，但其实难用，而您的军队，法令严明，赏罚必行，人员虽然较少，但都敢于拼死效命，这是您的武力胜出。袁绍凭借世家身份，装腔作势，貌似推崇智慧，以树立名声，所以那些没有真实才能却夸夸其谈的人，都趋之若鹜，而您以真正的诚意对待士人，不好虚荣，行为谨慎，生活简朴，对那些有功劳的人从不吝惜，所以心怀忠诚，脚踏实地的人，都愿意为您效劳，这是您的德行胜出。现在，我们以这'四胜'的优势辅佐天子，扶助正义，讨伐罪人，谁敢不从？袁绍貌似强大，哪能有什么成就。"

当然，荀彧所考虑的还不仅仅如此，从战略上尽管可以藐视袁绍，但真正要面对他，还不是时候。所以，他补充说："如果不先消灭吕布，河北还不是那么容易解决。"

这也正是曹操的心病。他说："我所困扰的就是这个问题。的确要先打吕布，但是又害怕袁绍乘机袭扰关中地区，羌胡异族借机作乱。如果南边再联合巴蜀和汉中，那么就变成我以区区兖州和豫州两地，来抵抗六分之五的天下，哪能打得过呢？"

荀彧以为这倒不是特别需要担忧的，他说："关中的割据势力有几十个，根本无法统一，只有韩遂和马腾是最强的。如果中原这边各自争夺，他们采用的策略一定是拥兵自保。只要去跟他们和谈，稳住他们，短期之内就不会有风险。如果能派钟繇去主持西部的事务，那么就没有什么可担忧的了。"

荀彧的看法，和曹操的想法大同小异，显然他们之间是有共识的。不但如此，郭嘉也是差不多的看法。郭嘉的分析，比荀彧的"曹袁对比四胜论"更进一步，提出了"十胜论"，所谓道胜、义胜、治胜、度胜、谋胜、德胜、仁胜、明胜、文胜、武胜。曹操一听就笑了，说："你把我说得这么好，我情何以堪啊。"

郭嘉顺势劝他，乘袁绍忙着攻打公孙瓒，赶紧拿下吕布，免得这个反复无常的小人以后和袁绍合作。既然三人看法都一致，曹操就按部就班在接下来的两年时间里，消灭吕布，收服张杨旧部，打击袁术，三征张绣，把中原的大片土地收入囊中。

荀彧与郭嘉对于曹操和袁绍的力量对比，自然有很大的夸张程度。就当时而言，袁绍无论在实力上，还是人才方面，都远胜于曹操。但争夺天下凭靠的，却不只有实力，更有眼光、谋略、心性和决心。这是综合的比拼，而绝非单一因素的较量。荀彧给曹操的不仅是鼓舞，而且是一颗定心丸。至此，曹操已然决断，必须与袁绍一决生死。

曹操南征北战之际，始终留着一只眼盯着袁绍。建安三年（公元 198 年）第二次打张绣的时候，从袁绍那里投奔过来的人对曹操说："田丰又让袁绍去攻打许都，说如果能够挟天子以令诸侯，马上就可以平定天下了。"虽然许都毫无征兆，但曹操内心不安，选择赶紧回撤。

好在袁绍没有听田丰的话，只是虚惊一场。

袁绍和曹操到底是什么时候翻脸，变成敌人的？应该也没有一个确定的时间节点。但是围绕着曹操把汉献帝接到许都，两人之间的猜忌和愤怒逐渐积累，从言语冲突变成了行动上的戒备，而后又演变成军事上的直接冲突。

对于袁绍来说，消灭曹操、取代汉室的必要性，是袁术的信暗示出来的：既然汉献帝已经成了曹操的人，那么汉朝对袁绍来说，连个幌子的意义都没有了。

袁绍什么时候真正生出不臣之心，想要取而代之？恐怕没有明确的时间节点，是一个缓慢积累的过程。

战国时，齐国人邹衍提出了一个理论叫"五德终始说"，意思是说，人世间有五种德行，而这五种德行分别和人类世界的五个基本元素金木水火土相互对应。五行运转有规律，因此德行运转有变化。而王朝兴衰，就和五种德行的运转有关。当一个王朝运数衰减，自会有另外一种德行来替代它。

秦始皇认为自己替代周，就是秦的水德替代了周的火德。但是汉光武帝刘秀认为，秦始皇暴虐，并无德行，最终把汉朝定为火德。

五德终始说，是官方承认的学说，这让朝代兴亡更替变得合理。既然汉朝的德行已经衰弱，就应该有别的德行来替代它了。

袁绍在起兵的早期，并没有改朝换代的想法，立刘虞替代汉献帝，思路依旧是延续朝廷。但是到建安四年（公元199年），他一统河北，想法想必已经改变。天下扰攘，诸侯各占其地，汉室寸土不存，汉献帝不过是个寄居在曹操荫庇之下的傀儡。既然汉祚已尽，就应该有别的德行来替代它。

谁呢？汉朝的开创者刘邦认为自己是上古尧帝的后裔。尧将帝位禅让给舜，那么自然应该由舜的后人替代刘氏。谁是舜的后代？袁氏。

本来袁绍给汉献帝的朝贡就越来越少，进贡速度也越来越慢。当他接到袁术的来信，便更加坚定了替代刘氏的判断。他想先试探一下手下众臣的看法。

他让耿苞给自己写了封密信："汉朝的火德已经衰微殆尽了，袁氏是黄色土德的始祖，现在应该顺从天意了。"

他拿着耿苞的信，给自己手下的谋臣将军看，观察他们的反应。结果出乎意料，所有人都认为耿苞妖言惑众，应该杀了。

没办法，他只能把耿苞杀了，以平众怒。

但南下还是要做的。就先按照沮授的方法吧：把汉献帝先抓到手里，时机成熟了，不就是个傀儡皇帝吗？先把天子夺取到手里，按照沮授的说法，"挟天子而令诸侯，畜士马以讨不庭"。然后这个傀儡皇帝说废不就废了吗？

曹操肯定是留不得了。汉献帝在他手里，始终不是个办法。他又占据了兖豫二州，力量越来越强大。最关键的是，曹操已经不是他的部属了，不仅不听话，还跟自己处在对立位置上。

袁绍的野望是天下。曹操已经成为一个障碍。


袁绍的部属中却产生了分裂。沮授和田丰都不同意攻袭曹操，他们希望采取持久战："我们在北边和公孙瓒的战争已经持续多年了，黎民百姓艰难困顿，仓库中已经没有积累的余粮，而各种徭役都十分沉重，这正是值得忧虑的时候啊。

"我们建议，先一边派使者把我们在北方的捷报送给皇帝，一边恢复农业，与民休息。如果我们和皇帝之间的邮路不通，就可以宣示曹操在刻意阻断我们和朝廷的交流。之后，我们可以进驻黎阳，慢慢经营黄河南部。多多打造战船，建造攻城器械。

"在准备过程中，我们可以不断派遣小股精兵，袭扰曹操的边界，让他时刻不得安宁，我们则以逸待劳。如果能够采用这样的战略，三年之内，便可坐享其成。"

但审配和郭图却支持速战论："兵法上说，十倍于敌人，就围着打；五倍于敌人，就直接攻击；如果是势均力敌，也能一战。现在以袁公的英明神武，跨越黄河四州，地广人众。以这样的实力来讨伐曹操，易如反掌。现在不马上攻取，以后就难了。"

沮授回答说："如果是一支救乱诛暴的军队，我们可以称之为义兵；而一支恃强凌弱的军队，我们就称之为骄兵。如果是义兵，那就战无不胜；如果是骄兵，那就不战而败。现在曹操迎奉天子，定都许都，我们举兵南下，首先就有违正道。而且战争成败，从来就不在强弱差别。曹操法令严明，军队精锐，绝不是公孙瓒那种坐等围城的无能之辈。现在我们要放弃必胜的策略，师出无名，我实在为袁公担忧。"

郭图说："武王伐纣，没人说他不义。只是讨伐一个曹操，怎么能叫师出无名？现在不及时趁早厘定大业，就是考虑不周。天予不取，反受其咎。监军的考虑，是持久战思路，却不是考虑时机的灵活应变。"

袁绍接受了速胜论，也并非他完全不认同沮授和田丰，而是他早已没有耐心再等下去了。他虽然杀了耿苞，平息了众怒，但是他心中的皇帝梦，已经熊熊燃烧起来。

其实，沮授和田丰也正在失去袁绍的信任，起因是沮授对于袁绍接班人的看法与他相左。

　　袁绍有三个儿子：长子袁谭，二子袁熙和老幺袁尚。早年的时候，他喜欢袁谭，想让他接班。但是他后来续娶的老婆刘氏，喜欢袁尚，不断吹枕边风，夸奖袁尚。并且随着袁尚长大，越来越有父亲的风范，相貌堂堂，英俊潇洒，袁绍变了念头，想让袁尚接班。

　　袁绍平定公孙瓒之后，就把袁谭、袁熙打发出去，镇守一方，却把袁尚留在了自己身边。虽然没有明说，但这样安排的用意沮授一看就懂。

　　沮授劝谏袁绍说："如果有一只兔子跑到大街上，满大街的人都会去追它；但一旦有人得到了，其他人也就不会继续争抢。希望您上能吸取前代成功的经验，下能考虑万人逐兔的教训。"意思是说，世子的位置，就是只兔子。如果确定了世子的位置，那么大家就安分了；但如果不确定，所有有资格的人都会想入非非，明争暗斗，造成内部的动荡。

　　袁绍笑嘻嘻回答说："我其实只是希望让孩子们各自镇守一方，来考察一下他们的能力而已。"

　　沮授叹息说："祸患从现在就开始了。"

　　袁绍还能继续信任他吗？而这次和战之争，加速了沮授和田丰的悲剧。

　　就在廷争之后，郭图又私下对袁绍说："监军统领内外，威震三军。如果他持续这样强盛下去，该怎么制约他呢？黄石公曾经说过，如果主上的力量大大强过臣子，那么国家就一定兴盛；如果主上和臣子的权力平分秋色，那它离灭亡就不远了。"

袁绍生出疑心来，把沮授的军权一分为三，设置了三个都督，沮授、郭图和淳于琼各领其一。

建安四年（公元199年）的下半年，袁绍厉兵秣马，集结十万精兵，准备南下。

消息传到许都，曹操的部将都大惊失色。曹操安慰他们说："我太了解袁绍啦。他这个人志向远大，而智谋不足；外表威严，而内心怯懦；嫉妒刻薄，而缺乏威信；兵员虽多，而指挥不明；将领骄横，而政令不一。他虽然土地广阔，粮草丰足，但那些都只不过是为我准备的吧。"

但在多数人看来，这恐怕只是曹操的自我安慰而已。

虽然，在荀彧和程昱的苦心经营下，兖州是稳固的。但这并不意味着朝廷是稳固的。许都笼罩在非常诡异的气氛之中。

如果说，在袁绍强大的军事压力之下，曹操的军队人心浮动，那么可以说，整个许都朝廷，已然地动山摇，每个官员都在做计算，做选择，整体的气氛可谓悲观。

孔融是最坦率的，他是必败论的代表。他直接对荀彧说："袁绍地广兵强，田丰和许攸是足智多谋之士，帮助袁绍做筹划；审配和逢纪，是尽忠死节之臣，帮助他做国家管理；颜良和文丑，都勇冠三军，帮他率领军队。要战胜他太难了。"

荀彧回答说："袁绍虽然兵多，但是法纪松弛。田丰为人刚强，经常顶撞袁绍；许攸贪得无厌，袁绍已经无法约束；审配专断，没有谋略；逢纪果敢，但刚愎自用。听说，袁绍让这两个人留守邺城，如果许攸家人犯法，他们肯定不会放纵，如果坚持惩治许攸，许攸肯定会叛变的。至于颜良和文丑，都不过匹夫之勇，一战可擒。"

但孔融只是比较直率而已。在成分复杂的许都朝廷中，虽然嘴上不说，数量庞大的世族却都心系袁绍。曹操对付杨彪的手段大家都已经见识过了。而袁绍的吸引力依旧巨大——沮授和田丰不都建议他迎立献帝吗？也许，朝廷在袁绍的控制下，要比在曹操的控制下更好呢？

袁绍四世三公，是朝廷的中坚；汝南袁氏，是天下世族领袖；冀州，是天下粮仓之地。曹操是谁？宦官后代啊，不过是仗着自己有军队，一时保护了汉献帝而已。从血统和汉朝的未来来看，袁绍肯定比曹操有更加光明的前途啊。

况且，曹操只是一个并不稳定的地方军阀而已。西面的韩遂和马腾很强大，如果乘乱袭击，曹操扛得住吗？南面是荆州刘表，所有人都知道，他是袁绍的盟友。远一点的东南方面，孙策已经羽翼渐丰，也在向北窥视。而就在肘腋之下的西南面，宿敌张绣还顽强挺立着。在关中，大小散布着十多个还没有完全臣服的军阀，这些人都在观望之中，构成不安定的因素。

曹操必须行动起来。建安四年（公元 199 年）八月，他进军到冀州和兖州的交界黎阳，同时派遣臧霸，率领主力部队青州兵还驻青州，以监控袁谭从东方夹击。九月，他派遣了一支军队进驻官渡，以阻遏袁绍东向进袭许都。

这是一场不折不扣的防御战，只要能将袁绍阻挡在兖州之外，就算胜利。起码，这是曹操与袁绍对抗的短期目标。

然而，有两个突发因素，使曹操的防御立刻显得岌岌可危。

一是豫州的风雨飘摇。

袁绍也在曹操的四面八方各处动脑筋。他派人进入兖州、豫州，煽动各方反叛曹操，迎接袁军。豫州各郡，除了阳安郡李通坚决站在曹操这边，整个州都动荡不安，大多数的郡应声而降，呼应袁绍。

而豫州境内的汝南郡，本身就是袁绍故乡，听到袁绍兴兵攻打曹操，全郡骚动。袁氏家族的门生故吏，亲属幕客，纷纷在各县设置堡垒，招兵买马，准备抗拒曹操。

值此危急之时，唯有痛下杀手。曹操立即派遣满宠担任汝南太守，平息叛乱。满宠所到之日，带领五百兵士，快速攻下了亲袁派的二十多座堡垒。然后又设下圈套，诱招那些还未降服的堡主，并当场格杀其中带头的十几人。

汝南一下子就安静了下来。

二是刘备叛变险些撼动了曹操的根基。

刘备是在建安三年（公元198年）七月吕布联合袁术攻打他的时候，投靠曹操的。到了许都，汉献帝封了他一个有名无实的豫州牧。

对刘备不放心的人不是一个两个。当时程昱就劝曹操："刘备有英雄之志，现在如果不早点打算，必为后患。"曹操去问郭嘉。

郭嘉很同意。他说："刘备有雄才，并且很得人心。他手下的关羽、张飞，都有万人不敌之勇，并且对他忠心耿耿。以我看来，刘备始终是不肯长久居于人下的，而且他的心思深不可测。古人说，一日纵敌，数世之患。的确要早点打算。"意思是，干脆杀了刘备。

但是曹操这时却还舍不得。毕竟，许都朝廷立足未稳，世家大族人心未附。他回答说："现在正是广纳英才之时。杀一个人而失去天下人心，不划算。"

恰恰就被程昱料中了。在袁术准备借道下邳北投袁绍的时候，刘备主动要求前去截击。曹操没有多想，就让他和朱灵一起去了。

郭嘉和程昱一听就急了，急忙跑去找曹操。程昱说："您之前不杀刘备，的确是我们考虑的没您长远。但是今天您让刘备去徐州，还借给他兵马，我看他一定有异心了。"

郭嘉更加直接说道："您放了刘备，现在形势一定要变化了。"

曹操追悔莫及，赶紧派人去追。但是已经来不及了。袁术因为过不了下邳，就回头去寿春了。其他将领立即回去向曹操交差。刘备却带了曹操借给他的兵马，骗取徐州刺史车胄开门，进去就把车胄杀了，占领了徐州。

他让关羽守下邳，自己又去小沛驻军，一边马上派人和袁绍联系，准备两边夹击曹操。

刘备在徐州当过州牧，支持他的当地人不在少数。于是周边的郡县纷纷起兵，反叛曹操，投奔刘备，他的人马一下子扩充到了数万人。

曹操追赶不及，又马上派了部将刘岱和王忠去攻打徐州，却都被刘备打败。

刘备洋洋自得，写信给刘岱说："你们这种货色，就算来一百个，能奈我何？就算是曹操自己来，胜败也很难说啊。"

这下，曹操一下陷入了困境，不仅来自北方的袁绍大兵立即就要开来，东西南方也全面陷入了危机之中，千钧一发。

### 3.

就在曹操看似山穷水尽的时候，天意人算全都在短短几个月里，向曹操倾斜，所有困顿一一迎刃而解。

韩遂、马腾的事情，荀彧早有安排。建安二年（公元197年），他就已经推荐钟繇担任了司隶校尉，稳定关中地区。钟繇走马上任到了长安，就立即写信给韩遂和马腾，告诉他们保持中立和效忠朝廷的利害攸关。

韩马两人本来就没有争夺中原的野心，无非是想保住雍凉地区的一亩三分地。于是马上同意钟繇两不相害，送了家属到许都作为人质，表示与曹操和解的诚意。


惊喜接踵而至。

建安四年（公元 199 年）八月，袁绍派人联合张绣，想约同张绣夹攻曹操。他知道贾诩对张绣的重要性，于是同时写信给贾诩，邀请他和张绣一起加盟。

张绣和曹操那可真是深仇大恨，双方不仅仅硬碰硬发生过三场战争，伤亡惨重，曹操的儿子曹昂和侄子曹安民也都是死在张绣手下的。很显然，只有和袁绍联合，灭掉曹操，张绣才有生路。

谁知道就在张绣接待袁绍使者的时候，贾诩当着他的面，不经商量就对使者说："你回去告诉袁本初，他和袁术兄弟之间，尚且不能相容，哪还能容得下天下国士呢？"

张绣当场大惊失色："怎么能这么说呢？"

送走使者，张绣愁眉不展，问贾诩说："那么现在该去哪里？"

贾诩说："不如就归顺了曹操吧。"

张绣简直不能相信："袁强曹弱，而且我们之前和曹操已经结仇，哪里能去投降他呢？"

贾诩说："这才是我们要去投靠曹操的机会啊。有以下几条理由：曹操奉天子以令天下，这是第一条。袁绍现在强盛，我们以少量的军队去跟从他，他肯定不会重视我们；而曹操兵弱，得到我们必然惊喜。这是第二条。如果一个人有霸王之志，一定会放弃私人恩怨，以向天下表明他的志向与德行。这是第三条。期望将军不要怀疑。"

十一月，张绣率兵，全境归降曹操。

曹操大喜过望，张灯结彩，大举宴席欢迎张绣来归，并且还让儿子曹均娶了张绣的女儿，结为儿女亲家。

他对贾诩的到来更是欢欣鼓舞，拉着贾诩的手说："让天下从此能够信赖我的人，就是先生您啊。"他上表封贾诩为都亭侯，并且让他领了冀州牧。不过冀州现在还在袁绍的手里，就让他在司空府里当参军。

张绣来降，不仅解除了曹操西南近邻威胁，而且张绣的地盘，成了阻挡刘表来袭的天然屏障。

曹操对刘表的担忧几乎多余。袁绍意图发兵袭曹的时候，就已经写信给刘表，请求刘表从南进兵，合围兖豫。刘表同意了。但他自始至终，不发一兵一卒，两不相帮。

荆州是一个战略要地，南北衔接之处，自然也就成为所有人虎视眈眈的目标。袁术要南下，打他；孙坚、孙策父子要北上，打他。所以，他要自保，就得和袁绍联盟。

但是刘表内心里并不想和任何人联合。他没有问鼎天下的野心。早年他单枪匹马来到荆州的时候，依靠着荆州世族的支持，平定了乱局，让荆州成了一个乱世之中的安稳之地，百姓安居，世人乐道。他只想守住这份产业。袁术已经死了，现在，他唯一的风险来自孙策。这个少年狼将，江东的小霸王，才是他的心头大患。

　　他不能支持曹操。袁绍是天下世族的首领、冀望，这也是他刘表的出身所决定的。况且，现在袁绍天下至强，所有的人都看好袁绍，刘表也不例外。

　　但是他也不能支持袁绍。如今，天子和朝廷都在许都。如果支持袁绍发兵攻打曹操，那不是相当于和朝廷作对吗？刘表可是皇族啊。

　　给袁绍一个正面的回复，但不出兵，曹操也就能明白自己的立场了。事实中立，刘表认为是最好的策略。无论谁打赢了，他刘表最终都能交代过去。

　　和刘表一个心思，保持中立的，还有关外的军头：他们表面上都是服膺朝廷的。

　　凉州牧韦端不放心，派了使者杨阜到许都去探听虚实。回来以后，整个关中的势力都跑来问：袁曹之战，胜败如何？

　　杨阜回答说："袁公宽容，但没有决断；好做谋划，但没有决心。没有决断，所以无法树立威望；没有决心，所以做事总是慢人一步，虽然现在相比之下强大，但是终究无法成大事。曹操则相反，有雄才伟略，下决心做判断从来不会迟疑，法令严明，兵士精锐，而且他用人不拘一格，部下都各尽其力，团结一致。这些都是取得成功的因素。"

　　关中于是全都平静下来，屏息等待结果。

　　东南方的孙策，在袁绍募兵准备南下之时，的确带来了巨大的风险。从江东传来消息说，孙策已经准备好，一旦袁绍用兵，他就将带兵乘虚而入，攻击许都。

但是郭嘉看得很清楚，他预测说："孙策刚刚吞并了江东，此人好杀，在江东诛杀了许多英雄豪杰。这些人的身边，都有能人死士效忠。孙策这个人轻佻而缺少防备之心，即便拥有百万之众，也无异于独行中原。如果有刺客伏击，一个人就能杀死他。在我看来，他一定会死于匹夫之手。"

一猜即中。到了建安五年（公元 200 年）春天，孙策在一次独自外出狩猎时，曾被他杀害的吴郡太守许贡的三个门客设伏刺杀，放箭射中了孙策面颊。虽然随从赶来杀死了刺客，孙策还是伤重不愈而死。

来自江东的威胁，也就不攻自破了。


外敌都不是最恐怖的。最大的危险，是来自朝廷的杀机。

牵头的，是董承。

董承这个人，从来就是一个投机小人，一直以来，都是那个真正想挟持汉献帝、号令天下的人。他原本是董卓女婿牛辅的旧将，在董卓被杀之后，立即就投奔了李傕、郭汜。但是在李郭二人手下，他根本没有权力，于是又护着汉献帝东奔。途中想要谋杀伏皇后未遂的就是他。之后，他又多次勾结各路军阀，随时变脸，目的就是为了控制汉献帝。

到了许都，他的力量与曹操自然不能比，终于还是靠边站了。但他还是想干掉曹操，取而代之。

建安四年（公元 199 年），他被封为车骑将军。在朝廷的体制中，这是一个仅次于大将军和三公的位置。袁绍是大将军，曹操是司空。

朝廷的实权，除了曹操，还掌握在守尚书令荀彧手中。荀彧是个中间人，既忠于汉献帝，也忠于曹操。朝廷的旧臣中，杨彪已经出局，孔融只是个夸夸其谈的士人，不足以谋大事。刘备领豫州牧，是个有野心的人，足以合作。

现在是多事之秋，每个在许都的人都看得出来，这是决战时刻。袁绍和曹操争夺天下，一战可定胜负。全国各地的军阀，都在坐等战事决出分晓。但董承不想坐等。

他找到了几个合作者：

长水校尉种辑。这是他的长期合作方。当年献帝东迁的时候，种辑就和他一起合作，诬告段煨谋反。

议郎吴硕。一个没有实权的人，估计也想借此鸡犬升天。

王服，偏将军。大约这个人手上有点人马，董承拉他入伙，是希望手上有兵可用。

他对王服说："当年郭汜手上只有几百兵，但是搞乱了李傕的数万人。现在就看您是否与我同心。战国的时候，吕不韦因为帮助子楚当上秦王，取得富贵，位极人臣。现在你和我，就处在一样的机遇中。"

王服心里是害怕的。他赶紧推辞说："惶恐不敢当。我手上的兵太少了。"

董承说："等到我们举事成功，得到曹操的兵马，还不够吗?"

王服还是担心:"现在京师里哪有可以信任的人呢?"

董承早就做好谋划了:"长水校尉种辑和议郎吴硕,都是我的心腹,是真心诚意给我办事的人。"

董承于是宣称他奉了汉献帝衣带中的密诏,要求除掉曹操,所以秘密筹划。他又暗中去找刘备,想拉他入伙。刘备最初是拒绝的。

可就在这个时候,曹操却突然拉着刘备一起吃饭。

在席间,曹操神色从容对刘备说:"天下英雄,唯使君与操尔。袁绍这种人,根本不入流。"

刘备正在吃饭,听到这话,吓得一下子把筷子和勺子全都掉在地上。

此时正好天上风雷大作,刘备掩饰自己的惊慌,说:"圣人说,迅雷风烈必变。真是如此啊。"

此时正是袁曹大战一触即发之时。曹操为什么和刘备说起这个话?而刘备在担心什么?

曹操大约也是忌惮刘备的,他认为袁绍不足为虑,不过是从战略上而言。当时天下纷扰,曹操四面八方都在暴风骤雨之中,他不想变生肘腋,在这个关键时刻,有人在背后做小动作。他和刘备说这番话,无非一方面是警告对方不要与袁绍勾结,另一方面,也是告诉刘备,袁绍没有前途,不如安心跟在自己身边,共图大事。

这话听在刘备耳朵里,却是另一番滋味。

据说，当时曹操经常派人监视那些投奔过来的人，看他们到底和谁一块儿开宴吃饭，如果有不轨之心，就找人干掉。可刘备非常谨慎，从来不和人宴饮，不仅如此，还在自己家里开垦了一小块土地，种芜菁。

如果在曹操眼里，刘备是英雄，比袁绍更值得重视，那么除掉袁绍之后，是不是就轮到刘备了？甚或说，这虽然是一个公开警告，但曹操为了保险起见，难道不会防患于未然，先下手为强？

曹操杀掉他重视的人，也不是一次两次了。刘备投靠曹操之前的张邈，刘备目睹其死的陈宫，都是他的前车之鉴。

他原本迟早是要背叛曹操的，既然如此，他决定和董承联合，秘密除掉曹操。但是还没到计划好的时间，正好曹操要派人截击袁术，他赶紧讨了差事去徐州，还向曹操借了兵。

他杀了车胄，拿下徐州，立刻对外宣称，自己是奉了汉献帝诛杀曹操的"衣带诏"，所以才拿下徐州，举兵反曹。既然刘备是奉了"衣带诏"，那么在许都一定还有人奉"衣带诏"吧？

曹操就开始彻查子虚乌有的"衣带诏"的共谋者。建安五年（公元200年）正月，董承的事情就败露了。董承、王服、种辑和吴硕，全部被杀，曹操夷灭董承三族。

曹操把董贵人也抓出来杀了。汉献帝只做了一件事，他多次求情，说董贵人已有身孕，可否不杀。曹操最终也没有同意。

汉献帝必然十分懊恼董承的鲁莽与狡诈。

当年王允和吕布图谋杀死董卓，何曾借用了皇帝的名义？如果以"衣带诏"为名义，只要事发，岂不直接拖累了汉献帝？

况且，恰恰是董承当初和韩暹斗法，邀请曹操到洛阳去，才把汉献帝接到许都来。如今却要除掉曹操，把曹操称作乱臣贼子，这岂不是前后矛盾？

董承是董卓女婿牛辅的旧将，名声素来糟糕。还在长安的时候，就有多个正直的大臣不齿其为人。汉献帝信任的大臣皇甫郦曾向李傕控诉董承"祸乱阴毒"。

对于汉献帝来说，定都许都真是一个翻天覆地的变化。无论在董卓、李傕、郭汜还是张杨、杨奉的治下，他从来都是朝不保夕，战战兢兢，流离颠沛，饱尝饥饿冻馁之苦，而在东归洛阳的过程中，更是九死一生。可来到许都，一切都变了。

四年来，曹操从来都毕恭毕敬，谨守臣道，不仅从来没有什么犯上作乱的迹象，而且大小事务，无不一一上表。在此期间，哪怕是袁绍的表章，也从来没有被曹操阻挡过，所谓的阻遏王道，从何而来？

曹操定关中，灭吕布，除袁术，降张绣，所扩展的每一寸土地，都始终归于朝廷名下。尽管现在基本上的确是政出曹门，但这不也都是朝廷的旨意吗？

如果说董承叛乱有人受益的话，那么除了董承，就是袁绍，而不是他汉献帝。因此，在被杀戮的叛乱者中，需要他保护的，只有董贵人和她腹中的皇家骨肉而已。但这也不是一个多么关键的事。

他和曹操，还有很多事，要一起做。


杀了董承之后，曹操终于下决心除掉刘备。

袁绍的兵马正在南下，如果刘备在徐州和他呼应的话，自东向西攻击，那么曹操会东北两面受敌。他的人马本来就没有袁绍那么强大，如果再分兵迎敌，战势就十分凶险了。

帐下诸将都以为不可。他们劝曹操说："和您争夺天下的人，是袁绍啊。现在袁绍刚刚起兵，而我们却要放下他向东攻打刘备，如果袁绍乘机来抄我们的后路，那可怎么办？"

曹操根本不以为然。他对将领们说："刘备是真正的人杰，现在不去攻打他，一定会成为后患。袁绍虽有大志，但是行使见识都慢人一步，一定不会来的。"

只有郭嘉和曹操是一样的看法。他说："袁绍的性格，迟缓而多疑，就算要来，行动也不会快。刘备刚刚占领徐州，人心未附，现在加速攻击，一定能打败他。这是生死存亡的时刻，不能迟疑。"

曹操火速起兵，急攻刘备屯驻的小沛。

田丰听到消息，火急火燎去找袁绍，让他去打曹操，援助刘备："曹操和刘备正在交战，恐怕一下子很难分出胜负。如果现在您发兵袭击他的后路，一战可定胜负。"

恰如曹操预料，袁绍根本不在意，他说自己的小儿子生病，走不开。

田丰气得拿拐杖敲着地板大骂："天呐，现在是大难临头了，却以小孩生病为由失去机会。真是可惜啊，大势已去了。"

曹操兵临小沛，刘备却还不知道。他以为袁绍的大军马上就要到了，曹操哪敢分神出来对付他？

他的侦察骑兵奔来，汇报曹操亲自带大军来到。刘备大惊，但还是不能相信。他带了几十个骑兵亲自去侦查，一眼看见曹操的旗帜，这才相信真是曹操亲临，吓得掉头就跑，城也不要了，军队也不要了。

曹操俘虏了刘备所有家小，继续开拔攻打下邳，关羽守不住，只好献城投降。徐州响应刘备的郡县，顷刻之间，败的败，降的降，杀的杀。

刘备逃亡青州，去投奔袁谭，他的门生。袁谭亲自迎接，然后一边陪伴他去邺城见袁绍，一边派人飞马禀报。

袁绍听说刘备来降，非常高兴，赶紧派了手下将军，一路迎接。然后亲自出行，一直到离开邺城两百里的地方迎接刘备。

尽管袁绍大军已经如箭在弦，田丰还想试着劝袁绍休兵，他反复唠叨"修农分兵，袭扰边境"的策略，对袁绍说："现在不但不采用必胜之策，却要孤注一掷，一战定成败。一旦失利，悔之晚矣。"

袁绍大怒，军队调动已毕，大军即将出发，田丰这简直不是在劝谏，而是扰乱军心。他下令把田丰抓起来，戴上枷锁，扔到邺城的监狱里。

　　曹操听说田丰被捕，不能跟从袁绍出征，大喜，说：
"这下袁绍输定了。"


4.


　　建安五年（公元 200 年）二月，经过半年多的准备，袁
绍终于大兵起行，旌旗蔽日，人马前后连接，逶迤数里，进
驻双方边界的黎阳。

　　起兵之前，袁绍令其属下的名士陈琳创作檄文，布告
天下。

　　檄文从曹操的祖父、父亲骂起，说他们并做妖孽，权
倾一时。接着说曹操赘阉遗丑，本无德性，狡诈彪悍，仗势
欺人，好乱乐祸。他残杀九江边让，以至于世人愤恨，民怨
沸腾，一人举事，举州响应。所以他军败于徐州，地夺于吕
布，彷徨向东，不知所归，幸亏袁绍亲征，因此大败吕布，
让曹操重有栖身之地。但是曹操这个人真是天性败坏，陷害
杨彪，残杀赵彦。更加可怕的是，曹操竟然对皇亲国戚开棺
戮尸，攫取财物。曹操又设立了发丘中郎将和摸金校尉，所
过之处，盗墓掘陵，遗骸遍野。身在三公之位，而行贼盗之
事，残国害民，毒施人鬼。

　　继而说，纵观古今书籍，所记载贪婪残酷、暴虐无道的
臣子，没有超过曹操。……他豺狼野心，包藏祸心，事实
上是要孤弱汉室，消灭忠良，专做枭雄。袁公来了，要为国
除奸，如同举起火焰，烧杀飞虫，大海倾覆，浇灭火炭，有

什么不能让他片刻灰飞烟灭的呢？现在，汉家之道，衰弱无依，纲常松弛，纪律灭绝。曹操以精兵七百人，围困宫室，对外宣称陪伴护卫，其实不过拘押软禁。……现在，是忠臣肝脑涂地的时候，烈士立功报效的机会了！

这篇后来被命名为《为袁绍檄豫州》的檄文大气磅礴，言辞锋利，把曹操刻画成为一个杀害忠良、擅权专政、死有余辜的旷世奸贼，所见之人，拍案叫绝，州郡相传，人人争睹。陈琳瞬间名满天下，而曹操则因为这篇檄文，给时人留下了一堆话柄。后来人攻击、讨伐、诋毁他，都以此为蓝本，添油加醋，极尽诽谤。

尽管檄文华彩，动人心魄，但它却毫无作用——并没有人响应袁绍号召出征。

曹操堪堪在大战之前，摆平了四面八方的威胁：西部韩遂、马腾送入人质；西南张绣全面投降；南部刘表按兵不动；东南孙策猝死，江东一片混乱；东部刘备逃窜，徐州回归；关中诸将平静，固守待变。他可以心无旁骛，专心对付袁绍。

而袁绍阵营尽管声势浩大，却暗流潜伏。田丰下狱，沮授分权，将士不安，人人自危。

大军临行，沮授却摆下酒席大宴宾客，把所有的宗族家人都叫上，把自己的家资财产，全都分给他们，悲叹说："当天下大势在我的时候，则身披万丈荣耀无有不可；当失势的时候，却连自身性命都难以保全。真是令人痛心啊。"

他的弟弟沮宗大惑不解，问他说："很明显，曹操手下的人才和兵马，都不如袁公啊，你怎么怕成这个样子？"

他回答说："曹操聪明而有胆略，现在又挟持天子以为人质。我们虽然打败了公孙瓒，但实际上军队疲敝，人民穷困。而我们主上骄纵，将士怠惰。军队破败，是可以预见了！"

袁绍首战，马上就被曹操打了个措手不及。

四月，袁绍派大将颜良会同郭图、淳于琼渡河攻击白马。曹操用荀攸的计策，假装渡河向西去抄袁绍后路，袁绍立即分兵救应。但曹操立刻掉头，直奔白马，一直行进到离颜良营地十多里的时候，颜良才发觉，仓促应战。

此时寄居在曹操营中的关羽看见颜良的幢麾和伞盖，纵马冲入敌营，把颜良刺翻在地，砍了颜良的首级。袁绍营中其他将领，无人能挡，四散而逃。

解了白马之围，曹操带领军队、百姓，迤迤然向西返回官渡。袁绍气急败坏，马上命令全军出动追杀。

沮授劝袁绍说："战场之上的胜负变化，瞬息万变。任何决策都不能不详细筹谋。我们现在应该做的，是暂时屯兵延津，同时分兵据守官渡。经判断能打胜，才出动大军。否则一旦不利，大军就无处可去了。"但袁绍又听不进去。

跟随袁绍渡河时，沮授叹息说："在上位的人野心勃勃，在下位的人只知贪功。悠悠黄河啊，我渡河之后，哪还能回得来啊。"

　　他就向袁绍提出要因病辞职。袁绍不同意，又恨他和自己不同心，于是彻底剥夺了沮授的军权，把他所管辖的部队，全部交给了郭图。

　　袁绍的追兵前锋五六千人，在大将文丑和刘备的率领下逼近曹操。曹操亲自带了六百骑兵，在黄河堤坝下埋伏，并且把原本携带的辎重粮草丢了一路。

　　他的侦察兵在堤岸上观察，一会儿说，大概有五六百骑兵，一会儿又说，骑兵更多了，步兵数不过来了。曹操躺在堤坝下面说，算了，别报了，让骑兵下马解鞍休息。

　　骑兵将领惊恐不已，对曹操说，敌人这么多，要不先回去保住营寨？

　　荀攸说："正在给敌人放诱饵呢，怎么能走？"曹操看着他笑。

　　侦察兵又报告刘备和文丑都已经到了。将领催促曹操上马逃走。曹操说，还不行。

　　刘备和文丑的军队没看见曹操人马，开始争抢摊在路上的辎重粮草。曹操说："现在可以了！"六百骑兵一跃上马，居高临下，突然从堤坝上俯冲杀入敌阵。正在抢夺辎重的袁军一时乱作一团。

　　曹操再次大胜，文丑被当场击毙，刘备仓皇逃窜。


　　帮助曹操斩杀了颜良的关羽，这时知道了刘备在袁绍军中，于是把曹操赏赐给他的东西全部封存，留下书信，跑回刘备那里去了。

曹操自始至终，都看重关羽，但也知道关羽恐怕不能久留。在战前，他曾经派张辽去问关羽可否留下，关羽叹息说："我也知道曹公待我优厚。但是我受刘将军深恩，发誓同生共死，不能背叛他。我始终是不会停留的，但我一定会立功报效了曹公，才离开。"

张辽彷徨不知所措，怕回禀曹操会给关羽带来杀身之祸。最后不得已，自言自语叹息说："曹公是君父，关羽只是兄弟。"他还是选择告诉了曹操。

曹操反而大加赞赏说："跟从君主，却能够不忘本，真是天下义士。你估计他何时会走？"

张辽回答说："关羽感恩您的优待，一定要为您立功之后才走。"

关羽为曹操斩杀了颜良，认为自己已经回报了曹操的恩德。所以一听刘备在袁绍营中，就立刻逃奔而去。曹操部将个个愤怒异常，要去追杀。曹操说："人各为其主，不要追了。"

刘备马上又被派出去。此时，袁绍在汝南郡发动的黄巾军残部刘辟，在曹操背后叛乱，骚扰周边地区，甚至引起许都震动。刘备前去汝南的目的，在于响应刘辟。这也是袁绍的计划。他同时也派出将领韩猛在西路出动，一方面意图截断曹操的粮道，另一方面如有可能，就乘势攻取许都。

汝南离许都只有四十里，而韩猛就在离许都将近一百里的地方活动。刘备在汝南和颍川之间穿梭扰乱，而韩猛也在不断侵袭粮道，后方霎时就有些混乱起来，曹操非常头疼。曹操的堂弟曹仁说："现在前线部队都有急务，肯定不能去救汝南。但刘备带着袁绍的兵，双方肯定还貌合神离，现在去反击他们，一定能破敌。"

所以曹仁自告奋勇，带兵杀进汝南。果然如他所料，刘备带着袁绍的人马根本无法抵抗，一触即溃，叛乱的汝南郡县迅速被曹仁收回。曹仁顺势挥师北上，在鸡洛山也全线击溃了袁绍的西路军。袁绍从此再也不敢分兵西路威胁许都，而只能专心在官渡一线。

刘备两手空空回到袁绍营中，自觉在袁绍旗下难有建树，于是提出，愿意南下找刘表，再次说服刘表出兵援助，但他其实不过是想要逃离战场。

袁绍同意了，让刘备带自己的兵马再次回到汝南。刘备就在当地和另外一个黄巾军残部联合，聚集了数千人。曹操派将领蔡杨去攻打，却被刘备所杀。

刘备虽然在南方逶巡，连接刘表，威胁曹操地盘的南境，但曹操却听之任之了。刘备孤身一人，人马稀少，而刘表依旧徘徊观望，并不派兵协助，已经对曹操没有任何实质性的威慑了。

袁绍既然数出奇兵不利，干脆就稳扎稳打，大军继续南下。曹操试探性地派了支小部队出来试探，袁绍一触即溃，从此坚壁清野，再也不主动出战。

　　建安五年（公元 200 年）八月，双方分别在官渡屯营，在这个有着丘陵地貌的地方，各自依着沙丘建设营地。袁绍建筑营垒，采用星状布局，每一座大营外面，环绕两座小营，共有九座大营，十八座小营，连绵几十里。

　　曹操在对面，也按着袁绍的部署，分营应敌。

　　沮授的意见，是要和曹操打持久战，只要围困曹操，不需要主动进攻，等曹操粮尽，自然不战而溃。

　　袁绍这时候哪里听得进沮授的话，他不断派出大部队，对曹操的营垒猛攻疾打。

　　双方从阵地战打到了工程战。袁绍在营垒里堆起高塔和土山，向曹营中不断射箭。曹操的士兵被迫匍匐行动，把盾牌背在身上，以防中箭。

　　曹操也不示弱，他下令制造名为"霹雳车"的投石机，不断发射重达十多斤的石头，一一打掉袁绍营中的箭塔。

　　袁绍于是又生一计。他组织士兵挖掘地道，企图绕到曹营背后。但是曹操也早有准备，他在自己的地盘上挖下深沟，袁绍的地道挖到曹营边上，立刻就发生塌陷，地道根本无法穿越曹营边境。

　　双方你来我往，奇计百出，在官渡这个小小的地方，虚耗了几个月的时间。


　　沮授又猜对了。曹操快要扛不住了：没粮了。在半年的对峙中，曹操后方的百姓也已经不堪重负，开始叛逃到袁绍阵营里去。

曹操写信问荀彧，讨论是否应该暂时退却，保卫许都。

荀彧立即回信劝阻。他写道："袁绍倾全境之兵聚集官渡，就是要来和您决一死战的。您现在是以弱当强，如果不消灭他，他就会乘势消灭我们。这场战，决定着整个天下未来的走势。

"现在粮食虽少，但是比起当年刘邦和项羽在荥阳鸿沟对峙的时候，您的处境要好多了。刘邦都不可以先退，因为他知道自己一旦先退，士气就衰竭了，所以咬牙也要支撑下去。

"您现在以十分之一的兵力，画地而守，扼住他的喉咙使他不能前进半步，已经半年了。眼看着他的兵势越来越衰竭。战势很快就会起变化，这是出奇制胜的时候，机不可失。"

贾诩也同意荀彧的意见，他跟曹操说："您聪明胜过袁绍，勇气胜过袁绍，用人胜过袁绍，临事决断胜过袁绍，这就是袁绍虽然有那么多优势，却在这里相持半年，并没有占到任何便宜的原因。我知道您想有个万全之策，既能抵挡袁绍，又不想我们的部队和百姓过度折损。我们现在就得沉住气，等待一个好时机，就可以瞬间决出胜负。"

曹操于是咬紧牙关坚持下去。他看到运粮来前线的百姓，抚慰他们说："再给我十五天吧。看我破了袁绍，就再也不用辛苦你们了。"

　　袁绍也很苦恼，这样的相持对他也很不利。许攸给袁绍献计说："曹操出动全部兵力来抵抗我们，许都肯定只有少数人留守，一定很空虚。如果我们派出一支轻骑兵，星夜偷袭，就可以拿下许都。一旦攻陷许都，就可以奉迎天子，反过来讨伐曹操，他就马上成为阶下囚了。就算拿不下许都，也可以让他疲于奔命，效果也是一样，他的失败就在眼前。"

　　袁绍不同意，说："我必须先拿下曹操。"

　　可是袁绍没想到的，却是战前荀彧预测到的：许攸成了这场战争的关键一环。许攸的家人犯事，被审配抓住，送进了监狱。

　　在这决战的关键时刻，袁绍内部的矛盾大爆发了。当年，袁绍拿下冀州，尽管获得了根据地，收罗了一批谋士，但始终没有摆平其中的矛盾。

　　许攸、郭图、荀谌和辛评是颍川名士，一路跟着袁绍从洛阳逃出来的，成了颍川帮。而审配、沮授和田丰，却是原冀州牧韩馥的部下，他们觉得韩馥胸无大志，没有前途，所以改换门庭投了袁绍，成了河北帮。

　　河北帮的人是不服颍川帮的，是他们响应袁绍，驱逐了韩馥，才拿下了冀州，难道不应该是他们主政吗？但是现在，许攸、郭图这些颍川帮的人鸠占鹊巢，成了袁绍阵营的中流砥柱，他们河北帮倒都成了配角，沮授受辱，田丰下狱，审配守城，他们的前途在哪里？

　　这是当年汉家世族在洛阳内讧的复刻。对于河北帮来说，只有守住河北，使袁绍必须依靠他们，他们才能够始终占据主流。但是颍川帮却非常清楚，只有向南发展，打进洛阳旧都，甚至恢复汉室，他们才能摆脱寄人篱下的处境，重新扬眉吐气，甚至成为天下主导。

袁绍是汝南人，他的家族来自中原。只有回到中原，夺取中原，袁氏才能说是天下名族。蜗居在河北，把家族祖坟都丢给曹操，汝南袁氏的脸往哪里放？

这是世族的劣根性。他们从来想的，都是霸占天下治权与事权。但他们内部总是分赃不均，内斗不停。曹操这些年在与世族合作中看到了巨大裂口。他要利用世族，分化世族，瓦解世族，把世族全都变成自己的力量，才有可能重新一统天下。

但是在袁绍的营中，河北帮看不见这些，他们要控制河北，控制袁绍，就必须干掉颍川帮。许攸的家人正好撞在了审配的刀口上，他们要出这口恶气。袁绍并没有偏袒许攸，任由审配自行处置。

许攸大怒：没想到袁绍竟然如此薄情寡义。他和袁绍、曹操在董卓进京之前，就已经是奔走之友，几十年的友情了，竟然如此心狠手辣？

他连夜投奔曹操。

曹操听说许攸来投，来不及穿鞋，光着脚就跑出来，一边笑一边鼓掌说："子远，你来了，我的大事就成了。"

两人入座，许攸问："袁绍这么强大，您准备怎么应对？军中还有多少粮？"

曹操说："大概还能支撑一年吧。"

许攸根本不相信："不可能的事，说实话。"

曹操又说："呵呵，其实是半年。"

许攸有点不淡定了："您这是不想消灭袁绍了吗？怎么老是不跟我说实话。"

曹操笑了："哎呀，之前是开玩笑的。其实只能支撑一个月，你看怎么办？"

许攸这才说道："您是孤军奋战，其他诸侯各有算盘，不会来援助您。现在粮草已尽，到了生死存亡的时刻了。袁绍囤积的辎重粮草超过一万车，全部都囤积在故市和乌巢，却并没有重兵把守。如果您能够带领一支精兵偷袭，把他的粮草全部烧掉，不出三天，袁绍就不战自败了。"

曹操大喜，他在战争初期，既是有意也是无奈的选择，却成了一举击败袁绍的关键。他从白马退却到延津，又一路退到官渡，一方面的确是因为无法和袁绍直接对抗，另一方面，就是要不断拉长袁绍的补给线。袁绍劳师远征，从他的大本营冀州运粮，不仅需要长途转运，还需要渡过黄河。

在许攸来到之前，曹操就已经不止一次打过袁绍粮草的主意了。不久之前，荀攸就建议说："袁绍日夜运送军粮，押运的将领韩猛锐利而轻敌，攻击他一定能赢。"

当时徐晃和史涣领命袭击了韩猛，并且焚毁了韩猛押运的粮草。但这次袭击并没能撼动袁绍的补给线，他马上改派淳于琼重新补充粮草，并且把护送部队增加到一万人。

沮授对此还是不放心，他建议说："应该加派蒋奇带一支军队，驻扎在粮寨外面，这样曹操就根本没有机会来袭击我们的粮草。"袁绍认为完全没有必要，曹操的部队困守官渡，他的人马必须全线压上，务求一举摧垮曹操，哪有多余的兵力用来守卫粮草？

对于曹操来说，这是唯一可能打败袁绍的机会了。他马上着手部署，留下曹洪和荀攸守营，自己亲自带着五千精兵去攻击乌巢。

他让所有的马嘴全都绑上木棍，以防中途嘶鸣；每个士兵都随身携带一捆柴火；全军都穿上了袁绍部队的军服，乘夜从小路直奔乌巢。路上碰到袁绍的小队人马，就假装说："袁公担心曹操抄我们的后路，所以派我们去增加防备。"袁军都信以为真，没太当回事，于是一路畅通。

到了乌巢，他们用柴火把淳于琼的营寨围了一圈，就开始放火，营内瞬间大乱。曹操部队从天而降，到底来了多少人也无法估摸，一时间不知底细，也不敢往外冲。熬到天亮，淳于琼才看见曹操人马不多，想带人突出营门。曹操催动军队急攻，淳于琼抵挡不住，又退回营寨。

袁绍听见哨兵来报，说曹操正在袭击乌巢，转头对袁谭说："曹操在攻淳于琼，这对我们也是天大的机会。我们趁他离营，群龙无首，冲过去把他的营寨给夺了。丢掉大本营，他回来没地儿可去，我们就可以乘胜拿下他所有地盘。"

他把部将高览和张郃叫来，让他们带兵去攻曹操大营。张郃很犹疑，劝袁绍说："曹操派精兵去袭击淳于琼，乌巢肯定守不住。如果丢了粮草，我们就危险了，还是先去救乌巢吧。"

郭图却坚持让张郃去袭击曹操大营："张郃说的不对，还是应该攻击他的大本营。曹操知道大营被袭，肯定会回师，对乌巢来说，这就是不救自解。"

张郃还是坚持说："曹操的营寨这么坚固，这么长时间我们也都没打下来啊。但是如果淳于琼被击败了，我们就都成俘虏了。"

但是袁绍不同意张郃，认为只有攻陷曹营，才是战争成功的关键。他只派了小支部队去增援乌巢，而让张郃调动大部队去袭击曹操大营。


袁绍的救援部队一路狂奔，很快就抵达乌巢。曹操的士兵紧张起来，担心袁绍会派大部队来攻击他们，就劝曹操说："敌人的骑兵快到了，请分兵抵抗。"

曹操大怒，喊道："等敌人杀到我的背后，你们才需要告诉我！"

曹操人马眼看马上就要腹背受敌，再也没有退路，拼死冲锋，这才攻破了淳于琼的营寨，一把大火把粮草全都烧光。

曹军捉住了淳于琼和一千多袁军士兵，把他们的鼻子全都割掉，把乌巢营中牛马的唇舌也都割掉，推出去给前来增援的袁军士兵看。袁军大惊失色，都不敢向前。

　　而正如张郃所言，曹操营垒坚固，守护的将士以命抵抗，无论袁绍军队如何拼命，始终没能攻破城防。

　　乌巢失陷，曹营却迟迟未得，战争的天平已经开始倾斜。

　　但原本来说，这对袁绍也够不上致命失败。粮草可以再运过来，袁绍的大部队也没有被击垮，实力的对比并没有发生变化。

　　就在这千钧一发的时刻，袁绍阵营的内部矛盾却瞬间爆发，给了他真正致命的一击。

　　郭图的计谋全部失败，他担心高览和张郃迁怒于他，就抢先向袁绍告黑状："张郃看见我军失败了，很高兴。"

　　正在前线苦苦厮杀的张郃，久久无法攻克曹操营垒，本身就已经惴惴不安，担心袁绍怪他指挥不力。这下听见部下传来郭图谗言的消息，顿时怒从心头起，一不做二不休，和高览一起，把攻城器械一把火烧了，直奔曹营，阵前喊话，要投降曹操。此时曹操还在乌巢未归，曹洪守营，怕张郃诈降，不敢接受。

　　荀攸说："这明明是张郃的计策不被袁绍接受，又怒又怕，所以才来投奔我们，有什么可担心的？"

　　曹洪接受高览、张郃投降，马上召集守军，乘乱反戈一击，直接带着自己和张郃的人马，掩杀袁绍大营。

　　袁绍和袁谭毫无准备，他们还在自己的大营之中，穿着便服，头上戴着儒士的幅巾，悠悠然等待张郃攻下曹营的消息。曹洪和张郃的人马杀进袁绍大营的时候，袁绍连铠甲都来不及穿上，仅仅带上贴身的八百护卫，仓皇渡过黄河北逃。

曹操没来得及追上袁绍，直入袁绍营中，只见袁绍因仓促奔逃，竟然留下了大批的辎重、图书和珍珠宝物。

袁绍南下时，已经做好了直接接管许都的一切准备。他还给每个士兵发了一根三尺长的绳子，嘱咐他们，曹操肯定是要被抓的，到时候就拿这个绳子来绑他。

沮授没来得及逃跑，被士兵俘虏，送到曹操营帐。曹操和沮授原本就是老相识，曹操亲自来迎接他，说："我们之间阵营不同啊，所以才断了联系。想不到今天你成了我的囚徒。"

沮授说："袁绍失策，战败北逃，这是他自取灭亡。沮授智谋能力都被束缚，今天被抓，也算是咎由自取吧。"

但曹操并不想杀他，而是希望他能为自己效力，劝沮授说："袁绍这个人没眼光，这么多次都不采用你的计谋。现在天下丧乱，毫无法纪，国家还没有平定，你应该和我一起来安邦定国啊。"

沮授说："我的叔父、母亲、弟弟，现在恐怕都在袁绍的刀口之下了。如果您真的看重我，就请尽快处死我吧。"

曹操叹息着对手下的人说："如果我能早点得到沮授的话，那么平定天下无足为虑。"

虽然曹操一直优待沮授，但他后来一心想逃回冀州，复归袁绍。曹操只好杀了他。

曹操的部下在袁绍营帐里发现了许多信件：竟然是许都的官员和曹操的部将写给袁绍的。

曹操看也不看，说："当时袁绍那么强大，我自己都感觉自身难保，更何况是他们这些人呢？"叫人一把火把信烧了。

许攸也好，沮授也好，许都的官员也好，自己的部将也好，对于曹操而言，此时都是他不能也不敢收拾的人。

袁绍还是百足之虫，死而不僵。官渡一战，虽然消灭了袁绍的主力部队，但这是袁绍主动进攻的失败，冀青幽并四州都还牢牢地在他手上握着呢。朝廷中暗流涌动，世家大族人心未附，与其这时追究前过，倒不如放开一马。许多人见到强大至此的袁绍，居然如此一败涂地，也就心服口服了。

但是袁绍的手下，却没有这样幸运了。

袁绍渡河，回到黎阳的北岸，逃到了部将蒋义渠的营中，他握着蒋义渠的手说："我现在是把头颅托付到将军的手里啊。"

蒋义渠听到这话恐惧莫名，赶紧搬了出来，让袁绍住进自己的营帐，让袁绍在主营中发号施令。在官渡逃散的袁军士兵，听说袁绍回到黎阳，才都逐渐逃归黎阳。

袁军以压倒性的优势兵力，竟然被曹操打得如此惨烈，将士们都万分沮丧。许多人都聚在一起悲叹哭泣说："当时如果田丰在这里，不至于此啊。"

田丰还被关在邺城的监狱里，有朋友探望他，跟他讲了官渡的战事，恭喜他说："现在您肯定会受重用了。"

田丰苦笑，说："袁绍貌似宽厚，内心多疑，从来不认为我是忠诚的，而我不识时务，经常固执己见忤逆他。如果他能打胜的话，肯定会赦免我；如果打败了，他内心的疑虑就会爆发。现在大败而归，我一点生路也没有了。"

袁绍听到士兵们的议论，就对逢纪说："冀州人听说我失利了，肯定都会埋怨我。只有田丰之前曾经多次劝谏我，不让我来攻打曹操，我很惭愧啊。"

逢纪回答说："田丰听说将军战败退却，鼓掌大笑，很高兴他自己的话说中了。"

袁绍大怒，对左右的人说："我没有听田丰的话，现在果然被他笑话。"

他还没有回到邺城，就让人直接传命回去，在狱中把田丰杀了。


世事就是如此。袁绍强盛之时，冀州人众星捧月，恨不得把袁绍说成救世明主；而官渡惨败的消息一传到冀州，就开始人心思变，诸多郡县的人想要火中取栗，纷纷打出叛变旗号，响应曹操。

袁绍虽然战败，但是无论军队还是威望，却仍然还在，收拾几个叛乱郡县，也是手到擒来。他收拾残兵，日夜兼程，很快就平定叛乱，稳定了冀州的局势。

其实，哪怕到了这个时候，曹操也还无力消灭掉袁绍。虽然打赢了，但无论从哪个方面而言，这场旷世大战，都算险胜。

从军力上看，袁绍的兵马总数是比较明确的：步兵十万，骑兵一万。曹操一直没有公开他的兵力真实数量，或许是为了迷惑对手。但是从他以往的战绩来看，他的军队包括了早期获得的青州兵、张绣投降之后带来的兵马、消灭吕布之后得到的徐州兵马，其中还包括了陶谦遗留下来的战斗力极强的丹杨兵。所以，曹操的总兵力应该在五万到八万之间。

从战略上看，袁绍的判断毋庸置疑是正确的。如果不趁着曹操内部还不很稳定，并且自己占据一定优势兵力的情况下消灭曹操，很有可能是曹操反过来发动战争消灭他。

官渡之战，是双方的决战时刻，大家都没有退路。整个北方和中原，只能留下一个霸主。

对于手下谋士的许多意见，袁绍多少都有所执行。例如沮授说和曹操打持久战，这其实对袁绍并不有利。袁绍长途奔袭，后勤补给线极长，经过和公孙瓒旷日持久的战争，他根本无法维持一场持久战。他在白马、延津和官渡采用大军正面野战的目的，都在于速战。只是被曹操拖住，双方对峙长达半年，才有了曹操奇袭乌巢的可能性。

况且，他也深刻明白后勤军粮的重要性。事实上，他也派韩猛多次袭击曹操的粮道。但是在人家的地盘上，试图截断人家的粮道，哪是一件容易的事情？

再说许攸建议的分兵攻取许都，袁绍在战争早期就已经派了刘备响应汝南黄巾军叛乱，还派韩猛试图直接攻击许都，但是都被曹仁打败了。曹操当然明白守卫许都的重要性，所以在多条道路上，封堵了袁绍奇袭许都的可能性。连刘备袭扰的汝南，他都有着万全的防备，怎么可能那么容易让袁绍得手？

真正导致他失败的原因，在于性格上的傲慢与猜忌。颍川帮与河北帮的内斗，直接导致了田丰下狱、沮授边缘化、许攸叛逃和张郃投降，这是他一贯放纵部下内斗、目无法纪的恶果。

哪怕在乌巢遇袭之时，他也并没有犯下什么战略性错误。曹操围攻乌巢，粮草被焚，损失一段时间的给养已经成为事实了。但这是可以承受的代价，并不致命。相反地，趁着曹操自己带兵突进，城防有可能不稳，这时大兵压进，守将惊慌失措，是有相当大的机会攻陷曹营的。一旦官渡失守，袁军就可以长驱而下，占据许都，攻破兖州。大本营一失，曹操不过是瓮中之鳖。

但是他运气的确不佳。曹洪是曹操的本家堂兄弟，从曹操起家就一路跟随，是曹操终其一生以命相托的心腹。官渡阵地，曹操倾力营造，固若金汤，的确难以短时间攻破。

最大的败笔，依旧来自袁绍阵营内部。张郃本来就心存疑虑，攻城之战，犹犹豫豫，根本无法一鼓作气。张郃是韩馥旧部，而郭图属颍川阵营。前线将领与后方谋士相互猜忌，相互拆台，导致张部临阵叛敌，反戈一击，这是袁绍失败的根本原因。

因此总体说来，袁绍之败，败在阵营内部。

与曹操早就看透了他的本质不一样，袁绍始终没有正确评估过曹操，甚至想当然地把他当成当年寒族出身，跟着他东奔西走的小弟。

因为太相信自己的世族身份，他以为只要振臂一呼，就会真的天下响应，所有人都会遗弃那个被他称为"赘阉遗丑"的寒族小子。但是，已经到了建安五年（公元200年），大争之世，新时代正在酝酿喷薄而出，谁才是不世的英雄，值得跟随？荀彧、郭嘉、荀攸、钟繇和董昭，都是世家子弟，可不都成了曹操的股肱之臣？

在这些效忠曹操的世族英才眼里，曹操是比袁绍谋略更胜、胸怀更广、德行更高、法纪更严的英雄，这是他们的判断，也是官渡之战给出的正确答案，他才是逆转乱世的真正力量。

一如既往地，曹操恭顺地向汉献帝上表汇报了自己抵抗袁绍侵略的原因和战果。他写道：

> 袁绍之前就想另立刘虞，后来又想迁都鄄城，还想另有所立，乃至已经在私刻金银官印。他的堂弟袁叙给他写信，说："天意实在我家，神灵感应。南方的兄长（袁术）的部属想要让他即位，但是南兄说，若论年龄

是北方的兄长（袁绍）年长，若论地位也是北兄高，想送玉玺给袁绍，正好被曹操截断了道路。"

袁氏虽然世受国恩，但真是凶逆无道。所以我调兵遣将，和袁绍大战于官渡，凭借圣朝天威，斩杀了袁绍大将淳于琼等八人的首级，于是袁绍大败溃逃，他的儿子袁谭轻身并逃。一共斩首七万多，辎重财物巨亿。

按照当时的惯例，在呈报战绩的时候，多有虚报。估计曹操在战争中杀死的袁绍士兵有万人，并俘虏了袁绍的大部人马。还有一部分，都渡河回去继续跟随袁绍。因此，袁绍虽然打败了，但是根基犹在。

这当然还是朝廷的光荣，却远没有光荣到底。毕竟，北方力量尚存，四州人多势众，彻底拿下袁绍和他的土地，还艰难得很。

## 5.

建安六年（公元201年）四月，袁绍还在边境附近逡巡。这回，曹操干脆主动出击，在仓亭打了他一下子。袁军再一次溃败。

袁绍没了心气，况且还有那么多叛变了的郡县需要他收拾。他把官渡残兵集合起来，一边往邺城走，一边收拾叛军，冀州慢慢也平静了下来。

曹操的心思开始有点活动起来。袁绍都打败了，不如乘机南下，去干刘表一下子？既然袁绍不能一下子除掉，那么拿下荆州也是一个不错的选择。

荀彧反对："袁绍既然已经败了，他的部属肯定开始离心离德了，应该趁着他现在困窘，赶紧把他消灭了。如果劳师远征到江汉，袁绍喘过气来，再动员起他的残兵败将，趁我们南下来抄我们后路，就大事不妙了。"

曹操听进去了。不过，刘表不打，刘备还是要收拾的。他就挥师汝南，去打刘备。

刘备还是那个德性，听说曹操亲自来打，还没等大军接触，他就跑掉了。他早就派了手下糜竺和孙乾去和刘表打招呼，想在荆州落脚。

刘表听说刘备来，非常高兴，亲自跑到城郊去迎接刘备，并以最高规格的宾客之礼来款待。他还送了些士兵给刘备，拨出新野给刘备驻军。

但是刘备真是个不省心的主，到了荆州之后，就和当地的英雄豪杰、文人名士不断结交，名声越来越大，很多人干脆投奔了他。

刘表很不高兴。

不过曹操还没心情收拾他们俩，因为袁绍南下的时候，有许多郡县反水，他得先打扫干净。然后，按照荀彧的计划，他开始反攻袁绍了。

建安七年（公元202年）正月，曹操北上亲征，路过老家谯县的时候，他停了下来。

他想起了已故的桥玄，那个最早把出身低微的曹操看在眼里的人，便亲自带人到桥玄坟前，以祭奠圣人孔子的礼仪太牢之礼（三牲俱全）祭拜，并且写下了一篇悼文，涕泪交加，洒酒诵读，大意是：

> 故太尉桥公，美德广大，博爱宽厚。国家仍在感念您的教训，士人仍在怀念您的远见。
>
> 您的魂灵飘然远行，您的身躯深埋黄土。天人相隔，路近心远。
>
> 我曾经在幼年时得蒙厚爱，虽是一介顽劣鄙俗之士，竟得宽大君子容纳。您不吝增加我的荣誉，乐于拓展我的视线，慷慨奖掖助力，如同当年孔子谦称自己不如弟子颜渊，李生盛赞自己的弟子贾复。士为知己者死，我始终感念，不敢相忘。
>
> 您曾经与我约下誓言说："我死之后，如果你路过此地，不以一斗酒、一只鸡来祭奠，车过三步，要是肚子疼，可别怪我！"虽然是开玩笑的话，但若不是至亲至爱的好友，怎肯说出这样的话？
>
> 我今天来祭奠您，不是因为怕您的魂灵生气，让自己避免生病，而是因为我思念旧时友情，怀念您的音容笑貌，不禁悲从中来。
>
> 奉命东征，驻屯乡里。向北望见您的家乡，心里牵挂您的陵墓。我在这里备下微薄的祭礼，期望您安心享用。

曹操少年时，正是世族与宦官斗争如火如荼、势不两立的当口，也正是曹操放浪不羁、自暴自弃的时候，只有桥玄、何颙、丁冲等寥寥几人，对他青睐有加。曹操一生中，无不时时感念，也对他们的后人厚待有加。

或许正是出于这样的感恩之心，他也常常感念部属、士卒的牺牲和付出。他在祭奠桥玄的同时，也颁布了《军谯令》，抚恤部属后人："我兴起义兵，是为天下铲除暴乱。故乡的人民，已经死伤殆尽。我在乡里行走一天，也看不见故友相识，让我不禁伤心欲绝。自从我举义兵以来，将士死亡没有后代的，找他们的亲戚后人，分发土地给他们，官府发给耕牛，置办学校，聘用老师来教导他们。让后代们建立祠庙，这样他们就可以祭奠先人。如果死者地下有知，我百年之后还能有什么遗憾呢？"

然后，他来到了熟悉的地方——官渡，休整部队预备北上。

但是袁绍没有等到他来。

所有人都知道，袁绍这个人的性格是外宽内忌。他家世显赫，自身条件也好。他相貌堂堂、身材高大，在年轻的时候就被人赞誉必成大器。从二十啷当岁开始，他一路大道平坦，很快就得到了皇帝和大将军何进的青睐。如果不是天下大乱，他也必然和先祖一样，一路上升，位列三公。

但即便是在动乱岁月中，袁绍同样不负众望，先是兴兵反董卓，担任盟主，后来占据冀州，东伐西讨，北灭公孙，南逼袁术，聚拢英才，声振寰宇。所有的人，都认为他的功绩，已经超越了先祖。

所以袁绍非常高傲，自我期许很高，以天下为己任——当然还有皇帝梦。

但是，那个从小就跟着他的小弟，一个宦官的后代，只能算得上是自己跟班的人，竟然把他打得几乎只身逃窜，他的一世英名，毁于一旦。

从官渡回来，他又气又怒，郁郁寡欢，挨到建安七年（公元202年）六月，吐血不止，还没来得及明确指定接班人，就忧郁而死。

生前被他冷落，受他侮辱，却始终忠于他的沮授的预言，现在又应验了。

他死的时候，长子袁谭还在青州，老幺袁尚在冀州。河北帮的审配和逢纪，与颍川帮的辛评、郭图早就在明争暗斗。河北帮支持袁尚，而颍川帮支持袁谭。

袁绍一死，河北帮立刻制造了一份假遗嘱，说是袁绍指定袁尚继位：这本来就是袁绍的意思。况且，袁尚一直在河北，有地利之便。

袁谭从青州赶来奔丧，发现大势已定，无可奈何。他心里不服，但也无话可说，他父亲晚年，只把小弟留在身边，意图再明确不过了。他只能引兵南下，镇守黎阳，给了自己一个车骑将军的称号。

客观地说，尽管沮授的担忧有道理，但袁绍也没有什么大问题，因为袁尚在邺城，军权皆在，袁谭能翻出天来吗？

但他始终没有摆平的，还是部下两帮的斗争。袁尚自然也看到这点，知道袁谭心存不服，所以并没有给他派多少兵将，同时还让逢纪跟着，以便随时应变。

袁谭可是要正面硬刚曹操啊，于是向袁尚要求多派军队。审配本来就怕袁谭造反，当然不给。袁谭大怒，直接先把逢纪杀了。

袁绍家里，搞事的可不止这兄弟俩。袁绍的老婆刘氏向来对他的五个宠妾心怀怨恨，袁绍尸骨未寒，尚未入殡，她就把五个宠妾全杀了。为了防止她们地下去见袁绍的时候依旧兴风作浪，狐媚惑主，把尸体全都剃光头发，以墨水刺面。袁尚配合她，把这几个宠妾的家人也全都杀了。

但毕竟"兄弟阋于墙，外御其侮"，他们对于曹操的侵略却仍然同仇敌忾。

九月，曹操渡过黄河，开始攻打黎阳。袁谭斗不过，请求援兵。袁尚留下审配守城，自己带领主力增援，双方在黎阳城下大战，兄弟俩连战连败，退回城中固守数月。

袁尚在南部受挫守城，却准备趁着吸引住曹操的主力，在西边开辟第二战场。他派袁绍的外甥、并州刺史高干和部将河东太守郭援，联合匈奴的南单于，一起攻打河东，同时暗中联络关中的马腾，想要一举颠覆许都。马腾没有出兵援助，袖手作壁上观。

郭援南下，一路过关斩将，甚至俘虏了曹操的一个重要谋士贾逵，幸亏路遇一位义士，偷偷把他放了。

　　曹操派了钟繇去援助，反过来把南单于包围在平阳。他一方面派人说服马腾，让他派儿子马超前来增援，一方面在平阳设伏，围点打援。

　　郭援看见匈奴被围，果然狂奔来救。钟繇乘他渡汾河过半的时候，发动突然袭击，郭援部队溃败。到了晚上，清点战果的时候，却没有看见郭援的尸首。马超的部将庞德从马鞍下掏出一个首级，才发现是郭援。

　　钟繇看见，大哭了起来。众人正在疑惑之中，才知道原来郭援是钟繇的外甥。庞德大惊，赶紧跑来向钟繇谢罪。钟繇哭着说："郭援是我的外甥，因为亲属关系，所以我当然会伤心。但是他始终是国家的叛逆，你杀了他是分内的事情，无须向我谢罪。"

　　南单于见大势已去，只好投降。

　　曹袁相持甚久，刘表想乘机捞点便宜，就派刘备北伐，进军到叶县。曹操派于禁、夏侯惇去阻击。刘备假装烧了大营逃跑，夏侯惇以为有机可乘，带兵追杀，却被刘备伏军大败，多亏部将李典及时救援。刘备却始终无法突破，只好悻悻南归。


　　曹操与袁谭、袁尚在黎阳相持了半年，一直到建安八年（公元203年）二月。曹操终于攻破黎阳外城。袁氏兄弟被迫出战，结果又是一场大败。眼看黎阳再也守不住，而曹操已经准备围城，他们只能弃城连夜出逃，一路跑回了邺城。

曹操大军追袭，结果袁尚突然杀了个回马枪，反过来把曹操打得大败。将领不忿，劝曹操干脆大军包围，一举拿下邺城。

郭嘉认为，时机并不成熟。他说："袁绍喜欢的孩子，就是这两个，所以之前一直在犹豫到底要立谁当接班人。现在两人权力相当，各有党羽，如果我们急着攻打，他们就会联合起来，相互保护；但如果我们放缓下来，他们俩就会生出相争之心。不如我们现在假装南下，攻打刘表，等待他们自己内部生变。一旦生变，我们再来攻打，就可以一战而定。"

曹操太喜欢这条奇计了，二话不说马上执行。他假装战败退却，回师许都，只留下一个部将守着黎阳。


郭嘉的确料事如神。袁谭看见曹操退兵，就找袁尚说："我之前铠甲不精，兵马不足，所以才会被曹操打败。现在曹军退却，将士都归心似箭。我们如果趁他还没有渡过黄河，出兵掩杀，一定能够让他大败。机不可失啊。"

袁尚看见曹操退兵，眼下的危机解除了。袁谭说的虽然有一定道理，但是给了他兵马，还能要得回来吗？所以他不答应，也不拒绝，兵马铠甲，一概没有。

郭图、辛评看不下去，跟袁谭说："向袁公进谗言，让您镇守外面，导致您失去继承权的，是审配。"

袁谭大怒，立刻兴兵攻打邺城。袁尚早有防备，于是派兵出来，和袁谭在邺城的外城大战。袁谭本来兵马就少，装

备也不精良，哪里是对手，被打得底儿掉。只能出逃，去了
南皮。

事已至此，袁尚也不能饶了哥哥。既然已经撕破脸皮，
那就干脆消灭他，否则外有曹操，内有袁谭，他根本就没个
安宁的时候。当年八月，他亲自带兵南攻，袁谭还是输了，
继续往南，逃窜到平原。袁尚一路追杀，兵围平原。


兄弟相残的悲剧，以及曹操欲擒故纵的伎俩，其实有很
多人看了出来。

袁谭在青州的部下王修对他忠心耿耿，跑来跟随他。他
劝袁谭说："兄弟之间的关系，好比是左右手，现在你们其
实应该一起对付曹操，但是临战之时，却把右手给砍了，说
'我必胜'，您觉得有可能吗？您抛弃了自己的兄弟，手足不
亲，那么天下谁会和您相亲呢？那些离间骨肉亲情的人，不
过是求一时之利而已，希望您充耳不闻。如果能杀了您身边
的几个奸臣，修复兄弟的关系，那么你们两个合力起来，可
以横行天下。"

刘表也心急如焚。冀州和荆州，虽然远隔千里，但是一
南一北，遥相呼应，制约曹操。曹操如果平定北方，随后肯
定渡江南下，图谋荆州。所以，他期望袁谭、袁尚能够同心
协力，抵御曹操，那么他也就没有灭顶之灾。

他分别写了两封信给袁谭和袁尚，试图劝和。在给袁谭
的信里，他写道："君子怎么可以忘掉先人的仇恨，抛弃亲
属的情义？手足相残，会成为万世的教训，给同盟带来无尽

的耻辱，这就是你正在做的事情。就算袁尚作为弟弟，不该那么傲娇，但你也应该暂时放低身段，把成就大业作为当务之急。等到天下平定了，让天下人来给你们分辨是非曲直，这不才是你的高风亮节吗？"

给袁尚的信里，他又写道："现在你们兄弟刚刚继承了父亲的大业，前有国家危难，后有父亲遗恨，应当以公义为先，以国家为念。现在，你哥哥性格急躁，一时不分是非，可你应当宽宏大度，以大包容小，以优宽容劣，先除掉曹操帮父亲报仇雪恨，等事情安定下来，再来分辨是非曲直，不是很好吗？如果你们相互交恶，我们这些同盟，怎能继续为你效力呢？"

审配也给袁谭写信，细细回顾兄弟之间交恶的情形，谈到兄弟交战，先父受辱，母子相隔，外敌觊觎的种种情形，劝袁谭迷途知返，和袁尚重归于好。

袁谭收到信，怅然若失，登上城墙，痛哭失声。

但颍川帮已经容不得袁谭软弱，如果回到袁尚的手下，他们的下场可想而知。于是搅屎棍郭图又来了。他劝袁谭说：

"现在将军国土狭小，兵马稀少，粮食匮乏，势力薄弱。袁尚不断攻击我们，时间长了肯定守不住。我以为我们现在可以叫曹操来夹击袁尚。他一定会先攻邺城，袁尚就一定要回师。那么邺城以北的土地我们就能拿到手。如果袁尚兵败，我们就可以收纳败兵来抵抗曹操。他军马远来，粮饷不继，我们打他，他肯定就得逃回去。到了那个时候，北方的土地就会全部落到我们手里，我们就足以和曹操对抗了。如果不消灭袁尚，我们就只能坐以待毙。"

可是袁谭自从跟随袁绍打官渡之战，后来到黎阳又和曹操对峙了半年，可谓深仇大恨，哪能下得了这个决心，最初并不听郭图的。但是思来想去，似乎只有这个办法，才能抵挡住袁尚马不停蹄的攻击，保存自身。

于是，他就派了辛毗去找曹操。

曹操听了辛毗转述袁谭的想法，大喜。他让部下讨论。许多人认为，现在刘表最强，袁谭和袁尚已经行将就木，不需要担心。

但荀攸认为，还是要先消灭掉袁氏兄弟。他说："现在天下大乱，但是刘表却只管坐保荆州，他没有逐鹿天下的雄心。袁氏长久以来占据四州，拥兵十万。袁绍宽厚得人心。假使两个儿子和睦，能够守成，恐怕短期之内都难以平定。现在虽然兄弟交恶，势不两立，如果以后因为某个原因他俩重归于好，合并力量，那么他们就能够使力专一。一旦出现这种情况，就很难收拾他们了。就应该乘内乱消灭他们，这样的时机千万不能错过。"


荀攸这个人，口风极紧。因为他跟随曹操出战，许多重要的谋略，都出自他。他只在曹操面前献策，从来不对外透露，外人都不知道他到底说了什么。

他姑姑的儿子辛韬想知道如今情势到底如何，曹操是否决心攻打冀州，就去问荀攸。荀攸说："辛毗来为袁谭求降，王师自然会去平定冀州。我哪里会知道。"之后，就没人敢再问他。

荀攸和辛评、辛毗都是颍川世族，彼此之间相互通婚，想来是荀攸的姑姑嫁给了辛家。当时的世族分裂大约如此，颍川世族，甚至同一个家族的人，有人服务于曹操，有人服务于袁绍。彼此之间的沟通甚为频繁，都在看世事的变化。

这样的局面，令曹操十分头疼，天下世族是一家，虽有内斗，但到最后，他们才是这个世界的主宰。他必须设法打破这样的格局。

曹操还在荆州和冀州之间摇摆，按照郭嘉之前的定策，他还想让二袁继续两败俱伤，他好坐收渔利，付出更小的代价。

有一天在酒宴之中，辛毗看见曹操的神色，知道他的心思似乎有变化了，就去找郭嘉，让他劝曹操援助袁谭。

郭嘉转告曹操之后，曹操就找辛毗来问："袁谭可信吗？袁尚真能打败吗？"

辛毗回答说："您无需问是可信，还是有诈，我跟您分析一下当前的形势。袁氏兄弟相互攻伐，这不是他人能够离间的事，而是他们都觉得自己有平定天下的才能。袁谭向您求救，明显已经落于下风；但即便如此，袁尚也还拿不下，说明他也是强弩之末。外面兵败如山倒，里面诛杀功臣良将。兄弟反目，国分为二，仗打了这么多年，战士的头盔上都长满了虱子。这几年有许多灾祸，旱灾、蝗灾交杂，到处都是饥荒。百姓无论愚笨还是聪明，都看得出来这里已经土崩瓦解，这是上天要袁尚灭亡啊。现在如果去攻打邺城，袁尚不救，邺城守不住；去救，袁谭就会在其后追击。您这么英明神武，对付这种困窘之敌，打击这种疲敝之师，无异于狂风扫落叶而已。上天把袁尚送给了您，您却不要，反而要去攻打荆州。荆州丰衣足食，无机可乘。趁着袁谭求救的时候，去安抚联结他，现在是最好的时机。况且，在四面八方的贼寇中，河北才是最大的劲敌。平定河北，您的军队就天下无人能敌了。"

这番话给了曹操一个莫大的定心丸。他于是同意联合袁谭，立即渡河出兵黎阳。袁尚听说曹操来救援袁谭，马上撤了平原的包围，赶回邺城。

袁谭自以为得计，派了两个将军，假装投降曹操，准备为未来打下埋伏。曹操心里早就知道，一味在那装糊涂，还要和袁谭结为儿女亲家，为儿子曹整娶了袁谭的女儿。

曹操笑嘻嘻地对部属说："我当然知道袁谭有点小计谋，不过想让我去打击袁尚，他好乘机在其中捞好处，收纳袁尚的残兵，占领冀州土地。等到袁尚失败的时候，他可以自强，乘隙来找我麻烦。袁尚破败，我就强盛，哪有什么空隙给他？"

他让袁谭继续守城，自己带兵回许都休整。

建安九年（公元204年）正月，曹操也休整得差不多了，开始修通运粮的运河，准备攻打邺城。

袁尚还以为曹操和袁谭破裂了呢，就急吼吼地在二月份再次发兵攻打平原，留下审配守城。这回，曹操再也不直接去援助袁谭，而是北上围困邺城。

曹操攻，审配守，双方各出奇计，又是旷日持久的战争。

曹操最初堆起土山，往城里攻；审配在城里放箭，曹军也没占到什么便宜。接着挖地道，想直接从地下进城；但是审配也在城里挖下壕沟，曹军挖一条，塌一条，根本就无法挖通。审配的部将冯礼叛变，打开外城门，放进了曹操三百多士兵。审配在城墙上用大石头击打外门上的栅栏门，栅栏门落下，把曹操的士兵困在里面，全军覆没。

攻守对峙到五月，毫无进展。曹操放弃了土山、地道，开始派人沿着城墙开凿壕沟，长达四十里。开始挖得很浅，似乎可以跨越过去。审配在城上看见，以为这么浅的壕沟，大概就是用作士兵掩体，也不在意，还嘲笑曹操。

但这是曹操的麻痹之计。当守军对挖渠习以为常的时候，曹操让士兵突然加快施工，在一夜之间就挖到了两丈深（4.5米），随后曹军把城旁的漳河堤坝掘开，引水进来漫灌。这么一来，城里的人根本无法逃出觅食，粮食快速消耗殆尽，城中饿死了一半人。

七月，袁尚听到邺城告急，赶紧自己带了一万人，赶回救援。在途中，他派了李孚去通知审配。

李孚知道曹操已经将邺城团团围住，怕是难以通过，于是开始乔装打扮。

他穿上曹军军官的服装，让随从砍了三十根刑杖，系在马匹一边，直奔曹营，自称是曹操委派的都督，一路骂骂咧咧，看见那些违规的军士，抬手打骂，并且按照军法惩处。他绕着城池，自西向东，经过曹操的军营时，也丝毫不收敛，依旧打骂不停。

走到南门的时候，他依然一副怒气冲天的样子，痛斥军士，还绑了人。曹操军中的人，都不明就里，还以为真是曹操派了个监军的都督，都不敢违抗。他下令把南部营门打开，骑着马直奔城下，大声呼叫守城的袁军。守城的人赶紧放下绳子，把李孚几个人吊了上去。审配看见李孚，两人抱头痛哭。

士卒知道袁尚即将来救，齐声高呼"万岁！"包围邺城的曹兵一看李孚进城，一下就傻了眼，才知道上当了，马上报告了曹操。

曹操哈哈大笑，警告士兵说："这个人可不仅仅是要进去，他肯定还得出来。"吩咐加紧戒备。

审配和李孚商量好对策，就必须再次出城。可是这回冒充曹军的方法就不灵了。李孚另生一计。

到了夜里，他让审配把城里的几千个老弱病残集中起来，全部举起白旗，同时打开三个城门，向曹操投降。曹操知道城里早就饥馑遍地了，所以自然同意这些人出城。谁知道李孚和他的三个随从，就穿着平民的衣服，混在这些人当中，瞅个空档，就一路狂奔逃走。

对于这么个机灵的人才，曹操真是喜欢得不得了，尽管被骗了两次。

袁尚兵到的时候，曹操的部将都劝他：这些人家小都在城里，怕是要拼命的，还是避一避吧。

曹操说："不急。看看袁尚的动向，如果他是从大路上来的，那么就是来拼命的，我们就得避开；如果他从西山过来，说明还心存侥幸，就是来送死的。"

结果袁尚从西边来，在离邺城十七里的地方扎营。到了夜里，按照审配和李孚的约定，两边举火为号，内外夹攻。

曹操早有准备，分兵两路。审配从城北出来，想突围出来和袁尚会合，结果被曹操拦住，直接打回城里；袁尚的救兵也同时被另一路曹军打败。

袁尚带兵逃走，刚刚扎下营来，曹操的兵就直接围了上来。袁尚吓坏了，在包围圈还未合拢之前，就派人向曹操求和。曹操哪里理他，督促士兵继续包围。袁尚的将士大为绝望，两员部将临阵投降，反戈相向，袁尚的军队顿时全面崩溃。

袁尚再无选择，只好继续逃窜。曹操从他留下的营中搜出了他的印绶、使节和衣服，拿到邺城城下去给城中的军民看。整个邺城顿时乱作一团，再无斗志。审配把士兵集中起来，对他们说："你们要坚守城池，死战到底。曹操的兵马疲惫，袁尚是去向袁熙求救，幽州兵马上就要来了，你们还担心没有主帅吗？！"

曹操亲自到城下巡视围城的状况，审配埋伏强弩手射击，差点射中曹操。

然而，城中守军，除了审配，都已经全无斗志。审配的侄子审荣是东门守将，八月初二晚上，打开城门，向曹操投降。

审配依然不肯投降，坚持巷战。但此时大势已去，很快就被抓住。

进了城，辛毗第一件事情就是直奔监狱。原来，当时袁谭准备和袁尚翻脸，便让郭图、辛评和辛毗的家人全部跟着他走，只有辛评没有逃脱，全家被审配逮捕下狱。审荣打开城门，审配在城上见曹军入城，马上派人到狱中杀死了辛评全家。辛毗没有救成哥哥全家，又悲又怒，见审配被绑着，跑过去用马鞭抽打审配的头，骂道："奴才，你今天真的要死了。"

审配回头冷冷地看着他，说："狗东西，就是你们这些小人害了我的冀州，我恨不得杀了你。况且，今天我的死活，由得你吗？"

还有一个冀州人张子谦，一直和审配不对付，一早就投降了。看见审配，笑着嘲讽他，说："正南兄，你哪比得上我呀。"审配厉声骂道："你是投降的鼠辈，审配是忠臣，虽然我要死了，你活着，可你能比得上我吗？"

于是审配被绑着去见曹操，曹操问他："你知道是谁开的城门吗？"

审配说："不知。"

曹操说："就是你的侄子审荣啊。"

审配叹息说："臭小子没用，才落到如此地步。"

曹操又问："前几天我到城下巡防，差点被你射中，怎么城里还有这么多箭？"

审配说："遗憾，还是太少了。"

曹操很是敬佩审配，就对他说："你一直忠于袁氏，也是不得已的啊。"想放他一条生路。

但是辛毗一直哭求杀了审配，为他哥哥报仇，而审配也是一句软话不说，坚持就义，曹操只能杀了他。

审配临刑时，大声喝令刽子手让自己朝向北面，说："我的君主在北方。"此时，袁尚已向北逃跑了。


曹操攻邺城的时候，长子曹丕（最早的长子曹昂在攻张绣时被杀）十七岁，次子曹植十二岁。城陷之后，曹丕最早冲入了袁绍府。袁绍的次子袁熙镇守幽州，把妻子甄氏留在邺城服侍婆婆刘氏，曹丕进去时，刘氏和甄氏都在后堂。

甄氏把头埋在婆婆的膝上，生怕被曹兵侵犯。而袁绍的妻子则把自己双手绑了起来，坐等俘虏。曹丕对袁夫人说："刘夫人，不必如此。请您的媳妇抬头。"

刘氏于是松绑，用两手捧起甄氏的头，让她向后昂。曹丕一见倾心，被甄氏的美貌所吸引，赞叹不止。曹操听懂曹丕的意思，就让曹丕娶了甄氏。

多年之后，来自东吴的传闻说，曹操攻邺屠城，袁绍家有很多妇女遭到侵犯。曹操进城，马上让人召见甄氏，手下的人说："五官中郎将已经把她带走了"。曹操遗憾地说：
"今年破城，就是为了这个奴才啊。"

这当然又是一个诋毁曹操的谣言。围城半年，邺城内早
已饿殍遍地，如何屠戮？李孚乔装出逃，就是跟随饥饿的灾
民跑掉的，说明曹操并没有为难灾民。曹操早年间和袁绍是
至交好友，两家走动频繁，怎么会侵犯袁氏家人？在历来的
攻城战中，除了早期为了报杀父之仇，屠过彭城之外，曹操
在建立许都之后，罕见屠城的记录，更何况是邺城呢？

而且，曹丕当年十七岁，刚刚长大。从小曹操就带着
他南征北战，那时连正经的官职都没有，手下人如何知道他
未来要当五官中郎将？至于还有人说曹丕、曹植两兄弟争
夺甄氏，就更难以考证和确认，毕竟破城之时，曹植只有
十二岁。

不止如此。在安定了邺城之后，曹操亲自去袁绍的墓前
祭奠，痛哭流涕。他还亲自跑去慰问袁绍的妻子，把将士们
收缴的袁家财物全都归还她们，并且赠送了许多绫罗绸缎，
吩咐下面的人从此优待，终身供养。


被袁绍封为并州刺史的高干，看见袁尚逃跑、邺城陷
落，没有犹豫，直接把并州献给了曹操，投降了。曹操让他
继续担任并州刺史。

拿下了邺城，也就是拿下了冀州，顺带还把并州给收
了，曹操自然非常开心，立即开设宴席，把袁绍的旧人一股
脑儿地请过来，一起欢庆。

座中名声最盛的，就是清河世族崔琰。崔琰文武双全，少年时就以剑术精深而闻名，二十九岁才开始跟着当世大儒郑玄学习，却聪明异常，居然很快就成了名噪一时的儒学大师。袁谭和袁尚争权时，都想抢夺崔琰。

崔琰早就看透袁氏父子，所以谁也不想跟，想装病归乡。袁尚大怒，把他抓了起来。多亏陈琳和其他同僚营救，才幸免于难。

酒酣耳热之际，曹操就有点飘了，对崔琰说："昨天我看了一下冀州的户籍，一下子可以得到三十万兵马啊。真可谓大州啊。"

崔琰的脸一下就拉了下来，回答说："现在天下分崩离析，国家撕裂，二袁兄弟相争，大动干戈。冀州黎民困苦，尸骨遍野。王师来到这里，没有听见施行仁政，存问风俗，救民水火，倒是先计较能得到多少兵马。这难道是本州百姓所期盼的明公吗？"

座上宾客听了都大惊失色，低头不敢出声。曹操却大为惭愧，立刻下座，向崔琰作揖谢罪，请崔琰跟在他身边，随时请教。

一如往常，曹操马上又恭恭敬敬写了一封《破袁尚上事》给汉献帝，写道："臣之前上言，逆贼袁尚回邺城，我派精锐之师讨伐。现在袁尚人马震荡，部属失守，于是带兵逃亡了。臣的军队披坚执锐，旌旗招展，虎狼之师，欢声雷动。敌人望旗目眩，闻声丧胆，投戈解甲，垂头丧气。袁尚单骑奔逃，狼狈丢下他的伪使节铁钺、大将军和邟乡侯印各一枚，头盔一万九千六百二十个，其他的矛、盾、弓、戟，不计其数。"

曹操破了袁绍，赶走了袁尚，占领了邺城，那些一路跟随他的文臣谋士、武将功勋，自然个个心花怒放。他们虽然各自在不同时期投奔、投降或跟随曹操，但曹操这一路的筚路蓝缕，艰苦卓绝，他们是看在眼里的。而随着袁氏家族的没落，他们早已见识曹操的宏图伟略，也更加确信了自己的判断，因此，他们的前途也日渐光明。举个例子，曹操曾两次上表，请求为荀彧封爵。

但有一个人，却莫名其妙不断和曹操作对起来。他就是曹操自小便认识的，在官渡之战立了不世之功的许攸。

他在攻入邺城之后，就开始不断戏弄曹操，口无遮拦。每次一起吃饭喝酒的时候，他总是对曹操大呼小叫，并且直接称呼他的小名。

比如有一次，他就这么说道："阿瞒啊，要不是因为我，你是得不到冀州的。"

曹操也不为已甚，笑着说："对对对，你说的对。"

他认为自己功劳至伟，所以也不仅仅在曹操面前说这样的话，也经常对旁人这么说。有一次他走出邺城东门的时候，就跟他手下的人说："这家人，如果不是因为我，是不可能有机会出入这个门的。"有人就把这话告诉了曹操。

传闻说，就是因为许攸在东门说了这句话，所以曹操把他杀了。

这样的说法令人生疑。在此前后，比这句话更过分，更加得罪曹操的多了去了。而许攸又是曹操自小就认识的朋友，怎么可能因为这点小小的得罪，就把许攸杀了？曹操连叛变他的陈宫都不想杀，背叛他的种辑都没有杀，反抗他的审配都不想杀，怎会因此而杀许攸？

在曹操的谋士人群之中，许攸并非最杰出的。此时曹操的帐下，有荀彧、荀攸、郭嘉、贾诩、钟繇等一大批优秀人才，而许攸仅仅算是一个中等水平的谋士。

在叛变袁绍、大战官渡的时候，许攸的确起了关键一环的作用。但许攸的缺点是非常明显的：他自身贪婪，家人贪财；他恃才傲物，忠诚度堪忧。多次的言语冲撞，不过是他对自己地位和待遇不满的体现。

破解许攸被杀的原因，还得从许攸的身份来寻找。许攸是南阳世族，祖姓甚至可以追踪至春秋列侯。他年轻时便已经成为国之名士，并且多次参与废立大事，与袁绍、何颙这些世族子弟均为至交。他在关键时刻投奔曹操，是因为在袁绍阵营中，已经没有他的存身之地，河北帮要置之于死地。

许攸历来一直只投奔于世族之门，先是王芬，后是袁绍。虽然投于曹操之门，但他却并不看得上曹操。所谓"此家不入此门"，此家是什么家？此门是什么门？此家是阉竖之家，此门是世族之门。曹操是没有资格进入世族世界的。这是许攸的内在含义。

许攸对曹操的嘲讽，是世族对寒族的嘲讽，也是在挑拨世族与曹操政权之间的矛盾。曹操从山东盟军开始就明白一件事：不与世族合作，他无法荡平天下，但是如果过度依赖世族，他就会成为一个新的傀儡。

故而，曹操已然开始在世族之外，寻找整个社会的认同，压制世族的力量。而许攸无论从言语还是行动上对于曹操的轻蔑，已经触动了曹操的根本大计。如果任由许攸代表的世族对寒族进行打压，曹营就会面临巨大的分裂，而那些寒族出身的文臣谋士，从此之后更要仰世族之鼻息，这是曹操所不能容忍的。

要让世族明白，他们都只不过是曹操天下共治中的一个力量而已。许攸必须死。

建安九年（公元 204 年），曹操正好五十岁，出山三十年，起兵十五年，而在许攸死后，他年轻时的朋友凋零殆尽，奔走之友的小团伙已然全数谢世。

袁绍兵败抑郁而死；袁术称帝愤懑而死；何颙早在公元 190 年因为刺杀董卓失败，忧郁而死；伍琼也在同一年，因为图谋刺杀董卓被处死；张邈在叛变曹操、拥立吕布之后，于公元 195 年兵败被部下所杀；而许攸，则死在了曹操刀下。

他们都是世家子弟，出身良好。在太平盛世，他们一定都比曹操更加位高权重；甚至在天下大乱之后，他们都胸怀大志，想要荡平天下。但是他们却都选择了不同的道路。

只有曹操一人，从一开始，就始终坚定扶助汉室的理想，在重重困难和九死一生之中，在付出父亲、兄弟、儿子、侄子、好友的生命代价之后，步步为营，开创了一片新天地。

人近晚年，故友零落，可堪忧伤。在袁绍墓前，想来曹操也是难以自制，悲从中来，涕泪交加。

但是他只能爬起来，抖落浑身尘与血，继续向前。

感怀故乡，是相似的凄怆。在戎马倥偬之中，他路过家乡，写道：

奈何此征夫，安得去四方？

戎马不解鞍，铠甲不离旁。

冉冉老将至，何时返故乡？

神龙藏深泉，猛兽步高岗。

狐死归首丘，故乡安可忘。[1]


6.


袁谭，按照郭图的计划，一时得逞了。

在曹操围攻邺城的时候，袁谭乘袁尚手忙脚乱，夺取了好几座城市，力量大涨。袁尚在邺城郊区被曹操打败，狼狈逃到中山。袁谭趁火打劫，又把袁尚打得狼狈逃窜，跑到幽州投靠二哥袁熙。袁谭顺手就把袁尚留在幽州的人马粮草全都夺了。

---

1　节选自曹操诗作《却东西门行》。

这回，袁谭气粗了，马上就和曹操翻脸。

尽管这是预料中事，但做戏做全套，曹操还是写了封信给袁谭，痛斥他背信弃义，表示再也不能和他通婚。于是把袁谭的女儿送了回去，顺水推舟发动大兵征讨。

建安九年（公元204年）十二月，曹操军队直达袁谭驻军的平原城下，袁军连夜逃跑，一直跑到清河边的南皮城。曹操进入平原城，花了一点时间，把周边的一些县全都拿下。

第二年正月，曹操一鼓作气，直奔南皮。袁谭是以逸待劳，而曹操的军队，连续经过了邺城、平原之战，疲惫不堪。袁谭反而主动出击，导致曹操的士兵死伤惨重。

曹操以为既然城艰难攻，袁谭又正在风头上，想暂时避一避，让士兵休整。曹操的堂弟、曹仁的弟弟曹纯说："今天我们奔赴千里来讨伐敌人，如果进不能攻克敌军，那么退必定丧失军威。况且，我们现在是单兵突进，没有援军，根本无法持久。如今，敌军打了胜仗，必定骄纵；而我军打了败仗，必定畏惧。以畏惧之师，攻打骄纵之师，一定能打赢。"

这番话实在很符合曹操一贯"置之死地而后生"的军事思路，他马上就同意了，催促军队再次进攻。但是攻城战从早上一直打到中午，还是分不出胜负。曹操急了，冲到前线，夺下擂鼓士兵的鼓槌，亲自击鼓催战，战鼓响彻不停。

曹操的士兵望见他亲自督战，群情振奋，奋勇攻城。袁谭的军队再也抵挡不住，士气瞬间就崩了，城池转瞬攻破。

曹操大喜，就地擂鼓作乐，大呼万岁，骑在马上跳起舞来。三军雷动，齐呼万岁。

袁谭看见城破，披头散发骑马出逃。曹纯的一位部将看到他的模样，觉得不是一个普通的将士，于是紧追不舍。袁谭跑得太急，一下子掉下马来，回头对着追兵大喊："喂，小子，你放过我，我能让你富贵！"话音未落，追兵手起刀落，头已经掉在地上。

曹操进入南皮城，袁营中的许多人迎来迥异的命运。

郭图是袁绍时候的重臣，却一再诬陷沮授、审配，导致沮授被袁绍边缘化；袁绍死后，又是他撺掇袁氏兄弟翻脸；后来又说服袁谭欺骗曹操，一起攻打袁尚。对于这种毫无节操，拨弄是非的人，曹操根本不留情面，不仅把他杀了，还把他的妻子儿女全都杀光。

而陈琳，那个帮袁绍写了讨伐曹操檄文，让曹操留下千古骂名的人，也在袁谭的麾下，这时落入了曹操手里。

曹操把他叫了过来，问他："你当初给袁绍写檄文，我能理解。但是你数落罪责，说到我身上就好了，咒骂邪恶也应该只限个人而已，你怎么能把我的祖父和父亲都牵连进去呢？"

陈琳惭愧，谢罪说："当初箭在弦上，不得不发啊。"

曹操还是爱惜他的才华，终于没有追究，还让他跟在身边，继续做文书工作。

当时帮着袁尚潜入邺城的李孚，此时反而现身，劝告曹操说："现在城里一团慌乱，恃强凌弱的情况遍地都是，应该让那些刚刚投降的人恢复工作，以安定局势，宣教您的政策。"

曹操对这个人印象十分深刻，根本不予追究，还让他进城，招揽原本的各路人马，发出安民告示，让所有人都各安其业，不能相互攻击，作奸犯科。城里马上就安定下来了。

本来，袁谭死后，曹操把他的首级挂在城头上，明令说："有敢哭他的人，连妻子儿女都要株连。"

袁谭的死忠党王修在督运军粮的时候，听说袁谭死了，下马号哭，说："我的君主死了，我还能去哪里？"听说曹操把袁谭枭首示众，他马上跑去见曹操，请求收葬袁谭的尸首。曹操想看看他的为人，故意不予理睬。

王修说："我受袁家的厚恩，必须回报。如果您让我收殓袁谭的尸体，等我完成了葬礼，就自己来让您杀头，绝不怨恨。"

曹操大赞："真是义士。"于是就让王修埋葬了袁谭，并赦免了他。然后给了他一个任务，让他去把始终不肯投降的袁谭部将管统杀了，提头来见。王修却干了犯忌的事：他把管统放了，一起来见曹操。曹操又是大喜，把两个人都放了。

袁绍在冀州掌政的时候，官僚极其腐败，各自贪墨，袁绍所有的文臣武将，都家财万贯，奴仆成群。可是曹操到了南皮王修的家里，却看到家里根本就没有什么资产，只有稻谷不到十斛，几百卷书。曹操叹息说："这才是没有浪得虚名的名士。"

曹操与袁氏家族之间的斗争，一直到破邺城，杀袁谭为止，才真正算是分出了胜负。袁绍地盘上的旧部，开始崩溃，纷纷反叛袁氏，投降曹操。

袁尚逃到幽州，和袁熙会合，原本还想以幽州作为根据地，卷土重来，但是形势已经容不下他们了。

袁熙的部将焦触、张南现在已经明白，袁氏的气数已尽，只有归顺曹操，才能保境安民。他们召集了幽州所有郡县的长官，集合几万人马，杀白马盟誓，说："胆敢违背盟约的人，斩！"于是没有人敢再反对。

袁熙、袁尚眼看没有希望，于是放弃幽州，一起再次逃亡，一直逃到辽西，投奔匈奴的部落乌桓。

一直盘踞在冀州，十多年来不断和袁绍作对的黄巾军残部黑山贼首领张燕，也干脆和焦触一起投降了曹操，把十几万兵马全都献了出来。他们全都封了侯。

但已经投降了的高干这会儿却不安分起来。曹操虽然让他仍然担任幽州刺史，统领本部人马，可他是袁绍余孽啊，曹操真的能够放过他吗？他于建安十年（公元205年）十月，起兵反叛。

对于曹操的恐惧，贯穿了他的一生，许多人都是在"不自安"的恐惧中，反叛曹操，落得悲惨下场。但是如果他们能够观察先敌对、后投降的曹操部属，就会得到一个相反的结论。

　　对曹操伤害最大的人是张绣，他杀了曹操的儿子曹昂和侄子曹安民，但是他投奔曹操以后，得到了曹营中最大的封赏，最后病死。袁谭手下王修，在曹营善终。吕布的部将张辽，一生受到重用。袁绍的部将张郃，一生被器重，直至死在诸葛亮手里。与曹操相始终的谋士，更是不计其数，导致他一生恶名相随的陈琳，成为曹操最重要的文士，所有曹营最重要的文书，都出于他和阮瑀。

　　阮瑀是被曹操逼出山的。他也是久负盛名的文人，东汉朝廷最有学问的文人蔡邕的学生。起初曹操的堂弟曹洪看上他，要他来做文书，他不肯。后来曹操也看上他，多次邀请，他也不肯，情急之下，逃进山里躲起来。曹操大怒，放火烧山。他没有办法，只好出来。

　　可是曹操本来就没想把他怎么样，马上就把所有的文书工作都交给了他，后来许多曹操最重要的书信，都是委托阮瑀写的。

　　但是曹操的确有痛恨的人，那就是那些朝秦暮楚、不忠朝廷、心思反复的人，这种人，他几乎见一个杀一个。吕布求饶，也杀；袁术逃跑，也杀；郭图投降，也杀；袁谭落难，也杀。对于这些人，他全都枭首示众，在肉体和精神上双消灭。


　　高干先降后叛，结局自然可想而知。曹操马上派乐进和李典去讨伐他。高干一路败退，且战且逃，坚持了两个月时间。建安十一年（公元 206 年）正月，曹操又亲自带兵攻打高干，包围了高干的大本营壶关，猛攻三个月。

高干已经是众叛亲离，没有援兵，只好带着几个人一起北逃去投奔匈奴，但是匈奴单于根本不接受他。他只好折回，想往南投奔刘表，跑到洛阳附近的时候，被曹操的官员捕获杀头。

高干败亡，袁绍的地盘——冀州、青州、幽州、并州，才算完全落入了曹操的手里。

但是逃到了东北境内的袁尚和袁熙却不肯安分，想要反攻冀州。他们说服了乌桓单于蹋顿，多次带领乌桓军队南下，攻打幽州地面，试图逐步夺回地盘。

乌桓原本是匈奴的一部分，在东汉时已经完全臣服。但由于战乱，中央政府对其失控，虽然刘虞和公孙瓒曾多次进击，他们仍然在独自发展，甚至劫掠了十多万户汉民，再也无人制约。

从袁绍开始，袁家的策略就是联合乌桓。他在主政冀州期间，不经朝廷同意，就私刻印绶，把盘踞在辽西郡的蹋顿封为蹋顿单于，辽东郡的苏仆延封为峭王，右北平郡的乌延封为汗鲁王，形成了联盟关系。袁绍攻打公孙瓒期间，三郡乌桓都曾派兵参加。

但是这些少数民族的首领对于中原政权的正统真是傻傻分不清，尤其在曹操大战官渡、袁绍气死之后，有三方力量同时跑去争取乌桓的支持，一时气氛混乱，剧情迭起。

建安九年（公元 204 年）正当曹操攻打袁谭的时候，他也非常担心乌桓出兵援助，于是派了袁绍的降臣牵招去辽西郡蹋顿单于的首府柳城，安抚乌桓各部。而正在这时，袁谭派去求援的使者和辽东太守公孙康派去分封苏仆延为峭王的韩忠也在场。

搞笑的是，三个人都带着宣称是朝廷颁布的印绶。当然，只有牵招的，是真的许都朝廷制作的。

苏仆延本来已经答应了袁谭，拨给他五千骑兵，协助他抵抗曹操。但既然这么多人都来了，他也想探探虚实，于是大摆宴席，把三个使者全都叫到场。

他问牵招说："以前袁公说他接受天子的委托，封我为单于；现在曹公也说要向天子重新上奏，封我做真单于；辽东也派人带着印绶来。你们这么搞，到底谁才是真的？"

牵招以前就是袁绍任命的督军从事，专门管理乌桓的骑兵，当然不能自己打脸。他回答说："以前袁公承受天子的制命，所以有资格封拜你。后来他违背了天子，曹公代替了他的位置，所以要上奏天子，重新拜你为单于。辽东就是一个下级的郡，有什么资格前来封拜呢？"

韩忠一听就坐不住了，马上反驳说："我辽东在大海的东边，有百万大军，又有扶余、濊貊这些地方供应物资。当今天下大局，谁的势力强，谁就为尊，曹操凭什么可以单独做这些事情！"

牵招大怒，直接斥责韩忠说："曹公为人公允，处事恭顺，聪明睿哲，辅佐天子，讨伐叛乱，怀柔各方，让天下四方安定宁静。你们辽东君臣顽劣，嚣张不臣。现在仗着地远褊狭，违背王命，还敢擅自封拜，侮辱朝廷的制度，正要把你们正法，你怎么敢在这里轻慢诋毁朝中大臣！"

说完，他挺身上前，把韩忠的头抓住，按在饭桌上敲打，然后拔刀就要把韩忠脑袋砍下来。

苏仆延被牵招突如其来的举动吓傻了，赶紧光着脚从案上跑下来，一把抱住牵招，一边请求他别杀韩忠，乌桓在旁边伺候的仆人目瞪口呆，全都没反应过来。

牵招杀不成韩忠了，就坐回自己的座位上，开始向苏仆延讲解曹操对于乌桓的政策，并说服乌桓各部，不再支持袁氏势力。

乌桓各部首领纷纷离席磕头，接受了曹操所代表的朝廷封赏，随后把辽东的使者韩忠打发回去，同时撤回了准备支持袁谭的兵马。


但乌桓的臣服并不彻底。袁氏父子当政的时候，为了能够联合他们的力量打击曹操，并防止北方乘机南下，他们有意放纵乌桓在边境劫掠。而一旦曹操获取了冀州和幽州，劫掠自由自然也就失效了。因此，他们想重新扶植袁尚回归。

曹操明白放任袁氏兄弟联合乌桓的危险，所以在平定境内的一些小叛乱之后，就想远征乌桓。

但是对于这次远征，部属中很多人存有疑虑，尤其是将领。他们劝曹操说："袁尚不过是一个逃跑的败将而已，夷狄这些外族，贪得无厌，和袁氏其实并不亲近，怎么可能会被袁尚利用？如果现在我们深入北方，远征乌桓，刘备肯定会说服刘表来袭击许都，万一形势变化，悔之晚矣。"

但是郭嘉力排众议，坚决主张远征。他说："曹公虽然威震天下，但是还没能威慑这些偏远的异族。这些胡人，仗着自己地处偏远，也一定不会防备我们，这就给了突然袭击以可乘之机。之前袁绍是有恩于这些夷狄的，所以他们才会收留了袁氏兄弟。现在冀青幽并四州的民众，只是因为我们打败了袁家，出于恐惧归附我们，并不是因为我们德行良好，制度有效。如果我们现在舍弃乌桓，袁尚仗着乌桓的支持，就可以招纳旧部死士，卷土重来。胡人一动，袁氏旧地的民众，夷狄各部就会响应。如果出现这种情况，蹋顿的心思就会变化，生出觊觎之心，到那时，恐怕我们连冀州、青州都保不住了。

"至于刘表，不过是一个坐谈客而已。他知道自己的才能不足以驾驭刘备。如果给予刘备重任，怕不能制约于他；如果只是给一个轻的任用，刘备又不愿为他所用。所以，我们就算倾力而出，远征乌桓，曹公也不用担心二刘会联合起来对付我们。"

郭嘉的献策的确给了曹操一颗定心丸，但是他的决心早就已经下定了。建安十一年（公元 206 年），他就让董昭开凿了两条运河，一条叫平虏渠，连接滹沱河和泒水，另一条叫泉州渠，都能够通向黄海，以便能够运送军粮。

等和郭嘉商议定夺，已是建安十二年（公元207年）五月，他带兵出发。

然而，这次征程却并不顺利。到达无终城之后，却始终无法前进半步。

因为每到夏季，这一带总是大雨不止。曹操驻军无终，想等到雨停继续前进。但在当时，北上去往乌桓，只有海边一条路。雨势滂沱，冲决道路，泥泞堵塞，无法通行。

更加糟糕的是，乌桓把重兵压在无终一线，即便大军能够勉强通行，在这种情形下，如何能够攻克乌桓军队？曹操被困在无终达两月之久，始终无法北行。


这时，田畴出现了。

田畴是天下闻名的义士。他是无终本地人，最初是刘虞的部下。刘虞被杀以后，他冒着被公孙瓒杀害的危险，安葬了刘虞尸体，然后率领自己的几百个宗族，逃进附近的徐无山，在那里结庐而居，定制度，开学校，宛然缔造了当时的世外桃源。

袁绍，后继的袁尚，以及乌桓的单于都派人去结交他，并且想征召他出来当官，他全都拒绝了。

田畴与乌桓有着刻骨仇恨，他在刘虞手下的时候，就和乌桓发生过多次战争，族人死伤惨重。他有心复仇，却力有不逮。曹操一到，他就投入了曹操的门下。

现在，曹操被困，赶紧去请教土著田畴。

田畴说："这条海边道路，秋天和夏天都会有大雨积水，要说水浅，车马却过不去；要说水深，却不能过舟船。长久以来都是困扰本地的问题。旧北平郡的郡治在平冈，有条出卢龙塞的古道可以直通柳城。自从光武帝之后，就废弃了。道路塌陷，有很多段都已经断路，历时两百年了，仍然还有一些小路可走。现在乌桓在无终押注大兵，如果我们不进反退，他们就会放松警备。我们悄悄从卢龙塞出兵，越过白檀险境，就能到达空旷的平原，路近地宽，乘其不备，蹋顿就可以不战而擒。"

曹操同意田畴的策略，全军撤退。为了麻痹乌桓，他还在海边道路上竖了个大木牌子，写道："现在盛夏，道路不通。且等秋冬，再来进军。"

乌桓的侦察兵看到兵退，又看见木牌，就觉曹操是真不得已退兵了，赶紧回去告诉单于，乌桓认同曹操就是知难而退，因此再无防备。

曹操就让田畴当向导，上了徐无山，然后直达卢龙塞。

从卢龙塞到柳城，中间只有原先残破的卢龙道和并不通路的山脉，行程八百里。虽然有田畴带路，但是行军和行路有着巨大的差别，道路窄仄，荆棘丛生，部队行进速度十分缓慢。

郭嘉认为不能再按原来的方法进军。他对曹操说："兵贵神速。现在我们是千里奔袭，辎重太多，难以迅速获得有利的时机。而且如果时间长了，乌桓方面知道了我们的动向，就一定会有防备。不如把辎重全都留下，轻装前进，日夜兼程，可以打他们个措手不及。"

曹操非常同意，轻兵突进，但是一出卢龙塞，却比想象的还要糟糕。从卢龙塞到白檀县的整个行程，毫无道路可言。曹操的军队，一边行进，一边挖山，一边填谷，活生生地制造出一条道路来。

行军的艰难也就罢了，为了轻兵加速，他们的粮草饮水都成了问题。当地气候，又寒冷又干燥，有两千里的地方，连水源都找不到。情急之下，军队杀了几千匹马，才解决了粮食问题。同时挖井，一直挖到三十多丈（七十多米）深，才找到水源。

就这样艰难行军，他们穿过了白檀险境，越过平冈县城，跨过了鲜卑人的领地，向东直奔柳城。


八月，部队到达距离柳城不到两百里的地方，乌桓人才终于发现了他们。

袁尚、袁熙、辽西蹋顿单于、辽西楼班单于、右北平能臣抵之单于这一班人，仓促应战，但也组织起来几万人，准备大举攻击曹军。

曹军登上白狼山，终于和乌桓的军队遭遇了。

这对曹操却并不有利，他的大部人马还在后面。曹操身边的将领多数惊恐不已，建议曹操不要直接应战，等待后方大部队赶来增援。

然而，在出征之前强烈反对出征的张辽，反而意气风发起来。他力排众议，要求立即迎战乌桓联军。

曹操登高遥望，发现了乌桓军队的弱点：尽管乌桓人马众多，却毫无章法，阵势混乱。

曹操立即表扬了张辽的英雄气概，还把自己的指挥旗子给了张辽，让他统一调动所有军队。进攻方向，进攻时机，一概由张辽统一节制，不听命令，擅动者立斩。

跟随曹操而来的前锋部队尽管人数不多，但恰恰是当时最为精锐的，有着多员能征善战的勇将，包括徐晃，张郃，曾随同刘虞征战乌桓多年的鲜于辅、阎柔，还有曹操堂弟曹纯所指挥的嫡系精锐虎豹骑。

张辽指挥，虎豹骑精兵和诸多勇将沿山势下冲，左冲右突。乌桓联军本身就是仓促组织、阵营不整，尽管骑兵单兵能力强，却并没有团队作战能力，在兵器精良、训练有素的曹操军队冲击之下，立即发生混乱，一触即溃。数万骑兵陷入一团慌乱，相互挤压踩踏，死伤漫山遍野。在乱战之中，蹋顿单于被曹纯骑兵当场斩杀，而单于之下的部落名王死了十多个。

曹操看见斩杀蹋顿，顿时大喜，把马鞍系在马上，鼓掌跳舞。

乌桓军队一战就丧失了全部战斗力。白狼山结束，曹操几乎不费吹灰之力就占据了柳城，城中军民归顺的有二十万人。曹操搜寻残留的三郡乌桓精锐，编入自己的骑兵队，赢得"天下名骑"的称号，瞬间名动四方。

他让阎柔带领乌桓的一万多个部落，每个部落由原本自己的头领率领，直接移居中原各地。自此，东北方向的边境安宁，再无战事。

袁尚、袁熙和辽东郡的峭王苏仆延单于在白狼山之战中落荒而逃，直接一路向东，投奔辽东太守公孙康，这时，他们属下还有骑兵几千人。

一战定乾坤，曹操帐下的将领们此时都群情激昂，觉得这下可不能再放过袁氏兄弟了。况且公孙康一向和曹操作对，必然会支持袁氏兄弟反攻。干脆直接北上把他们灭了，顺便把不听话的公孙康也解决了。

但曹操这时反倒不着急了，他对将领们说："我正准备让公孙康砍了袁尚、袁熙的头送过来，就不劳动我们自己的军队了。"

话说袁尚这个人还是有点猛的，他一点都不像袁绍那样经不起挫折。他被曹操从邺城赶到中山，被袁谭赶到幽州，又被曹操从幽州赶往高干的并州，高干不接受，他又被赶到辽西乌桓，接着从乌桓被赶到辽东。但是他无论如何被驱赶，军队被消灭，土地被占领，总是能够再次爬起来，收拾残部，重整河山，卷土重来。虽然和他父亲袁绍在冀青幽并长达十多年的经营分不开，但是每一次，都有人忠心耿耿追随。

现在，他被赶往公孙康的辽东郡，他仍然想要再一次卷土重来：他要夺了公孙康的地盘。

他跟袁熙商量说："我们现在去公孙康那里，他一定会见我们。我想和哥哥一起亲手杀了他。拥有了辽东，我们就仍然可以扩张地盘。"

不过，这一次他失算了。冀州、青州、幽州、并州，都是他父亲长期经营的地盘，并且袁绍在世家大族之中深得人心。豪族士人，五代承受袁家恩典和抬举，都知恩图报，对袁家当然有着深厚感情。当时曹操攻下邺城，冀州全境落入其手，冀州的百姓感念袁氏父子的怀柔宽政，许多人痛哭流涕，怀念袁绍。

但公孙康，是从父亲公孙度手上接班的地方军阀，拥兵自重，狡黠多疑，从来在历次中原大战中都保持中立，坐山观虎斗，哪里会听凭袁尚花言巧语摆布？

公孙康的计划是："如果这次不干掉袁熙、袁尚，我怎么跟天子有个交代呢？"他于是在自己的殿中布置好刀斧手，然后请袁氏兄弟赴宴。

这哥俩心怀叵测，身怀利刃进入公孙康酒局，还没来得及说话，伏兵四起，立刻摁倒二人绑了起来，扔在地上。

临近冬天的辽东，地上冰冷刺骨。从小锦衣玉食的袁尚受不过冻，请求公孙康给个席子。

袁熙叹息说："弟弟啊，我们的头颅正准备远行万里了，哪里会有席子呢？"

公孙康就砍了两个人的头，送到许都。曹操下令把他们的首级悬挂在马市，以儆效尤。牵招，那个在乌桓差点杀了辽东使者的袁绍旧部，看见旧主头颅高悬，悲不自胜，在头颅下面设坛祭奠。曹操又大为感动，称呼义士，把他举荐为茂才，推荐给朝廷。

曹操的部下甚为不解，问曹操说："您不攻打公孙康，从乌桓退了出来，公孙康不但不援助袁氏兄弟，还把他们砍了头，为什么呢？"

曹操呵呵笑，这有什么好奇怪的。之前郭嘉不就说过怎么对付袁谭、袁尚两兄弟吗？他说："公孙康从来都是很忌惮袁尚的。如果我急着去攻打他，他肯定和袁尚合力来对抗我；我放缓对他的敌意，他们就会自相残杀。这是形势使然。"

这个缓兵之计带来了乌桓雪崩效应。建安十二年（公元 207 年）十一月，曹操再次挥师北上，直达易水（海河支流），乌桓各部惊恐不定，代郡乌桓单于普富卢、上郡乌桓单于那楼，带领着自己统辖的部落名王，前来朝拜祝贺。

曹操此时却悲戚难当，他思念郭嘉。

这年九月，当他得胜还朝，从他最初无法通过的海边道缓缓南归的时候，郭嘉病倒了。

曹操内心焦急，郭嘉病势越来越重，曹操派去了解病情的人一波接一波，直至前一波与后一波道路相遇。

但郭嘉始终没有抢救过来。时人猜测，大约郭嘉从中原温热地带骤然进入北方，加上从卢龙塞直逼柳城，一路强行军，粮食不足，茹毛饮血，饮水冰冷，水土不服，因而英年早逝，死时才三十八岁。

曹操悲痛难抑地对荀攸说："你们都和我是同辈的啊，只有奉孝是最年轻的。我当时还和他说过，等天下平定之后，我要把后事托付给他。而他竟中年夭折，这难道是命数吗？！"

为表彰郭嘉功劳，使其荫及子孙，曹操上表汉献帝，请求追封郭嘉：

"故军师祭酒郭嘉，在军旅之中已经十多年了。我每与他同行，出则同乘一辆车，坐则同坐一张席。东擒吕布，西取眭固，斩袁谭之首，平定中原之地；跨越险塞，荡定乌桓，威震辽东，枭袁尚之头。虽然借助皇帝的天威，可以指挥若定，但真正临敌作战，动员士卒，克敌制胜，实际上都是郭嘉的功劳。臣刚想进表表彰他，可惜他却寿短早逝。臣建议追增郭嘉封地八百户，合并之前的共赏赐一千户。"

怀着攻灭乌桓的豪情和郭嘉陨落的悲伤，曹操到达了碣石山，写下了不朽的诗篇《步出夏门行》。

在序章中他写道：

> 云行雨步，超越九江之皋。
>
> 临观异同，心意怀犹豫，不知当复何从？
>
> 经过至我碣石，心惆怅我东海。

接着，他写道：

东临碣石，以观沧海。

水何澹澹，山岛竦峙。

树木丛生，百草丰茂。

秋风萧瑟，洪波涌起。

日月之行，若出其中；

星汉灿烂，若出其里。

幸甚至哉，歌以咏志。[1]

　　他五十三岁了。芟夷袁氏家族，他用了整整七年时间。现在，整个北方，除了龟缩在东北的公孙康，在西北凉州安静顺从的韩遂、马腾之外，所有的土地、人民和军队，都已经在他的麾下。

　　在朝廷中，他和汉献帝的合作与默契，达到了前所未有的高度。建安九年（公元204年）占领邺城之后，他将总部搬到邺城，无须大事小情，一一汇报。

　　二十八岁的汉献帝，已经长大成人，颇有英主之气。许都没有了曹操日常调动兵马的嘈杂，治下名士云集，他又是个雅好诗文古书的人，出入朝廷的世家子弟身携华贵与傲气，同汉献帝恢复汉家雍容气质的理念不谋而合。

　　天下大势，似乎好得令人难以置信。曹操，已经有了荡平天下的壮志与信心。

　　但其中的牺牲与困苦，天下大众的艰难与离散，旧友，

───────────

1　《步出夏门行·观沧海》。

尤其是郭嘉的零落，都让曹操生出天地悲怆之心来。

他的内心世界，是如何坚如铁石，又是如何千疮百孔?

7.

邺城之后，曹操的心性，已经变化了。

在许多人看来，东汉政府的衰亡，是来自宦官和外戚之间的轮流乱政，互相攻讦，禁锢清流。但是这些人，只看见表，没有看见里。

并不是所有的外戚和宦官都是恶人，都要搅乱朝廷。何进就是一个有想法的外戚，他的目的是铲除宦官，重振朝纲;曹操的祖父就是一个好的宦官，他庇护优秀的官员，慎用自己的权力。

核心问题是世族。

这些世族，有的从春秋战国就已经绵延下来，有的是从西汉或东汉绵延而来。无论始自何时，他们都垄断了整个大汉王朝的人才体系。朝廷中充斥着世家大族的人，他们彼此勾连，形成团伙，颠扑不破。看看袁绍，他四世三公的门生故吏，不仅辅助他成为关东联军领袖，控制冀州，而且支撑他和他的儿子们与曹操苦战七年。

他们在长达上百年的历史中，积累下庞大的财富，垄断知识权力，建立庞大庄园，把人口隐匿其中，不再向政府交税，开辟出法外之地。世家大族总是能成为左右政局的重要力量，并且整个东汉最为优秀的官员都出自世家。弘农杨氏，汝南袁氏，颍川荀氏，一个个名门贵胄，就是一朝朝的朝廷重臣，从不外流。然而，皇帝就成了世族的傀儡了。只有曹操能够理解：如果让世族重新回到权力中心，不过是回到桓灵时期的循环——世族、外戚、宦官之间的权力轮替。

他要建设新的国家，使所有人，像他曹操一样出身寒族甚至庶族的人，也能够成为权力的一部分。

最初的时候，他像所有人一样，本能地相信世族的力量。事实上，也只有世族能够帮助他站稳脚跟。他的朋友卫兹资助他起兵，陈宫迎接他进了兖州，而荀彧基本上一手包揽了人才的推荐。

但到了建安九年（公元204年）他攻取邺城的时候，一切都变了。他所经历的最危险的变故，是世族的陈宫和张邈的叛变；在许都对他磨刀霍霍的，是董承、杨彪和孔融；而他最强大的敌人，是世族领袖袁绍；还有许攸，那个最大的叛徒，也可以随意轻蔑他的出身。

而那些逐渐在血雨腥风中帮助他站稳脚跟，并且一路不离不弃的，是许多和他一样出身寒门的人：他家乡的亲戚曹仁、夏侯惇、夏侯渊；始倡屯田的枣祗；祭奠袁谭的义士王修；还有相伴他一生的重要谋士贾诩，出身凉州军旅之家；而他怀念一生、厥功至伟、视同朋友的郭嘉，不过是一个单家子。

他们和世族子弟一样优秀，具有经纬天地的才能。他们需要的只是机会。因而，他要建立一个寒门和庶民也同样拥有机会的新世界，所有包括他这样被陈琳斥为"赘阉遗丑"

的、出身卑微的人，也能够成为国家栋梁、朝廷砥柱。

但这不是一件容易的事情，因为这意味着他要和整个天下的世族针锋相对。

建安八年（公元203年），在兵围邺城之前，他颁布了《论吏士行能令》，开始对选拔制度进行改变。

"有人议论说，军队里的人虽然有功劳和才能，但是德行不足以担任地方州郡长官。这就是他们所谓的'他们只能按部就班，不能够通达权变'。管仲说：'让贤能的人因为才能而领取俸禄，他们就会给上级增光；让勇敢的人因为功劳而领取俸禄，他们就会拼死战斗。如果这两项成为国家政策，那么天下自然就治理好了。'没听说过没有才能的人和不能战斗的士兵，因为得到俸禄和赏赐，就能立功兴国了。所以，贤明的君主不会让没有功劳的人当官，也不会封赏无法战斗的士兵。治平尚德行，有事赏功能。那些喜欢议论的人，不过是管中窥虎罢了。"

这条法令，废除了世族无需功勋就能够获得官职的特权。

同年七月，他又颁布了《修学令》，说："自从战乱以来，已经十五年了。后生的人，已经看不到仁义礼让的风气了，我感到很悲伤。现在命令各个郡、封国都必须设置文学教育官员，一个县满五百户，就必须设置校官，从乡里选拔优秀的学生来教育他们。这样，先王的道理不会废止，对天下也一定是有益的吧。"

这条法令，打破了世族垄断教育的权力，从而使庶族与寒族的孩子，都能获得教育，跻身人才之列。

建安九年（公元204年），攻占邺城，杀了审配之后，他又发布《抑兼并令》，对世族的经济，更是釜底抽薪。

"管理国家的人，从来都是不患寡而患不均，不患贫而患不安。袁氏父子治理，使得豪强任意横行，纵容亲戚兼并土地。下层贫民，代替豪强缴纳租税，变卖家产，都不足以完成税负。审配的家族，甚至帮助藏匿罪人，成为罪犯窝藏的地方。这样的管理者，想要百姓依附，国家强盛，兵员众多，怎么可能呢？从现在开始，田租每亩收四升，每户缴纳绢二匹，绵二斤就够了，其他的租税，不得擅自征收，各郡、封国的守备国相都要明白监察，不要让那些豪强有所隐瞒，而让弱势的人民替代他们交税。"

这条法令，使那些藏匿在豪强荫翳之下的民众脱离出来，重新成为国家的人口，那么世族和豪强，自然也就无法与国家争夺利益。

建安十年（公元205年），攻杀袁谭之后，他的矛头再次指向了相互勾连的世族，发布了《整齐风俗令》。

"结党营私，是先圣厌恶的事情。我听说冀州的风俗，父子之间也要分成好些个派别，相互攻击诋毁。古时，直不疑没有哥哥，别人却说他和嫂子私通；第五伯鱼三次娶的都是丧父的孤女，人家却说他殴打岳父；王凤独断专权，谷永却说他是忠臣；王商忠心耿耿地上谏，张匡却攻击他是歪门邪道。这些全都是黑白颠倒，欺瞒上天、诓骗君主的行为。我想要整顿风俗，这四种歪风不除，我会感到羞愧。"

这条法令，矛头所指，其实正是世族经常使用道德指控，任意歪曲和捏造事实，诋毁他人的惯用手法。整齐风俗并不仅仅在冀州，而是在整个曹操所控制的地盘上，他要扼杀以道德相互攻讦的旧传统。

建安十一年（公元206年），在消灭高干之后，他发布了《求言令》，把发言的机会给到了所有人，而断绝了世族垄断与君主之间的沟通权力。

"那些治理国家，管理民众的人，要建立辅助的制度，最怕的就是当面顺从。我担当重要的职责，常常害怕不能够持中兼听。我已经连年听不到什么好的计谋了，这难道不是我广开言路还不够的过失吗？从现在开始，各个部门的官员，每到月初，都要写下我们的得失，我会一一阅读。"曹操因此还特地给各个部门的官员，发放特别的纸张和信函。

建安十二年（公元207年），攻破柳城之后，他下了《封功臣令》，把有功的二十多个人封为列侯，其余的有功将士也都各有封赏。

"我自从起义兵，诛暴乱，到现在已经有十九年了。所到之处，攻无不克。这难道是我的功劳吗？是所有的贤士大夫一起努力罢了。现在天下虽然还没有完全平定，我仍然要和各位贤士大夫一起来平定它；而如果仅仅是我专享这些功劳，我如何能够心安理得呢？现在要赶紧评定功劳，按功论赏。"

这还不算，他还把属于自己的封赏都拿出来，分给所有的将士。在《分租与诸将掾属令》中，他说：

"战国的赵奢、汉朝的窦婴做将领，收到朝廷给的千金赏钱，立刻就会分给部下，所以能够成就功勋，流芳百世。我读他们的文章，羡慕他们的为人。我和各位将士大夫一起四处征战，多亏了贤人不吝惜他们的谋略，将士无不勠力奋战，才能够夷险平乱。但是现在我单独窃取了最大的封赏，享受三万户的封邑。追思赵奢和窦婴分赏的事迹，我现在也把在封地上收的租税，分给诸位将士大夫，以及最早追随我在陈、蔡两地作战的人，以便酬谢大家的劳苦，不至于使我独占利益。而那些不幸殒命的人，也要把他们的遗孤都找到，按照功劳评定，分给他们租税和稻谷。如果年份好，租税能够收齐，我会和大家一起享用这些东西。"

其实，在攻破柳城回到邺城之后，曹操干了一件出人意表的事。回师邺城之后，他到处调查追寻之前上谏反对他的人，搞得这些人惶恐不安，以为曹操要秋后算账。结果曹操全部重赏了他们，说：

"我这次冒险行军，能够胜利，真不过是侥幸罢了。尽管拿下了柳城，但这是上天眷顾，不能视作常态的方法。各

位对我的劝谏，是万安的保全之计，既然给了大家封赏，以
后千万不要因为为难而不敢讲话了。"

曹操的这些法令、封赏和嘉奖，看上去都是针对当时的
事务而已，但无一不是在破坏世家大族的基础与结构，重新
建立一套完全不同的制度与评价标准。他要打破教育垄断和
世家荐举通路，遏制士大夫的话语权，开拓下层官员向上通
道，重新定义道德标准，乃至与人分利，要与世家的过往制
度、风俗一一切割，建立全套全新的人才、财务、分配和舆
论制度。

在这种情形之下，许都小朝廷的作用，就开始严重缩
水了。显然，当曹操以功劳和才能来判断封官与赏赐标准的
时候，世家大族能够参与的程度就十分有限。朝廷的实权部
门，逐渐过渡到不以身份而以才干论英雄的功臣和寒族身
上，世族能占据的位置越来越有限。在河北，以及其后在全
国推行的抑制豪强、解放人口的方法，使税赋脱离世族的控
制，重新回到国库，世族世代积累财富的源泉，逐渐干涸。
而官属教育的开始，也就意味着选拔方式逐渐发生改变，世
家的竞争压力可想而知。


但曹操现在还没有扼杀世族的打算。他也深刻明白，事
实上，在他麾下，世家子弟依旧是一股中坚力量，诸如荀
彧、荀攸、钟繇……重新培育起一个新的制度，培养一批能
够对社会具有影响力的人才，需要的时间不止几年。

尤其是对待荀彧，他仍然给予最大的信任和尊崇。早在

建安八年（公元203年），曹操就上表汉献帝，请求封赏荀彧。他在表里说："臣自从兴起义兵，到处征伐，和荀彧一起勠力同心，参详勤王策略，建言献策，没有不奏效的。荀彧建立的功业难以计算，臣不过是遵从了他的建议，所以能够拨浮云，见日月。陛下定都许都之后，荀彧在您左右辅佐，忠诚顺从，如履薄冰；处理朝廷诸事，研判深刻，处事得当。天下之定，是荀彧的功劳啊。"因而请求封赏荀彧为万岁亭侯。

荀彧一直在汉献帝身边担任尚书令，因此表章会通过他来呈现给汉献帝。他却把曹操的表章扣了下来，并且写信给曹操，说自己没有在外野战的功劳，不应该享受这样的封赏。

曹操回信说："与君共事以来，我们一起建立朝廷，您为我匡正错误，为我举荐人才，为我规划计谋，为我周密筹谋，已经非常多了。功劳不一定都要通过野战来建立，希望您不要再推让。"

荀彧见曹操说到这种地步，才接受下来。

到了建安十二年（公元207年），曹操在大封功臣的时候，特地下令表彰荀彧和荀攸，说："中正周密，谋划有度，安抚朝廷，治理内外，文若（荀彧字）的功劳最大，其次是公达（荀攸字）。"

他把自己的女儿嫁给了荀彧的儿子，并且再次上表请求汉献帝加封。他在表中回忆，自己当时在官渡与袁绍对峙，因为缺粮，是荀彧让他坚持下去；在战胜袁绍之后，他想南渡征伐刘表，又是荀彧劝他先灭袁氏兄弟。"荀彧的这两策，都是救亡图存，转祸为福，谋略之精，功劳之大，是臣所不及的。"因此把荀彧的封赏增加到了两千户。

荀彧再次推让，曹操又写信给他说，你做的事情，可远远不止表章里提到的那两件而已。"不过以这区区的两件事上表来报答您，您又何必再三推让呢？"

此时，曹操与荀彧之间的信任关系已经达到了无以复加的地步。荀彧担任尚书令，一般都是留在许都，协助汉献帝。即便如此，曹操还是在邺城帮他盖了一所大房子，并且亲自去监工察看。之后，他甚至想让荀彧做到三公的位置。

然而，荀彧是一个极其谨慎的人，他和荀攸叔侄二人，为人都极其节俭谦卑，凡是曹操的赏赐，他们全都分给了家族旧友，家里并无余财。而对于曹操每一次上表加封，他都诚意推辞。

当曹操想把他推到三公位置的时候，他已经不敢承受，于是让荀攸去向曹操辞让，多达数十次。曹操实在拗不过他，只好作罢。

重构朝廷制度，变革社会风尚是一回事，把制度落地，施行于地方是另一回事，只会更加困境重重，难以着手。

从陈留兴兵到消灭袁氏，十九年了，曹操没有一年不在打仗，也没有一年不亲征在前线，以至于时人都以为，曹操是以武胜天下。尽管这也是一个事实，但如果仅凭武力，如何能够长久地占据一个地方呢？

占领从来不代表拥有。就拿袁绍的地盘来说，从官渡之战一直到柳城之战，七年时间里，冀青幽并四州的叛乱、动荡可谓此起彼伏，无一日安定，无一日清平。治理的难度，比拿下的还大。

曹操所面临的，从来都不是单纯打天下的问题。董卓入关之后，诸侯割据，所有的地方都在抢人、抢粮、抢地盘。战祸连绵，天灾不断，曾经繁华了几百年的地方，如长安、洛阳，尽成废墟。屠城的事情，在每个军阀手上都曾发生。大量的人口减员从未停止。

即便没有屠杀，民众也都知道，依靠独立的个人或家庭是无法生存的。于是他们都纷纷脱籍，组成自卫团体，例如许褚曾经组织的坞壁。还有些农民，干脆就投奔到大族的家里，成为这些大族的私人资产，就像有人在冀州投奔审配。

因而，所有曹操占领的地方，都必须重新整饬，镇压叛乱，消除豪强，设置官吏；把人民重新变成朝廷的人民，让农民重新变回有田可耕的农民；让朝廷的赋税得到缴纳，维持运行。

这些任务与重建一个国家，没有差别。艰难的地方在于，曹操一步也不能走错，因为任何一个闪失，都要用许多倍的牺牲，才能弥补回来。兖州的两次易手，是一个深刻的教训。核心的问题仍在那里：人才。得有合适的人去管理这些新的占领区。

　　所有的管理者，都必须具备非常复合的能力：应对周边依旧复杂的各路诸侯，随时镇压不安分的叛乱者和境内拥有武装的豪强，组织人民屯田，及时给仍在讨伐四方的曹操输送钱、粮、人。


　　荀彧的识人之明再次呈现出来。

　　与袁绍开战之前，他就推荐了钟繇去担任司隶校尉。钟繇出色的斡旋，不仅仅使关中诸将按兵不动，甚至让韩遂、马腾出兵攻打袁谭。

　　接着是建安十年（公元205年），河东郡高干叛乱，一些袁绍原先的部下颇有异动，准备配合高干发动兵变。曹操问荀彧："关西的那些将领，表面服从但内怀二心，他们内部作乱，南通刘表，将来会带来很深的伤害。河东是连接并州、关中和司州几个地方的要害，请为我推荐人才去镇守那里。"

　　荀彧说："现在担任西平太守的杜畿，勇敢足以承担困难，智慧足以随机应变，是个合适人选。"

　　曹操于是任命杜畿去当河东太守。杜畿果然英勇，单枪匹马就进入了高干部属密集的河东郡郡治，并且在极短的时间内收服了周围的许多县治，并且诓骗高干部将解散了人马，而自己却悄悄组织起了一支队伍。

　　等到高干与部将发现情形不对，前来攻打的时候，杜畿反而联合了马腾、韩遂的兵马，把他们收拾掉了。

　　杜畿从此在河东郡一待就是十六年，制度严明，诉讼稀少。由于治安稳定，所以生产很快恢复，农业与畜牧业也快速发展。接着他又按照曹操的命令开办学校，并通过教育举荐人才。在历年的地方官员考核之中，杜畿常常成为第一名。

在拿下并州、处死高干之后，另外一个优秀的地方官员梁习被任命为并州刺史。

并州的复杂之处在于，这是一个汉匈混居的地方。袁氏在并州的时候，百姓为了躲避战乱，纷纷投奔了南匈奴的部落，那里又成了法外之地。

梁习到任之后，和南匈奴各个部落的豪强结交，把他们都推荐到曹操的兵营里去。豪族推荐完了，就让豪族手下有权势的人去。这些人进了曹操军营，又让各部队的将军任用他们作为战斗主力。

等这些地方权势人物都走了，梁习就逐步把他们的家庭搬迁到邺城去，一来充实邺城的人口，二来消灭并州的地方豪族势力。有些匈奴部落势力不肯搬迁，梁习就大举进兵，杀了为首抵抗的部落近千人。豪族抵挡不过，从单于到部落名王，纷纷投降，达到上万人。

除了迁往邺城的人口，已经归顺的南匈奴的人口，纷纷接受编入户籍，归属朝廷节制，耕种土地，缴纳赋税。并州在短短几年间，人口倍增，生产安定，连匈奴都交口称赞。梁习把战乱时逃避到本地的各地名流编了个名单给曹操，请他任命他们为并州各县的县长。于是并州从一个边缘的蛮荒穷困之地，又成为曹操治下一个稳定富足的地方。

　　就这样，曹操无论在中央还是地方，都建立起一套迥然有别于东汉整个朝代的制度。在人才上，世族和庶族一并使用，能力强者优先选择；在舆论和教育政策上，打破了垄断，建立了以地方学校为主培养人才的政策；在经济上，则采用了屯田制度，全面恢复生产。

　　原本袁氏家族的地盘，在曹操治下已经全面稳定。北方已安，中央已定，地方已平。这是典型的中兴之象，各地都人才济济，民心思归。兵强马壮，上下一心。

　　曹操的志向从来不是当军阀。他的志向从来都是天下。他有自己的理想世界，征战天下，绞杀旧友，拔擢寒族，兼用世族，都是向着太平盛世的方向。怎样才是太平盛世？他有《对酒》吟咏：

> 　　对酒歌，太平时，吏不呼门。
>
> 　　王者贤且明，宰相股肱皆忠良。
>
> 　　咸礼让，民无所争讼。
>
> 　　三年耕有九年储，仓谷满盈。
>
> 　　斑白不负戴。雨泽如此，百谷用成。
>
> 　　却走马，以粪其土田。
>
> 　　爵公侯伯子男，咸爱其民，以黜陟幽明。
>
> 　　子养有若父与兄。犯礼法，轻重随其刑。
>
> 　　路无拾遗之私。囹圄空虚，冬节不断。

人耄耋，皆得以寿终。恩泽广及草木昆虫。

王者贤明，公卿明理，仪礼法律规范整个社会，犯罪依靠制度来审判。官员小吏不欺凌百姓，路不拾遗，监狱空荡荡，少有所祜，老有所养，贤明政治的恩德可以普及草木昆虫。

这是曹操的乌托邦，和世族不同。世族相信他们拥有天然的治权，百姓愚钝，寒族轻狡，都不可信任。可是曹操要的是一个全天下都能够参与的世界。

他们之间终有一战。只是不是现在。

曹操的眼睛望向了南方：东吴。那里有刘表、孙权，还有丧家犬一般逃匿的刘备。

# 第六章

# 三个野心家

夺取了一个国家的人在控制它的时候，应当审视自己必须实施的一切侵害，并且要毕其功于一役，以使今后不必日复一日地故伎重演。由于不必一再实施侵害，他就能够让人们获得安全感，并且通过施恩布惠的办法把他们争取过来。

[意]马基雅维利《君主论》

*1.*

刘表是正宗的皇家宗亲，身世显赫。

他是汉景帝儿子鲁恭王刘余的后代，属于皇室近支。而他本人身高近一米九，相貌堂堂，从小跟着山阳郡的名士王畅学习，也是少年成名。在党锢之祸中，刘表和其他一些朝堂的知名人士，奔走解救党锢中人，被时人称为"八俊"之一，广受拥戴。

汉灵帝驾崩，天下即将大乱的时候，他被任命为荆州刺史。

这是一个空头职位。因为那时董卓已经兴起，袁术从洛阳逃出来，直接占据南阳。荆州地面上出现多个大小割据军阀。而当时南方兴盛一种特殊的叛乱团体，叫作宗贼。这些人多以宗族为单位聚成团体，平时自保，也漠视官府，常常劫掠郡县，以此为生。这些宗族武装，少则由几十家，多则可由几千家组成，官府权威衰亡，对他们根本无能为力。刘表这个空头刺史，连进入荆州都难。

许多那时被任命的地方官员，因此一辈子挂个空衔，永远到不了任。曹操进入兖州的时候，金尚被李傕、郭汜所控制的朝廷任命为兖州刺史，可是走到半路，袁绍已经上表请求任命曹操了。金尚被袁术扣在营中，最后被杀。

贾诩投了曹操之后，也是朝廷正式任命的冀州牧。但他没在自己的任上真正待过一天，因为袁绍占着冀州。曹操攻占冀州之后，兼任了冀州牧，贾诩就改任太中大夫。

刘备投降了曹操之后，被朝廷任命为豫州牧。但豫州那时分布在三个人的手上，曹操、吕布、袁术各一部分。所以刘备没当过一天真的豫州牧，他却半辈子都被称为"刘豫州"，只因这是朝廷给的正式头衔。

刘表拿到的这张空头支票能否兑现，全在于他自己。他也完全可以不去上任，重新回到朝廷，以他的资历，即便在李傕、郭汜手下，也还能混到一官半职。

但这时的刘表年轻、勇敢、富有理想，他决心拿下这块名义上已经属于他的地盘，真正掌握它的控制权。

他单人匹马进入宜城，找到当地的世家大族蒯良、蒯越和蔡瑁商量对策。

刘表问："现在宗贼的势力这么大，百姓也不再依附朝廷。袁术利用这个局势作乱，荆州真是大祸临头了。我想要征兵来改变这个情况，但恐怕也很难集中起那么多人马，你们有什么办法吗？"

蒯良是个老学究，讲了一通仁义礼智信之类的大道理。刘表听不下去，就回头问蒯越。

蒯越很干脆，说："天下太平的时候当然要讲仁义，但混乱的时候就得讲权谋。不在于兵有多少，而在于用合适的人。袁术这个人勇而无谋，其他割据的人都是武人，不需要担心。宗贼这些人，都非常贪婪残暴，地方上的平民都很厌恶他们。我和他们中的一些人素来有些交往，只要许诺些好处，就可以把他们召集过来。您可以乘机诛杀其中一些无道的人，安抚和使用其他的人。整个州的人，不管贵贱，都想明哲保身。只要您保持德行，保障平安，个个都会跑来跟随您。有了兵，聚了民，您就可以南据江陵，北守襄阳。荆州八郡，您一纸命令，就可以全部收服。到那时，袁术就算来了，也无可奈何。"

刘表大赞，于是让蒯越以利相诱，召集了五十五个宗贼的领袖，一下把他们全杀了。然后派兵攻打这些人的部属，或者直接招降。宗贼势力瞬间瓦解，成了刘表的部下。

另外两个宗贼看见形势不妙，赶紧逃了，纠集自己的宗部，占领了襄阳，企图和刘表对峙。刘表并不愿意在对付宗贼上浪费太多时间，马上派了蒯越带着另外一个官员去劝降。

作为地方世族的代表人物，蒯越的威逼利诱显然非常有效，剩余的宗贼势力纷纷投降。

在蒯家、蔡家两个大世族的帮助之下，刘表没有付出太大代价和太长时间，就将荆州八郡，全盘纳于名下，并把自己的治所放在了襄阳。

但是，就像当时任何一个军阀的割据地盘一样，在朝廷权威崩溃的情况下，所有州郡都如同大海中的船只，随时可能碰撞、颠覆或者被人吞并。任何地方，都在别人的虎视眈眈下，危若累卵。只有智勇双全的领主，才有可能驾驭这条船，驶向安全地带。

第一个窥伺荆州的人，是当时在南阳地区的袁术和他的部属孙坚。袁术自不必说，凭借袁家的威望和财力，很快成为诸侯中最有权势的人之一。而孙坚尽管在北上讨伐董卓的过程中，凭借诡计杀害了荆州刺史王睿和南阳太守张咨，但作为寒族出身的他，为避免被周边的诸侯联合讨伐，只能低头向袁术称臣，成为袁术旗下的一员悍将。

袁术上表给孙坚封了一个破虏将军的封号和豫州刺史的职位。但是豫州并不在他们手里，依然是个空头刺史。此时，孙坚并没有属于自己的地盘，他只能凭袁术的旗号，逐渐扩张自己的势力，就如同曹操当年在袁绍麾下一样。

攻取刘表的地盘显然是一个好的选择。刘表也刚刚平定了荆州，立足未稳，不会遭到太强的反弹。袁术肯定是志在北方，而如果孙坚能够获取南方的土地，是可以逐渐脱离袁术的控制的。荆州本身就已经足够大，作为立足之地毫无问题，而向东是扬州，向西是益州，向南是交州，荆州有着非常广阔的空间可供发展。

初平二年（公元191年）孙坚积极带兵进攻刘表，把他手下堪用的军队全都动员起来。刘表当然不会坐以待毙，派了手下大将黄祖前去抗击。然而，黄祖根本无从抵挡孙坚，在樊县和邓县一带战线上，黄祖的军队大败而逃。孙坚沿路追击，渡过汉江，包围了刘表的首府襄阳。

孙坚兵锋难当，刘表只能闭门不出。到了晚上，他再次派黄祖偷偷出城，去找援兵支持。黄祖带兵回来的时候，却碰到孙坚，双方发生遭遇战，黄祖再次一路败退，逃入了岘山。孙坚乘夜追杀。黄祖且战且退，在竹木林中埋伏兵士，用暗箭射杀了孙坚。

孙坚的尸体落到刘表手里，无人敢给他安葬。曾经受了孙坚恩惠，被举荐为孝廉的桓阶正在家乡奔丧，听到这个消息，立即赶往襄樊，冒死向刘表讨要尸体，以求安葬。刘表认为他是义士，成全了他。桓阶把尸体送还孙坚长子孙策，安葬在了故乡曲阿。

孙坚死的时候，才三十七岁。对于袁术来说，当时的局势，已经不容他再分兵向南，他只能集中精力向北对付袁绍和曹操。

刘表就此喘过气来。在北方，袁绍和曹操结盟，袁术和公孙瓒结盟，两相争夺中原的地盘，没人有精力南下考虑刘表的地盘。而随后替代董卓的李傕和郭汜，反而想联合中立的刘表，以抵抗中原各路诸侯觊觎汉献帝的野心。他们主动封刘表为成武侯，做镇南将军，还把荆州牧的职位给他落到了实处。搞笑的是，他们让刘表督交、扬、益三州军事——那都是刘表鞭长莫及的地方。

　　不过这俩蠢蛋并没能持续太长时间，汉献帝就逃了出来，终于和曹操连接，在许都开创了朝廷的新局面。

　　都城新创，皇帝安居，仍然作为朝廷的臣子和各地官员，当然都要派遣代表，恭贺天子，进贡粮物。刘表的确也是这么做的。在表面功夫上，刘表一直没有怠慢，例如汉献帝逃到洛阳时得以落脚的杨安殿，也是刘表出钱派人协助修建的。

　　刘表既没有野心要北定中原，也没有忠心扶持皇帝抬起大汉的权威。他现在是荆州的主宰，又没有迫在眉睫的威胁，他不盼着国家混乱，但也没有欲望收拾山河。

　　他看到北方有强盛的袁绍，可以帮他抵挡和拖住野心勃勃的袁术，所以他和袁绍互通声气，无非也就是想保住荆州。

　　他的治中（官名）邓羲进谏，劝他要全心全意辅佐汉献帝，匡扶汉室，重建国家。但是刘表一点兴趣也没有，他回答说："对内不能失去向朝廷朝贡的职责，对外则不背叛当时和盟主的誓约。这当然是天下的大道正义，我也没有做得比别人差啊，治中独独责怪我算什么意思呢？"

　　邓羲叹息而退，告病辞职，终刘表之世，都没有出来当官。

　　建安三年（公元198年），桓阶到了长沙太守张羡手下做事。张羡这个人是从荆州底层奋斗上来的，在当地深得人心。但是这个人性格倔强，从不服软。刘表很看不上他，所以从来没给过他什么好脸色。

张羡也对刘表怀恨在心。

桓阶对张羡说："曹操现在虽然比较弱，但是仗义起兵，救朝廷于危难，奉王命征讨有罪的人，谁敢不服呢？如果今天能够把长沙连同附近四郡的地方联合起来，等他南下的时候，我们作为内应，不是一个很好的前途吗？"

张羡同意。于是俩人合计，动员了长沙、零陵、桂阳三郡一同发动叛乱（一说西北部武陵郡也有参与），同时派人联系曹操，希望他能够南下征伐刘表。

曹操非常高兴，但是此刻他的兖州三面临敌，与西边张绣、东边吕布和刘备、南边袁术都在胶着之中，哪里抽得开身？

刘表气得要死，立刻发兵攻击张羡。谁知道张羡竟然是个强横的家伙，愣是以区区之力把刘表的军队挡在城下，刘表围攻长沙长达一年多，却始终也打不下来。

双方就这样一直相持到建安五年（公元200年），张羡病死了，他的部下推戴他的儿子张怿继任。但是张怿却不是刘表的对手，很快就被刘表攻下。拿了长沙，刘表南下，顺手把零陵和桂阳给平了。

长沙城破之后，桓阶躲了起来。

刘表倒觉得桓阶是个人才，想把他收到自己的麾下，派人找到他，任命他做从事祭酒，后来还想把自己的小姨子许配给他。桓阶觉得刘表这个人最终是成不了事的，就说自己已经结婚了，不能娶刘表的小姨子，然后装病辞官跑了。

刘表已经顾不上他了。在北方，袁绍终于和曹操在各自消灭了公孙瓒和袁术之后，在官渡对峙。刘表既没有果真派兵支援袁绍，也不会傻到去帮助曹操。最起码从实力上讲，曹操就不是袁绍的对手。帮助曹操也不能给他带来什么实质的政治利益，难道让曹操带着汉献帝来管理他吗？

所以他还是拿定主意，固守荆州，以观世变。

而刘表此时，实际上已经是一个非常强大的诸侯。在地盘上，他虽然只有一州，但是荆州面积广大，数千里土地；在兵力上，有十万军队。对比而言，袁绍的冀青幽并，能动员的兵力，也不过十万；而曹操那时更是虚弱，不过才几万兵力。

退一步，即便刘表不想争夺中原，他的实力往哪一方倾斜，哪一方就能够获胜。即便平分天下，刘表也有争雄的实力。

在这一点上，他手下的人，认识比他更加清醒。

韩嵩和刘先劝他说："现在豪杰并起，两雄相争，天下的重任都在将军身上。如果将军想要有所作为，就可以趁他们两败俱伤，找机会建功立业；如果不想，那么就要选择其中之一。将军拥有十万兵马，如果只是安坐观望，两不相帮，又不肯居中调和，那么两方面的怨气都会发泄到您身上，将军就无法保持中立啊。现在曹操聪明睿哲，各地的人才都向他集中，看样子他是要打败袁绍的。成事之后，他肯定就会发兵荆州，到时候恐怕将军您是抵挡不住他的。所以，为您打算，不如干脆带着荆州归附曹操，他一定会重用您。那么您就可以永久地享受福运，并且留存后代。这是万全之策。"

曾经为刘表获取荆州立下汗马功劳的蒯越，也劝他归降曹操。

刘表有些拿不定主意，他想探探许都的虚实。于是他就跟韩嵩说："天下大乱，还看不出谁能够平定。曹操和天子都在许都，你替我去看看形势。"

韩嵩说："《左传》里说，圣人能够通达天命，遵从礼节，而普通人能够守持天命，维持礼节。韩嵩我就是个守节的人。服务君主，就要为君主考虑。君臣的名分定下来，就要用生命来守护。现在将军派我出使，我完全服从您的命令，就算赴汤蹈火，也在所不辞。在我看来，曹公非常英明，一定会夺取天下。将军如果能够上归顺天子，下服从曹公，就能够享受百代之福，荆州也得您的恩惠。派我出使，我应当从命。但如果您还没有下定决心，我出使到京师，如果天子给了我一个官，那么我就成了天子之臣，而只是将军的故吏了。在君为君，那么我就要为天子守节，再也不能为将军赴死了。请将军三思，不要辜负了韩嵩。"

韩嵩的意思很明确，要刘表选边站。如果刘表不选边，他就得选边。刘表的人格弱点就在这里，他既不能振奋理想，一争天下，又不肯屈居人下，委曲求全。所有士人的目标，都是服务明主，拜将封侯。如果一个主子，仅仅是蜷缩自守，那么士人的前途又在哪里呢？

但刘表想不到这些，坚持让韩嵩出使许都。结果正如韩嵩所料，汉献帝看见韩嵩很喜欢，就封他做侍中，兼零陵太守。

韩嵩回到荆州，不住口地夸奖皇帝，夸奖曹操，是有德之君，有为之臣，还劝刘表送一个儿子去许都做人质。刘表大怒，不断拷打韩嵩的随从，并且召集了属下数百人，带兵列阵让韩嵩来见，当着众人的面质问："韩嵩，你敢怀有二心吗！"

眼看刘表就要把韩嵩杀了，他的部下全都慌了神，劝韩嵩赶紧向刘表谢罪。

韩嵩一动不动，瞪着刘表说："将军辜负了韩嵩，韩嵩并没有辜负将军。"就把临行前和刘表的对话，重复了一遍。

刘表怒气难消，他的妻子蔡氏是荆州世族出身，知道刘表如果动了韩嵩，就会得罪整个荆州的世族，也来劝他："韩嵩在荆州非常有人望。而且他说的也都是实话，没什么理由杀他啊。"

刘表自知理亏，而且也确实不想失去荆州世族人心，终于没有杀韩嵩，只是把他关进了监狱。

刘表终于只是在曹袁之间逡巡不决，成了郭嘉所说的

"坐谈客"。他什么也没有做，只是壁立而观。好在此后长达七年的时间里，曹操都在忙于对北用兵，虽然有两次佯攻荆州的态势，但对于刘表而言，都只是有惊无险。

他已经在荆州根深蒂固了。他和荆州世族的关系盘根错节。蒯氏兄弟都在他的帐下，蔡瑁的二姐是他的续弦夫人。蔡家是荆州最有势力的世家大族。蔡瑁的父亲蔡讽的姐姐嫁给了太尉张温，而蔡瑁的堂兄弟蔡瓒、蔡琰，也都在各地担任官员。蔡瑁的大姐，则嫁给了诸葛亮的岳父黄承彦。

尽管发生了张羡叛乱的事，但从总体上说，在刘表治下，荆州还是十分安定繁荣。

北方曹袁大战正酣，其余各州处处动乱。刘表对于境内的各路人马和山贼强盗，恩威并用，治理非常有效，因此政治清明，上下归心。于是从关西、兖州、豫州，大量的世家子弟纷纷南下，避难荆州，竟然达到了上千人之多。荆州故而赢得好客之名。

人们对于刘表在荆州的表现，评价为"爱民养士，从容自保"。

刘表对于这些人十分优待，凡有来者，都妥善安排，给予救济。他随后在全境开设学校，广求儒士，教授学生。在北方一片混战，而南方扰攘不定的情况下，刘表的爱民养士，开出了整个时代中最为璀璨的学术之花。在刘表的蓄养下，许多大儒学士，在那样战火纷飞的时代中，竟也生产出了名播千古的传世之作。

音乐家杜夔修订了皇家雅乐，重新传承了皇家音乐传统；

刘表自己撰有五卷《周易章句》，以及以他为署名的《后定丧服》；

宋忠有注释《周易》十卷，还有一系列的纬书注释；

颍容著有《春秋左氏条例》一共五万多字；

刘表所任命的武陵太守刘叡，则集合了天文占星的各种作品，写成了一本《荆州占》。

而像綦毋闿、宋忠这些耆旧故老，也都在荆州开馆授徒，竟然可以达到三百人的规模。可以说，因为刘表的存在，荆州保留了整个大汉王朝的文脉。


然而，刘表却慢慢膨胀了起来。他并没有逐鹿中原、吞并天下的野心，但开始摆出了各种偏安小朝廷的派头。

当杜夔完成修订皇家音乐的任务之后，刘表想他在自己的宫殿中演奏。杜夔拒绝道："将军的称号不是天子。如果把雅乐放在您的宫殿里演奏，是不合适的。"刘表悻悻作罢。

他还是做出了许多僭越的事情。荆州安定下来之后，他也就慢慢疏于向许都的汉献帝朝贡进献，而且按照天子的礼仪祭祀天地。他乘坐的车马，也都按照皇帝的规格打造。

汉献帝非常生气，准备向刘表兴师问罪，但是孔融进谏认为，虽然刘表现在行为僭越，但是天下像刘表这样割据一方的诸侯很多，如果公布刘表的罪行，那么诸侯可能会群起仿效，反而不利于安定。所以，从国家安全的角度来说，不如暂时隐瞒。

自然，刘表也看得出来，曹袁争霸必然要出一个结果，即便他没有争夺中原的雄心，但是如果想要自保，仍然得有心机，有手段，有人才。

他虽然始终没有出兵帮助袁绍，但他并不想看见曹操吞并袁绍的地盘，不断扩大。因此，在袁谭和袁尚夺嫡的时候，他频频写信给双方劝和。他始终与荆州的才俊保持着紧密的联系，蒯越兄弟自然不用说，是他重要的依靠对象，和蔡家又结成了婚姻联盟。而在发现青年人才方面，刘表也可谓下足功夫，比如他对桓阶就不为已甚，想要延揽；而被人称为"凤雏"的庞统，也曾在他治下的郡，担任功曹。

但刘表始终只是一个书生，既无法以荆州为基地去争夺天下，也无法有知人之明，能够永保荆州。在人才问题上，他错过了两个对于他而言至关重要的人物。

第一个是司马徽，人称"水镜先生"，向来以知人之明闻名于天下。在他的交往圈子里，多是后来赫赫有名，在三国都曾立下奇功伟业的人，其中包括投奔了刘备的诸葛亮、庞统，以及曹操阵营的徐庶。

当时也有人把司马徽推荐给刘表，说这个人是"奇士，只是还没有遇见明主"。后来刘表见了司马徽，很是失望，说："这个世界上的人总是喜欢说些奇谈怪论。这个人不过是一个小书生罢了。"而诸葛亮，却正是司马徽十分欣赏的人。那时，即便有人把诸葛亮推荐给刘表，大概也会被看成"小书生"吧。

　　第二个人自然是刘备。刘备从袁绍那里跑到汝南，又被曹操驱逐，只好来投奔刘表。刘表虽然表面上对他礼遇有加，但内心其实一直防备着他，并且对刘备的建议，基本上都置若罔闻。

　　曹操出征三郡乌桓的时候，刘备劝说刘表袭击许都，刘表却并不听从。等到曹操回师，刘表来找刘备说："哎呀，没有听您的话，错失了一个大机会。"

　　刘备无奈地说："现在天下分裂，每天都是纷争不断。机会总会有的，哪里就已经结束了呢。如果下一次有机会的时候我们能够抓住，那也就没有什么遗憾了。"但刘备的这句话确确实实成了一句空话：征战三郡乌桓之后，曹操的下一个目标，就是荆州。

　　当曹操在北方殚精竭虑，花了整整十二年东征西战、南征北伐的时候，刘表在安定舒适的荆州享用了十二年岁月静好。而当曹操正在南下的时候，刘表病了，然后就死了，享年六十七岁。

　　刘表是发背疽而死的。尽管这种病在军旅人群中是常见病，但是刘表死的时间太过诡异：建安十三年（公元208年）七月曹操从邺城南下，八月刘表就病死了。

　　不管怎么说，刘表对于荆州人，确实是无愧的了。他统治荆州近二十年，死的时候，家里并没有留下多少财产，都用来蓄养那些名儒学子了。

　　他就下葬在襄阳，据说他的儿子刘琮从四面八方收集了几十斛奇珍异香，葬在他的墓里，以至于在他墓周围几十里的范围内，都能闻到香味。到了西晋的时候他的墓被人挖开，尸体竟然还像活的一样。

不过，他自己冥寿的长久，却不能给他的子孙带来福报。或者说，是他自己一手造就了荆州的悲剧。

他的前妻给他生了两个儿子，刘琦和刘琮。最初他也非常喜欢刘琦，认为和自己很像，准备让刘琦接班。

可是前妻过世后，他续娶了蔡瑁的姐姐，蔡夫人把自己的侄女嫁给了刘琮。

蔡氏有了刘琮的这层亲戚关系，自然就开始扶刘琮，贬刘琦。在刘表身边，蔡氏天天吹枕边风，自然都是刘琮的优点和刘琦的缺点。而蔡瑁和刘表的外甥张允，又都是刘表身边的红人，自然也就不断加深了这样的印象。

于是刘表开始疏远刘琦，想要用刘琮来替代刘琦。


刘琦知道蔡氏在荆州的地位，继续在襄阳待下去，恐怕连性命都保不住。于是他向诸葛亮求助。

诸葛亮的岳父是刘表的连襟，算起来刘琮和他的关系更加亲近，他能说什么？可是刘琦知道，在整个荆州都已经笼罩在蔡氏家族的势力范围之下时，只有诸葛亮这个外人，能够帮上他的忙。

于是有一天，刘琦邀请诸葛亮到家，两人到了一座阁楼之上，刘琦让人把梯子抽走，然后跟诸葛亮说："现在上不着天，下不着地。话从你的嘴里说出，只能进到我的耳朵里。现在可以跟我说说吗？"

诸葛亮没办法，才说道："你难道没有看到春秋时，晋国争夺国君之位，太子申生在朝中性命不保，公子重耳跑到了外国，却能够安全无忧吗？"

刘琦恍然大悟，于是正好借着江夏太守黄祖被孙权所杀的机会，向刘表请求外驻江夏。刘琮就这样名正言顺当了接班人。

刘表病重的时候，刘琦从江夏赶回，想要见刘表一面。但是蔡瑁、张允怕万一父子见面，毕竟舐犊情深，说不定刘表就会变卦改立刘琮。于是他们就对刘琦说："将军让您镇守江夏，作为东面的藩篱，责任重大啊。现在您丢下部众而来，他看见您这样，肯定会生气责骂的。如此一来，您伤了亲人的欢心，又会加重他的疾病，这不是孝顺的做法啊。"

他们就派人把刘琦挡在了刘表的门外。刘琦痛哭而去。

刘表一死，蔡瑁、张允立马就把刘琮推戴为荆州牧，接了刘表的班。刘琮派人把侯爵的印绶，送去给刘琦，刘琦大怒，把印绶丢在地上，准备在回襄阳奔丧的时候，进兵发难。

就在这时，曹操的大兵正在隆隆南下。刘琦知道，时势已经不站在他这边了，他只好放弃进攻，向江南逃亡。

## 2.

刘备也已经在荆州待了六年了。他无所事事了六年。

时人都宣称他是皇室子弟，他也这么自诩。他自称是汉景帝儿子中山靖王刘胜的后代，但是中山靖王的儿子有一百二十人，其中封侯的，就难以胜数。他又宣称是刘胜儿子陆城亭侯刘贞的后代。但是从他祖父刘雄那一代往上追溯的时候，却没有了依据。他的父亲刘弘，倒是多少在家乡涿县当过小吏。

他的父亲早逝，所以他从小非常贫寒，和母亲一起编织草席，贩卖草鞋。他家门口有棵桑树，竟然长到十几米高，远远看去，倒像是一辆马车的伞盖。小时候他和小孩们一起在树下玩的时候，就口出狂言说："以后我就要坐这种有伞盖的马车。"按照规制，只有皇帝才有资格坐有伞盖的马车。他的叔叔吓死了，赶紧告诫他说："可千万不敢胡说，这可是要灭门的。"

但是他的母亲倒是有志气，到刘备十五岁的时候，就送他去读书。他运气好，老师就是当时的名臣兼大儒卢植，和他同门学习的，就有后来雄踞一方的公孙瓒。他的另外一个同学刘德然的父亲常常资助他，他就和刘德然享受同等待遇。刘德然的母亲看不过眼，说："各自一家，怎么能常常这么做呢。"他父亲就说："我们宗族中有这个孩子，是我们的幸运，他是一个不同寻常的人啊。"

刘备长大的时候，就生的一副异相：身高一米七三，两手垂下超过膝盖，回头能看见自己的耳朵。但是他的个性，似乎和刘德然父亲的预期有所不同。他不喜欢读书，却喜欢斗狗赛马，听音乐，衣食华美。他为人沉稳，话很少，喜怒不形于色，喜欢结交各路豪侠英雄，当地少年都喜欢依附他。

因此刘备虽然算是出身贫寒，却因为有着卢植作为老师，公孙瓒作为同学的背景，一早就已经被世族接受。汉灵帝末年，中山大商人张世平和苏双，觉得刘备是个人物，因此大力支持他，给了他许多钱。他于是凭靠这些本钱，拉起自己的队伍。关羽和张飞，都在这个时候，成了他的部将。

刘备出道，也是在协助攻打黄巾军的时候。但是这段经历，也可谓九死一生。在平原县的一场战斗中，他受了重伤，躺在死人堆里装死，才躲过一劫。

这次出山，并没有给刘备带来太大的升迁，他仅仅一直在底层官员的序列中流转，也没有受到什么特别的赏识。事实上，他也曾经与曹操在洛阳有短暂的交集：董卓进京的时候，他们一起从洛阳逃往沛县，试图招兵买马起事。

毫无根基的刘备毫无意外地很快就被盗贼打败。好在他有个好同学——公孙瓒已经占据了幽州，他就去投靠了公孙瓒。

虽然刘备在公孙瓒的手下仅仅做到了青州的平原相，主要任务是抵抗袁绍，刘备却因此而渐渐地为天下英雄所认知。主要因为两件事情：

第一件事，刘备这个人确实是一个会结交朋友、礼贤下士的人。他对于普通的士人，也一定是同一张席子上坐，同一个锅里吃，绝不因为别人的身份低微而轻蔑别人。他的这种平等观，甚至招来了一个名叫刘平的人的嫉恨。刘平很看不起刘备，觉得这样的人不配成为自己的父母官，就派了一个刺客来杀他。结果刺客看到刘备如此礼贤下士，下不了手，还把真相告诉了刘备。事情传开，许多人开始对刘备另眼相看。

第二件事，那个时候孔融担任邻近地区的北海相，有一次被黄巾军包围，派了大将太史慈来向刘备求救。刘备赶紧就派兵解了孔融的围。

孔融这辈子就没打过胜仗，但他是蔡邕之后最重要的世族领袖。经过孔融这么一宣传，刘备在整个圈子里，就声名大噪了。

他的运气很快就来了：这时候，曹操开始攻打徐州。陶谦打不过，于是向公孙瓒手下的田楷求救。田楷就带着刘备一起来给徐州解围。

刘备可谓倾城而出，他手下已经有了一千多自己的子弟兵，还有一些幽州的乌桓和其他胡人骑兵，沿路又收了几千饥民，充作士兵。

陶谦一眼就看上了刘备，不但给了他四千当时战斗力超强的丹杨兵，还上表封他做豫州刺史。刘备马上就离开公孙瓒，变成了陶谦的人。

但是陶谦没有活太久，很快就病重了。临死前，他交代自己的亲信糜竺说："非刘备不能安定徐州。"于是糜竺就带人来迎接刘备当徐州牧。

可是刘备不敢。他推辞说："袁公路（袁术字）很近啊，就在寿春。这个人四世三公，国人都很尊敬他，你们可以让他来当州牧的呀。"

和糜竺一起去迎接刘备的陈登说："袁术这个人骄傲豪横，并不是能够治理乱世的人。"孔融说得就更直接了："袁术哪里是什么忧国忘家的人啊。他就是冢中枯骨，根本不用介意。今天这个事情，徐州的老百姓盼望的是有能力的人。这是上天赐给你的呀，如果不拿的话，后悔可就来不及了。"

刘备终于抵不过这个诱惑，于是顺从做了徐州牧。

但是刘备清楚知道的是：徐州虽然是个香饽饽，但也是个烫手的山芋。它的北面，是袁绍和曹操的联盟，而曹操对徐州觊觎已久，并且两次出兵攻打过陶谦。南边就是袁术，他可是自称是"徐州伯"的人啊。

更要命的还是内部。糜竺和陈登的确是当地的世族大佬，他们很认作为卢植学生、公孙瓒同学的这位"皇室成员"，认为他是能够成为徐州世族领袖的，而且还有孔融在那里帮腔。

但是陶谦的嫡系却不认刘备。陶谦是丹杨人，部将曹豹和许耽都是跟着陶谦一起出生入死的人。凭什么让一个完全外来的人不费一兵一卒就占据了徐州？

但是这个时候是建安元年（公元196年），形势有利于刘备。陈登帮他写信给袁绍，通报刘备当州牧的事，袁绍回答说："刘备这个人宽宏雅量，富有信义，现在徐州的人乐于拥戴，真是众望所归啊。"曹操刚刚把吕布赶出兖州，正在安顿汉献帝，一时间也抽不出手去收拾徐州，干脆大大咧咧地上表让刘备当了镇东将军，封了宜城亭侯。

刘备以为这回他终于要扬眉吐气了。占据了徐州这样的人口大州、繁华之地，他和袁绍、公孙瓒、曹操、袁术，已经可以平起平坐了。

可惜，他的屁股还没坐热，立即变生肘腋：袁术忍不了。

袁术当然是看不上刘备这种"假世家"的，他连庶出的哥哥袁绍都看不上。听到刘备当了徐州牧，他大怒说："我从出生到现在，就从来没有听说过世界上有刘备这个人！"立刻就起兵去攻打刘备。

按照陈登的说法，刘备占领徐州时，徐州有十万兵马呢。所以袁术一下子也根本打不进来，双方相持达几个月之久。

但是堡垒从内部崩溃了，就像刘备担心的那样。就在刘备忙着和袁术对抗的时候，守着徐州首府下邳的张飞和曹豹干了起来。张飞一怒之下，把曹豹给杀了。

陶谦的另一位老部将许耽马上就派人给附近的吕布送信，请吕布来占领徐州。他在信里说："现在城里大乱，将领士兵相互不信任。我手下有一千丹杨兵，负责守卫西白门城。如果听说将军肯来，请到西门来叩门，丹杨兵就会欢欣雀跃，开门迎接将军。"

吕布被曹操赶出兖州已有一年，闻讯简直开心死了，连夜进兵到了西门。丹杨兵果然开城迎接，吕布坐在城楼上，派人到处放火。张飞大败，连刘备的妻小都全部丢给了吕布。

失去了大本营的刘备，又被袁术打得招架不住，退到了广陵。但是，没有了后方的军队，根本无法维持，军中大乱，饥馑横生，人吃人的事情又开始发生。刘备熬不过，只好派人向吕布求和，投降了吕布。

吕布营中立刻有人说了后来郭嘉说的同样的话："刘备这个人反复难养，应该早点做打算的。"但是吕布不听，还把刘备的妻小还给了他，让他驻扎在小沛。

可是刘备真是没过几天安生日子，因为吕布自己就是个反复小人。他一听说刘备又收回了一万多残兵败将，马上就不开心了，立刻派人攻打小沛。

刘备还能怎么办？逃呗。他又一次把妻小丢给了吕布，去投奔了曹操。

曹操对刘备的确算是不错了，他不但收留了刘备，还带着他东征，一起去把吕布给收拾了，并且帮他再一次夺回了妻小。

建安三年（公元 198 年），彻底消灭了吕布之后，曹操带着刘备回到许都，上表正式封他做豫州牧、左将军，对他礼遇有加，出门坐同一辆车，入门坐同一张席。

这是刘备从出山以后，第一次过上了安生的日子。但刘备野心太大，注定是过不了安生日子的。没过多久，他就勾结董承，搞出了个"衣带诏"事件，要谋杀曹操。

有一种传说，刘备那个时候闭门不出，天天在家里种菜，曹操派来的奸细也看不出什么端倪，就走掉了。然后刘备就跟关羽、张飞说："我哪里是种菜啊，曹操肯定在怀疑我，此地不宜久留。"就把曹操上次给他的衣服、物件，全都封存，然后一溜烟跑了。

但事实是，他本来是要和董承一起干掉曹操的。结果却是前面讲过的，他借机占领徐州。

他当然是守不住徐州的。建安五年（公元200年），曹操开始和袁绍在官渡屯兵对峙的时候，顺手亲征了一下徐州，刘备又把妻小丢下，只身逃跑去投奔袁绍，结果连关羽也一起丢给了曹操。

在官渡之战中，刘备先后三次帮助袁绍出战曹操。第一次是和文丑一起去白马追击曹操，结果曹操把文丑杀了，他灰溜溜逃跑。第二次是配合刘辟去袭击许都，又被曹仁杀了个人仰马翻。第三次他其实已经准备脱离袁绍了，带人跑到汝南去建立了一块小根据地，一面袭扰曹操，一面和刘表联络。虽然在官渡之战期间，曹操再也没有顾上他，但是官渡打完，曹操一反手回来，刘备马上溃败奔逃，去投奔了刘表。

这才有了刘备在荆州的六年羁旅岁月。这六年里，曹操忙着收拾袁氏兄弟，灭高干，打乌桓，根本顾不上他，他也就乐得在荆州收买人心，图谋东山再起。

但是刘表却根本放心不下他，天天提防着呢。为了让刘表放心，刘备甚至表演起来。有次他和刘表吃饭，中途去厕所，看见大腿上生出许多赘肉，就开始痛哭流涕。回席坐下的时候，刘表看他神色不对，就问怎么回事。

刘备很忧伤地说："我以前是身不离鞍，天天骑马打仗，大腿上是没有肉的。现在很久都没有骑马了，所以大腿上生出一摊赘肉。日月若驰，我就要老了，却没有建功立业，所以很是悲伤啊。"

这样废柴的他，当然会让刘表很放心。

当然，有一个传说很邪乎，也跟上厕所有关。也是他和刘表一起吃饭，蒯越和蔡瑁就想在席间动手除掉他。他就借口上厕所，然后逃跑。他骑的马名叫的卢，一路逃跑的时候，陷入了襄阳城西的檀溪水里。后面蔡瑁的人马就要放箭，刘备就跟的卢大喊说："的卢，今天我们都要有难了，你得努力啊。"然后的卢奋力，一下跳起三丈高，跳到了对岸。蔡瑁的人还假惺惺说："哎呀，正吃着饭呢，您走得也太快了。"

这么传奇的事情，当然基本不可信。但是刘备在刘表那里的时候，确实是尽量在装颓废，装孙子。他比曹操小六岁，建安十二年（公元207年）的时候，他已经四十七岁了。

但是这样颓废的日子，却真正让刘备等来了咸鱼翻身的大机会。


襄阳人庞德公，是刘表非常器重的人，曾经许多次邀请他出山辅佐，但都被庞德公拒绝了。他后来甚至借口上山采药，带着一家人完全消失了。

但是庞德公给了三个人评价：他儿媳妇的弟弟诸葛亮是卧龙；他的侄子庞统是凤雏；他的忘年交小弟司马徽是水镜。这三个人，刘表却全都没看上。

诸葛亮的岳父黄承彦，也是庞德公的好朋友。

黄承彦看上了诸葛亮，就跟他说："听说你正在找老婆。我家里有一个丑女，黄头发，黑皮肤。不过才能配得上你。"诸葛亮却马上答应下来。这就成了乡里的笑话，乡民特地编了一个段子嘲笑他："莫作孔明择妇，正得阿承丑女。"

诸葛亮当然不以为意。他有着大志向，把自己比作管仲、乐毅：前一个，是辅佐齐桓公成为第一个春秋霸主的相才；后一个，是在战国时期帮助燕国几乎消灭了齐国的名将。他曾经笑着对他的同学徐庶、石韬和孟建说："你们如果出去当官的话，能做到刺史、郡守。"

他们反问，那你呢？诸葛亮笑而不答。

刘备在荆州的时候，徐庶去投奔了他，并向他推荐了诸葛亮，说："诸葛孔明，是卧龙啊。将军愿意去见他吗？"

刘备说："你去叫他一起来。"

徐庶说："这个人只能您亲自去见，不能让他来见您。将军还是纡尊降贵去拜访他吧。"

刘备三顾茅庐，才见到。


刘备把身边的人都支走，问诸葛亮："汉室已经衰微，奸臣盗用法令，皇上蒙受烟尘。我不自量力，想要伸张正义于天下。但是我的智力手段都非常有限，因此每每惶惶如丧家犬，一直到今天都是如此。但是我内心的志向却并未消灭。您看我们该如何谋划呢？"

诸葛亮回答说："自从董卓以来，豪杰并起，跨州越郡，占地为王的军阀，不计其数。曹操比起袁绍来，名声微弱，兵马稀少，但是曹操最终能打败袁绍，以弱胜强的原因，不仅仅是天时，而且在人谋。现在，曹操已拥有了百万兵马，挟天子以令诸侯，这是我们不能争锋对抗的力量。孙权占据江东地盘，已经连续三代，地势险要，人民归附，贤士能人都能为他所用，这是我们可以作为支援，而不能图谋的力量。

"荆州，北边靠着汉水和沔水，物资通路直至南海，东边连着吴郡和会稽，西边通向巴郡和蜀郡，这正是用武之地，但是刘表却守不住它。这是上天拿来资助将军的礼物，将军可有意吗？

"益州地势险要，沃野千里，天府之国，汉高祖因为它而成就了帝业。但是益州牧刘璋昏庸懦弱，张鲁占据着北边的汉中，人民殷实，郡县富有，但他们却都不知珍重体恤，智慧贤能之士，都在盼望贤明的君主来替代他们。将军是皇家血统，而信义之名四海皆知，招揽英雄，求贤若渴。如果您能够跨有荆州、益州，保有这些险关要塞，向西与戎狄各族和好，向南招抚夷越各部，对外与孙权结盟，对内修治政务，一旦天下有变化，就可以派一位大将，率领荆州的军队进攻宛城、洛阳，将军亲自率领益州军马，兵出秦川，天下的百姓，怎会不兴高采烈，箪食壶浆来迎接您呢？如果能够实现这些战略的话，那么就霸业可成，汉室复兴了。"

这次著名的"隆中对"，成了刘备未来的大战略，也成就了蜀汉数十年的偏安局面。如获至宝的刘备于是整天和诸葛亮泡在一起，再也没有这些年来消磨时光的颓废样子。

关羽、张飞看见，老大不高兴。刘备说："我现在有了孔明，就好像鱼儿有了水一样。大家别再议论了。"这两个一路跟着刘备披荆斩棘的人，才终于消停了。

三顾茅庐的故事，成为中国历史上最有名的君臣佳话。但是在曹魏方面的私家历史记载中，却写着另外一个不同的版本。

当时刘备屯驻在樊城，曹操已经降服了乌桓，诸葛亮已经预计到，他的下一个目标，必然是荆州，于是主动从隆中直接北上去见刘备。在荆州的六年时间里，刘备见过的青年才俊不在少数，虽然他多以礼相待，但真正有才学、有见地的人能有几个呢？对于诸葛亮这个陌生的、自动送上门来的年轻人（当时诸葛亮才二十七岁），他如何能看出非同寻常呢？

如同往日一样，他大开宴席，把所有到他府上的宾客召集到一起，谈天说地，纵论天下。宴饮已毕，众人各自散去，只有诸葛亮留了下来。

刘备也并不详细问他。那些自命不凡的各类学子，都觉得自己有经天纬地之才，但多不过是夸夸其谈之辈。在他看来，诸葛亮大约也就是那些想得到特殊待遇的普通青年罢了。

可能与早年编席子的经历有关吧，刘备一直有个爱好，就是编织。正好当时有人送了个牦牛尾巴给他，他就用牛毛开始编饰物。

诸葛亮问："我一直以为将军胸有大志，原来只是喜欢编东西吗？"

刘备一听，才知道诸葛亮是个不同寻常的人，就把牦一扔，说道："这是什么话，我只不过做些手工活来忘掉忧愁而已。"

诸葛亮问："将军认为刘表和曹操比怎么样？"

刘备说："当然不如。"

诸葛亮又问："那您觉得自己和曹操比怎么样？"

刘备说："也不如。"

诸葛亮说："现在既然你们俩都比不上曹操，而您手上的兵马不过几千人，就凭这个来对抗敌人，应该都束手无策了吧？"

刘备说："我也很忧虑啊。该怎么办呢？"

诸葛亮说："荆州的人并不少，但是入籍的却并不多。人只是居住在这里，征调他们去打仗，他们肯定不高兴。您可以和刘表商量，把那些游籍收编进来，这样就可以壮大您的队伍。"

刘备听从了诸葛亮的建议，于是很快就壮大了自己的队伍。自此之后开始重用诸葛亮。

这个故事看起来有一定的依据，比较像刘备的为人。不过，这却并不符合诸葛亮的为人。诸葛亮蛰居隆中，长久不出来依附诸侯，就是要等待能够赏识并且重视他的人。以他的性格，哪怕闲散一生，也不愿意屈从权贵，更不用说是主动攀附刘备。如果不是因为刘备的诚心和信任，他哪里肯主动去向毫无力量的刘备靠拢？

后来诸葛亮向后主刘禅所上的《出师表》中，也提及刘备三顾茅庐，因此是刘备主动无疑。

诸葛亮就是在曹操大兵压境的前夕，进入了刘备麾下，成为赤壁之战大胜的关键因素。

此时，在近五十年的生涯之中，刘备颠沛流离，居无定所。他胸怀大志，却时时收敛；谨慎小心，却一无所获。他礼贤下士，人人都称赞关羽、张飞是万夫不当之勇，忠贞不贰，但他一生中，败多胜少，常常仓皇逃窜。他也曾经时来运转，手握重兵大州，却总是倏来倏去，手中控制不住一片属于他的地盘。

他是枭雄心性，从来不曾忠诚于某个主子，一生六易其主，毫无障碍，从公孙瓒跳往陶谦，被吕布击败后立即归降吕布，反戈回头就让曹操杀了吕布。从曹操那里逃向袁绍，马上就可以引兵来杀；再从袁绍那里奔逃刘表，毫不顾惜袁绍如何器重他，也丝毫不为袁绍的失败而难过。

但奇怪的是，背叛刘备的人非常少，少于同时代的任何一个英雄和枭雄。叛变曹操的事情一直在发生，叛变袁绍的人难以胜数，叛变刘表的人几乎是成建制的，叛变孙权的人虽然并不很多，但也总是时有发生。

关羽、张飞、赵云，这些都是从刘备还身处草莽时就跟着他的；诸葛亮在荆州之后，从一而终；庞统战死，法正病死，但始终忠心耿耿。

刘备的志向太大了，大到他永远都没有说出口，无论是对将领，还是对诸葛亮。他说出的，都不是他的最终志向，人们看着他做的事情，却都能明白。

在他的自白里，他的偶像是汉光武帝刘秀，和他一样，是一个流落民间的王子，穷困潦倒，漂泊无依，但是白手起家，筚路蓝缕，收拾山河，恢复荣光，重建了大一统的、权威的、没有权臣的汉家王朝。

所以，他不忠诚于任何一个家族、势力或者权臣，他们都不过是他借以积攒力量的跳板。他也不爱惜任何一个人，朋友、家人或忠仆。他只在乎一个东西：天下。得天下，要得民心。背叛雇主，或者朋友、家人，都不重要，但他从来都不背叛民心。并且，他顾惜民心民意，从不屠城，而且不断救济百姓，到哪里都善待民众。

他手下的人都明白。所以他们不能背叛他，但是他可以背叛他们，背叛任何人。

陶谦信他，曹操恨他，袁绍敬他，刘表畏他。一个连一块地盘都没有的人，却始终站立在混乱世界的争权核心之中，的确是够奇葩的。

在经过了六年髀肉横生的颓唐岁月之后，他却得到了诸葛亮，即将迎来他人生的高光时刻。

### 3.

孙权还很年轻，才二十六岁，和诸葛亮年龄相仿。从哥哥孙策那里接手经营江东，却已经历时八年了。

孙权本来没什么资格当江东之主的。事实上，在江东的世族看来，整个孙家都没有什么资格：他们是乘乱而起的暴发户。

孙家后来给自己找了个显赫的祖先：春秋时代的军事家孙武。但是后来的人们考证出来，东吴的创始人孙坚的父亲名字叫孙钟，籍贯富春，是个种瓜的，而且是个老实孝顺的瓜农。但是孙坚却从年轻的时候开始，就是当地著名的流氓。虽然被县里找去当了一个底层的公务员，但是他仍然好勇斗狠。

孙坚看上了吴家才貌双全的小姐，就上门提亲。吴家是吴郡的显赫世族，父亲曾经当过丹杨太守，哪里看得上这种地痞流氓，就想拒绝。孙坚因此很是惭恨。

吴小姐还是识相的，就跟家里人说："你们怎么能因为一个女孩子给家族带来灾难呢？如果我因此而遇人不淑，那也就是我的命了罢。"吴小姐于是成了后来著名的东吴吴夫人。

但是这个时代却很适合孙坚这种人。他三十岁的时候，黄巾起义发生了，他跑去跟了讨伐黄巾军的朱儁，并且立下战功，就成了朝廷军官。

他和董卓的恩怨就此开始。他被派去跟随司空张温讨伐在西北叛乱的边章和韩遂。本来负责剿匪的董卓一事无成，张温责令他来说明情况，董卓却磨磨蹭蹭过了很久才出现。

孙坚马上劝张温杀了董卓立威，他数落董卓轻慢朝廷长官张温，讨伐边韩多年无功还拥兵自重。但是张温却觉得董卓多年在边塞，功绩卓著，不忍心杀他。

到后来董卓叛乱的时候，孙坚还屡屡叹息当年张温没有听他的话。

但反正孙坚看不到在西北能有什么建树，正好长沙有人造反，他被任命为长沙太守，就跑回了江南。

这一回，成了孙坚崛起的巨大机会。他不但剿灭了在长沙造反的区星，并且在零陵和桂郡同时有人造反的时候，不顾朝廷不能越界出兵的禁令，把这两个郡的叛乱也给镇压了。

董卓进京的时候，孙坚三十四岁。曹操跟着袁绍起兵的时候，孙坚也起兵了。

但是他的军队兵锋所向，却并不是去洛阳攻击董卓，而是理论上他的友军：荆州刺史王睿。

当时从序列上说，王睿是孙坚的直属长官，早年也是他们一起平定了零陵和桂郡的叛乱。但是身为世族的王睿一直认为，孙坚就是一个武官而已，而且出身流氓，根本就看不起他。

王睿也已经起兵反对董卓了。但是孙坚的部队直接就开到了江陵城里。王睿觉得很奇怪，就跑到楼上去看，问孙坚的部下说："你们要干吗？"

孙坚的部下回答说："我们久战疲劳，获得的赏赐都不够穿衣服，所以想请使君资助我们。"

王睿信以为真，就把他们带到了仓库，让他们自己进去，想拿什么拿什么。

但孙坚出现了。王睿大吃一惊，问他："士兵来讨赏，你来做什么？"

孙坚说："我奉命来诛杀你。"

王睿问："我什么罪？"

孙坚笑了："坐无所知。"也就是说，犯了"不知道"罪。

走投无路的王睿从金子上刮下金粉，喝下自杀了。

孙坚起兵的第二步，是向北到了南阳，以牛酒为礼，拜访南阳太守张咨。张咨回拜答谢。孙坚设宴款待。酒喝到一半，孙坚从长沙带来的主簿跑进来说："我们大军已经到了南阳，但是道路都没有整修，军资也没有准备好，请您把我抓起来，调查原因。"

张咨吓了一跳，明显感觉不对，就想告辞逃跑。但是已经被重重包围。

过了一会儿，主簿又来了，说："南阳太守把我们的军队拦下来了，让我们不要去讨伐逆贼了。请求您把他抓起来，按军法从事。"

　　孙坚就马上把张咨绑起来，推到军营门口砍头。孙坚的势力范围，扩大到了南阳，却再也没有机会向前进一步。

　　刘表已经到了荆州，联合了蒯越、蔡瑁等世家大族，稳定了荆州，建立起了稳固的统治。袁术已经到了鲁阳，基本控制了豫州。而且，刘表和袁术已经暂时联手起来。

　　袁术和刘表，一个是公卿世家，一个是皇族贵胄。他们背后，都有强大的世族背景，并且拥有强大的军队力量。

　　孙坚，一个没有根基的草根，靠着武力，征服了长沙、零陵、桂郡、南阳。但是他的身后，没有任何一个世家大族支撑，并且，他还杀掉了世族出身的王睿和张咨。

　　他接下来马上要面临的，就是袁术和刘表的联合围剿。他非常聪明地投靠了袁术，成为袁术旗下的豫州刺史，袁术还从朝廷给他要了破虏将军的称号。

　　孙坚的高光时刻在此之后开始闪现：在袁绍、曹操、刘备等各路人马被董卓和徐荣杀得东奔西跑的时候，只有孙坚打败了董卓，并且逼着董卓迁都长安，还得到了传国玉玺。

　　赶走了董卓的袁术和刘表立刻翻脸，袁术派孙坚去攻打荆州。

　　这是孙坚千载难逢的好机会。他从一个瓜农的儿子出身，靠着一身蛮力以为能够吞下的荆州，却被刘表拿着一纸朝廷任命，从他的嘴里硬生生地夺走了。

　　现在，他有出身世家的袁术做靠山，拿下荆州，就会拥有难以撼动的大本营。

他的确进展顺利，把刘表的大将黄祖打得节节败退。

但是他的性格就是爱冒险。在乘夜追击的时候，他中了黄祖的埋伏，乱箭穿心。死时年仅三十七岁。

他的长子孙策才十七岁，次子孙权才十岁，还有两个幼子孙翊和孙匡。

跟随孙坚南征北战的旧部，包括黄盖、程普这些人，和上千士兵，失去了主子，走投无路，只能屈居在袁术的帐下了。一无所有的孙策，带着父亲的遗体，载着母亲，直奔曲阿，投奔被袁术任命为丹杨太守的舅舅吴景。

大概那个时候，谁都小看了少年孙策。只有张纮知道他的抱负。

是孙策主动找的张纮。这个少年，已经有了全盘的计划，他跟张纮说："我想先去投奔袁术，把父亲留下的兵将都要回来，然后去找舅舅，以丹杨作为根据地，收拢旧部，再向东打下吴郡和会稽，报仇雪恨。然后，就可以成为朝廷的外藩，您以为这个计划可行吗？"

张纮推脱了一番，说自己水平有限，母亲又刚过世，这个时候也不太好参与政治什么的。

孙策大哭，涕泪交加："先生您德高望重，众望所归，是我的希望所在啊。"

张纮非常感动，说："现在你继承了父亲的遗志，自己也非常骁勇果敢，如果能够投奔丹杨，派兵攻占吴郡会稽，统一荆州和扬州，就可以报仇雪恨。然后据长江天险，奋力剿除奸贼，匡扶汉室，那么功业比得上齐桓公、晋文公，哪里仅仅是外藩可以比的呢。"

收服了张纮，把母亲托付给他和舅舅，孙策再也没有后顾之忧，于是开始了计划的第一步：找袁术要兵。袁术一眼就喜欢上孙策，觉得他是个人才，但是始终忌惮，不肯把孙坚的旧部还给他。

袁术看得清楚，当年孙坚投入他的麾下，本身就并非出于自愿，而是形势所迫。孙策要兵，当然是要报杀父之仇，可是如果放任他和舅舅吴景合兵，难道他们不会乘机吞并了荆州？这本身就是孙坚想做的事情啊。

所以他一直扣着孙坚的旧部，把孙策留在了身边。但是孙策却一再经历对袁术出尔反尔的失望。起初，袁术答应他，让他做九江太守，马上却又派了另外一个人。

然后，袁术又跟庐江太守杠上了，又对孙策说，你如果把庐江攻下了，庐江就真是你的了。孙策经过近两年的战斗拿下了庐江，袁术又反悔，派了自己的亲信去当庐江太守。

但是孙策根本来不及怨恨，危机和机会同时到来了。

东汉朝廷尽管乱成了一锅粥，但它仍然是全国唯一的权威，也并不想把东吴送给袁术。所以，朝廷任命了自己的扬州刺史——皇室成员刘繇。

刘繇来到扬州的时候，是孙策的舅舅丹杨太守吴景和堂兄丹杨都尉孙贲亲自迎接的，他们都效忠于袁术。

刘繇害怕了：自己不是成袁术的傀儡了吗？孙策已经打下庐江，接下来会不会就是扬州呢？他立马派军队把吴景、孙贲全都赶走。

袁术勃然大怒，命令吴景、孙贲和自己的几个亲信率兵抢回丹杨。战事僵持了一年，却毫无建树，刘繇联合了丹杨周边的几个州县，牢牢把控住局面。

孙策看见了自己的危机，同时也看见了事业的窗口。他从来的策略，就是从丹杨起步，最初的计划是投靠舅舅，可是袁术却把自己困住了。现在，丹杨落入刘繇的手里，袁术却没有能力夺回来，时间一长，他真的会无依无靠，沦为袁术的奴才；但是如果能够乘此机会奋力一搏，赶走刘繇，既拿下了丹杨，又脱离了袁术，岂不一箭双雕？

他去请求袁术，让自己和舅舅、堂兄合力，围攻丹杨。

袁术对孙家父子从来都是戒心重重。孙坚早年就图谋江东，如果不是自己和刘表联手，孙坚也不会投到他的门下。而孙策来投奔他的时候，就是想拿回孙坚的部队，去和担任丹杨太守的舅舅会合，重振旗鼓，他当然不能放虎归山。

但是此一时，彼一时。现在，放孙策去会合吴景、孙贲打刘繇，绝对是一招妙棋。如果能打得下来，他就复制粘贴九江、庐江的方法，再派一个人去接管丹杨就好了，那会儿他还羽翼未丰，肯定不敢和自己翻脸；如果打不下来，那么孙策没有任何地盘，永远只能依附在自己的身边。况且，江东掌握在两个朝廷重臣的手里，丹杨是刘繇，会稽是王朗，孙策甥舅二人，加起来也没多少兵，哪能那么容易打下丹杨？

于是，他非常大方地把孙坚留下来的一千多人残部，加上部将程普、黄盖，一股脑儿全还给了孙策。

在袁术军中三年后，汉献帝兴平元年（公元194年），孙策二十岁的时候，他终于有机会迈出属于自己的关键一步。

袁术实在是太小看孙策了。父亲的旧人马一千多，三年来跟着孙策打九江、庐江的几百人，都跟着孙策走了。他一路走，一路招兵买马，到了舅舅驻扎地历阳的时候，已经有了五六千兵。

另外两股人马，也汇入了孙策的部队。这时候袁术已经任命了新的丹杨太守周尚，他是孙策好朋友周瑜的叔伯。周瑜听说孙策东渡，立即带兵来迎接会合。而孙策的母亲吴夫人，在刘繇占领曲阿时，也带人逃了出来，这时已经身在历阳。

刘繇并不是什么难啃的骨头。也许，这是孙策和吴景的共同布局，长时间打不下来，才能创造甥舅会合的机会。四股部队合流的孙策，势如破竹，没几个月时间，就打败了刘繇和周边州县的联盟，占领了丹杨全境。

孙策进入扬州临时治所曲阿的时候，下令军队不得骚扰百姓，军纪严明，对百姓家的牲畜菜园，秋毫无犯。丹杨百姓非常高兴，纷纷拿出牛肉、酒食来招待孙军。

孙策还颁布命令说："那些刘繇、笮融（刘繇部下）从家乡带过来的部属，凡是来投降的，不需要做任何盘问。如果愿意参军的，只是他一个人去，其他家眷，都免除义务；如果不愿意的，也不勉强。"

他的政策立刻得到了全面响应，在十几天的时间里，他的部队就扩张到了两万多人。

袁术不仅看不到孙策的能力，更看不到的是孙策的野心和行动的速度。

有了丹杨这个根据地，孙策并没有停下脚步，而是立刻开始扩张。当时孙策有两个发展方向：其一是向东北方向打吴郡，那里主要被山越[1]人严白虎和豪强所占领；其二是向东南方向打会稽，那里由东汉朝廷任命的会稽太守王朗所管理。

吴景和许多部将都认为，应该先打吴郡，因为严白虎是比较弱的。但孙策却说："严白虎不过是一个盗贼，没有什么大志，是手到擒来的事情。"

建安元年（公元196年），孙策大举进攻会稽，王朗抵抗了一阵子，没能阻挡得住，很快就率众投降，后来孤身跑去投奔了曹操。接着孙策就回兵攻打严白虎，也是手到擒来。

也就两年的时间，孙策的力量已经占据了江东的五块大地盘，他立即任命一批亲旧守住各方：他自己当会稽太守，

---

1　汉末三国时期分布于孙吴诸郡县山区的山贼式武装集团的统称。

吴景仍然是丹杨太守，孙贲是豫章太守；把豫章南部分出来单独成立了庐陵郡，派孙贲的弟弟孙辅当太守；亲信部将朱治当吴郡太守。然后用张昭、张纮和秦松这些人，作为主要的谋士。

这一年，汉献帝经过了重重磨难，终于和曹操会合，把首都迁移到了许都。孙策站稳脚跟，立即派人去给汉献帝进贡。

早在刘繇失败时，袁术就嗅到了一丝不祥的气息。他马上撤掉了周尚丹杨太守的位置，让自己的堂弟袁胤去接任。可惜，为时已晚。孙策一点情面不讲，马上就让表弟徐琨带兵，把袁胤赶走。

即便如此，袁术却并不再敢得罪孙策，因为这时，他密谋称帝，已经四面楚歌，他期望孙策支持自己。

他显然是非常不了解孙策这个人的。孙策从来也没有把他当成真正的主子，也有着不能对外人说的庞大野心，怎么可能支持他称帝，成为他的臣子？

于是就有了由张纮撰写的、著名的"九不同意书"（即《为孙会稽责袁术僭号书》），长篇累牍列举了九个反对袁术称帝的理由，最后还言辞严厉地说："这九条理由，应该不过是您没有想到的事情吧，就当作是我给您补充的忘掉的道理。忠言逆耳，希望您能够留神听取。"

这封信对袁术的打击非常大，他还因此大病了一场。

和袁术划清界限，孙策开始和曹操打得火热。建安二年（公元197年），曹操帮他上表，封他做讨逆将军，爵位吴侯。次年，他又给汉献帝进贡，比建安元年还多了一倍。建安四年，他响应曹操的号召，一起准备攻击向北逃窜的袁术。

但袁术在寿春饥渴而死。

袁术的残部分成了两个部分。袁术的堂弟袁胤带着棺椁，投奔朝廷任命的庐江太守刘勋；而袁术的长史（相当于幕僚长）杨弘想投奔孙策。

杨弘南下走到半路，就被刘勋连人带财物全都截住。孙策却并不生气，和刘勋结成联盟，麻痹刘勋。在庐江境内，有海昏县，拥有上万家部属，粮食充沛。孙策就劝刘勋去攻打海昏。

刘勋粮食不足，以为是个好主意，就真的带兵去攻海昏。孙策一看刘勋上当，立马带着周瑜率领两万人马，轻松拿下刘勋的首府皖城。

刘勋走投无路，向刘表求救。孙策终于对上了他的宿敌刘表，这个杀父仇人。

刘表先后派了黄祖的儿子黄射、自己的侄子刘虎去协助刘勋，都被孙策打得铩羽而归。孙策在给汉献帝的奏章里写道：

"我率领周瑜、吕范、程普、孙权、韩当和黄盖，同时俱进。我跨战马，披甲胄，亲手擂响战鼓。将士们奋勇激情，心意坚决。他们跨越河流，穿过敌营，迅猛如飞。火放上风，兵击烟下，弓弩齐发，箭如雨下。清点战果，一共俘房了敌人和他们家属七万人，斩首两万多，在水里溺死的超过一万人。缴获了战船六千艘，财物堆积成山。……在我看来，刘表现在就是待宰的羔羊，还没变鬼的行尸。"

虽然这个表章有许多夸张的成分，但是到了建安四年（公元 199 年），整个江东，已经全面被牢牢地控制在孙策手上了。

曹操正在准备和袁绍的大战，根本分不出身了。他叹息说："这条小疯狗，看来是很难和他争锋了。"

为了稳住孙策，曹操只能采取怀柔政策。他把弟弟的女儿许配给了孙策的小弟孙匡，又给二儿子曹彰娶了孙贲的女儿，还让手下举荐孙权当茂才。


孙策在不到六年的时间里，就拿下了江东的大片地区，许多人都深感意外。

他是一个出了名的帅哥，而且性情豁达，特别喜欢开玩笑。虽然身上先后挂满了各种称号，校尉、将军、吴侯等等，可是军民都不叫他的官职，都称他"孙郎"。

孙郎的好朋友叫周郎，即周瑜。

周瑜和孙策认识很早，他们同岁。周瑜也是舒城当地著名的帅哥。他们俩青少年时期就已相识，二人一见倾心。周瑜把路南面的大宅子，让出来给孙策住。他拜见孙策的母亲，从此互通有无。

当周瑜带着丹杨兵前去和孙策会合，孙策大喜，说："我能得到你的帮助，事情就成了。"

周瑜总是出现在孙策最重要的地方。当孙策的部队攻进曲阿，赶走刘繇的时候，已经有了几万兵马了。他就对周瑜说："我用这些兵来夺取吴郡和会稽，平定山越，已经足够了。你还是坐镇丹杨吧。"他把自己最重要的根据地，交给了周瑜。

建安三年（公元198年），当袁术不知死活地派袁胤去接收丹杨的时候，周瑜就跟了周尚去寿春。袁术也看上了周瑜，想留他下来当将军，但是周瑜早就看出袁术成不了什么大事，就婉拒了，请求去居巢当一个地方小官，袁术居然也同意了。

周瑜其实早就打定主意，从居巢向东，回归孙策。

孙策亲自迎接，立即封他为建威中郎将，给了他两千人马，还赐给他军乐团，为他修建宅邸，赏赐比谁都要厚重。

他颁布命令说："周瑜是英雄豪杰，难得的人才，和我是发小，情同兄弟。就像之前在丹杨的时候，他动员部队，筹集战船粮草，帮助我成就大事。无论讨论德行还是功劳，这些赏赐，都不足以回报他的功绩。"

随后，在协助孙策攻打皖城和阻击刘表军队的战斗中，周瑜又是孙策最重要的助手。

建安四年（公元199年），攻下皖城，孙策和周瑜分别迎娶了桥公的两个女儿，大桥和小桥。

孙策笑着对周瑜说："桥公这两个女儿虽然颠沛流离，

不过能得到我们两个做女婿，也应该很开心吧。"

然而，孙策却并不是看上去那么温和、随意、幽默的人。孙策有着极深的城府。他早已经看清楚了江东的形势。

他父亲孙坚虽在富春起家，但他们是寒族，在当地根本没有影响力。在他到达江东之前，这个地方基本上都处在汉朝廷和几个大族势力的拉锯争夺之中：刘繇是朝廷派来的；袁绍所派的是周瑀、周昕和周昂三兄弟；而他虽然名义上是袁术派系的，可是除了他的舅舅堂兄之外，还有谁会真正接受他？

所以，他的策略就是一边拉，一边杀。

拉的是从北方逃难而来的世族。张纮和张昭就是他们的代表。张纮和张昭是他的两个主要文官，他的用法，每次出征之前，留一位看守大本营，另外一位随同出征。

张昭来自彭城，本来服务于陶谦。徐州四战之地，各方势力争夺，他就一路南逃。孙策对他一见如故，对他说："我现在南征北战忙得很，但是对于寻找士人贤良同样在意，因此绝不会轻慢你。"

他几乎把张昭当成了私人朋友，引他去拜见自己的母亲。而把地方的文武事务，全都放心交给了张昭。

此时正当北方曹袁争雄的高峰时期，北方的世家，人心向南，却又不知道南方的情形如何，于是纷纷写信给张昭询问。张昭回信的时候，总是用自己的名义而并不表明在为孙策服务。所以从北方来的士人总是赞美张昭，感谢他为自己找到归宿。

曹操派人挑拨，向孙策告状说，张昭图谋不轨。张昭惴惴不安。如果他不公开表明与孙策的关系，就显得好像有私心；如果公开，又不合时宜。因为北方的人，完全不了解孙策，只是因为信任张昭，否则哪敢贸然南下。

孙策听见这种议论，哈哈大笑说："我听说以前别人找齐桓公问事，齐桓公总是说，去问仲父（管仲），一次也是仲父，两次也是仲父。齐桓公就是因为管仲才能当上霸主。现在张昭这么贤明，而我会用他，那么所有的功名，不都记在我的头上吗？"

但其实，孙策纵横江淮江东之间，最重要的是得益于一件秘密武器：丹杨兵。

对于当时逐鹿的群雄而言，丹杨兵已经成了所有人眼红的抢夺对象。

丹杨郡，是吴郡、会稽、新都、鄱阳四郡的交界地带。这里崇山峻岭，绵延不绝；山高谷深，丛林茂密。生活在其中的山民，几乎都不进入城市，不服从官府管束，长期生活在山林之中。他们从小习武好战，崇尚武力。由于地理环境决定，他们无论登山涉险，还是穿越丛林，都如鱼游水中，猿窜山里。而这些山里，又有丰富的铜铁矿，他们从来都是自己制造盔甲兵器。

在许多年里，丹杨郡的山民不和官府打交道，而是组建神出鬼没的"游击队"，四处劫掠。周边的官府也常常组织围剿，但是他们非常灵活狡诈，打得赢，就合成一支部队，冲击官军；打不赢，就作鸟兽散，分散进大山之中。官兵也无可奈何，历朝历代，没有一个官府能管得住他们。

丹杨兵于是成了骁勇善战的代名词，在和官兵、各种势力的长期战斗中，他们积累下丰富的经验，并且长年在实战中历练。

群雄争霸中，多次出现丹杨兵的踪迹。最早启动丹杨兵招募的，是曹操。他刚刚和董卓对抗的时候，就和夏侯惇一起到丹杨募兵，当时的扬州刺史陈温、丹杨太守周昕，给了曹操四千丹杨兵。后来周昕又陆陆续续给曹操输送了一万多丹杨兵。

这些丹杨兵，在早期曹操争夺豫州的战争中，起到了关键作用。

接着是刘备，陶谦也曾经给了他四千丹杨兵，以对抗曹操的部队。

包括吕布和袁术，都有大量使用丹杨兵的记录。丹杨成了兵家必争之地。

袁术南下，和刘表结盟，对抗袁绍和曹操的联盟，他再也无法忍受丹杨太守周昕向曹操输送丹杨兵的行为，就派吴景去攻打周昕，夺取了丹杨。

而孙策在江东诸地之中，唯独选择了丹杨，一来当然是因为舅舅得到了丹杨太守的位置；二来他也非常清楚，丹杨是精兵之地，夺取了丹杨，他就有了充足的兵源，可以向东夺取吴郡和会稽，向西夺取九江和庐陵，再继续向荆州伸手。

丹杨果然不负孙郎。在东征西伐的战斗中，以丹杨兵为主要战力的孙策部队，顺利按照孙策早期的计划，拿下了吴会，攻取了庐陵。江东的千里沃野，造就了东吴的基业。

而聪明勇武的孙郎，面对江南世族杀心大起，也为自己埋下了短命的祸根。


和来自北方、飘萍无依的世族不一样，长久生活在南方的世族，早已把江东看成了江南士族的天下。袁绍、曹操也好，袁术、刘表也好，都是公卿或世族，有着和他们匹配的身份，所以他们可以接受袁绍和袁术。但有一个前提：所有初来乍到的人都必须与他们合作，才能站稳脚跟。

会稽大族的代表人物分别是周氏三兄弟、盛宪、虞翻和魏腾。

丹杨早期的太守周昕，是曹操派来的。在孙策攻打会稽时，他和王朗是抵抗主力，在城破之日殉职而死。虞翻本来也追随王朗，会稽陷落之后一路追随逃亡。到了江北之后，王朗说："你有老母亲要侍奉，还是回去吧。"

虞翻虽然投降了孙策，却一直与孙策颇有龃龉。孙策死后，他依然故我，保留名士风范，多次与孙权产生冲突，也险些被孙权所杀。后来被一路放逐到交州，郁郁而死。

盛宪在孙策占据会稽之后，家族旁落，受到孙家的冷落，郁郁不得志。孔融和盛宪相互欣赏，特地写信给曹操，求他设法拯救盛宪。信中写道："如果忧愁能杀人的话，我恐怕他是活不了多久了。"但是没等曹操想到办法，他就已经被孙权杀害。

剩下一个魏腾，虽然被孙策任命为功曹，但很快也要面临灭顶之灾。

世族出身的吴夫人深刻明白这意味着什么，她听说魏腾的事情，就跑到一口大井边，靠在井口，大声对孙策说："你现在刚刚来到江南，百废待兴，正当是礼贤下士、舍过录功的时候。魏腾尽职尽责，你今天要是杀了他，明天所有人都会背叛你。我不想看到你的灾祸，今天就先投井自杀了罢。"

孙策大惊，赶紧释放了魏腾。

可魏腾最终也没有得到孙策的青睐，从此隐匿。会稽豪族无一幸免，数百年基业，在孙策、孙权兄弟的摧残之后，门第衰弱，再也未能重新崛起。

而会稽也不过是江东地区的一部分而已，在孙策征服江东的过程中，罹难的江东名族不计其数。会稽郡太守王朗，被赶出江东，出逃许都，来到曹操身边。

吴郡太守许贡，战败后投降。但此前孙策曾截获许贡写给朝廷的信，建议召回孙策严加管束，以免他在外为患，于是许贡被杀。

前合浦太守王晟，本来是孙坚的至交好友，却也和当地官员联合抵抗孙策，最终战败被擒。吴夫人又来求情，说：

"王晟和你的父亲有升堂见妻[1]的亲密关系。现在他的子侄兄弟都已经被杀伤殆尽，剩下一个白头老翁，有什么可怕的呢？"

孙策不得已放了王晟，但是把他家族中的其他人诛杀一空。

孙策对江东大族的诛杀，几乎是全方位的。除了会稽，吴郡的顾、陆、朱、张在孙策的治下，要么没有好果子吃，要么就被雪藏。

陆家的家长陆康，是朝廷任命的庐江太守。早在孙策还在袁术部下时，就遭孙策围城两年，最终败退。城破之后，他虽然没有殉职，但因此生了一场大病，郁郁而终。他的家族，由此遭受战乱和饥荒，一百多人死了将近一半。

顾、朱、张三家，都是声名显赫，却被孙策置之不理。

孙策不仅攻杀抵抗自己的地方势力、朝廷官员，连当地的文士名族也不放过。高岱在孙策进入江东之后躲了起来，孙策却强行把他征辟出来，后来又说，高岱看不起自己，就把他也杀了。

当时，江东人对孙策的评价就是：诛戮英豪。

但如果说，孙策这个人是刚愎嗜杀，却也并不准确。对于孙策来说，要占领江东，他别无选择。

除了舅家之外，他别无资产。父亲曾经虽然厮杀出一条

---

1 汉朝礼仪，仅发生在极为近密的兄弟或朋友之间，正式拜见对方女眷，以示对彼此的尊重和互相之间的深厚情谊。

道路来，但毕竟也是血与火的征服，从来就没有得到过江东世族的认可。而当时江东所有的世族，不管是会稽郡还是吴郡，都遥遵北方的朝廷，认同曹操或者袁绍派来的官员。

江南世族不仅有土地，有钱，而且各自手上掌握着一大批部曲家兵。孙策带来的北方士人，像张纮和张昭，虽然富有学养，善于治理，但到了江东，都是无源之水，无根之木，根本无法给他提供强有力的金钱与兵力支持。

孙策只有靠自己打出来。但杀人，尤其杀了许多地头蛇，是要付代价的。

建安五年（公元 200 年），他遭到许贡门客埋伏，脸上中箭。当晚就进入了弥留状态。

他把张昭叫到床前，说："现在中原大乱，以吴越的兵马，三江交汇的险要地势，是足以观成败、待时机的。你们要好好辅佐我弟弟。"

然后他把孙权叫到床前，把印绶交接给他，说："举江东的兵马，决胜负于两军之间，你不如我；举贤任能，让他们各尽其心，以保卫我江东，我不如你。"

几个名不见经传的许贡的门客，就能刺杀孙策，为什么？那时，想要孙策死的江东人太多了。孙策遭遇的险境恐怕远不止这一次，不是许贡，也有别人动手。

现在，孙策死了，江东的危机才真正开始了。孙权能镇得住江东的场子吗？

孙策死的时候，才二十六岁。

孙权接手的时候，才十八岁。

## 4.

孙权无论如何也没有想到，自己有一天会登上江东之主的位置。

父亲孙坚被黄祖杀害的时候，他不过是一个十岁的孩子，跟在哥哥孙策的身边。

孙策和他是孙家的希望。有个传说：孙坚夫人吴夫人怀孙策的时候，梦见月亮撞进了她的怀里；后来怀孙权的时候，又梦见太阳撞进了怀里。吴夫人很奇怪，问孙坚说，以前怀孙策的时候梦见月亮入怀，现在怀孙权又梦见太阳入怀，是怎么回事呢？

孙坚很高兴，说："太阳和月亮，都是阴阳之精华，是极度富贵的预兆。我们的子孙一定会非常兴盛。"

孙策征伐江东，孙权常常跟在身边，有时候也参与军事会议，提出意见。孙策很惊奇，就指着手下的部将对孙权说："你要记着这些人啊，他们以后都会是你的部将。"

但毕竟，他的年龄还小，孙策并没有对他有过多的安排，只是按照习惯，在州郡安排了个孝廉的名分，然后任命他做了一个地方长官，阳羡长。

现在，他却要担任整个江东之主。自从孙策去世之后，他就哭得停不下来。

建安五年（公元 200 年）的江东，是一个名副其实的火药桶，危机四伏。

孙策打下来的，不过是会稽、吴郡、丹杨、庐江、豫章和庐陵六个郡，但即便在这些地方，他也只不过占领了中心城市，偏僻地区的山越并不服膺，常常作乱。

在孙策的高压政策之下，吴地的世家大族都怨恨孙家这个暴发户，总在期待北方势力前来接管江东，不管是高门大族的袁绍，还是朝廷所依的曹操。这些大族，有土地、有钱粮、有部曲，随时都可能成为颠覆孙家的力量。

而从北方南下寄寓江东的人，这时候都蠢蠢欲动，准备北归。他们当初跑到江东来，无非是因曹袁争雄，北方动乱，来求一口平安饭吃。现在孙策死了，江东眼看就要陷入动乱，他们想要的安全没有了，怎么可能跟着孙家陪葬？

孙策已经有了孩子，虽然岁数小，但也是合法继承人。张纮和张昭都是孙策的心腹，会辅佐他吗？程普、黄盖这些人，是孙坚的老将，对孙家忠心耿耿。还有周瑜，是他哥哥的过命之交。这些人，有权有兵，他孙权不过是一个小孩，随时可能被取而代之。

或许他并不知道的是，孙策临死时，还向张昭交代了一句话："如果仲谋（孙权的字）不能够胜任，您就可以自己取代他。在江东不顺利的话，就慢慢向西回到淮泗之间，这样至少也能安稳度日。"

北方的曹操其实虎视眈眈着呢。当他听说孙策被杀，本想发兵南下。但这个时候，张纮正好接受孙策的指派，去许都向皇帝纳贡，因为曹操喜欢张纮，孔融和他也有旧交，暂时把他留了下来。

张纮赶紧跑去对曹操说："现在如果攻打江东,这是乘人之危,不符合古代的正义;而且如果打不下来的话,两家就成了仇家。还不如干脆厚待孙家。"于是曹操就同意了。

当然,曹操并没有真的被张纮忽悠。只不过这时候的北方,局势已十分明朗。曹袁双方抵达决战边缘,曹操根本不可能分兵南下,给张纮面子,不过是就坡下驴,也防江东反而支持袁绍而已。

曹操就上表汉献帝,封孙权为讨虏将军,任命他做会稽太守。


这些虚名对于孙权毫无意义。曹操不动,但难保别人不动。荆州的刘表和孙家的死敌黄祖随时会乘乱杀来;寄居荆州的刘备从来渴望地盘;南边的士燮虽然懦弱,但如果真有风吹草动,难免不会顺手牵羊。

这大概就是孙权痛哭的原因:家族内部没有保障,江东地区危机四伏,整个天下虎视眈眈。而他只是一个十八岁的小孩,既无战功,也无威信。且不必说保住江东,连自己活下来都是个问题。

忧心忡忡的还有吴夫人,她心里也根本没底。于是找来了张昭和部将董袭,问他们江东能否保全下来。

董袭回答说:"江东的地理形态,有山有水,固若金汤。讨逆将军(孙策)对军民都有恩情,讨虏将军(孙权)是顺位继承,我们这些部属当然都会拼命效劳。张昭管理行政事务,我们这些部将充当武力爪牙。所以我们江东现在可以说是地利人和，并没什么好担心的。"

事实证明，董袭的看法是正确的。

张昭找到孙权，指着他骂道："孝廉，现在是哭的时候吗！想当年，周公去世的时候，他的儿子伯禽服丧期还没满，都敢于违反父亲的礼制带兵出征，是因为时机不允许他遵从父亲的意愿啊。你看现在全天下局势混乱，奸人逐鹿中原，豺狼当道。现在只管着哀悼亲人，顾全礼制，就和开门迎接强盗没什么两样！"

他于是让人把孙权的丧服换了下来，亲自扶着孙权上马，到军营中去巡视。

就在此时，周瑜从驻军的巴丘带兵赶来奔丧，和张昭一起，跪拜行君臣之礼。那个时候孙权虽然挂着个将军的名称，但是所有的文臣武将都在踟蹰观望，看孙权能否坐定位置，稳住局面。

张昭和周瑜这个君臣之礼一跪，就把名分定了下来。江东人一下子都明白过来，文有长史张昭管理大局，安全可得保障，武有周瑜担任中护军，军队依然如同孙策在的时候那么骁勇善战，那么没人能够撼动江东的大局。

局势立刻稳定了下来。


如果以为十八岁的哭哭啼啼的孙权是一个软弱的人，那就大错特错了。

庐江太守李术就看走了眼。他是孙策任命的，可他看不上孙权，毕竟后者只是一个小屁孩而已。所以，不管是谁从孙权那里逃跑来，他都一概接纳。

孙权好声好气地让李术把这些人送回来，说江东刚刚易主，这些人一时害怕也是有的，完全没有必要在这个时候拆自己的台。李术不但不肯，还挪揄孙权说："一个人如果有德性，大家自然就归顺他；一个人如果没有德性，大家自然就叛变他。我觉得不应该把他们归还给你。"

孙权大怒，准备兴兵讨伐。但是他留了个心眼，在发兵之前，他写信给曹操说："我现在要去讨伐李术，进是为朝廷扫除叛贼，退是为被害的扬州刺史严象（严象曾举孙权为茂才）报仇。……李术一定会向您诡辩求救。您现在是古代贤丞伊尹那样的人物，被全国人所敬仰。希望您能够约束下属，不要听信谗言。"这才发兵攻打皖城。

皖城弹丸之地，哪里守得住。李术果然一边闭门抵抗，一边派人向曹操求救。曹操这时正在官渡和袁绍鏖战之中，哪里肯分神去救李术？

皖城围困日长，城里的粮食消耗殆尽，妇女儿童都只能把土捏成丸子吃下充饥，以求苟延残喘。城破之日，孙权砍下李术的脑袋，把他的三万部曲全都迁移到了吴郡。

看错了孙权的人，还有他的堂兄、交州刺史孙辅。他担心孙权并不能保住江东，趁着孙权出行的时候，派人去和曹操联络，呼唤曹操前来接收江东。

他派出去的人却跑去密告孙权。孙权立刻返回曲阿，假装不知道这件事，和张昭一起去见孙辅，问他说："兄长您厌恶快乐的生活了吗？为什么叫别人来呢？"

孙辅大惊，赶紧否认说："没有这种事。"

孙权把他给曹操的信扔给了张昭，让他拿给孙辅。孙辅惭愧无言。

孙权立即把孙辅身边亲近的人诛杀殆尽，把他的部曲全部东移到自己的治下，然后把孙辅幽禁起来，终生都不能自由行动。


这个十八岁的少年，在上位之刻立即展现了与众不同的野心和见识。而第一个看到他野心的人——鲁肃，这时候也来到了孙权的身边。

鲁肃是临淮郡东城人，也是一个豪族子弟，却并没有成为纨绔子弟。他很早就知道，天下要大乱了，所以从小开始练习武艺，还招募当地的许多少年，一起学习击剑、骑射，还常常到山里打猎，练习排兵布阵。

一个偶然的机会，他和周瑜成了莫逆之交。

周瑜被袁术任命为居巢长的时候，有一次路过东城，因为军队缺粮，就找鲁肃借粮。鲁肃家里有两囷米，一囷是三千斛。他领着周瑜来到储粮的地方，随手就指了一囷给周瑜。

周瑜惊叹鲁肃如此慷慨大方，便和他定下生死之交。

袁术也听说了鲁肃的大名，想任命鲁肃做东城长。但是鲁肃看不上，觉得袁术这个人，军队目无法纪，管理毫无章法，不是一个可以成就大事的人。但是既然已经被袁术盯上了，还是逃跑为妙。于是他带领整个家族几百人，前去投奔周瑜。

不料，中途州里派来的骑兵就追了上来。鲁肃让老弱妇孺走在前面，让青壮年断后，下令族中青年拉弓搭箭，然后亲自上前对追兵头目说："你们这些人，都是大丈夫，应该知道大道理。现在天下兵荒马乱，你们有功也得不到赏赐，不追我们的话，也不会受到什么惩罚，为什么还要苦苦相逼呢？"

他让人在路边竖了一张盾，自己引弓搭箭，一箭射穿。那些骑兵觉得鲁肃说的有道理，硬打恐怕也讨不到什么好处，只好讪讪拨转马头回去。

鲁肃本来就此跟随周瑜，效力孙策。可孙策死的时候，他的祖母也去世了，他便回到东城处理后事。有朋友劝鲁肃去投奔巢湖的一个军阀。鲁肃回到江东，对周瑜说了这个事，自己准备北行。

周瑜劝他说："现在这个混乱时世里，不但君主选择臣子，臣子也要选择君主。我看未来取代刘家的人，一定在东南。"

然后他又把鲁肃推荐给孙权，说这个人是王佐之才，千万不能让他走掉。孙权马上召见鲁肃，和他相谈甚欢。酒宴之后，周边的人都走了，鲁肃也想告辞，孙权却把他留了下来，两个人坐在一张榻上对饮。

孙权说："现在汉朝的天下危机四伏，四方扰攘。我继承父亲和兄长的基业，想要成就齐桓公、晋文公那样的功业。您既然屈尊来惠顾我，不知道有什么见解可以开示我吗？"

　　鲁肃说："以前汉高祖身份低下，原本只不过想要服侍楚怀王，当个王侯而已，却做不到，因为有项羽这个妨碍。现在的曹操，就好比当时的项羽，将军怎么可能成为齐桓公、晋文公呢？

　　"在我看来，汉朝的天下是复兴不了了，曹操我看也不可能一下子剪除掉。从将军的角度去打算，最好的方法是立足江东来看天下的变幻。即便规模没有扩大，也没有什么大问题。为什么呢？因为北方的争夺非常激烈。我们可以乘着他们相互争夺的时机，剿灭黄祖，然后进一步讨伐刘表，再向上一直夺取到长江的源头。有了这些地盘，我们就可以建号帝王，争夺天下。这是汉高祖的大业啊。"

　　孙权笑笑说："哎呀，我现在不过在一个地方上尽力而为，希望能够辅助汉家朝廷，你说的是我力不能及的啊。"

　　可是鲁肃的话击中了他内心隐秘的想法。这才是他真正的野心。他认定，鲁肃就是辅佐他成就王霸之业的人。他给了鲁肃母亲很多赏赐，使鲁肃的家业快速膨胀，恢复了在东城时候的富贵。

5.

　　有了张昭、张纮、周瑜和鲁肃的协助，孙权的局势暂时安定住了，但是曹操的一颗心就悬了起来。

建安七年（公元 202 年），曹操已经打败了袁绍，就想着顺手压服孙权。他写信给孙权，要他送个儿子到许都来当人质。

孙权于是把文武大臣都叫来，商量是否同意曹操的要求。这其实并不是一个简单的决定。如果不同意，曹操会不会发兵南下？以江东当时的实力，能抵抗曹操的兵威吗？

这也是张昭和一些大臣的顾虑，所以他们犹豫再三，无法决断。孙权得不到答案，就把周瑜叫来，一起到吴夫人面前商议。周瑜感到十分愤怒，他说：

"现在您继承父兄的事业，拥有六个郡的土地民众，兵精粮多，将士对您都非常忠诚。我们江东这个地方，山上开矿铸铜，海里采水煮盐，境内人人富有，人心稳定，没有任何变乱的危险。如果有人想要对我们不利，我们发舟举帆，朝发夕至，所向无敌，有什么能逼着我们送质子给曹操？如果送人质过去，我们就成了曹操的棋子，召之即来挥之即去，处处受制于人。您的地位最多不过一个侯爵，带十来个仆人，有几辆车、几匹马，这怎么能跟南面称孤、独立王国相比呢？我的意思是不要送人质，静观天下变化。如果曹操能够率领正义之师匡扶天下，将军再服从他也不迟；如果他不过是个乱臣贼子，玩兵就是玩火，有一天他自己会玩火自焚，哪能危害别人？"

还没等孙权接话，吴夫人立即对孙权说："公瑾所说的话是对的。公瑾与伯符（孙策的字）同岁，不过小一个月，我把他当成自己的儿子。你应该把他当成哥哥来看。"

孙权内心坚定，却生性多疑。他当然从来就没有送人质给曹操的打算，之所以公开把这件事拿出来给大臣讨论，不过是借此刺探各人的想法而已。在此后的岁月中，他屡屡如此行事。

显然，周瑜通过了他的测验，而张昭并没有。

对孙权来说，稳住江东，还有这么几个巨大的肘腋之患。

首先要对付的是黄祖，他的杀父仇人。报仇自然是一回事，更重要的是，黄祖所在的江夏，是刘表荆州的门户。只要他在那里一天，江东的势力就无法如同鲁肃所规划的那样，向西延伸。

江东向北，是曹操的徐州，现在绝不是开战的时候，也打不过。向南，是蛮荒之地和越人的地盘，不是关键的战略要地。江东要继续扩大，主要的方向，只能是向西。

其次是山越。这是江东稳定的主要祸患。

居住在江东的崇山峻岭之中，地方横跨安徽、江西和浙江地界的山越，其实人口最主要并不是由蛮夷越人所构成。

东汉末年，一来，经过多次黄巾动乱，许多原本居住在平原地区的土著平民，都纷纷逃亡到周边山区。那里虽然生活艰苦，但是兵灾不至，至少有口安稳饭可吃。二来，有些家族势力，经历各种兵灾之后无法维系，于是举家搬迁到山里，建立武装保护家族，久而久之形成巨大势力，彼此联合，甚至推举宗帅，和朝廷、地方上的军阀势力相对抗。

在山里有强大军队的，不止丹杨而已，他们遍布在江东的各个州郡，同时也保护了依附在身边的民众。因此逃入山中的人口越来越多。对于孙权来说，制服山越不仅仅是消灭山里宗帅的势力，山越庞大的人口，也是江东兵源的一个巨大来源。

再次，是江东世族。经过孙策的野蛮杀戮，会稽的世家大族已经凋零殆尽。但是江东的大族威势仍在。吴郡四大姓——顾、陆、朱、张，这时都还没有为孙权效力，反而是一个潜在的巨大威胁。孙权的主要支持者，基本上来自北方世族。

张纮和张昭都是从北方南下的士人；周瑜是庐江人，虽然算是江东，但是祖上长年在北方任官，影响力其实也在北方；鲁肃同样是北人南下。

这些北方世族，虽然有才能、有影响力，但是初来乍到，没有根基，更没有兵马粮饷。依赖他们治国可以，但是依赖他们立足江东，却是缘木求鱼。

孙权决定先解决黄祖。

建安八年（公元 203 年），曹操采用郭嘉的计策，假装南下攻打刘表，以便让袁绍的两个儿子自相残杀。刘表陈兵边境，严阵以待。孙权乘虚而入，攻打黄祖。

初期的战争十分顺利，孙权的水军几乎摧毁了黄祖的水军，一路追击到城下。孙权手下大将凌操率先登岸攻打，大败了黄祖的前锋。黄祖败逃，凌操轻舟冒进，被黄祖手下负责断后的甘宁射死。

孙权没能攻下城池，因为后院着火了：山越叛乱。大约此时山越的目的和孙权几乎相同，趁着孙权攻打黄祖，内部兵力空虚，要赶走孙权。

这次叛乱的规模和涉及范围非常大，丹杨、豫章和庐陵全面告急。孙权手下的将领几乎倾城出动，吕范攻打鄱阳，程普打乐安。太史慈负责海昏，任命黄盖、韩当、周泰和吕蒙等镇守在饱受贼寇作乱的县，担任县令或县长，平定叛乱。

可是南部很快也出事了，建安、汉兴、南平几个县的山民，都各自聚众上万人叛乱。孙权命贺齐出动上万军队，才逐渐把这些叛乱平定下来。

一波未平，一波又起。山越的问题还没有解决，江东世族又出问题了。

孙权的弟弟孙翊在建安八年（公元 203 年）时，年满二十岁，被任命为丹杨太守。他到任以后，到处招揽人才，任命会稽名族盛宪的门生妫览为大都督，戴员为郡丞。盛宪被杀后，妫览和戴员心中熊熊燃烧起对孙家滥杀老师和江东世族的仇恨，他们要报仇。于是他们收买了孙翊的家仆边鸿，试图寻找时机杀掉孙翊。

正当孙权把所有精力都投入在攻打黄祖和扑灭山越叛乱时，妫览和戴员的复仇计划成熟了。

孙翊初来乍到，常常接待各县的县令和地方长官。有一天，他突然心血来潮，跑进内堂，找妻子徐氏。

徐氏是一个精通占卜的人，孙翊对她说："我明天想设宴接待各地长官，你帮我卜一卦看看合不合适。"

徐氏占卜之后说："卦象不好，还是换个日子吧。"

孙翊犹豫了一下说，这些人到来也有几天了，不宜拖延。

第二天，他就大宴宾客，接待各地官员。孙翊这个人，骁勇善战，行为果断，性格暴烈，孙家官员都认为他很像孙策。他多数情况下刀不离身，旁人难以近身。但这天他已经完全喝高了，所以空手送客。孙翊的家将边鸿被妫览和戴员买通，抓住机会，从背后一刀砍翻了孙翊。

丹杨郡一下陷入慌乱之中。许多忠于孙家的将士官吏，这时都无力抵抗拥有兵权的妫览。庐江太守、孙坚的堂兄弟孙河，赶紧奔赴丹杨首府宛陵，怒骂妫览和戴员。此时宛陵已经完全被妫、戴控制，孙河并不能接管。

妫、戴二人商量说："孙河和孙翊之间关系那么疏远，现在还跑来责怪我们。要是孙权来的话，那我们一个也逃不掉。"于是一不做二不休，把孙河也一并杀了。

为了防止孙权报复，他们一边控制宛陵，一边派人和曹操手下的扬州刺史刘馥联系，想把丹杨献给刘馥。


就在这家国大局之中，一个女子的复仇奇迹出现了。

洋洋得意的妫览进入孙翊的府中，把孙翊的姬妾全都占为己有，宛如主人使唤府里的佣人。他还想要霸占徐氏。

徐氏提出条件，要求严惩凶手，于是妫览把责任全都推给了边鸿，说是边鸿自己叛乱，把边鸿杀了。

徐氏担心自己如果违逆，可能会一并遭到杀害，就假装答应妫览，但提出了条件："请求您给我时日，等我月底拜祭亡夫除去丧服之后，再来服侍您。"

徐氏暗中派人找到了孙翊亲近的将领孙高、傅婴，对他们说："妫览已经霸占了那些姬妾和侍女，现在又来逼迫我。我之所以表面上答应他，是想迷惑他们以免被害。我现在准备有所谋划，希望两位能够同情相助。"

孙高、傅婴哭着说："我们得到孙将军的恩遇，之所以不随他一起死难，是因为死了也没有什么用处，而希望能够找机会做点事情。计划还没有确定下来，所以还不敢向夫人报告。夫人想做的也是我们的愿望啊。"

于是孙高和傅婴找来了二十几个忠于孙翊的仆人，歃血为盟，等待徐氏安排。

到了约定的日子，徐氏设置灵堂，痛哭尽哀。然后脱去丧服，沐浴熏香，搬进了另外一间房，欢声笑语，以向妫览表示自己已经全无悲伤。那些服侍徐氏的人都异常悲痛，责怪她忘恩负义。这一切都被妫览偷偷看在眼里，对徐氏再也没有怀疑。

徐氏于是让孙高和傅婴带着那些仆人一起到新房中服侍，然后命人去请妫览，说现在已经去除凶兆，万事吉祥，就等着大人安排。

妫览欢天喜地而来，徐氏出房迎接，行礼拜见。刚刚行礼，徐氏就大声叫道："两位现在可以起来了！"

孙高和傅婴冲出，立即格杀了妫览，其他人冲出房外，找到并杀死了戴员。

徐氏回到房中，换回丧服，把妫览和戴员的脑袋送到孙翊的墓前拜祭。整个丹杨郡的军民听到徐氏复仇的故事，都吓得目瞪口呆，把徐氏奉若神明。

孙权随即赶到宛陵，灭了妫览和戴员家族，一切早就已成定局。

从建安九年（公元 204 年）到建安十二年（公元 207 年）之间，孙权一直被困在平定山越和与江东世族的斗争之中，焦头烂额。

建安九年（公元 204 年），他又杀害了吴郡的名士沈友。

沈友是许都朝廷重臣华歆的朋友，其实是孙权礼聘而来的高参，无论在政治还是军事上，都有着独到见解，并且多次论及应该兼并荆州。

但是沈友与华歆过从甚密，并且始终内心忠于汉朝，多次当众批评孙权。有一天，孙权在朝会之后对他说："有人说你想要谋反。"沈友知道自己已经大难临头，就回答说："将军你对于许都，有无君之心，这才是真正的谋反吧?"孙权就立刻杀掉了他。

但是孙权同时知道，自己对于江东的世族，不能一味采用杀戮政策了。他试图弥补与吴郡四姓的关系，并开始小心翼翼地任用他们。

建安五年（公元 200 年），曹操封他为吴郡太守的时候，他就任命顾雍这位吴郡最大的家族的族长作为郡丞，实际管理吴郡的事务。

原来的庐江太守陆康，是抵抗孙策的主力。孙权也试图启用陆家子弟。陆康的儿子陆绩，被他任命为奏曹掾，后来还试图让他领兵。但是陆绩对孙家始终怨恨深埋，并且一心向汉，没有太多升迁，郁郁而终。

陆康的侄孙陆逊，却开始崭露头角。最初，他不过被孙权任命为海昌县屯田都尉。但他兢兢业业，不仅劝民农桑非常得力，还自己组织民兵和山越作战，慢慢甚至积累起两千士兵，得到了孙权的认可。

朱家的朱桓，这时被任命为余姚长，管理地方事务，同时负责剿灭当地的山越。

张允也被任命为东曹掾，开始了张家在孙氏管治下的合作。

当然，此时吴郡四姓与孙家之间的信任，还未完全建立，彼此之间也都不过是在小心试探，因此他们在孙家朝廷中的位置，多数比较低微，职责并不重要。


而这三年间，与山越的战争，则是风起云涌，残酷异常。山越在江东无所不在，而且势力庞大。仅就大将贺齐所管理的黟县、歙县来说，就有几万户、几十万人口集聚山中，分布广泛。

歙县的宗帅金奇屯驻在安勒山，有人户过万；宗帅毛甘屯驻在乌聊山，也有人户过万；黟县的宗帅陈仆、祖山则屯驻在林历山，拥有人户超过两万。

绞杀山越的历程，并不比争夺土地的战场更加和平。林历山四面悬崖峭壁，高几百米，都是羊肠小道，根本无法行军。小路两边上头遍布山越的岗哨，一旦发现敌兵，就从高处投掷石块，因此根本没法攻打。

于是贺齐夜里派了一批身手矫健、武艺高强的士兵，用戈矛等武器开出一条可供人攀爬而上的小道，然后以布为绳索，吊上来几百士兵。

这些士兵随身携带鼓角旌旗，乘夜到处敲锣打鼓，杀声震天。山越兵士听到到处都是鼓声，以为大军都已经上山，惊惶失措，四散奔走。那些守在小道边上的人，也纷纷逃到主力所在的地方。就这样，贺齐的军队全部上山，攻灭陈仆和祖山的山越部队，斩杀超过七千人。

这样的烽火，在江东六郡到处发生。孙权在攻灭山越据点之后，把所有人全都赶下山，强壮的被拉去当兵，赢弱的就登记做民户，种田缴税。

山越的问题是无法一时三刻就解决掉的，而按照鲁肃提供的规划，首先要攻克的还是黄祖。

建安十二年（公元 207 年），孙权又带领旧部对黄祖发动了一次攻击，俘虏了黄祖的许多人户。

但是还没来得及展开全面冲击，孙权就不得不返回都城。因为他的母亲已经临终。吴夫人甚至都没有见到孙权最后一面，她只能把张昭叫到病床前，把国事托付给他。[1]

---

1　另有历史记载认为，吴夫人是在建安七年（公元 202 年）去世的。

　　第二年，孙权认为，解决黄祖的时机终于成熟了。不仅因为决心，而且因为情况已然不同，他得到了一个扭转乾坤的人物：甘宁。

　　甘宁是巴郡人，原本只是当地的一个流氓，招徕一群不良少年，背着装饰羽毛的弓箭，骑着带有铃铛的马，当地人一听到铃声，就知道是甘宁来了。所以被人称作"渠帅"。

　　他常常放纵手下的人到处打家劫舍。所过之处，如果受到当地官员大鱼大肉招待，他们就和人家勾结；如果不接待，就放纵手下的人抢掠一番，成了当地一害。

　　到了二十多岁的时候，他在放纵的间隙看了一些诸子百家的书，突然间醒悟过来，觉得大丈夫应该成就事业。后来他带了自己的团伙和族人八百多，去投奔刘表。

　　刘表是个儒生，不懂军事，所以也没把甘宁当回事。甘宁看刘表是个不成气候的人，只怕以后崩溃的时候，还要连累自己，就往江东去投奔孙策。走到了黄祖的地盘，这么一大群人，立即就被拦了下来，只好暂时跟了黄祖。

　　他跟了黄祖三年，也没怎么招黄祖待见。甚至在建安八年（公元 203 年）孙权第一次攻打黄祖的时候，他还救了黄祖的命，也没有得到黄祖的重用。更加糟糕的是，黄祖还不断挖他的墙角，把他带来的人都引诱走。

　　甘宁想离开，却无计可施。他始终闷闷不乐。他的好朋友、黄祖手下的都督苏飞看出他的意图，就找他来喝酒。

　　苏飞说："我好几次把你推荐给主上，但他还是不肯用你。岁月如梭，人生几何，你还是应该想想自己的未来啊。"

甘宁沉默了很久才说："我也是这么想啊，可我能怎么办呢？"

苏飞说："我想推荐你去邾县做长官。这样你完全可以见机行事啊。"

甘宁大喜过望："那就太感激了。"

苏飞的善意，为他保全了性命。

甘宁一到邾县，马上把之前的旧部招揽回来，甚至还招募了一些新的追随者，一路狂奔去了吴郡。

周瑜、吕蒙第一时间就把他推荐给了主上。孙权当然知道这个来自敌人阵营的人的价值，他的大将凌操就折在这个人手上。他不计前嫌，甚至给他的待遇就像老臣子一样。

甘宁没有任何犹豫，立刻献上破黄祖和刘表之计："我已经详细观察过刘表，他的志向短浅，儿子又很顽劣，根本继承不了他的基业。您应该早点规划获取荆州，不能落在曹操后面。要想获得先手，就得拿下黄祖。他已经老了，昏聩至极，既没有钱，也没有粮食，部下的人都糊弄他，一心只管弄钱渔利，不断地榨取官兵的粮饷。所有的官兵都心生怨恨，不思进取。所以战船武器都已经毁坏，也根本不加修缮，农民无心耕种，将士毫无法度。如果您现在去攻打的话，一定可以消灭他。拿下黄祖，再继续向西的话，就可以窥视巴蜀了。"

张昭对甘宁的话非常不以为然，马上反驳说："我们吴郡现在纷纷扰扰，内事未平，如果贸然出兵的话，只怕会有大乱。"

甘宁是个大老粗出身，根本不把张昭这样的文人放在眼里，他立刻反驳说："咱们主上把你当成萧何一样，把重任放在你身上，你现在只想着守成，还担心会有混乱，拿什么来和古人相比呢！"

孙权马上举杯说："兴霸（甘宁的字），今年我一定要讨伐黄祖，就像这杯酒敬你一样，把重任也托付给你。你要好好规划，一举攻克黄祖，那么你就有大功，何必在乎张长史说什么呢。"

甚至没有等到吴夫人的国丧期满，孙权立刻就发兵去讨伐黄祖了。

但是黄祖占据江夏几十年，当然不会束手就擒，整个攻防战极其残酷。

黄祖用两艘蒙冲[1]堵住汉江口，用棕榈绳系上大石头固定船只，船上布置了上千名弓箭手，箭如雨下，吴军根本前进不了。

而这场战争孙权也可谓赌上了所有的精兵猛将。周瑜担任前部大督（前敌总指挥），江东的名将倾城而出。

吴军被堵在江口，董袭和凌统各自带了一百人的敢死队，身上穿上双重铠甲以抵挡敌军的弓箭，驾驶大舸船，冒

---

1 也作艨艟，一种战斗力较强的战船，其外蒙着牛皮，使双方的箭射不到里面的人，里面的人却可以用弓箭和长枪等武器从小孔中杀伤敌人。整条船操纵灵活，进退自如。

着箭雨，直接撞进蒙冲里。董袭亲自冲到船下，砍断了两根棕榈绳，蒙冲因此横了过来，再也堵不住江口，于是吴军的船队才冲了过去。

凌统也在前锋，他和几十个士兵驾驶轻舟，冒险突进，常常和后面的大部队相隔几十里。他突入一条汉江的支流，斩杀了黄祖的部将张硕，俘虏了黄祖的大批水军。

吕蒙也是前锋主将，他直接对战黄祖的水师都督陈就。他让自己的水师暂停前进，自己身先士卒，冲到前面，直接砍死了陈就，于是大部队一拥而上，黄祖的水军瞬间土崩瓦解。

凌统第一个冲到沙羡城下，开始攻城。

黄祖一听到陈就战死，知道大势已去，马上抛下沙羡就往外逃。一个名叫冯则的江东骑士拍马追上，砍下了黄祖的脑袋。

就这样，经过了十七年，孙权终于报了杀父之仇，剿灭了黄祖。而这对于刘表来说，是致命的打击：他现在两面受敌。已经结束了乌桓之战的曹操，下一个目标，肯定是荆州；而失去了东边门户江夏，孙权可以长驱西进了。

刘表的病倒，与此有莫大的关系。曹操从北来，孙权从南来。十多年的养尊处优、太平无事，一下子被两个致命打击中断了，急火攻心，旧病复发，想来也是正常的事情。

孙权早在战前就备了两个盒子，要装黄祖和苏飞的脑袋。

在庆功宴上，甘宁走下座席，向孙权叩头，额头上流下的血和眼泪混在了一起。他和孙权说起了苏飞对他的恩情：

"我如果没有碰到苏飞，早就已经死无葬身之地了，更不可能为主上效劳。现在苏飞虽然罪当斩首，我还是向将军请求放过他的性命。"

孙权很感动，说："我可以放过他，可是他如果逃跑了怎么办？"

甘宁还是乞求说："苏飞免了身首异处的灾祸，会感念您的再生之恩，您就算驱逐，他也一定不肯走，怎么会想着逃跑呢。如果是这样的话，那么请用我的头来替代他放进那个盒子。"

孙权感念甘宁献计剿灭黄祖，于是就赦免了苏飞。

就这样，建安十三年（公元208年），孙权已经成为江东之主八年了。在他的治下，文有张昭和张纮，还有诸葛瑾、秦松等一批北方南下的世族；武有周瑜和鲁肃这两个当世的军事奇才，父亲和哥哥留下的忠勇之士程普、黄盖、董袭，新进的猛士吕蒙、甘宁、凌统和贺齐。

在内部，山越的问题虽然还令他的心隐隐作痛，但在大面上经过多年的征战，几股大势力已经被消灭，因此获得了数十万的精兵和民户，境内安定了下来。虽然会稽的世族始终对他心怀怨恨，不能齐心协力，但是吴郡四姓都已经进入了他的麾下，开始逐渐崭露头角。

也就在这一年，他把自己的首府，从吴迁到了京口，给它取了个响亮的名字叫京城。在北固山上，他让人修筑了雄伟厚实的瓮城，称之铁瓮城。他要在这里像铁一样扎下根来，面向西部，如同鲁肃所规划的那样，先灭刘表，再图巴蜀。前程如同锦绣，在他面前铺展开来。

然而他没有准备好的挑战是，他要直接面对曹操了。

第七章

赤壁

遥想公瑾当年，小乔初嫁了，雄姿英发。

羽扇纶巾，谈笑间、樯橹灰飞烟灭。

苏轼《念奴娇·赤壁怀古》

*1.*

建安十三年（公元208年）正月，曹操从乌桓回到邺城。他马上下令在邺城的西南面，挖了一个大池子，名叫玄武池，开始操练水军。

所有人都心知肚明，他的目标就是荆州的刘表。北方大势已定，他要南下了。

挖池子训练水军，似乎是北方人对于水战的想象。在曹操征战北方的历程中，从来没有过一场真正大型的水战。

但在人工湖里训练水军却不是他的发明，是汉武帝的。元狩三年（公元前120年），汉武帝准备攻打南方的昆明国，就在首都长安西南开掘了人工湖，命名为昆明池。

汉武帝操练水军是认真的。昆明池周长四十里，面积十六平方公里，相当于两个半杭州西湖那么大。

汉武帝在昆明池中造了各种戈船各数十艘，楼船上百艘。船上戈矛林立，威风凛凛。后来又造了一艘豫章大船，可搭载上千士兵，大约是准备用来作为汉武帝的指挥舰的，因为上面甚至盖起了宫室。

然而，对昆明国的战争并没有发生，而发生在昆明池的，常常是安置龙首船，让宫女划船，上面凤盖林立，华旗飘扬；池上棹歌四起，鼓吹振天，而汉武帝稳坐豫章大船，听风赏月。

于是大臣们开始窃窃私语，说其实汉武帝开挖昆明池，只不过是找了个征伐的借口，又建了一个皇家园林，供自己玩乐而已。

汉武帝大怒，又重新修缮了一番昆明池，用意还是战争。而这次在昆明池中操练的水军，终于大显神通打败了叛乱的南越国。

但是此时的长安已经是一片形同无人区的废墟，曹操要在邺城再现汉武帝的辉煌武功。


也就在这一年，曹操得到了一个从此终身未曾摆脱的恶名：托名汉相，实为汉贼。因为在六月份，汉朝廷改革官制，重新恢复了汉高祖刘邦时候就实行的丞相负责制度。

这个位置理所当然是曹操的。不过，曹操还是表演了一把，表示愿意推荐徐璆当丞相。在汉朝廷中，徐璆从来没有过什么杰出的贡献，但是名声很好。在刘表出任荆州刺史之前，他就被汉献帝任命为荆州刺史。后来他被征召入京当廷尉，但是他走到半路的时候，就被袁术扣留了。袁术倒是对他真的客气，登基当皇帝的时候还想封他当上公，被他拒绝。如果说他的确有个别人无法企及的贡献的话，那就是袁术死的时候，他意外得到了汉高祖的传国玉玺，带回许都献给了汉献帝。但就这么一个捡来的功劳，他敢因此接受丞相之位？

　　这个官制改革是否出于曹操自己还的确难说。当年汉哀帝废除丞相，用意当然是防止权臣把控朝政，通过大司马掌握军权，大司空掌握行政权和大司徒掌握司法权来进行分权。但是在东汉朝廷外戚和宦官轮流持政的形势中，这根本没有什么用。最终三公的职位全都是虚职，在多数时候，大将军才是真正的话事人。而有时候，连大将军也是个摆设，宦官头子才是最高权威。

　　但形势已经到了这个时候，曹操如果还只是一个司空的位置，的确已经不合时宜，无论是行政、军事还是经济，已经由曹操全面掌握。

　　更重要的，恢复汉高祖的官制，才是曹操内心对朝廷官制真正的构想。在军旅生涯的早期，他就曾经写过一首诗，叫《度关山》：

> 天地间，人为贵。立君牧民，为之轨则。
>
> 车辙马迹，经纬四极。黜陟幽明，黎庶繁息。
>
> 於铄贤圣，总统邦域。封建五爵，井田刑狱。
>
> 有燔丹书，无普赦赎。皋陶甫侯，何有失职？
>
> 嗟哉后世，改制易律。劳民为君，役赋其力。
>
> 舜漆食器，畔者十国。不及唐尧，采椽不斫。
>
> 世叹伯夷，欲以厉俗。侈恶之大，俭为共德。
>
> 许由推让，岂有讼曲？兼爱尚同，疏者为戚。

天地之间，以人为贵。君主是天之所立，管理万民是天然的责任。但是如何才是好的治理？应该设立封建五爵，建立法律制度，倡导节俭道德，任用贤明的宰辅。而现在所有的纷乱，就是打破了这样的一个秩序。

恢复丞相制度，既是当下对统一全国行动的需求，也是向他的偶像汉高祖刘邦致敬的方式。


南下，在曹操的战略版图上已经成为一个不二的选择。北方虽然还没有完全纳入汉朝的版图，但已经无关紧要。

在辽东有公孙康。他是个懂事的人。当时袁熙和袁尚逃去辽东投奔公孙康，他二话不说就把两个人的首级给曹操送了过来。曹操马上封他做左将军、襄平侯。

而且，公孙康的野心不在中原，他正忙着攻打高句丽。对他来说，只要臣服于曹操，尽量把北方的地盘扩大，做一个割据之王，也就够了。北方偏远寒冷，除了蛮族之外什么都没有，想来无论如何也不会成为曹操的兵锋所指，所以双方都乐得表演和谐。


西北方向的凉州倒真的是一个麻烦。汉朝的瓦解，事实上就是从凉州开始的。董卓就是因为被派到西北平乱，才崛起成为一时枭雄的。当年发动叛乱的韩遂现在还在，而且和马腾结为异姓兄弟，一起分享凉州。

不过，马腾和韩遂之间的友谊小船说翻就翻了。他们的部下经常彼此攻击，争夺地盘，完全是军阀的做派。这两位也的确没有什么大的野心，从没有参与过中原争夺，只是在西北这个泥潭里翻滚。

但是长期这么闹也不是个办法，所以朝廷派了钟繇和韦端两个官员去调解，相当于帮两人划分了地盘，给马腾封了个前将军、槐里侯。

但是如果曹操南征，这两人可能乘着没人压制，又开始闹事。于是曹操就派了张既去说服马腾，让他干脆迁到朝廷来做官。

马腾一开始答应得很爽快，随后又磨叽起来，担心曹操对他不利，迟迟不肯出发。可到了这个时候，哪里容得他出尔反尔，张既立马要求沿途各县做好接待马腾全家的准备，二千石以上的官员都要在马腾经过的时候，到郊外迎候。

气氛都烘托到了这个地步，马腾就只好屈服。

曹操不仅仅担心马腾，还担心他的儿子马超。所以他一下子把马腾和马超同时提拔了，任命马腾为卫尉，这是个荣誉职衔，九卿之一。然后又任命马超为偏将军，统领原来马腾的部队。

曹操的心眼留得很足，在马腾出发去邺城做人质的时候，还得带上家属：这是马超继承马腾兵马的前提。现在，韩遂绝对不敢轻举妄动，因为马超在看着他。马超也不敢生出二心，因为他的父亲和家属全都在邺城。

凉州暂时安全。


西南方向是益州，也就是现在的四川，那个令各方垂涎的地方。诸葛亮的方略是先占荆州，再拿益州。鲁肃的方略也是先打刘表，后打刘璋。

但是这块肉谁都知道不好啃。在董卓之乱前，朝廷正好派了皇族成员刘焉去做刺史。董卓起兵的时候，刘焉就占了益州，随后由他的儿子刘璋继承。

诸葛亮说，益州"沃野千里，天府之土"，一点儿也没错。关键的问题是，刘璋在所有人的眼里都是个软柿子，谁都想去捏一捏。

刘璋和刘表这两个皇族子弟都一样，只想守着自己的地盘过太平日子。刘璋比刘表还绝，他从来不掺和中原的事，一心一意只想岁月静好。

他当然有理由这么想。益州这块肥肉，偏偏有着整个天下最易守难攻的地形。当年汉高祖刘邦被项羽打发到巴蜀的时候，一路上逃兵不断，都不肯跟着他，生怕余生就此被锁死在山里。

尽管这里后来成了汉高祖的龙兴之地，但是从中原反着打进去，还没有先例。

对曹操来说，先对益州动手肯定是不明智的。在拿下刘表的荆州、孙权的江东和消灭刘备之前，绕道去取益州在战略上肯定是不可取的。

刘璋其实很识趣。听说曹操要去打荆州，马上派人去向曹操致意，其实就是表达臣服之意。曹操当然也会做人，马上加封刘璋为振威将军，他哥哥刘瑁为平寇将军。

刘璋接着又给曹操送了三百个叟兵，曹操旋即为带头的人封了官。

这两人一来一往，益州的局势也就明朗了，刘璋是站在曹操这边的。

在益州的北边还有一股势力：汉中的张鲁。他自己号称是留侯张良的第十世孙，当然从来无法获得证明。张鲁本来是刘焉和刘璋的部下。可是刘璋怀疑他有二心，不肯听自己的话，于是杀了张鲁的母亲及许多家室。张鲁因此一怒之下占领了汉中。

张鲁的汉中是一个宗教政权，而他自己就是五斗米道的"师君"。他在汉中倒是深得民心，治理宽和，行为慈善，从来没有重刑滥杀。曹操老早就封了张鲁做镇民中郎将、汉宁郡太守。张鲁和刘璋之间有化不开的仇怨，彼此防范，相互提防，当然对曹操就没有任何威胁了。

因此，建安十三年（公元208年），形势非常明朗。在汉家朝廷和曹操的周边，都是些弱小的存在。在曹操一顿操作猛如虎之后，他们至少表面都加入了曹操阵营。但是荆州不一样，它不仅仅是曹操统一全国的必然步骤，而且是必须立即拔掉的在背芒刺。

刘表从来都是一个不安分的存在。在曹操和袁绍争雄的时候，刘表就站在袁绍这边，即便在袁绍死了之后，他还不断和袁家兄弟暗通款曲。虽然刘表并没有统一全国的野心和行动，更像一个小富即安的贵家子，但他招揽了一批来自北方的世家大族，搞学术、做音乐、舞文弄墨，竟然还攒出了一套皇家仪仗和乐队，于情于理，都让曹操无法容忍。

　　再南面的孙家兄弟，孙策和孙权。当年，孙策还在世的时候，就策划过乘曹操和袁绍决战官渡之时，偷袭许都，抢夺汉献帝，幸亏孙策被刺杀，才没有付诸实行。如果孙策真的发动袭击，当时他与袁绍之间的战争胜负未分，鹿死谁手还真是难以预料。

　　他本来以为孙权根本没法压制住孙策死后的混乱局面，谁知道在张昭和周瑜一文一武的辅佐之下，孙权不但站稳了脚跟，还整个吞并了江东地区，甚至干掉了黄祖，拿下了江夏。如果他不马上行动的话，可能连荆州迟早都会姓孙。荆州一旦落入孙权手上，那么汉家天下就变成北曹南孙，想要统一怕是遥遥无期了。

　　还有一个巨大的隐患，别人看不到，但是他曹操却心知肚明，就是那个看似无足轻重的刘备。这是一个真正的枭雄。这个人虽然在过去的十多年时间里如同丧家犬一样，投奔过公孙瓒、吕布、袁绍、刘表，但是他内心强大，意志坚定，理想深不可测。他曾经和刘备"煮酒论英雄"，并不是抬举他，而是因为他真的担得起英雄这个名头。

　　刘表不用他，并不代表刘表之后的刘琮或者刘琦不用他，也不代表孙权不用他。一旦刘备和荆州或者孙家联合起来，那也真够他喝一壶的。

　　所以，曹操必须南下，一箭三雕：吞并荆州，平定江东，消灭刘备。

干掉袁绍是曹操成为汉家天下唯一超级霸权的前提，而平定江南是曹操统一天下的前提。以前担当一个司空是够用的，因为他不过是和袁绍争夺天下话语权的众人当中的一个；但是现在他必须成为丞相，因为他要代表汉家朝廷来统一天下。曹操要的从来不是虚名，而是名正言顺的合法性。

丞相不是用来叫的，而是用来干的。他只有成为汉家的丞相，扫平荆州与江东，才是名正言顺的。

他要向世人证明，汉相是真实的，而汉贼是诋毁。

他没有再做任何等待。七月，他兵发荆州。

## 2.

荆州刘家此时乱成了一锅粥。

在荆州，一直有一个传说：刘表在病死之前，是想让位给刘备的。这好像对刘备也不是什么稀奇的事情。当年陶谦死的时候，不就把徐州让给了他吗？

据说刘表是这么说的："我的儿子没有本事，部将也都四散零落了。我死之后，你就立刻摄政荆州。"

刘备回答说："您的孩子们都是贤明之主，您还是好好养病吧。"

有人劝刘备听从刘表的安排。但是刘备说："这个人情深义重，如果现在听了他的话，那么人人都会认为我是凉薄之人。我不忍心这么做。"

这样的话到底是如何风传，或者由谁制造的，其实并不重要。但是刘表的家臣们，却看得非常清楚。

八月刘表死了，刘琮成了荆州的主人。主仆之间第一个话题，就是如何应对曹操。蒯越、韩嵩和傅巽都劝刘琮投降。

刘琮弱弱地问："如果现在我和各位一起，守着楚国的地界[1]，守住先人的家业，坐看天下风云，难道不可以吗？"

傅巽回答说："我们从几个方面来分析。第一，从国家的角度来说，曹操是汉相，我们抵抗他，就是叛逆朝廷，以臣子的身份来对抗皇帝；第二，如果现在我们说自己是楚国，就是新造一个国家，以新国来对抗全国，在力量上本身就无法匹敌；第三，就算让刘备来对抗曹操，也未必能胜。从这三个方面来看，都很难抵挡朝廷的兵锋，这是自取灭亡啊。如果请将军自己衡量，您能比得上刘备吗？"

刘琮很老实回答："那我不如他。"

傅巽接着说："如果刘备不足以抵抗曹操，那么虽然我们能够保全楚地，最终也无法生存下去；如果刘备真的能够抵抗曹操，那么刘备在荆州的地位就不会在将军之下，您最终也会被他吞掉。希望将军不要再犹豫了。"

就这样，九月，当曹操的大兵到达新野的时候，刘琮就派人拿着汉朝的符节去迎接，表示愿意投降。

曹操的部将都很是怀疑：搞这么大的动静，做了半年的

---

1　荆州是战国时楚国的地盘，所以刘琮说这里是楚国的地界。

准备，不是一向还说刘表是个英雄，兵多将广吗？这么容易就投降，会不会有诈？

谋士娄圭说："现在天下纷纷扰扰，所有的地方诸侯都恨不得把朝廷的符节捂得死死的，以求自保。现在刘琮让人拿着符节来，肯定是真的。"刘表是朝廷任命的合法的荆州刺史，是毫无疑问的，因此刘琮拿出朝廷的符节，可以说是最真诚的投降了。

曹操觉得很对，就直接进军襄阳。

刘琮向来被人看作窝囊废，荆州带甲十万，拥有当时最强大的水军之一，如果真的雄起抵抗曹操，这一仗恐怕有得打。

但是他和父亲刘表一样，都不是战斗型人格，虽然投降曹操被视为窝囊，但他保全了家人以及荆州的许多精英。

他随后就被曹操任命为青州刺史，同时封侯。随同他一起投降的共十五人被封侯，蒯越被任命为光禄勋，韩嵩被任命为大鸿胪，而傅巽也被封为关内侯。

他之后就湮灭在历史的烟尘之中，不再现身。大约荣华富贵过了一生吧。

而刘琮对于刘备的恐惧，却一直都在，他投降曹操的时候，都没敢告诉刘备。

这时候刘备屯兵樊城，很久之后才派人去打听消息。刘琮就派宋忠去传达自己的决定。

宋忠见到刘备的时候，曹操已经到了宛城。刘备大惊失色，对宋忠说："你们这些人竟然这么做事！早不跟我说，现在大祸临头了才来，这也太匆忙了吧。"

他拔出刀来架在宋忠的脖子上说："现在就算砍了你的头，也不足以泄愤，而且临别之时再杀你这样的人，也不是大丈夫所为。"于是让宋忠回去向刘琮复命。

刘备的部下都认为，刘备应该劫持刘琮以及荆州的百官，南下逃亡到江陵，再做下一步打算。但是刘备回答说："刘表临终的时候把孤儿都托付给了我，如果我背信弃义，死后有什么面目去见刘表呢？"

他没有选择，只有向南去和刘琦会合。


当刘备来到襄阳，诸葛亮劝他干脆攻下襄阳，就可以趁着曹操没到，占据荆州。但刘备还是说："我不忍心啊。"

他骑马来到城下，大声呼叫刘琮的名字。刘琮吓得腿脚发软，不敢起身，更加不敢回答。

刘备来到刘表的墓前，痛哭失声。

其实刘备心里非常清楚，他根本没法攻打襄阳。荆州的兵马，抵抗曹操或许不足，对付他却是绰绰有余，蒯越、蔡瑁这些人，也都是身经百战的名将，鹿死谁手是不可知的。即便历尽千辛万苦打下襄阳，曹操已经近在咫尺了，以他和荆州的残破之军，哪还是曹操的对手？

劝说刘备夺取荆州的人都想当然了，刘备心里最清楚。刘表在荆州经营了十多年，整个荆州世族对刘表是忠诚的。而从北方南下的世族，也都感激刘表对他们的蓄养之恩。刘表去世，本地世族已经耽溺于和平太久，根本不想打仗，投奔曹操是最理想的结果；而北方世族就不用说了，归降曹操，重返故地，在朝廷里做官，还有什么比这更好的安排吗？

打也打不下来，纳降也降不了，守也守不住，何必多此一举？

假借对刘表的感情，起码能起到收买人心的作用。这一招是应验了。

荆州人对于曹操南下，内心是十分恐惧的。曹操攻城之后的残忍，有目共睹。他给父亲复仇，打徐州的时候屠城；他打下乌桓柳城的时候，同样是屠城。荆州会是什么下场呢？

所以当刘备南行的时候，荆州的士民跟着刘备一起逃的越来越多。走到当阳的时候，有十几万人；各种辎重车辆，有两千多辆，每天只能走十多里路。

他派关羽乘几百艘船，带着水军先去江陵，自己则和大队人马继续从陆路向江陵进发。

部下劝告刘备说："我们现在得快点走啊，这样才能保住江陵。现在我们虽然有十几万人，但是并没有多少士兵，曹操来了我们怎么抵挡得住呢？"

刘备还是说："如果想要成就大事，就得以人为本。现在这些人都愿意跟随我，我怎么能弃他们而去呢？"

曹操这个时候看到了机会。他本来就担心江陵有着丰厚的物资，会被刘备占据。如果刘备逃到这里，那么再去攻打，显然会非常吃力。因此他下令辎重部队殿后，自己轻军直奔襄阳。

可等到了襄阳，刘备已经走了。他又马上让大部队进入襄阳，自己只带五千精英骑兵，一日一夜疾行三百里，终于在当阳的长坂坡追上了刘备。

这个时候刘琮的部将中倒有一个人想火中取栗。将领王威对刘琮说："曹操听说将军投降了，刘备也跑了，一定对我们放松警惕，轻兵去追刘备。如果能给我几千精兵，我在险要地方设下埋伏，肯定能抓住曹操。抓了曹操，威震四海，何止是保守现在的地位而已啊。"

刘琮当然没这个胆子，根本不敢冒这个险。否则他怎么会根本不抵抗，就率领荆州投降呢？

刘备的军队在曹操面前果然不堪一击。曹操五千人马，在长坂坡把刘备整个队伍冲击得四分五裂，刘备再次丢弃了自己的妻子儿女，仅仅和诸葛亮、张飞、赵云等几十人逃走，而所有的辎重和跟随他的荆州人，全都落入了曹操手里。

也恰恰在这个时间里，刘备部属的忠心全都呈现了出来。张飞负责殿后，他带着二十多个骑兵，截断一座桥，站在水边，立马横矛，瞪大眼睛看着追赶过来的曹兵，大声叫道："我是张益德，有谁敢来和我一决生死？"曹操的兵马没人敢靠近。

有人跑去跟刘备说："赵云已经向北逃走了。"刘备拿着手戟打向那个人说："子龙绝对不会丢弃我逃跑的。"

过了没多久，赵云就抱着刘禅，护着甘夫人回到了刘备身边。

刘备已经无法按照原计划逃往江陵，只好改道去汉津。在这里，他和关羽的水军会合，渡过沔水，并且遇见了刘琦的一万多水军，他们一起躲避到了刘琦占据的夏口。

曹操继续进军占领了江陵。

就这样，荆州之战结束了。从七月曹操出兵，到十月占领江陵，三个月的时间，他就占据了整个荆州。刘备损兵折将，只剩下夏口这个微不足道的基地，而孙权根本都还没有反应过来。

曹操当然不会等他反应。他马上就要重新集结人马，带上荆州新降的水军，顺流而下，直指江东。如果孙权识相，像刘琮那样不战而降，那么一统天下就基本完成。假使孙权冥顽不灵，那么曹操北方精强的骑兵步兵，加上荆州称雄南方的水军，孙权孤掌难鸣，何堪一击？

然而就在此时，老谋深算的贾诩给曹操敲了警钟。他劝诫说："主公之前大破袁氏，现在又收服了汉南，威名远扬。现在军势浩大，不如乘着现在荆州丰饶富足，好好犒赏将士官吏，安抚当地百姓，使这些新臣服的士民都能够安居乐业。那么无需多少时间，不需要劳师动众就可以收服江东了。"

这当然是真正的老成谋国。曹操的兵马远道而来，已经疲乏。而荆州百姓对于曹操根本毫无信任。眼看荆州一朝落人曹手，刘琮远离故土，做了一个无足轻重的青州刺史，江东的孙权自然惧怕重蹈覆辙。

但是假以时日，利用荆州的资产粮草，使军队休养生息，民心安定，在强大的中原与荆州双向压力之下，即便孙权坚持不降，胜负的天平也会慢慢发生偏移。

但是曹操一句话也听不进去了。恢复汉朝的功勋指日可待，江东蕞尔小邦几乎如同探囊取物。他一刻也不想再等。

### 3.

战争，是武人的舞台。在这个危急时刻，他们爆发出了最耀眼的光芒。

刘表刚死，鲁肃马上就找到了孙权，说："荆州与我们相邻，水势顺流向北，外面连接着江汉，内里却是山陵阻隔。领地上有固若金汤的城池，地面上有沃野万里的农田，士人和百姓都殷实富有，如果能占据这个地方，那绝对是成就帝王的资本。现在刘表刚死，两个儿子向来就不和睦，军中诸将各有自己的打算。刘备是天下枭雄，和曹操有着深仇大恨，虽然寄居在刘表那里，但刘表忌惮他的才能不敢使用。如果刘备和他的部下齐心协力、上下一致，那么我们就应该安抚他们，和他们结盟。但如果他们彼此之间离心离德，那么我们就应该另找出路，或可夺取荆州。我请求奉命去向刘表的两个儿子吊丧，顺便慰劳他们军中的掌权者，说服刘备安抚刘表部众，让他们同心一意，共同抵抗曹操。刘备一定会非常高兴，按照我们的想法去做。如果这个设想能够实现，那么我们江东就能获得安全。现在不赶紧去的话，恐怕会被曹操抢得先手。"

孙权非常同意鲁肃的分析，让鲁肃立即出发。曹操已经出兵，而刘表就在这当口死了。如果曹操拿下荆州，那江东也就岌岌可危。

可是鲁肃刚走到夏口，就听说曹操大兵南下荆州；星夜兼程走到江陵的时候，刘琮已经投降了曹操。鲁肃心里着急，加紧赶路追赶刘备。一直到长坂坡的时候才追到了刘备。

他向刘备转达了孙权原本希望联合荆州抗曹的意思，接着问道："刘豫州现在要去哪里？"

刘备说："我和苍梧太守吴巨有旧交，准备去投奔他。"

鲁肃当机立断就说："我家孙将军聪明仁慈，尊敬贤人，礼遇士人，江东的英雄豪杰，全都归顺了他。在他经营之下，我们江东已经拥有了六个郡，兵精粮多，足以建功立业。如果您能够派遣心腹，主动结交孙将军，表达联合意愿，对您的事业不无裨益。吴巨算什么，又地处偏远，恐怕不要多久就会被人吞并，哪里值得托付啊。"

刘备听了大喜过望，带着鲁肃一起前往夏口。鲁肃见到诸葛亮，马上对他说："我是你哥哥诸葛瑾的好朋友。"两人惺惺相惜，相约抗曹。

刘备刚到夏口，诸葛亮就对他说："现在情况很紧急了，既然孙将军也有联合的愿望，请求您派我去向孙将军求救。"

遂与鲁肃联袂直奔江东。

孙权这时正在柴桑，曹操拿下荆州，下一步肯定就是江东了。但究竟是战是和，孙权也还没有定论，而他的部下扰扰攘攘，还没吵出结果。

诸葛亮知道，他不能用常规的方法来劝说孙权了。

他说："之前海内大乱的时候，将军起兵占据了江东。那时我家主公也在收服汉南地区，准备和曹操争夺天下。但是曹操力量强大，先是平定了北方，接着又攻破了荆州。我家主公英雄无用武之地，所以逃避到夏口来。将军您要量力而行，如果能以吴越的力量和中原抗衡的话，那么就及早和他们断绝关系。如果估计无法抵挡，那不如收拾兵马、卸下铠甲，向曹操称臣？现在将军您对外假装服从，对内却犹豫不决。事情紧急，却不肯决断，我怕祸患很快就要到来了。"

孙权说："你要这么说的话，那刘豫州为什么不投降曹操呢？"

诸葛亮说："当初汉朝刚刚创立的时候，田横不过是一个齐国的壮士。后来汉高祖召他投降，他走在路上就自杀了，因为不愿称臣受辱。我家主公是刘氏皇家子弟，英雄盖世，人人仰慕他，投奔他就像水流归向大海。即便他不能成功，那也是天意。他这样的人，怎么能屈居曹操之下？"

孙权听了勃然大怒，说："那我也不可能举全吴之地，十万兵马，受制于人啊！我决定要抗曹了。现在看来，除了刘豫州之外，是没有别人能和我一起抵抗曹操了。不过，刘豫州刚刚被曹操打败，还能有力量渡过这次劫难吗？"

诸葛亮回答说："我家主公虽在长坂坡被曹操打败，但归拢旧部，加上关羽的水军精锐，有一万人；刘琦在夏口的战士，也不下万人。曹操人马虽然多，但是远道而来，疲惫不堪。我听说他为了追赶我家主公，一日夜疾行三百多里路，这就是所谓的再强劲的弓箭，到最后连最轻薄的丝绸也射不穿。兵法上说，这种情况下一定会折损大将。

"况且，北方来的人，根本就不熟悉水战。荆州虽然有很多人都归顺了曹操，但只是迫于曹操的兵势，并不是真的心服口服。现在将军如果能够安排猛将率领几万兵马，和我家主公同心协力，一定能够打败曹操。曹操打败，就只能返回北方，那么荆州和江东的势力就会强大起来，鼎足三分的局势就形成了。大家成败的关键，就在今天了。"

其实，孙权心中早有主意。当初鲁肃对他说汉朝已经无可挽救，而他应当谋求帝王之业的时候，他就已经不可能放弃江东，投降曹操了。他没有说出决定，无非还是在试探部属的倾向而已。抗击曹操，需要江东整个团队勠力同心，才有胜的希望。

诸葛亮说出了刘备的决心，这正中他的下怀。


就在这个时候，曹操派人给孙权送来了一封信。

这是一封傲慢且带着威胁语气的信。

"我最近奉了皇帝的命令，讨伐有罪的人。旌旗指向南边，刘琮就把自己的手绑了起来投降了我。现在我安排了八十万水军，准备和将军在吴一块儿打打猎。"

孙权把这封信拿给臣下传阅。几乎所有的人都大惊失色，面带恐惧。

张昭和许多大臣都众口一词，说："曹操这个人，是豺狼虎豹。挟天子命令，征伐四方，动不动就以朝廷为借口。我们现在如果悖逆抵抗他，在名义上的确是在违抗朝廷。将军现在可以用来抗拒曹操的，唯有长江天险。但是曹操已经得到了荆州全部地盘和人马。当初刘表打造水军，像是为他准备的一样，有几千艘各种战舰，曹操全部把它们沿江排开。曹操本来陆军就骁勇，现在又有了强大的水军，水陆并进，长江天险已经不能算我们的优势，而是双方共有。我们和曹操之间的实力对比，根本不在一个层次上。大势所趋，我们还是迎接曹操，归降于他吧。"

鲁肃却一言不发。

孙权起身上厕所，鲁肃追了出来。

孙权拉着鲁肃的手问："你有什么话要说？"

鲁肃说："我看这些人的意见，像是专门来误导将军的，没法和他们共谋大事。今天我鲁肃可以投降曹操，谁都可以，但将军偏偏不行。为什么这么说？我去投降曹操，曹操不过就是把鲁肃扔回乡里，按照我的品位职级，也还能混个低等官员当当。坐着牛车，有吏卒跟随，和地方上的读书人搞搞关系，日积月累，也能搞个州郡的长官当当。如果将军您来迎接曹操，准备把自己往哪里放呢？怕是连牛车也没的坐了。希望您早点下定决心，不要听这些人瞎吵嚷。"

　　孙权叹息说："这些人的议论啊，让我非常失望。你的看法和我完全相同。"

　　当时，江东的大将周瑜并不在柴桑，而是在鄱阳公干。鲁肃劝孙权召回周瑜一起商量。

　　周瑜下马伊始，就对江东群臣没有什么好声气："曹操虽然托名汉相，其实是汉贼。将军英明神武，而且继承了父亲兄长的功业。经营数载，已经能够割据江东，占有千里之地，兵马强壮，英雄乐业。现在基业初定，应该横行天下，为汉家去除残障，扫清污秽。曹操自己来送死，怎么可能反而去投降他！

　　"我来帮将军分析一下形势。现在北方还没有平定，马超和韩遂在关西，是曹操的后患。曹操舍弃了鞍马的优势，跑来这里划船弄桨，跟吴越的人比赛水性。把中原地区的兵马赶到江河湖海之间，他们都不习惯南方的水土，一定会生病。这几个因素，都是用兵的大忌，而曹操全都犯了。这是曹操送上门来给您抓呀。我请求将军给我几万兵马，进驻夏口，我保证为将军打败他。"

　　孙权感慨道："曹操老贼早就想废掉汉朝，自己当皇帝了，他所忌惮的，不过就是袁绍、袁术、吕布、刘表和我罢了。现在那几位英雄都已湮灭，只剩下我了！我和老贼势不两立！你认为应当抗击曹操，这和我的看法一样。这是上天把你送到我身边呀。"

　　他拔出佩刀，一把砍向面前的桌子，砍下一大块来，大声对群臣说："如果以后还有将士官吏敢说投降曹操的，就像这张桌子一样！"

　　当天晚上，周瑜又求见了孙权，对他说："大家只是见了曹操的信，就相信他说有八十万水兵，因此就害怕了，根本不敢探究真假。我们分析一下真实的情况。曹操带来的中原部队，应该有十五六万，大军长途跋涉，已经非常疲劳。刘琮归顺的荆州军队，算到头也就七八万，并且心里还都不踏实，并不真心投降。他这是以疲惫的军队，来指挥心存疑虑的降军，虽然人数众多，没什么可怕的。我只要能得到五万部队，就足够打败他了。希望您不要担心。"

　　孙权大感安慰，拍着周瑜的背，说："公瑾啊，你说的这些，完全和我心意相通。张昭、秦松这些人啊，只顾着自己的妻子儿女，有着很重的私心，让我非常失望。只有你和鲁肃，跟我是一样的。这是上天赐给我你们两个人，来辅佐我的事业啊。

　　"五万兵马一下子凑不齐，但是我已经选了三万精兵，船只、粮草、军备都已经置办齐了。你和鲁肃、程普他们一起只管向前，我在后方再多召集人马、收集粮草，作为你的后援。你如果能打败曹操就打，一旦不顺利，你回来找我，我自己去和曹孟德决战！"


　　孙权和周瑜定下抗曹的大计，派周瑜、程普分别担任左、右督，派鲁肃为赞军校尉，出谋划策，去和刘备的军队会合。

　　来自江东的历史记录中说，当时诸葛亮去联合孙权尚未归来，而刘备心里没底，不知道孙权做何打算，他驻扎在樊口，天天派人在水面上盯着孙权的军队。他的侦察兵看见周瑜的战船，马上就来报告。

刘备派人去慰问周瑜。周瑜说："我现在有军务在身，不能随便丢弃部队前来拜见。如果您能屈尊登船，就再好不过了。"刘备于是乘一条小船去会见周瑜。他问周瑜："现在我们一起抵抗曹操，是最好的计谋。不知道您有多少战士？"

周瑜说："三万人。"

刘备说："可惜太少了。"

周瑜嘲笑说："这已经够用了。刘豫州大可以歇着，看我如何大败曹操。"

刘备想叫鲁肃来一起商量，周瑜又说："他也有军务在身，不能随便丢下部队到处跑。如果您想见鲁肃，可以再去找他。"

这样的记载显得周瑜高大英勇，而刘备则猥琐怯懦，未必是真。周瑜是盖世英雄，刘备也不是什么胆怯畏缩的人。多年来，他在大多数情况下，都是以微弱军队与曹操相抗，尽管屡败，但也从未退缩。甚至应当说，他比周瑜更加了解曹操。

当时曹操的军队在规模上对孙刘联军具有压倒性的优势，孙刘一方无论是谁，都忐忑不安。即便孙权和周瑜下定决心抗击曹操，也都色厉内荏，心中发虚。

但他们已经没有别的选择。周瑜带领江东的部队，刘备带着自己的残部和刘琦的水军，和曹操相遇在了赤壁。

### 4.

曹操从夏天开始出征，到赤壁决战的时候，已经是冬天。

传说曹操在长江北岸把所有的战舰一字排开，用铁链把战船连在一起，以至于战马可以在船上飞驰。到了晚上，所有战舰灯火通明，曹操在船上大摆宴席，提前庆祝。

这首《短歌行》，就是曹操在酒酣耳热之时，横槊对江所写下的：

> 对酒当歌，人生几何！
>
> 譬如朝露，去日苦多。
>
> 慨当以慷，忧思难忘。
>
> 何以解忧？唯有杜康。
>
> 青青子衿，悠悠我心。
>
> 但为君故，沉吟至今。
>
> 呦呦鹿鸣，食野之苹。
>
> 我有嘉宾，鼓瑟吹笙。
>
> 明明如月，何时可掇？
>
> 忧从中来，不可断绝。
>
> 越陌度阡，枉用相存。
>
> 契阔谈䜩，心念旧恩。
>
> 月明星稀，乌鹊南飞。
>
> 绕树三匝，何枝可依？

> 山不厌高，海不厌深。
>
> 周公吐哺，天下归心。

其实，这样悲壮凄凉的诗句，大约并不会是曹操在志得意满，以为自己马上就要拿下孙权和刘备时写下的。

但如果说这是曹操内心的自我表白，用在这个时间却非常恰当。曹操一直以来的偶像，就是周公。

周武王灭商之后没多久就去世了，只留下年幼的周成王。如果没有周公旦夙兴夜寐，那么周王朝就无法成为延续近八百年的超长王朝。

恰恰是周公旦制定礼仪，分封诸侯，把翦商之后四分五裂的中原，凝聚成了一个真正具有了共同礼仪和制度的社会。而只有经过了周王朝，华夏才真正成为一个伟大的实体，而中原则是天下尊崇的中心。

然而周公并不完全依靠武力。他制定的礼仪制度，才是天下之所以归心的法门。

从起兵反对董卓，一直到这个时候，曹操所建立的最伟大的功勋，是把汉献帝迎接到了许都，重新建立起朝廷的权威。

无论外界怎么看待他，曹操依然是汉家朝廷的臣子，他没有任何僭越的行为，没有皇家仪仗，没有自己的地盘，甚至所有的命令和任命，都严格遵循朝廷的程序。

此时，所有人都说曹操是"挟天子以令诸侯"。但这从来不是曹操的本意。毛玠原话是"奉天子以令不臣"，"挟天子"之说，来自袁绍的谋士沮授。

看着天子在曹操的地盘中，各个诸侯都眼红。可是，当年天子在流亡之际九死一生的时候，谁在乎天子呢？

曹操消灭了袁术。袁术就是一个不臣的人，已经登基称帝。他消灭了吕布。吕布是和董卓一块挟持汉献帝的人。他消灭了袁绍，袁绍是拒绝收容汉献帝的人。

他南下以来所有面对的敌人，没有一个真正想要恢复汉室。刘表在荆州盘踞数十年，不但从没有想过要庇护皇帝，还建立一套皇家的礼仪、车驾，要在宫殿里享用皇家音乐，这不是不臣是什么？

孙权更不是什么汉家的忠诚臣子。鲁肃和孙权之间的几次对话，早就透露了孙权撇开汉家朝廷，建立新朝的梦想。

那个嘴里一天天喊着要恢复汉家的刘备呢？他宣称自己是汉朝的皇室子弟，但事实上从来就是在寻找和建立地盘，没有真心为汉献帝服务过一天。

刘备在当阳听从鲁肃的劝告向孙权求助的时候，曹操手下都以为，孙权会杀了刘备，省却曹操的麻烦。只有程昱洞若观火。他说：

"孙权刚刚上位没多久，还没有被海内各方势力所认知。曹公无敌于天下，刚到荆州，就已经威震江南。孙权虽有谋略，但也不能单独抵挡。刘备有天下英雄之名，关羽和张飞都是万人莫敌的猛将。孙权一定会支援他来一起抵抗我们。"

这就是刘备。在四处逃窜的岁月中，他仍然能够积累自己的力量，成为曹操难以消灭的对手。

可是刘备并不是唯一的敌人。

放眼天下，在众多口是心非的诸侯中，只有曹操在一心一意重建汉家朝廷，代表朝廷重新一统天下。他可以被定义为权臣，但不能被定义为逆臣。

他想要像周公一样，"周公吐哺，天下归心"。没有一支强大的军队能行吗？看看杨彪、孔融，那都是别人盘中的鱼肉而已。他不主动出击可以吗？不要说刘备、孙权这样的野心家，连韩遂、马腾这些二等角色都可以随时把他撕碎。

说天下归心并不是没有依据的。荆州和江东那些建议向曹操投降的臣子都是怯懦自保之辈吗？他们也是在血与火中冲杀出来的骨鲠之臣。

蒯越、韩嵩和傅巽这些荆州的臣子，为什么在第一时间就建议刘琮投降？因为汉家的正统就在曹操这里。

为什么像江东的张昭、秦松这些人也会建议孙权迎接曹操？他们同样也都是从中原南迁的世家大族，在乱世之中不得不投靠了孙策这种地方军阀。他们之所以辅佐孙权在江东站稳脚跟，并不是因为他们有多么热爱孙家政权，这只是他们在乱世之中的生存之道。

可现在代表汉家正统权威的曹操已经来收编割据势力了，天下要重新统一在汉家的旗帜之下了，他们有什么理由拒绝呢？

曹操是权臣，的确。但是在汉家过往的历史中，什么时代没有过权臣呢？西汉时候的霍光是不是权臣？东汉时候的梁冀是不是权臣？

从本质上说，赤壁之战，是代表朝廷的权臣曹操与试图继续割据的野心家孙权、刘备之间的战争。

曹操明白，孙权和刘备也明白。

曹操注定成为不了周公。他愿意吐哺，天下不愿意归心。随着汉朝廷的崩盘，汉献帝已经象征不了朝廷那套曾经行之有效的礼仪和制度。曹操要恢复汉献帝所代表的朝廷，刘备要成为光武帝重建一个新的大汉，而孙权要拆除大汉的根基从头建设一个新世界。

每个人的天下都不一样。这种挫败会伴随曹操的一生，楔进他内心的最深处，成为他最悲凉的底色。如果能一统天下，他就能成为再造汉家朝廷的功臣，成为周公第二、治世之良臣，万世受人膜拜；而如果不能一统天下，他就会成为被聚讼千年的奸贼，乱世之奸雄，遭人唾弃。

赤壁就是分水岭。尽管他自己还不知道——他踌躇满志，志在必得。


赤壁之战却成了一个谜。虽然战争的结局是确定的，但战争到底是如何进行的，却有着彼此矛盾的记载。

江东的记载是最为详尽而富有戏剧化，读起来像一部小说。

开始是一样的。曹操的人马的确众多，但是多数是北方人，难以适应南方的气候，于是军中开始流行瘟疫。

双方一经接触，北方的部队就溃败，于是曹操下令全军撤回长江北岸，而周瑜在南岸。

江东老将黄盖发现了曹操部队的大漏洞，就跑来跟周瑜说："现在敌人众多而我军薄弱，难以长久对峙，但我观察到，曹操的军队用铁链子把船都串起来了，首尾相连，可以放火烧掉它们。"

于是他就和周瑜定下了一个诈降的计策。他写信给曹操说：

"我黄盖虽然感念孙家的恩德，孙家对我也算不薄，常常拿我来当个大将，但是依我自己的愚见，想要用江东六郡，还有一些山越蛮人来对抗中原朝廷大军，显然是寡不敌众。我们江东这边的大小官吏、将官士卒，无论智愚，都看得出这是不可能的事情。但是周瑜和鲁肃这几个疯子，见识短浅，刚愎自用，非要一意孤行，螳臂当车。所以我来归顺您，是顺理成章的。周瑜的军队很容易打败。等到我们两军对阵之时，我就指挥前锋部队，来为您效命。"

曹操召见信使，盘问了许多细节，让他给黄盖带去口信："我只是担心你诈降啊。如果是真的，我会授予你空前绝后的爵赏。"

交战当天，黄盖安排了十多艘轻便的战船，在船上堆积了许多枯柴干叶，并且在里面灌满鱼油，用红布严严实实地盖上，然后在船上插上了龙旗。

当晚东南风强劲，这十几艘船冲在最前面，航行到长江中央，黄盖举起火把，指挥船上的士兵齐声高喊："我们来投降了！"

　　曹操的士兵们听见喊声，纷纷跑出营地，伸长脖子观望，个个都指着黄盖降曹的船只在那看热闹。

　　在距离曹操军队接近二里的时候，黄盖的士兵同时点火烧船。此时火猛风烈，烧着的船只如同火箭一般飞向曹操的船队。北军的战船被铁链穿成一串，火势快速蔓延，没有多久所有战船全都淹没在火海之中，四处飞舞的火焰，映红了长江以北的整片天空，并且快速燃烧到曹军驻扎在岸上的营地。

　　曹军人马无处可逃，不管是船上，还是岸上，顷刻间都被大火吞噬。而当场没烧死的，纷纷想跳进江中灭火，但许多人就此淹死在江里。

　　周瑜率领轻装精锐，跟在黄盖火船后面。大火吞灭曹操战舰和营地的时候，江东军队齐声擂鼓，大喊厮杀，转眼之间攻进了曹操的军队。曹操人马挣扎在大火的炽热与江水的冰冷之中，毫无斗志，四散逃窜，成了待宰的羔羊。战争立刻分出了胜负。

　　刘备方面的记载简单了许多。只是说，刘备以及孙权派来的周瑜和程普的军队会合，一共有几万人。然后，双方在赤壁发生遭遇战，大破曹军，烧毁了曹操的船只。刘备和吴军水陆并进，追杀到了南郡。这时候曹操军中的瘟疫开始大流行，北方的军队死伤惨重，曹操只好退兵北返。

　　曹操方面的记载则非常暧昧，语焉不详。大意是说，曹操在赤壁与刘备交战不利，而这个时候军中瘟疫大盛，士兵因为疾病和饥饿死去的，超过大半。曹操只好北返。

晋代人倒是详细记载了曹操败走华容道的过程。曹军的船被刘备所烧，曹操步行从华容道败逃。这时候下起大雨，道路泥泞，无法通行，又刮起了大风，部卒零落。曹操下令让伤病兵员背上茅草去填补路上的泥坑。而这些伤病员被通行的士兵和马匹踩踏，陷入泥坑之中，死者无数。军队终于逃出华容道，曹操大喜，部属都很奇怪，问其高兴的原因。曹操说："刘备啊，真是和我势均力敌的人，但也是计谋欠缺。如果早在这里放一把火，我们就都死无葬身之地了。"后来刘备也的确放了把火，但是曹军早已远遁。

奇怪的是，曹操的下属中有一个后来名列"建安七子"的王粲，曾经写过一本书叫《英雄记》，其中记载的赤壁之战，却又迥然不同而情节怪诞。

王粲回忆说，曹操进军到江上，想从赤壁渡江，却没有船，于是制作了大量的竹排，让部队全部乘坐竹排过江。曹军从汉水顺流而下，出大江，入浦口。还没来得及过江，周瑜连夜调集了上百艘轻便战船，每艘船上坐五十人划船，其他人手持火把。这些战船快速靠近竹排，也不近身交战，只管把火把丢上竹排，立刻掉头远离战场。

上千竹排片刻之间火光四起，火焰照亮北岸的天空，曹军纷纷翻身落水。曹操眼看大势已去，连夜逃走。

后来，曹操在给孙权的一封信里这样写道："赤壁之役，值有疾病，孤烧船自退，横使周瑜虚获此名。"

赤壁一把大火，史料中却有不同的人点火：黄盖点的，
曹操自己点的。

但不管是谁点的，连曹操自己也承认，赤壁这一战，自
己打输了。他连已经投降了的荆州都不敢久留，仓皇带领残
兵败卒，返回邺城。

在路上，他想起了郭嘉，叹息说："郭奉孝在，不会让
我落得如此下场。"

他又在给荀彧的信中写道："我常常追念痛惜郭嘉，无
法从心中驱除。这个人看时事兵事，见识过人。他这个人多
病多灾，南方又常常有各种疫症，所以他自己常说，如果我
去南方，肯定不能活着回来。但是每次我和他一起商讨大
计，他却总说要先平定荆州。这么说，不但可以看到这个人
思虑深远，而且心里总是把建立功勋放在前面，而把性命定
数放在后面。忠诚于人的心思如此纯粹，如何能够让人忘记
他呢？"

但是郭嘉毕竟已然远去，对于平定江东，从此再无奇计。
赤壁之后，曹操又多次派人或者亲自带兵讨伐，却从来都是
无功而返，甚至连赤壁那样一场像样的决战，也没有打过。

在邺城西南开挖的、训练水军的玄武池，终于也像汉
武帝的昆明池一样，成为游乐之地，池上的波光粼粼，池边
的亭台楼阁，文人雅士于其上泛舟作文，也经常出现在曹操
儿子曹丕和曹植的诗里。而在城西北，曹操引入了漳河的水

流，挖掘了长明沟。在这条人工渠边上，于建安十五年（公元 210 年）和建安十八年（公元 213 年），先后建起了三座高台，名为铜雀台、金虎台和冰井台。

后世的史家常常喟叹曹操功亏一篑，在赤壁吃了大亏，从此再也无力南下。而孙权和刘备羽翼已丰，汉家天下再也没有机会回归统一。

按照诸葛亮和鲁肃的预测，三分之势已成，历史不回头，向前滚滚而去。

历代文人墨客，都酷好吟咏赤壁。因为曹操重拾汉家江山的努力，不管是雄心还是野心，都永恒停留在了长江北岸。英雄气短，壮士失志，向来令人感叹唏嘘。而其中最著名的，便是唐朝诗人杜牧的《赤壁》。

折戟沉沙铁未销，自将磨洗认前朝。

东风不与周郎便，铜雀春深锁二乔。

# 第八章

汉家

是什么缘故，怎样伤害了天后的神灵？为什么她如此妒恨，迫使这个以虔敬闻名的人遭遇这么大的危难，经受这么多的考验？天神们的心居然能如此愤怒？

[古罗马]维吉尔《埃涅阿斯纪》

## *1.*

赤壁之战的过程之于刘备，先是惊吓，后是惊喜。

在此之前，他只是一个丧家之犬。尽管从参与剿杀黄巾军开始，他就宣称自己是中山靖王之后，也有许多人跟着说他是皇族子弟，但真正相信他的人寥寥无几。

且不说在那样一个乱世，动辄称自己的刘姓属于皇族的人多不胜数，就算是真的又怎么样？中山靖王有一百多个儿子，经过三百年的时间，流落民家沦为穷光蛋的难以计数，一个个跑出来，都要以皇亲相称，讨钱讨粮讨地盘吗？就算汉献帝愿意，他有钱有粮有地盘给吗？

在数十年的乱世之中，且不说那些从前汉流落民间的皇族了，就是当时皇帝嫡亲的皇族，不知也凋零了多少，其中还有不少英雄豪杰。有权有势的皇族，依靠自己的力量，也未必能够保得住家业。刘虞被公孙瓒攻灭；刘表偏安一隅，儿子不战而降。

益州的刘璋是最后有地盘的皇族，能怎样？别看他在益州当个土皇帝，但除了曹操，还有孙权、张鲁、刘备，不都在打他的主意吗？刘璋的地盘迟早是别人的。

所以是不是皇族不重要，重要的是实力。

实力并不是从天上掉下来的，实力也是在不断调整的。董卓从一个地痞流氓变成西北军阀，继而控制整个朝廷，但最终肚子里的膏油还是被人点了灯。

袁绍怎样？四世三公，门生故吏遍天下，在董卓之后是最有可能掌握天下的人。但他自己气病而死，三个儿子全都身首异处，儿媳妇成了曹丕的家室，现在他坟上的杂草都已经长到一人高了吧？

曹操呢？曾经连一块栖身的地盘都没有，现在打着汉丞相的名义东征西伐，威震四方。

孙权呢？父亲孙坚也不过是一个江东的小流氓而已，孙策在丧父之后更是一文不名。但孙权现在握有江东六郡，硬是把曹操抵挡在家门之外。恐怕现在他是最有资格与曹操逐鹿天下的人了。

但是实力的变换需要条件，最需要的条件是人才。起初，刘备最大的问题还不是没有地盘，而是没有人才。

刘备手上拥有的，只有起于草莽时的那些人：关羽和张飞是他起家时候的老兄弟；赵云是从公孙瓒手上借来的。他在徐州的时候本来是有机会的，可惜他没能守住徐州。除了麋竺、麋芳兄弟之外，所有的徐州世家子弟，都跟从了曹操。

他从来没有真正吸引到中原大族的人才，弘农杨氏、颍川荀氏、清河崔氏、汝南许氏这些真正意义上的世家大族，先是跟了袁绍，后来跟了曹操。包括这次在荆州的变乱之中，发生了诸多的分化组合，也号称有些人跟着刘备走了，但是刘备自己非常清楚，真正的大家族，像蒯越、韩嵩、刘先，全都投奔了中原——或到了许都朝廷，或到了邺城相府，追随自己的，不过是一些名不见经传，在曹操那里并不能得到什么重用的人物。

好在他在荆州最大的收获，是获得了诸葛亮。诸葛亮虽然是家道中落的茅庐书生，但他是真正的人才。

曹操南下三个目标：取荆州，平江东，灭刘备。自己作为曹操的目标之一，不但幸存了下来，还和孙权形成了联盟，作为主角之一，一起打败了曹操。

这使得他成了天下真正可以与曹操抗衡的豪杰，他声名鹊起，赢取了一展宏图的机会。

他没做任何等待。

他一边立马向汉献帝进表章，请求封刘琦为荆州刺史，一边调集人马，向南攻击荆州治下的四个郡：武陵、长沙、桂阳、零陵。果然，携赤壁之战的余威，四个郡的太守望风而降，全都归顺了刘备。随后，因为曹操将领夏侯渊攻打庐江，庐江太守雷绪带领几万家属人口，全部投奔了刘备。

刘备任命诸葛亮为军师，统领零陵、桂阳、长沙三个郡，在当地开征赋税作为粮草和军饷，任命赵云担任桂阳太守。

就在这时，刘琦突然病死了。

刘琦是个可怜的人。原本，他是刘表的长子，荆州自然的继承人。可是自从刘表娶了蔡瑁的姐姐之后，一切就都变了。他成了荆州世族必欲除之而后快的人。

这看起来似乎是个意外，但事实并非如此：这是由荆州当时的局势决定的。刘琦和刘琮各自有着交结的圈子。刘琦的好朋友是诸葛亮，他后来也是在诸葛亮的建议之下，讨了个江夏太守的职位，逃离了被暗杀的命运。所以，可想而知，他主要的圈子是诸葛亮、徐庶、司马徽这些寒士。甚至，他和刘备之间也过从甚密。

刘琮的背后，却是蒯越、蔡瑁、刘先这些荆州大族。而刘表在荆州真正站稳脚跟，靠的恰恰是蒯越这些当地的世家大族，包括从北方迁移而来的中原大族和文学之士。他根本瞧不上司马徽、诸葛亮这些民间人士。

所以，认为刘表是因为刘琮容貌美好，才想立他，根本是一个误解。刘表知道要想守住荆州，靠的是荆州大族，而不是一无所有的寒士。况且，刘琦所钦佩和喜欢的刘备，还是一个虎视眈眈要吞并荆州的人。刘表只是做出了自己的选择而已。

至于说，到底是因刘琮受世家大族喜爱，刘琦才转而结交诸葛亮这些人，还是刘琦先结交了寒士，才招致刘表的放弃，根本无从分辨。但结果是一样的：刘琦被排挤出了荆州的权力核心。

赤壁之战的胜利并不能给刘琦带来安慰。他弟弟把整个荆州都献给了曹操，他只剩下了江夏这个弹丸之地，他既没有那个能力，也没有欲望去恢复父亲曾经占据的地盘。

死亡，对刘琦未必不是一个解脱。但是对刘备来说，却是个麻烦。

诸葛亮的战略是先占荆州，然后跨有荆益。但是曹操南下、刘琮束手、赤壁麈兵之后，荆州突然成了一块无主之地。曹操要，孙权要，他也要。

本来刘琦是一块天然的牌子。刘琮投降，刘琦可以正当地继承荆州地盘。荆南四郡之后，刘备本可以继续打着刘琦的幌子，收复荆州，把孙权排除在外，一心一意打击曹操。但是现在不行了。

麻烦总归要应对。于是，刘备的手下，把他推举为荆州牧，总部设在公安。


这时，还只是建安十三年（公元208年）的末尾。到了建安十四年（公元209年）的春天，孙权突然把妹妹嫁给了刘备。史书上说：进妹固好（进献妹妹，巩固友好）。

可这桩看似友好的举动，却引发出双方一系列几乎无休无止的斗法。

孙小妹的名字并非小说中所说的孙尚香，事实上她在历史上并没有留下名字，却有史料记载她的性格与举止：行为敏捷，性格刚猛，和几位哥哥作风相似。她随身带着上百名武装侍婢，她们总在她的住处持刀而立。刘备经过这支娘子军的时候，总是惴惴不安。

　　刘备和孙小妹成亲是在京口，成婚之后，他就把孙小妹送到了公安。孙小妹到公安之后就和刘备分居了，她在城西单独筑造了一个"孙夫人城"，和侍婢们住在那里。可以想见，刘备从居住的城东穿城而过去见她，还要途经带刀侍女的"丛林"，心里会有多么恐惧。

　　可是孙小妹完全有理由对这个名义上的丈夫飞扬跋扈，或者爱理不理。他们成亲的时候，刘备四十九岁，身边的儿女多次沦丧，只剩下独子刘禅，也就是刘阿斗。刘备几度在战场上抛下妻子儿女独自逃亡，早已为世人周知。孙小妹才二十出头，如果说她是出于对命运的无法自决才嫁给刘备的，事实却并不尽然。

　　显然孙小妹是带着政治目的来的：她是孙权派来近身监视甚至是威胁刘备的。因此刘备的恐惧，并不是完全没有理由的。按照诸葛亮后来的说法："主公当时在公安的时候，日子是非常难过的。北方害怕曹操的强大，东方害怕孙权的逼迫，而近侧害怕孙夫人变生肘腋。那个时候真是进退狼狈。"

　　孙权忌惮刘备，"进妹固好"只是一种话术，刘备也未必能够拒绝。一起在赤壁打曹操，结成联盟固然是一个事实，但是其中的强弱，是完全一目了然的。在那个时候，还没有一寸土地真正在刘备的口袋里。

　　事实上，刘备的治所公安，也是孙权借给他的。公安原来的名称是油江口，隶属于南郡。

　　赤壁之后最惨烈的战争，就发生在南郡。曹操北退之后，留下曹仁驻守南郡，但是孙权想要做的是趁热打铁，趁着曹操新败、刘备羽翼未丰，赶紧把整个荆州吞下。

于是周瑜、程普跟曹仁在南郡相持将近一年的时间，双方互有胜负，死伤无算。还有一次，周瑜亲自上阵督战，却被流矢射中了右肋，回到军营之后，伤口发炎，伤势非常严重。甚至在双方的传闻中，周瑜已经伤重而死。

曹仁听说周瑜重伤，以为有机可乘，于是倾城而出，准备一举歼灭周瑜率领的江东军队。周瑜见曹仁打来，带伤强行起身，在军营中巡行，激励将士。江东将士以为周瑜毫发无伤、精神抖擞，于是欢声雷动、士气振奋，全面反攻曹仁。就此一战，曹仁大败而归，丢掉了南郡。

孙权任命周瑜为南郡太守。周瑜因此把油江口借给刘备当驻营的地方。又是这一借，引发了著名的公案"借荆州"。

在江东以及后来的东吴政权看来，刘备发家的整个荆州，就是孙权借给他的。因此，他们一直有个心结，就是刘备得把荆州还给江东。刘备不肯还，江东只能武力夺回。因此，孙刘交恶的所有责任，都在刘备方面。

可是刘备何曾借过荆州呢？赤壁之后，荆州已经成了无主之地，曹操要守，孙权要攻，刘备要夺，各凭本事而已。

当时的局面极为混乱，仅仅一个江夏，曹操任命文聘为江夏太守，驻守在沔口；孙权任命程普为江夏太守，驻守沙羡；而刘琦是荆州刺史，驻扎在夏口。一个这么狭小的地区，三家各有自己的驻军和治所，孙权哪里肯把更为广阔的地盘借给刘备呢?

但刘备确实是从小小的公安开始发迹的。从这里,他的人马征服了荆南四郡。而在此期间,孙权却正忙着在合肥和曹操的军队对峙,根本无暇顾及。客观来说,孙权并没有给刘备获取四郡制造麻烦,于是就认为四郡是"借给刘备"的。

其实刘备借了公安之后,立即还了孙权一个人情。他上书给汉献帝,请求封孙权为行车骑将军,担任徐州牧(当然也就是名义上的官,因为徐州在曹操的手里),而自己则正式当了荆州牧。

当然,从力量对比的角度上说,刘备远比孙权薄弱得多。孙权嫁妹,无论如何是一个友好的表示,因此刘备也要显示出良好的盟友姿态:他亲自到达京口会见孙权,以示对孙权一片好意的感激。与此同时,也是请求孙权认可自己荆州牧的身份,不予干涉。

刘备到京口成亲的时候,江东的内部立刻引发了一场争论。

周瑜上书给孙权说:"刘备向来有枭雄之姿,还拥有关羽、张飞这样的虎狼大将,不是一个能够长久屈居于人下,为别人所用的人。对付他最好的办法,就是把他迁移到吴地来,给他筑造宫室,多多送他美女玩物,让他沉迷在吃喝玩乐之中。同时把关羽和张飞分开,放在不同的地方,也可以跟着我或者其他大将到处作战,这样就可以彻底解决他的隐患。如果我们心不甘情不愿割让土地给他，助他成就大业，他们三人依然可以聚在一起，驰骋疆场，以后恐怕就会像蛟龙得到云雨，迟早不会是池中之物。"

而孙权的另外一个谋士吕范，也同时上书给孙权，建议顺势就把刘备扣押在京口。

只有鲁肃坚决反对在这个时候限制和压制刘备。他对孙权说："不能扣留刘备啊。将军您虽然英勇神武，拥有天命，但是现在曹操威重权大，我们不过刚刚占领荆州的一小块地方而已，根本还来不及施恩于民，更谈不上取信于民。现在应当借助刘备以前在这里建立的威望，让他帮助安抚地方上的官吏人民。另外，从长远角度来说，我们就应当让曹操的敌人聚得多多的，而我们则是朋友多多。结交刘备才是当下正确的策略。"

在孙刘双方之中，只有诸葛亮和鲁肃明白孙刘联盟的真正含义。他们在各自的战略之中，不约而同地认为，天下三分是一个必要的开始。

诸葛亮的战略是：跨有荆益，结好孙权。而鲁肃的战略是：鼎足江东，以观天下。对于孙刘两方来说，任何一方都没有单独应对曹操的能力。赤壁之战也充分地说明了这一点。孙权如果没有刘备，曹操的兵力是足够碾压他的，尽管在水军方面江东占有优势；如果刘备没有孙权，仅仅拥有刘琦的夏口，那么大约一场规模不大的战争就能摧毁他。这就是当时刘备打算南逃投奔吴巨的考虑。

所以，诸葛亮和鲁肃都非常坚定地执着于先建立三足鼎立的格局，孙刘之间互为犄角：如果曹操攻打孙权，那么刘备就可以进行扰动；如果曹操攻打刘备，那么孙权就可以北上。在相当长的时间里，这个战略一直行之有效。

但是刘备一离开京口，立刻就对手下说："孙车骑（车骑将军）这个人，上身长，下身短，他很难容纳下面的人。这个人我是不能再见了。"赶紧昼夜兼程跑回公安。

后来他问庞统："我当时到京口见孙权的时候，你正在周瑜的手下当差。我听说他秘密向孙权建议，把我留下来。有这个事情吗？"

庞统回答说有的。

刘备叹息说："我当时形势危急，不能不去京口。差点就遭了周瑜的毒手。诸葛亮劝我不要去，也是担忧这一点。"

当然，当时最后的决策者，还是孙权。至少在那个当口，孙权并不认为是除掉刘备的合适时机。孙权已经布下几步棋防范刘备：程普的沙羡和刘备的公安一步之遥，随时可以制约刘备；孙小妹已经在公安城，就近监视；而曹操从来都对刘备虎视眈眈，如果刘备真有什么轻举妄动，他完全可以放水让曹操去消灭他。不管怎么说，这个时候，他依然听任刘备到处扩张地盘，而并没有与刘备一争长短。

曹操听到孙权把公安给刘备作为发家基地的时候，正在写信，一时惊愕，笔都掉在了地上。

## 2.

　　孙权没有想到的是，他和刘备之间的矛盾，并不仅仅在荆州而已。还有一块土地，是他们俩都觊觎已久的：刘璋的益州。

　　孙权想联合刘备一起攻打益州，就派人对刘备说："米贼张鲁在巴蜀、汉中这几个地方称王称霸，并且充当曹操耳目，老想要图谋益州。刘璋武力不行，恐怕最终自己是守不住的。我们今天一起先把刘璋攻下来，再进一步讨伐张鲁，这样首尾连接起来，也就把吴楚和益州统一在了一起，就算有十个曹操，也没有什么可担忧的了。"

　　刘备的回信是这么说的："益州这个地方民富国强，地势险阻，刘璋虽然比较孱弱，但自守还是可以做到的。张鲁这个人很虚伪，未必会对曹操尽心尽力。如果我们今天突然进军蜀汉，部队转运万里，要使计划天衣无缝，攻必克，行必果，哪怕战神吴起、兵圣孙武复活，也都无能为力。

　　"曹操虽然有废弃君主之心，还是常常会以皇帝的旨意行事。现在许多见识短浅的人说，曹操在赤壁失利，已经力不从心，没有远大志向了。我看就是胡说八道，曹操三分天下有其二，他从来的心思就是饮马沧海，吞并吴会，怎么可能坐在那里等到老呢？以后他一定还会发动针对我们的战争。如果我们这些同盟之间无故互相攻伐，给曹操制造机会，让他能够趁我们之间有嫌隙的时候，瓦解攻击我们，可不是长远之计。"

　　孙权当然听不进去，派自己的弟弟孙瑜率领水军进驻到夏口，准备向益州方向进军。

　　刘备对孙瑜说："如果您要进攻蜀地，那么我就披散头发进山逃避，以免失信于天下。"然后派关羽驻扎江陵，张飞驻扎秭归，诸葛亮驻扎南郡，自己屯驻孱陵（也就是公安），将孙权能够进入益州的道路全都封堵，如果孙权要强行进入的话，就相当于要和刘备全面开战，于是孙权只好作罢，把孙瑜撤了回来。

　　但是周瑜却并不肯就此罢休，他又跑去找孙权说："现在曹操刚刚失败受挫，并且他自己地盘上事发频仍，那些才是他的心腹之患，所以这么长时间来都没法和将军您刀兵相向。乘着这个机会，我请求您派我和孙瑜将军一起去攻打蜀地。得到蜀地，就可以进而吞并张鲁。之后我们让孙瑜将军留守蜀地，和马超结交，互为支援。我回来就和将军一起拿下襄阳，再攻击曹操。按照这个计划，北方是可以图谋的。"

　　这个计划太符合孙权的胃口了，他马上批准了周瑜的计划，准备强行进攻蜀地。周瑜回到江陵，打点行装，准备出征，就在这个时候突然发病，不久去世，孙权只好作罢。

　　刘备曾经对孙权说自己和刘璋都忝居宗室，只是听说他要攻打蜀地，就心惊胆战。这是刘备的真心话吗？当然不是。真相只有一个：刘备不愿意孙权夺取益州，是因为他自己想要。

　　这是建安十二年（公元207年）的时候，诸葛亮隆中对提出的总体战略。可是一直到赤壁之战后，刘备都找不到机会下手。即便是诸葛亮，也不知道该怎么去执行这个战略。

刘备给孙权的虽然是托词，但如果是他自己去攻打益州，山高地险，兵车难行，补给困难，战事成败也是难料的。他虽然并不愿意让路给孙权去攻打蜀地，但对他来说，益州同样让他焦虑，什么时候才能动手？

但是他并没有等太久。这次，帮他忙的是曹操。

刘璋是个鼠目寸光的人，他一度对曹操保持敬而远之的态度，一直到曹操南下，才意识到必须和曹操保持良好的关系。

他一共分了三批去向曹操示好：

第一批，是曹操刚刚南下的时候，他开始向曹操纳贡。大概的意思，是向曹操表示臣服。曹操给他的回报是封他做振威将军。

第二批，刘璋派人带了三百个叟兵，大约是去服侍曹操，做啦啦队吧。曹操照旧笑纳，还给来人封了官。

第三批，是刘琮投降之后，刘璋派了张松去致意，大约是祝贺曹操吧。但曹操却再也不理睬张松了。杨彪的儿子、素来以聪明睿智著称的杨修，跑来劝曹操征用张松。但曹操还是不听。

曹操一生中采纳的人才无数。张松这个人，身材短小，举止放荡，但他在蜀地也是一个颇为有名的人，见识通达，果敢坚决。虽然不起眼，但是曹操并不是以貌取人的人。为什么不接纳张松呢？

后人的猜测是他已经取得了荆州，志得意满，所以对刘璋的手下傲慢无礼了起来。这个原因虽然被广为接受，但并不符合曹操一贯的行为模式。曹操对于丑人、恶人、伶人，都有礼贤下士的记录，怎么偏偏对张松倨傲无礼？一种更大的可能性是，曹操心里的算盘，是南方之后的目标——益州和汉中。眼看江东的战斗即将结束，恐怕很快就要和刘璋翻脸，所以不能对刘璋表示友好，以免在行动上不好找借口。得罪了张松，刘璋肯定会知道。打张松的脸就是打刘璋的脸，刘璋因此翻脸，那是最好不过的，曹操就有理由讨伐益州了。

但是事与愿违，赤壁吃瘪，江东没有打下来。他和张松的梁子却算是彻底结下了。张松回去不但劝刘璋和曹操绝交，和刘备结好，而且把这件事当成了个人的耻辱，一定要报仇雪恨。

但是雪耻的方法是什么？刘璋是一个无能之辈，他并不能期待刘璋雄起，起兵和曹操对抗。并且，张松既然是一个聪明人，当然也就知道，益州这片土地迟早是别人的。与其给曹操，不如给曹操的一个仇人。这样，将来这个人拥有益州去打曹操，他的复仇自然也就有望了。

最合适的人选，就是刘备了。一个名闻天下的枭雄，一个有着汉光武帝光复大汉河山的理想主义者，一个打败过曹操的人。

所以，当时间来到建安十六年（公元 211 年），当刘璋听说曹操即将派兵进讨张鲁，而惶恐不安的时候，张松知道自己的机会来了。

他对刘璋说："曹操兵强，无敌于天下。如果到时候他结交张鲁，以汉中的土地粮草作为后方来侵犯蜀地，我们怎么抵挡得住呢？"

刘璋惊恐地说："我也很担心这个事啊，但还不知道该怎么办。"

张松说："刘豫州也是宗室子弟，和曹操有深仇大恨啊。他善于用兵，如果能够让他去讨伐张鲁，那么张鲁肯定被打败。张鲁输了，那么益州就强了。曹操即便要来，也对咱们益州无能为力。现在我们益州内部的将领，都是您的父亲留下来的，自恃有功，内心都有跟曹操结交的念头。如果不请刘备来，那么敌人从外面打来，这些将领会在内部叛乱，我们一定会失败啊。"

张松这么一说，刘璋觉得非常有道理，马上就派法正去和刘备接洽。

这又正好切中张松的心意。在蜀中，张松和法正是好朋友，都是当权派的边缘人。张松从曹操那里回来之后，鼓捣刘璋去和刘备结交，当时派的就是法正。

法正本来非常不愿意去，推辞了很久，无奈刘璋非常坚持，他只好勉为其难。见了刘备之后，他却看见了自己的春天。回来就跟张松大讲刘备如何雄才大略，令人钦佩，他愿意从此之后跟随刘备，但是可惜不知道什么时候才能有这个福分。

现在刘璋既然派了法正去接洽，这就是法正效力刘备的最好机会。

法正看见刘备，建议说："将军英明，想来早就看出益州迟早是别人的，所以您应该利用刘璋懦弱无能，尽快取代他。张松是益州的股肱之臣，我们都可以成为您的内应。您如果占有益州，就可以凭其借其富饶和天府的险要，成就一番大业，真是易如反掌啊。"

张松和法正先后负责为刘璋和刘备接洽，刘备因此不断向二人询问益州的地形地势，以及兵器、府库财政、人马多寡、军事要塞、城池距离等军事信息，二人事无巨细，统统详细回答。不但如此，他们还把益州山川河流湖泊的形状，全部详细画进地图，呈现给刘备。所以刘备在出兵之前，已经对益州所有的情况摸得一清二楚。

就在刘备进占益州无从下手的时候，刘璋邀他攻打汉中，这真是让他喜出望外，当然绝不能浪费这千载难逢的机会。

其实在刘备的阵营中，夺取益州早有共识。和诸葛亮见解相同的，是庞统。他和刘备有过一场对话。他说：

"荆州现在已经是一个荒凉残破的地方了，经过几场战事，人物凋零。东边有孙吴，北边有曹操，想要在这个地方鼎足而立，是很难得志的。而益州国富民强，户口超过百万。四部兵马随时都能调集，财物补给都不需要向外求取。现在可以暂时借这个地方来定大事。"

刘备当时还是有点抹不开面子，说："现在和我势同水火的，是曹操而已。曹操做事峻急，我就做事宽厚；曹操做事残暴，我就做事仁义；曹操表现狡猾，我就表现忠诚。每每和曹操相反，我就能成就大事。现在如果因为小利而失信于天下，让大家看见我图谋益州，这是我不应该做的啊。"

庞统说："人还是要变通来应对时事，而不能固执己见。兼并弱小，攻取愚昧，这是春秋五霸之所以能成事的原因。国君无道的时候就要背叛他，夺取他；而国家安定的时候，就要遵循规则治理它，守护它。夺取益州，无非是要考虑如何回报刘璋，事成之后，我们封一个大地方给他就好了，有什么失信可言呢？但是现在如果不夺取它，就等于把一块大肥肉送给了别人。"

刘备下定决心入川，他留下关羽和诸葛亮据守荆州，保住大本营，自己带着黄忠、庞统和一万步兵开拔进入益州。

刘璋根本不知道危险的到来，亲自跑到涪城迎接刘备，排场盛大。他不仅礼遇刘备，而且对刘备的部将士兵，都客客气气，礼遇有加。双方你来我往，每天都大摆流水席，开怀畅饮，长达百天。

益州不是没有明白人。刘璋邀请刘备入蜀的时候，一位名叫黄权的官员劝刘璋说："刘备向来有枭雄之名。如果现在他来，您把他当成部下，他肯定是不满的；但是如果您把他当成贵客，一个国家怎能有两个君主？如果客人像泰山一样安稳，那么主人就有累卵之危。我们不如就此封闭关口，等天下大势清晰了再做决定。"而另外一位名叫王累的官员，力劝刘璋不听，干脆倒悬在成都的门楼上，死谏刘璋。

张松急不可耐，让法正传话给刘备，让他在两人会面的地方袭击刘璋，直接夺取益州。

庞统也劝刘备说："可以趁着这次会面，刘璋没有准备，马上把他扣押起来，那么您根本不需要用兵劳苦，就可以安定一州了。"

但刘备尚算冷静，回答说："这是大事，不可以仓促行事。"

刘备见过大事太多，不像张松那样只想着报一己之仇。就算干掉刘璋又怎么样？刘璋的儿子还在成都，马上就可以继位死守。刘备刚进益州，所有人都不相信他，益州本来就是险要之地，如果要一寸寸土地打下来，他刘备没有这个资本。这么一来，刘璋送给他的机会也就浪费了，就像他回答庞统的话："刚刚进入别人的地方，没有恩泽，也没有信义，肯定不能这么干。"

所以，他要继续麻痹刘璋。

刘璋倒真是一心一意地要厚待刘备，让他替自己去抵挡曹操。于是他马上上表，推举刘备为大司马，任职司隶校尉。而刘备也虚与委蛇地表请刘璋行镇西大将军，任职益州牧。

作为邀请打手的主人，刘璋大手笔地给刘备配给各种资源——又给兵马又给钱，各种给养数以亿计（时以十万为亿）。刘备的兵马瞬间暴涨到三万人，兵车马匹、各种军械和粮草后勤多不胜数，军威大盛。

刘璋回成都的时候，刘备就向北到达葭萌关。他并没有积极去攻打张鲁：这本来就不是他的目标。他就在当地广树恩德，收买人心，在那里赖了小一年时间。

建安十七年（公元212年）曹操再次南下，攻打孙权。孙权抵挡不住，派人叫刘备回去自救。当然，这本来就符合孙刘联盟的精神。曹操如果拿下孙权，那么刘备在荆州的地盘，也根本就保不住。

刘备就派人向刘璋通融，说："曹操现在侵犯东吴，江东危机重重。我和孙权之间，本来就是唇齿相依的关系，而曹操的大将乐进，也在攻打关羽。如果乐进打赢了，那么他就会转向全面侵袭荆州，这个危险，比张鲁大多了。张鲁是一个只知道自保的贼人，根本不足为虑。"

他请求向刘璋借兵一万，同时配备粮草给养。

刘璋虽然昏懦，但也不是傻子。刘备在益州一年，也没和张鲁打过什么像样的仗，反而到处施恩示好。现在荆州出事了，他脚底抹油想跑，还想跟他要这要那，那他不是完全亏本了吗？

他只同意给刘备四千兵，其他的各种给养，只给了刘备要求的一半。

刘备看到刘璋这么小气，大怒说："我帮着益州出征强敌，将士勤勉，疲于奔命，都没有什么时间好好休息。这个人却吝惜财物，不肯慷慨奖赏有功之人。就这样还能希望士大夫为他卖力死战吗？"

　　但是最着急的人，还是那个张松。他忙不迭给刘备和法正写信，抱怨说："现在益州已经唾手可得了，你们怎么能放手跑掉呢？"

　　不巧的是，这封信被张松的哥哥张肃看见了。张肃怕张松事发会连累自己，就向刘璋告发了张松。

　　刘璋听到这个消息，那真叫一个大惊失色。他这才知道，原来刘备入蜀的真实目的是夺取自己的地盘，而自己才是开门揖盗的那个人。他立马把张松逮起来杀了，然后下令所有关口，从此再不允许刘备过关通行。


　　在当时，虽然刘璋主政益州，但几乎所有人，包括他的部下，都认为益州迟早是别人的，这不是没有道理。曹操、袁绍、刘表、孙权、周瑜，凡是和刘备打过交道的人，无人不知刘备的野心，所以都一心一意防着他。只有刘璋毫无芥蒂把他迎进益州，给钱给粮给军队。

　　可是就算后知后觉，张松暴露意图之后，刘璋其实还有选择。他可以关闭益州诸关隘，坚壁清野，不给刘备任何借口动手。要知道，人人都清楚，要从外面攻进益州，就算能赢，也起码送了半条命。

　　即便真要开战，也不是完全没有机会。有一位叫郑度的官员，就看出了刘备的软肋，他劝刘璋说：

　　"刘备来袭击我们，手下的军队不超过一万人。我们益州的人根本就不相信他。他是外来兵，没有什么粮草辎重，不用多久恐怕就只能吃草了。当下做法，是把巴西郡、梓潼郡一带百姓全部迁移到涪水以西，把仓库中的粮食和野外的庄稼全都烧毁。高垒深沟，严阵以待。刘备的军队来，我们的部队全都不许交战。刘备的部队没有补给，肯定不能持久。不过一百天，他肯定就得撤退。他跑，我们就从后面追击，一举就可以歼灭他。"

郑度的这个策略，刘备听说了非常害怕，就问法正怎么办。法正说不用担心，刘璋不会采纳的。

刘璋果然像法正所料，对部属说："我只听说过抵抗敌人，是为了安定民心，没有听说过迁移百姓来逃避敌人的。"不仅如此，他还直接把郑度给罢免了。

刘璋翻脸，送给了刘备千载难逢的好机会。刘备进来，就是为了夺取益州的。可是他也找不到借口，人家刘璋是请他来打张鲁的，好吃好喝伺候着，大家又都是宗室子弟，你无端攻击刘璋，天下人怎么议论？他当时反对孙权攻打益州，说什么来着？

庞统此前就给了刘备三个选择："我们暗中选一万精兵，昼夜兼程，直接攻打成都。刘璋这个人从来不擅长武力，也一直没有预备，大军突袭，一举就可以拿下成都，这是上策。杨怀是刘璋手下的名将，一直写信给刘璋劝他把您打发回荆州。您现在一面派人找杨怀，对他说曹操攻打荆州，您得赶紧回去，一面打点行装，假装要走。他们一定乐得您走，会轻骑来见您。您就势可以抓起他来，夺取兵力，然后回师攻打成都，这是中策。退回白帝城，与荆州互动，慢慢图谋益州。这是下策。最忌讳的是您犹豫不决，那就会被困死。"

刘备选择了中策，如今他知道自己该动手了。张松叛变被发现，刘备还可以说并不知道。可是刘璋把所有的关口一关，他刘备可就是正当防卫了。难不成自己被刘璋关门打狗？庞统的分析清楚准确。

刘备立即开始表演愤怒。他把刘璋派来配合他的白水关驻军都督杨怀、高沛叫来，破口大骂刘璋忘恩负义，他们二人心怀叵测对他图谋不轨，抬手就把他们杀了。

他兵分两路，一路以黄忠为大将，直接进军成都，自己则带领另一路人马，把原来杨怀手下的一万多兵马的妻子儿女全部扣押做人质，逼他们和自己一起进攻涪城。


刘备开始攻打益州的时候，各方反应耐人寻味。

曹操的地盘和益州之间隔着张鲁的汉中，显然是鞭长莫及，只能坐山观虎斗。

一位叫赵戬的谋士说："刘备肯定不行啊。他这个人不善于用兵，每战必败，逃跑都来不及，还敢凭什么图谋别人的地方？蜀地虽然小，但是所有的关塞都非常险要，一夫当关，万夫莫开，短时间内根本拿不下来啊。"

傅干摇摇头说："刘备这个人宽厚仁义有度量，手下的人都愿意以死效力。诸葛亮通达治道，正直却很有谋略，相当于刘备的丞相。关羽和张飞都英勇善战，讲义气，是万人莫敌的主将。这三人都是当世的豪杰啊。以刘备的战略格局，加上这三人辅佐，有什么事做不到的呢？"

但是孙权一听火气就上来了，他大怒道："刘备这个奸狡小人，竟然敢这么耍诈！"

他决定起用一枚早就埋下的棋子：孙小妹。他大张旗鼓，派了大批的舰船前去公安，说是要迎接妹妹回家探亲。而孙小妹做了一件匪夷所思的事：带着阿斗一起走。

孙权这招非常阴损。举兵逼向公安，是武力威胁；让孙小妹带着阿斗，是劫持人质。

他太小看刘备和他的团队了。进益州之前，他把关羽、张飞和赵云都留在了荆州，早有防范。他还让赵云掌管自己家族的事务：赵云这个人，不仅仅忠心耿耿，而且有勇有谋。

赵云发现孙小妹带着阿斗就急了，他和张飞一起，带着兵马战舰一字排开，横断长江，拦住了孙小妹的去路。双方战争一触即发。孙权衡量再三，曹操近在肘腋，此时开战，只怕渔翁得利。而在荆州，刘备的主力部队包括诸葛亮、关羽、张飞、赵云全在，他不但没有胜算，而且可能满盘皆输。他只能忍气吞声，撤回舟师，留下阿斗，带着孙小妹沿江遁去。

孙小妹孤身回到江东，从此在历史中消失。

史上的文人墨客对于孙权嫁妹耿耿于怀，而荆州当地人，对于这桩政治婚姻也是意难平。刘备对于孙权嫁妹的目的早有防范，因此夫妻两人之间都明白是怎么一回事，很难产生感情。但是当地人后来却编出许多故事，例如孙小妹后来溺水而亡，当地人称蟂矶娘娘；又例如说孙小妹实则非常思念刘备，留下诸多怨恨，故又被称为灵泽夫人，当地人为她建祠纪念。

清朝初年的名士王士祯面对清兵入关，家国忧虑满怀，于是借此写下了一首《蟂矶灵泽夫人祠》：

> 霸气江东久寂寥，永安宫殿莽萧萧。
>
> 都将家国无穷恨，分付浔阳上下潮。

可是刘备从来顾不得这样的儿女情长，他只想把益州打下来。

占领益州的过程，基本上是一路势如破竹。涪陵被占领之后，刘璋派李严去守绵竹，以求节节抵抗。李严到任之后，没有做任何抵抗，立刻率领全部兵马投降。刘备只留下关羽守住荆州，把诸葛亮、张飞、赵云等全部从荆州抽调进来，沿路扫荡占领。

他们遭受的最强烈抵抗，是在雒城。刘璋的儿子刘循担任守将，双方在僵持将近一年时间之后，刘备才攻下雒城，付出了惨重代价：在战斗中，庞统中流矢而亡。

雒城丢失之后，成都就无险可守，刘备进军成都，围困了刘璋几十天。

这个时候成都仍然有充分的抵抗资本。城里有精兵三万人，生活物资足够用一年，并且还有很多人想抵抗到底。虽然刘备已经占据了益州的很多地方，但毕竟刘璋已经在这里治理多年。外部的形势复杂多变，曹操不会长期坐视不理，刘备夺取益州显然对他没有什么好处；孙权虽然和刘备结盟，但如果刘备被困在益州，他难道不会动动心思？

持久战显然对刘备非常不利。但是刘璋已经不想抵抗了，他说："我们父子两个在益州已经二十多年了，没有给百姓施加过什么恩德。刘备攻打益州，已经历时三年，多少百姓抛尸荒野，养肥了山间的野草，这都是我刘璋的过错啊，我怎么能心安呢！"

于是刘璋打开城门，向刘备投降。城里的百姓听说刘璋如此爱惜人命，都痛哭流涕，感恩不尽。刘备也算厚待刘璋，并没有杀他，而是把他安置在了公安，把刘璋自己府库里的金银财宝都给他送了过去。刘璋终老秭归，腰上始终挂着朝廷赐给他的振威将军印。

就这样，在建安十九年（公元214年），刘备五十三岁。从二十四岁那年起兵讨伐黄巾军，已经过了将近三十年时间。他一路仓皇，从来没有过一块稳定的地盘，没有过一支稳定的队伍。

即便在赤壁之战后，夺取了荆州四郡，他仍然危若累卵。荆州是四战之地，曹操随时可以大兵南下，而孙权在东边蠢蠢欲动，他毫无安全可言。

但现在不一样了。益州虽然只是一州，但地大物博，物产丰富。更关键的是益州从来易守难攻，无论是曹操还是孙权，都不敢轻易发动攻击。而且按照诸葛亮的战略，他已经跨有荆益，完全有了争雄天下的资本。

更关键的一点是：他和曹操、孙权一样，拥有了世族的支持力量，人才济济。

记得给曹操下评语"治世之能臣，乱世之奸雄"的月旦评吗？是许劭和堂哥许靖创办的。许靖就在刘璋的帐下效力。他是南阳的大族，后来董卓之乱的时候，逃到了益州。本来刘备并不喜欢他，但法正认为，许靖是大族代表，接纳他，就能吸引众多世家大族，于是刘备给了他高官厚爵。

除了许靖之外，当时从各地逃到益州的世家大族还有董和、李严、吴壹、刘巴这些人，以及他从徐州带来的糜竺、简雍这些人。而蜀中本土的世家，自然也都归入了他的阵营，比如曾经劝谏过刘璋的黄权，以及同样被刘璋排挤出去的彭羕。

从现在开始，刘备手上的世族力量，已经能够和曹操、孙权的一较短长，无论来自中原的望族、荆州的豪强，还是益州的本土家族，人才都济济一堂。

军事人才从来就不是刘备的软肋。刚刚出山时，他就已经带着后来被众多诸侯羡慕的关羽、张飞和赵云。在夺取荆南四郡的时候，他又收了黄忠。在这次夺取益州的过程中，意外又得到了马超。后来被人们俗称为五虎上将的将军已经聚齐。

乱世之中作战当然是不可避免的，将领自然是关键一环。对于刘备来说，更重要的反而是在益州真正配齐了他梦寐以求的世家大族团队。从外人看来，类似于许靖这种人，文不能治天下，武不能夺州郡，能干吗用呢？

但凡有志于天下的人都明白，这些人才是夺取和控制天下的关键所在。不论中原、涿郡、荆州还是江东地区，世家大族都控制着地方的政治、人脉、金钱和粮草，没有这些东西，所谓的夺取天下，实则寸步难行。

刘备在过往的三十年里之所以漂泊流离，核心症结是他根本没办法笼络影响地方政治的世族力量。他在徐州刻意结交，还延续着感情的孔融，就是典型的世族，孔子的后代。但问题是，孔融欣赏他，但根本不会跟他走，孔融当然要留在许都，曹操的身边。正因为许都住着皇帝，所以中原、北方、荆州甚至是江东的世族，都认同曹操，甚至纷纷投奔他。荀彧家族、崔琰家族……数不胜数的显赫世家，都围绕在曹操的周边。这才是曹操得以发展壮大的资本。

这是刘备最为核心的苦恼。但现在不一样了。随着这些世家大族加盟刘备的阵营，他才真正有了夺取天下、再现光武的可能性。


当然，所有人都知道，刘备最核心的人才是诸葛亮。因为有了诸葛亮，才有了跨有荆益的战略，才有了荆南四郡的钱粮税收，才有了真正的治理团队。

而现在，他又有了法正。法正是和诸葛亮不同的人才。

诸葛亮是战略天才，治理天才，高瞻远瞩，并且一身正气，对于天下形势洞若观火。法正则是个邪才。他本身就是一个叛徒。他原本是刘璋部下，虽说刘璋并没有发挥他的才能，但毕竟待他不薄。可他第一次见过刘备，就已经开始筹谋要背叛刘璋了。在后来刘备攻取益州的过程中，他提供的军事情报、政局情报，甚至对刘璋的劝降，对于刘备夺取益州起到了关键作用。他简直就是活的"无间道"。

夺取了益州之后，他被封为蜀郡太守、扬威将军，对内是首府总管，对外则是谋主，一时权势熏天。他这个人又心胸狭窄，睚眦必报，一朝权在手，立刻下重手杀害了从前在成都对他不逊、不满、不齿的人。

有人向诸葛亮告状，诸葛亮也拿他没办法，说："有他在主公身边辅佐，主公能够任意翱翔，再也没人能制约他。所以，哪有什么办法禁止法正，不让他按自己的心意行事呢？"

其实，在相当长的时间里，刘备对于法正的信任和重用，甚至超过了诸葛亮。尽管诸葛亮比刘备年轻，但是刘备是把诸葛亮当成师长来看待的，对他又尊敬，又害怕。而且，诸葛亮是一个真正内心无私、道德高洁的人，而刘备那套表面忠厚、内心阴狠的性格，在诸葛亮面前既无从隐藏，也不敢任意放纵。

法正不一样。对于道德没有什么真正的认同，只要能够实现目的，那就是逆取顺守，干就是了，什么阴招、背叛、复仇，都可以运用。

事实上，不仅夺取益州法正是首功，连后来夺取汉中，法正也是真正的推手。如果打个比方的话，那么诸葛亮就是汉高祖刘邦的萧何，而法正是刘邦的陈平[1]。

当然，夺取了益州，并不就万事大吉了。获得益州之后，其实留下了巨大的隐患，那就是关羽和荆州。

对于刘备夺取了益州，而没有和自己分享，孙权是极其恼火的。因此江东方面一再强调了所谓的"借荆州"这个公案，不断向刘备索取荆州，后来干脆直接武力抢夺。益州安定了，但是荆州那边，火正在慢慢烧起来。

另外一个更大的麻烦是关羽。关羽虽然没有参与益州的争夺，但是有他守着荆州，曹操不敢南下，孙权也不敢西取，所以刘备才能安安稳稳花了三年时间把益州打下来。

刘备在益州大封功臣的时候，当然没有忘记关羽。但问题是，马超也被提到了很高的位置。关羽就写信问诸葛亮，谁可以和马超的才能相比啊？

诸葛亮当然知道关羽这是暗中较劲，就回信说："马超文武兼备，英勇烈性，是一时豪杰，跟汉高祖时候的黥布、彭越可以相提并论，应该说可以和张飞并驾齐驱，但是不如美髯公您的绝伦逸群。"

关羽看到诸葛亮的回信非常开心，把信拿给自己的宾客炫耀。

---

1　萧何（？—前193），西汉初年大臣，刘邦称帝后，以萧何功勋最高，位列第一。陈平（？—前179），西汉开国功臣，刘邦重要谋士，六出奇计，屡建功勋。

　　但诸葛亮的协调只能一时奏效，关羽的不满却日渐积攒。关羽独占着荆州，和东吴各代陆口守将的关系都非常紧张，对孙权也很傲慢，逐渐成了不安定的因素。

　　作为一个从最早时候就跟着刘备，战功赫赫，无数次保护了刘备的人，他越来越脱出了刘备能够控制的范围，已经有了"功高震主"的嫌疑，成了刘备所辖荆州地盘的真正主人。而刘备对荆州的重要性，也越看越淡了。

　　后来事态的发展，可谓疑窦重重。在没有刘备的直接命令下，关羽擅自发兵攻打曹操，虽然一时声震中原，并且与许都方向隐隐相连，却被曹操施了离间计，孙权乘机全线出击，拿下荆州。

　　更加令人不解的是，刘备行动迟缓，并没有及时从益州发大兵去解救。当时汉中也已纳入刘备手中，荆益已经连成一体，救援不及这样的理由无论如何也搪塞不过去。

　　后来有人怀疑，这就是刘备有意放水，让曹操和孙权联合夹击，灭掉尾大不掉的关羽。虽然损失了荆州，却并没能动益州一根汗毛。

　　刘备兴兵攻打孙权，只不过借着吊民伐罪的理由，想要夺取江东而已，和当年曹操宣称为父报仇攻打徐州一个道理。

　　不过，那都是后来的事情了。建安十九年（公元214年），刘备带着两个头衔，荆州牧和益州牧，手下文臣武将蔚为壮观，他成为光武帝第二的希望之光，正从地平线上冉冉升起。

　　对于曹操来说，这实在是一个糟糕透顶的局面。

## 3.

赤壁之战后，鲁肃回到京口。孙权感念鲁肃劳苦功高，亲自率领一票文臣武将出门迎接。

鲁肃到宫殿跪拜行礼，孙权站起回礼，然后跟鲁肃开玩笑说："子敬（鲁肃的字），我亲自扶鞍下马来迎接你，足以显示你的重要性了吧？"

鲁肃向前走了一步，说："还没。"

所有在座的人听了，脸色一变，感到非常惊讶。鲁肃这是疯了吗？还想怎样？

君臣就座，鲁肃才慢慢举起马鞭说："愿至尊至高无上的威德能够遍及四海，全部收服九州之地，达成帝业，然后用安车蒲轮来征召我，那个时候才叫显赫。"

孙权听了，拍着手掌开心地笑了。

这才是江东的野心，这才是孙权的野心。在江东，所有人都已经习惯称孙权为至尊。何为至尊？这是一个没有"皇帝"头衔的皇帝名称。

赤壁之战对于孙权来说，本质上是一个保卫战而已，孙权是被动的。消灭袁绍之后，曹操对天下的野心才真正地炽烈起来。他在北方所向披靡的时候，孙权却在南方焦头烂额。尽管鲁肃已给他画下了图谋天下的道道，但他根本没那个心思。

孙权在江东的头十年，只能用扑火来形容：扑内部的火，扑山越的火，扑刘表的火。事实上江东的火还没扑完，曹操就来了。不用鲁肃、周瑜和诸葛亮那么些人聒噪，劝他抵抗曹操，他这十年来殚精竭虑，好不容易稳固了父亲和哥哥打下来的一片江山，怎么可能就这么拱手让给曹操呢？

只有像刘琮这样的公子哥，根本没有经过艰苦卓绝的战争，才会把地盘那么随意地献出来。如果刘表当时还在世的话，说什么也不可能把荆州草率地丢给曹操。

对他而言，赤壁之战虽然打赢了，但是他也没落到多少好处。荆州七郡、南郡是胶着的地方，曹刘孙各自占了一些，而且孙权占的地方，是周瑜奋力打下来的，而且还受了重伤，埋下了巨大的身体隐患。

孙权真正得到的，只有部分江夏郡。可这也不是从天下掉下来的，也是甘宁、凌统他们浴血奋战打下来的。

反而在这场战争中，捞得最多的是刘备。他不但借走了公安，还乘着大家都还惊魂未定的时候，把荆南四郡拿走了。现在的形势，孙权又不好跟刘备翻脸。

可鲁肃的话，却诚然令孙权开心。赤壁之战的意义对孙权来说不是分了多少羹，而是养肥了胆子。他现在发现，曹操没什么可怕的，而鲁肃所讲的逐鹿天下、建立帝业，也不是什么遥不可及的梦想。

他以前的敌人，再凶恶、再庞大、再阴险，能和曹操比吗？可是他现在连曹操都打败了，还有什么可害怕的？


更关键的是：建安十三年（公元 208 年），曹操五十三岁，刘备四十七岁，而他才二十六岁。他有大把的时光，耗都能把曹操和刘备给耗死。

也因为如此，他喜欢的是周瑜、鲁肃、甘宁这些人，年轻，有朝气，初生牛犊不怕虎。荆州为什么会一败涂地，最终搞得四分五裂？不仅仅因为刘琮是个蠢货，还因为荆州那些老牌世族，像蒯越、蔡瑁、韩嵩，都暮气沉沉，不敢打、不敢拼，只想着自己的富贵荣华，念着汉家旧朝。

所以孙权越来越讨厌张昭、秦松、顾雍这几个老家伙，这些投降派。孙权最初的犹豫，并不是因为他在考虑要不要投降迎接曹操，而是心里藏着忧惧：这些家伙掌握江东命脉——经济和钱粮，如果他们不支持抗击曹操，那么战斗还没有打就已经失败了。好在周瑜、鲁肃的坚持，再加上刘备这个外援，才迎来一个好结果。

这些家伙和那群荆州老臣，有一个共同的名字：世家大族。孙权和他哥哥孙策一样，对这些世家大族充满了怀疑与反感。只要时间和温度合适，重归汉家的欲望就会在他们心里熊熊燃烧。张昭和秦松，来自徐州的世家；吕范来自汝南：他们都是北方世族。如果曹操真的能够一统天下，他们不仅能回归北方，还能回归朝廷，名利双收，家族绵延。顾雍呢？他是吴郡人，一样属于汉朝大族，位居吴郡四姓"顾、陆、朱、张"之首。在孙家江东，他是个"乱臣贼子"，只有回归汉家，他才能重新光耀门楣。

蒯越、韩嵩他们不就是这么劝刘琮的吗？张昭不也是这样的说辞吗？

况且，孙策打下江东的时候，会稽四姓"虞、魏、孔、谢"都被孙策剿灭殆尽，吴郡的世家不会唇亡齿寒吗？

还是鲁肃看透了这一切。无论是北方世族，还是江南大家，回归汉朝、回归朝廷，才是他们内心的驱动。他们才不会在意孙家死活。这些人的讨厌之处，还不仅是内心怀揣隐秘的愿望，而且在表面上摆出一副道貌岸然的正人君子的姿态。尤其是张昭。


孙权喜欢打猎。这一家子都一样，从孙坚到孙策，再到孙权，都是天生的冒险家。他常常骑马猎虎，老虎可不是闹着玩的，有好多次，都奔到孙权的马前，爪子已经搭到了马鞍上。

张昭看到了，脸色都变了，严肃告诫孙权说："将军您怎么能这样呢？作为民众的君主，真正的能力是驾驭英雄、驱使群贤，怎么会是驱驰在原野上，和猛兽比拼英勇呢？一旦有不测发生，不是让天下人耻笑吗？"

孙权谢罪说："哎呀，我少年心性，考虑事情不够长远。您这么说真是让我惭愧。"但他仍然控制不了自己，于是打造了一辆射虎车。车体四周有方形格栅，但车里只有一个驾车的人，陪他拔箭射兽。当然仆人会把野兽赶到一起以方便他射杀，但也会有一些野兽逃出包围，追赶孙权的射虎车，甚至扑到车上，孙权就亲手击杀，开心得哈哈大笑。

对于孙权这种毫无必要的以身犯险，张昭当然不会只说一次，孙权也每次都笑而不答。

　　这样的情节，像极了汉文帝的故事。那个时候汉文帝也还年轻，喜欢飙车。有一次，他在霸陵，想从一个高坡上驾车疾冲下去。一个叫袁盎的官员骑马赶上来，拉住了汉文帝车马的缰绳。汉文帝嘲笑他说："将军这是怕了吗？"

　　袁盎回答说："我听说家有千金的人家，不会让儿子坐在屋檐下；家有百金的人家，不会让儿子靠在栏杆边上，因为都有难以预料的风险。圣明的君主不会轻易踏足危险，心存侥幸。现在陛下驾着六匹马的车，奔驰冲下高高的险坡，万一马受惊了，或者车承受不住散架了怎么办？陛下您可以不顾惜自己，但是您怎么向高祖、太后交代呢？"

　　两个故事的结果迥然不同。汉文帝正色致歉，听从了袁盎的劝诫，意识到自己的职责应该超越个人喜好；而孙权把张昭的话当耳边风。因为在年轻的孙权看来，只有好勇斗狠的自己，才能为江东争取更多的地盘和人口，才能在群雄争霸的时代中，脱颖而出，逐鹿天下。

　　最起码目前为止，中原南迁和江东本地的世族，给他带来的障碍多于助力。


　　当然，张昭和顾雍这些人带来的只能算是烦恼，因为毕竟经过孙策和孙权两代雄主，这些人已经接受了孙家长期主政的事实，曹操败退，他们只能忠于孙家，不会再有二想。

　　大麻烦是刘备。鲁肃当然是对的。和刘备联盟，是当下，也可能是长期的战略。所以他才选择"进妹固好"。对于周瑜和吕范提出的扣下刘备的建议，孙权不是不理解，不想做，而是时机还不到。把刘备扣押在京口，固然阻断了刘备这一隐患，但联盟也就不存在了。况且，周瑜也漏算了诸葛亮。有传闻说，赤壁之战前诸葛亮来见孙权的时候，张昭曾经建议诸葛亮留下来辅佐孙权，但是诸葛亮断然拒绝。别人问为什么，诸葛亮说："孙将军可以说是真正的人主，但我观察他的气度，大概会把我当成一个贤人，而不会让我完全发挥自己的能力。"

这个传闻看似有一定的道理，因为诸葛亮肯定不会留，而孙权也不会完全把军国大事托付给诸葛亮。但是其中有一定程度的扭曲。其一，当年诸葛亮在南阳种地的时候，明里是不求闻达于诸侯，暗里早就已经看清了天下英雄。孙权如果是诸葛亮认定可效命的人，难道他不会想办法投奔孙权？其二，三顾茅庐这样的千年佳话，只可能发生在刘备和诸葛亮之间。刘备是一个低得下头、弯得下腰的枭雄，而诸葛亮是一个若不能充分施展自我，宁可终身自我埋没的人。孙权这种桀骜不驯的性格，不适合诸葛亮。因此，即便孙权真的勉强能够把刘备留下或者扣押，诸葛亮也未必跟从孙权。

孙权对于刘备的愤怒日益增长，尤其在阻挠孙权进军益州这件事情上。他派周瑜进驻南郡，其实相当于向刘备表明了自己进军益州的决心，而刘备派关羽、张飞和诸葛亮，堵住了进入益州的各个关卡，几乎是一种战争行为了。

即便如此，他还是不死心，当建安十五年（公元210年）周瑜来找他请命进军益州的时候，他立刻兴奋了起来。但是等待他的却是悲伤：周瑜去世了，才三十六岁。

周瑜在病重之时，就已经给孙权留下了自己的遗言：

"我是一个凡俗之才，当年受到讨逆将军（孙策）的特殊礼遇，把我当成心腹之人，让我替他统领兵马。因此，我下定决心，终身奉献于戎马生涯。我的规划是先平定巴蜀，再夺取襄阳，从大势来说，也已经胜券在握了。但是人算不如天算，还是遭遇了这样突然的疾病。这段时间经过治疗，却没有任何好转。人有生死，命有长短，这本来也没有什么值得可惜的。遗憾的是我微小的志向尚未展开，再也没有机会听命于您，共展宏图了。现在，曹操在北，疆场未静；刘备寄寓，犹如养猛虎。天下的事情，还不知道始终如何。我们朝中将士废寝忘食的时候，也会是至尊您忧虑伤神之时啊。鲁肃是忠烈之士，做事一丝不苟，可以替代我。人之将死，其言也善。如果我的话能有一点可以供您采用的话，那么我死了也得以不朽。"

这封遗书，情真意切，又始终不渝地把孙权认为至尊，是从内心认定孙权是开创帝业之人。孙权对于周瑜的感激之情，不仅仅是他作为一个青年将领，帮助他打败了被视为天下无敌的曹操。更重要的是，从孙权继承孙策之位的那一刻，他们之间就奠定了君臣名分，并且一以贯之。周瑜的这个认定，不但是他的个人准则，而且逐渐变成江东准则。

他和鲁肃一起，厘定了整个江东朝着帝王事业前进的基石。

孙权因此而悲痛不已，痛哭流涕。他说："周瑜是有

辅佐帝王的能力的呀。他现在突然短命走了，我还能依靠
谁啊。"

　　孙权对周瑜是倚仗，而曹操和刘备对周瑜，则是十分
忌惮。

　　曹操很早之前就欣赏周瑜，曾经秘密派遣九江的蒋干，
这位周瑜的同乡去拜访他。蒋干布衣葛巾，以私人的身份去
见周瑜。

　　周瑜在军营门外迎接，站在门口就问："子翼（蒋干的
字）你辛苦了，这么远涉江湖，是来给曹操当说客的吗？"

　　蒋干赶紧推脱说："我和您以前是旧交，只是后来分别
了很长一段时间。我在遥远的地方，听闻您的丰功伟业，因
此特地来诉说久别的思念，欣赏你雅致的做派。您突然说我
来当说客，莫不是冤枉我了吗？"

　　周瑜笑笑，说："我虽然不是什么高明的音乐家，但是
听弦赏音，也足知雅意啊。"

　　他把蒋干请到了营中，设宴款待。酒足饭饱之后却把蒋
干送出营去，说："正好我要处理一点机密的事情。就烦请
您先到馆驿休息。等我办完事，再来请您。"

　　三天之后，周瑜再次邀请蒋干入营。这次，他先带着蒋
干走遍了整个军营，一一巡察仓库、兵器辎重、仪仗器具，
然后大摆宴席，宾客盈门。在酒酣耳热之际，他向蒋干展示
了孙权赐给他的各色侍者、华彩衣裳、奇珍异宝。

　　他认真地对蒋干说："大丈夫在世，最难得的是遇到珍

惜自己的君主，对外是君臣之义，对内却是骨肉之恩。相互之间言听计从，祸福同当。我和我的君主，就是这样的关系。所以，现在就算是苏秦、张仪再世，郦食其重生，跑过来说服我背叛君主，我也会拍拍他们的背，让他们把自己的话吞回去。更何况像你这样稚嫩的儒生，怎么可能说服我呢？"

蒋干真是非常尴尬，只能陪同干笑，一句话也回敬不了。他灰溜溜回去跟曹操交差，说周瑜这个人气量广大，心思高远，不是靠言辞就能打动他背叛孙权的。

刘备对周瑜的忌惮，是更加深切的。在赤壁之战中，他们之间的印象就不算太好，并且他也知道周瑜有软禁自己的计划，虽然侥幸逃出，但是此人不除，终是心头大患。他不像曹操那么迂回曲折，而是直接想从孙权那里下手。

刘备离开京口的时候，为表示郑重，孙权特地派了艘飞云大船，带了一班重臣包括张昭、秦松和鲁肃等十多人，一起走水路送行。孙权在船上大摆宴席，笙歌不停。席散之后，张昭、鲁肃先行告退，留下孙权和刘备，私下交流日后的计划。他们自然也就谈到了江东核心之一，周瑜。

刘备惊叹说："公瑾这个人文武双全，谋略过人，是千万人之中也见不到的英雄。可是，根据我的观察，他气量广大，理想高远，并不是长久能够屈居人下，作为臣子的人。"

曹操的诱降，或者刘备的离间，对于孙周两人之间的友谊和信赖，不会有半分影响。周瑜如有二心，他孙权今天还能稳坐京口，笑看风云？

孙权对于周瑜的去世，是发自内心的悲痛。他亲自身穿丧服，举国哀悼。当周瑜的棺椁从他去世的巴丘被运往京口的时候，孙权不辞辛劳，亲自跋涉到芜湖迎接。这极尽哀荣和发自内心的沉痛，令江东上至将军官吏，下至士兵百姓，无不深受感动。

即便到了晚年，孙权对周瑜依旧没有停止怀念。他曾经说他对周瑜的思念，哪里有尽头啊。最终登基称帝的时候，他又说："如果没有周瑜，我根本没有机会称帝。"

孙权失去了一个左膀右臂，一个真正从内心认同自己的人。周瑜之死，也意味着益州永远没有机会纳入自己的版图。这才是孙权真正的痛处。


幸好他还有鲁肃，也是一个认同自己的人，从一开始就不像那些老家伙心念汉室，孜孜于恢复河山，而是希望和自己一道荡平天下，建立帝业。

但是鲁肃和周瑜的战略并不一样。周瑜的思路，是把刘备赶出荆州，甚至灭掉刘备，然后进取益州，吞并张鲁，和马超结盟，从曹操薄弱的凉州方向，反攻北方。

但鲁肃知道，这一切均无可能。曹操太过强大，根本不是江东一家能够消灭得了的。哪怕真的干掉刘备了，益州那么好拿吗？哪怕益州能够拿下来，张鲁那么好吞并吗？哪怕张鲁能吞并，凉州就会配合他们吗？做这一切的时候，难道曹操就会坐视不理吗？别忘了，直到现在，真正有能力统一天下的人，还是曹操。周瑜的设想，太理想化了。

刘备是那么容易就能被除掉的吗？曹操处心积虑筹划多年也没能消灭刘备，况且现在的刘备早已今非昔比，不但拥有诸葛亮、关羽、张飞、赵云在内的强大团队，而且已经在事实上占领了大半的荆州。鲁肃的战略，是现在哪怕吃点亏，也要把刘备养肥，甚至主动让刘备获取益州，然后再和刘备协商，取回荆州或者荆州的一部分，然后两家联合，从不同方向攻击曹操。等到曹操没有了，两家再来讨论谁灭掉谁的问题。

这是一个更加现实主义的方案。曹操最希望的局面就是把孙刘各个击破，他也有这个能力。可是一旦变成了三足鼎立，那么攻孙则刘援，攻刘则孙援，这才是一个曹操无法破解的死局，他只能坐视两家分别壮大。

但是鲁肃是非常孤独的。整个江东，没有人能够像他那样高瞻远瞩，看透天下格局的本质。孙权虽然勉强接受了鲁肃的看法，但只要一有机会，他马上就会动摇，做出损害双方关系的举动。孙权以下，包括周瑜、吕蒙、甘宁，甚至是后起之秀陆逊，也都对刘备蠢蠢欲动。

他的盟友只有诸葛亮。但是诸葛亮也一样是孤独的，在刘备阵营里，只有他一个人苦苦支撑联盟孙权的战略。


很快，鲁肃就摁不住孙权的野心。

建安十九年（公元 214 年），刘备拿下益州，大开府库，犒赏三军。孙权的嫉妒心立刻就开始大爆发。他马上派了诸葛瑾到成都，要求刘备把荆州诸郡"还给"他。

刘备当然不答应，但是也不好撕破脸，就说："我正在图谋凉州啊。等凉州到手了，我就把荆州全部都给你们吧。"

孙权一听就怒了，这不是忽悠人吗？"这是有借无还，想要拿空话来拖延时间啊。"

第二年，他派了一批人去接管长沙、零陵和桂阳三郡。诸葛亮、张飞、赵云都已经接受了刘备的征召，赶去增援益州，只留下了关羽独自镇守。他是从来不把什么孙刘联盟放在眼里的。自己打下来的，凭什么孙权嘴皮子一碰，就想拿走？他派军队把孙权的人一个不剩，全赶走了。

孙权简直气疯了。文的不行，那就来武的。他马上部署吕蒙、鲜于丹、徐忠带着两万人马，强攻三郡。然后把鲁肃派去巴丘，堵住关羽增援的道路。

吕蒙没费什么工夫，军队一到，长沙和桂阳直接就投降了。只有零陵太守郝普坚守孤城。

事情到了这个地步，大家就都没有什么退路了。既然孙权已经翻脸用兵，那么刘备也当然不会客气。他紧急从成都赶回公安坐镇，增援关羽的军队到了三万人，进驻到益阳，准备全面开战，夺回三郡。

孙权看见关羽大军杀来，赶紧让吕蒙回军增援鲁肃。但是吕蒙当时还没有拿下零陵，于是开始打心理战。

吕蒙派人到处散布消息，说刘备远在汉中，被夏侯渊所困；关羽吃了败仗，被孙权亲自指挥的军队堵在了南郡。现在郝普已经孤立无援了。

他让郝普的旧友邓玄之去劝降。他对邓玄之说："现在郝普已经是朝不保夕了，还在等待没有希望的救援，这就好像牛蹄印坑里面的鱼，想要回到江里，是没有可能的。就算他能够将士一心，死保孤城，也就能拖延个一时半会。我根据现在双方力量对比来估计，破城也就一两天的事情。城池一破，他自己死了也就算了，让百岁的老母亲顶着满头白发被斩首，这不是令人痛心的事情吗？郝普现在被团团围住，打听不到外面的消息，还以为可以等待救援，所以才这么固执。你还是去跟他说说实情，让他了解一下祸福吧。"

郝普听邓玄之一五一十传了吕蒙的话，觉得已经毫无希望，还会连累城中百姓，于是就开门投降。吕蒙牵着他的手，一起上船，然后把孙权"急还援肃"的信给郝普看，开心地哈哈大笑。

郝普这才知道，刘备已经到了公安，关羽陈兵益阳，只要坚持下去，零陵守住的可能性是非常大。但是，后悔已经太迟了，大势已去。

鲁肃进兵益阳，与关羽摆阵相对。

鲁肃还想和平解决。几年来，他和关羽各自守着自家的荆州地盘，领地犬牙交错，士兵发生摩擦，是常有的事情。关羽为人骄横，都是他一再忍让，安抚有加，才使得这几年荆州地面平静无事。

现在，他还是想说服关羽，不要兵戎相见，而是协商解决。于是，他邀请关羽阵前相见，各家的兵马屯驻在百步之外，而只带几个将领单刀相会。

鲁肃的部下认为关羽这个人桀骜不驯，不守规矩，担心有变，因此力劝鲁肃不要去。但是鲁肃说："今天的事情，应该相互之间说开来。刘备有负于我们，是非还没有谈清楚，关羽怎么敢伤我的性命？"

这次会面，后来就被演绎成了"单刀会"，说的是关羽单刀赴江东，豪气压群雄。关汉卿的杂剧《关大王独赴单刀会》讲的是关羽一叶扁舟，独渡江东，单刀赴会。其中的一段唱词是：

〔双调·新水令〕大江东去浪千叠，引着这数十人驾着这小舟一叶。又不比九重龙凤阙，可正是千丈虎狼穴。大丈夫心烈，我觑这单刀会似赛村社。

〔驻马听〕水涌山叠，年少周郎何处也？不觉的灰飞烟灭！可怜黄盖转伤嗟，破曹的樯橹一时绝，鏖兵的江水犹然热，好教我情惨切！（云）这也不是江水，（唱）二十年流不尽的英雄血！

都不说唱出来，光是读出来，都叫人热血翻涌，心潮澎湃。

只是真实的情形是：并不是关大王单刀赴江东，而是在益阳的战场上，关羽和鲁肃各自单刀赴会。鲁肃先开了口：

"我们之所以把土地借给你们家，是因为你们兵败曹操，跋涉远来，一无所有。现在你们已经得了益州，却一点归还荆州的意思都没有。我们也只是要求拿回其中的三郡，你们竟然也不同意。"

话还没说完，关羽手下的一个人就插话说："土地吗，本来就是有德者居之，哪里是什么人永恒拥有的呢？"

鲁肃立刻厉声呵斥，关羽拔刀站了起来，说："这是国家大事，你知道什么！"使了个眼色让那个人出去。

关羽接着说："乌林之战（就是赤壁之战），左将军（刘备）亲身处在行伍之中，衣不解甲，和将士一起历经千难万险大破曹操，怎么能徒劳一场，连一块土壤都得不到。你这次来，是想坐收土地吗？"

鲁肃说："你说的不对。我当时在长坂和刘豫州相遇，豫州手上的兵马，连两千人都不到。已经山穷水尽，志气衰落，甚至想着要远窜苍梧，根本没什么长远的设想。是我主上怜悯豫州飘然一身，无所寄托，不吝惜土地民众而借给他一片栖身之地，让他能够有所庇护，渡过难关。但是刘豫州却虚与委蛇，背信弃义，破坏友好，暗藏祸心。现在他已经染指益州，还想兼并荆州。这样的行为，连凡夫俗子都无法忍受，更何况我主公那样率领千军万马的英雄呢？我听说，如果因为贪心而背弃信义，就会招致灾祸。将军你身负重任，却不能分清黑白是非，以信义来辅佐主人，而是仗着自己有强大的军队，想要以力相争。你们师出无名，拿什么来获取胜利！"

话虽说得冠冕堂皇，但个中是非曲直，错综复杂。孙权和鲁肃的逻辑，是当年刘备狼狈逃窜，要不是孙权借给公安，他根本就没有什么机会能够夺取江南四郡，所以说"借荆州"，合情合理。

但如果从刘备和关羽的角度看来，这明显是强词夺理。孙权的确借了一座小城公安给他们，在鲁肃力劝下又借了整个南郡，但是后来所有的荆南土地，那都是他们自己的将士浴血奋战一寸一寸夺下来的，和孙权有什么关系？

现在，摆在双方面前的就是赤裸裸的土地利益。联合抗曹，符合双方的利益；打赢之后，就各凭本事抢夺地盘。就算有恩情，也是互通有无，谈不上谁欠谁什么。现在既然已经摆开阵仗，那还是实力见高下好了。


就在这千钧一发之际，曹操已经到了汉中，正在攻打张鲁。这对于刘备来说，不啻晴天霹雳。汉中若失，蜀地天险就失去了一半，显然曹操的目标就是先下汉中，再攻益州。现在就算能够夺回三郡，如果失去益州这个大后方，刘备就完全暴露在曹操和孙权的两面夹击之下，接下来就会重蹈当年一无所获、仓皇逃窜的覆辙。

他一边日夜兼程回到成都，一边随即派人去找孙权，请求和解。

孙权派去的人还是诸葛瑾，诸葛亮的哥哥。但是两个人在成都，都是在公开场合相见，连一次私下相会都没有。谈判的结果，是以湘水为界，把荆州一分为二：长沙、江夏、桂阳三郡及以东的地区归属孙权；南郡、零陵和武陵三郡及以西的地区归属刘备。

因为曹操的威胁，事情反而得到了圆满的解决，以孙刘双方各退一步结束。孙权不再追求吞并整个荆州，而刘备也不再坚持固守自己的荆州地盘。这件事情也让双方同时明白：他们真正的对手，其实仍然是曹操，结盟抗曹，才是当下双方唯一正确的道路。

但是有一个人却并不满意。那就是关羽。这是一个奇耻大辱，荆州在他的眼皮子底下，在他的手里，丢掉了一半。虽然最后是双方谈判的结果，但是如果全面开战，他关羽是有能力把三郡打回来的。

孙权乘其不备，突然兴兵夺地的行为，让关羽大为光火。这已经成为他的私仇，一定要报。

所以，在关羽看来，刘备其实只是签了城下之盟，得到的也只是短暂的和平。而关羽的愤怒，却埋下了一颗不安的种子，在将来会全面引爆开来。

4.

无论怎么说，孙权对于消灭刘备并没有执念，他知道自己最大的敌人是曹操。

打赢了赤壁之战的孙权，突然觉得曹操已经不堪一击了。所以除了派周瑜攻打南郡之外，他自己也想带兵打仗，建立功勋和威信。

建安十三年（公元 208 年）十二月，他自己上阵去攻打合肥。但是这次亲征，却是一个羞辱。他派去攻打九江、当涂的张昭一无所获，而自己围攻合肥，却被扬州刺史摁在城墙下一个多月，无功而返。

这场战役充分显示了一个少年得志的年轻君主的无知与傲慢。一方面是贪功冒进，而另一方面却是缺乏定力，进退无序。

曹操大军赤壁方败，合肥城虚，虽然刘馥守御有方，终究难以持久。曹操的增援部队不过一千，本意是经过汝南，带上汝南守军共同增援。但是道中部队又突发疫症，动弹不得，以至于增援久久不至。

扬州别驾蒋济于绝望中心生一计，派了三批使者给刘馥，说曹操已发步骑四万，不日即到，让他们派人迎接。孙权军截获第二批使者，信以为真，因此心生恐惧，急忙撤兵。

孙权领兵作战的问题在于刚愎自用。围困孤城时轻蔑敌人，所以久围不拔。张纮劝诫说："从古至今，凡有围城，必然要网开一面，一方面让守军心中生疑，另一方面让守军心存侥幸，随时脱逃。但现在我们围城却十分细密，攻城又急，于是守军内心恐惧，自然拼尽全力。拼死血战的敌人，本来就难以速胜。现在敌人救兵还没到，可以稍微宽松一点，让他们自己内部生变。"

但是孙权根本不听，把合肥围得水泄不通，一味强攻猛打。

后来曹操救兵抵达的时候，他又头脑发热，冒险精神上头，想要亲率轻骑突袭敌人。又是张纮拼死劝谏："老话说，兵者凶器，战者危事。现在您依仗年轻气盛，突击强敌之军。咱们自己的军队，不免心惊胆战，就算您能够斩杀敌将，抢夺旌旗，威震沙场，这也不过是偏将之勇，而不是主帅之责。希望您放弃匹夫之勇，而心怀霸王之计。"

好在这回他听了进去，没有以身犯险。

不管如何，合肥无功，他始终想挽回面子。于是转年又想兴兵攻合肥。张纮再次出面阻止说："我知道自古以来的君主，虽然上有历代君主魂灵护佑，下要播散文德教育民众，也有赖于武功来彰显自己的功勋，但是贤明君主却要审时度势，然后才是借机立威。现在您所面临的是四百年来的汉室倾颓，负有扶危助弱的职责。更应该广开农耕，任贤使能，多行惠政，再顺应天命来施行诛罚，只有这样才能无需辛苦操劳，就能底定天下。"孙权这才悻悻取消了计划。

然而孙权北上的心思，却并未消亡。建安十六年（公元211年），张纮建议移治："秣陵是战国时候楚武王修建的城池，后来改名叫金陵。地势崎岖多山，连着石头城。我曾请教过见多识广的老人家，他们说秦始皇曾经巡视过这里，看见云气，感叹说，金陵地形有王者首都之气，于是挖断了和石头城连接的山脉，改回名字叫秣陵。现在许多重要的建筑还都保存着，而地气仍在，天命所归，应该建设成我们的首府。"

刘备当年到京口的时候，也和孙权说过移治的事。刘备提醒说："吴地离这里有几百里，万一有紧急的事情，大部队救援恐怕有难度。将军在京口也是临时的吧，不会久屯这里吧？"

孙权说："秣陵城中，有小江（今秦淮河），长达数百里，连大船都可以在里面自在航行。我现在准备置办水军，应当要移都那里。"

刘备建议说："芜湖靠近濡须口（濡须水注入长江处），也是很好的选择。"

孙权回答："我想要图谋徐州，还是靠近一些好。"

秣陵就是向北挺进的一块跳板。所以孙权还是下了决心，移治秣陵。第二年，又营建石头城，重新把秦始皇掘断的气脉给修补起来，并且改了个名字叫建业，意思自然是要由此地挥兵徐州，北上灭曹，兴建帝业。这就是后来的南京。

但是没等他北上，曹操就再一次南下了。

对于曹操来说，胜败乃兵家常事。赤壁之战的失败，不过是人生百战中稀松平常的一次，他既没有觉得是一件多么大的挫败，也并不以为就此决定了未来的走向。他的目标从来就没有动摇过，那就是统一。

如果能够劝降孙权，自然皆大欢喜。

　　疆场相持，当然是曹操生涯中无法避免的遭遇。但是他也实在酷好舞文弄墨，每有好文好句，总难以释怀。因此逢有重大战事，他按捺不住，要么亲自操刀，要么找人代笔，作书写檄。

　　这次也一样，他让阮瑀捉刀，又留下了一个千古名篇《为曹公作书与孙权》，大意为：

　　　　自分别以来，倏忽已过三年，我无一日忘却以前的交好，况且还有儿女姻亲的牵连。我们彼此情谊深厚，因分别而生的遗憾在心上还很浅。我是这样的心思，想来你也与我心意相通吧？

　　　　……当年赤壁之战，军队遭受瘟疫，因此我也烧掉船只，自行离开，以避恶地，这不是周瑜的水军所能挫败。而江陵守城，我方物资耗尽，不愿长久维持，于是我命令迁徙民众，自愿回师，以免不必要的灾难，也不是周瑜的能力所能打败的。荆州本来就不在我的辖区，所以我愿意全部奉献给您。我自有其他的地方需要着力，况且对我也非伤筋动骨，不会割损身体。

　　　　……我希望你能够着眼长远，对内捉拿张昭，对外攻击刘备，以表明你对朝廷效忠的诚心，我们就能够重修旧好，那么江东地方的职权，我便可以放心长久托付给你。你自己的高官重爵，自然可以得到保障，未来不可限量。这样一来，上对朝廷而言就再没有忧虑东方的理由，而下对百姓可以保全他们的性命，这岂不是一件愉快的事情？

　　……当然如果你怜悯张昭，希望能够保全他，我也能化敌为友，不追究他，甚至推举他效命朝廷。你只需要捉拿刘备，便足以表明你的诚意。这两条建议，请你审慎考虑，选择其中之一，我们就可以同心勠力，效忠朝廷。

这封信文采斐然，情意绵绵，想来曹操自己读起来，颇有当年读陈琳为袁绍所写檄文的痛快之感。不过对于孙权来说，信中写的种种情形，大约都是些痴人说梦的笑话。当年他少不更事的时候，尚能横下一心对抗强曹，现在怎么会听曹操这样的蛊惑，作茧自缚？

建安十八年（公元 213 年）十月，曹操集结的军队，又是号称有四十万之众，水陆并进，直扑濡须口。打下此地，大军便可以经由濡须水进入长江，江南在望。

出于吕蒙远见，这条路径早就在孙权的意料之中。吕蒙建议孙权在濡须口两岸建立城寨，江东那些草莽将军都嘲笑说：“上岸击贼，洗脚上船，要城寨做什么。”

吕蒙说：“兵有利钝，战无百胜。如果突然遭遇敌人，步骑并进，我们根本来不及到水边，还能上船吗？”因此才有了濡须坞。

虽然曹操从来不把胜败放在心上，但他手下的将士，却始终对于赤壁之战的惨败心有余悸。当建安十八年（公元

213年）正月队伍来到濡须口的时候，又是一个隆冬。

虽然战事初期略有小胜，但曹操也终究被堵在濡须口，寸步不得前进。双方各有胜负，相持一个多月。

时间越长，对孙权越是有利，因此他反而变得主动，派人不断挑衅曹操，曹操却坚守不战。孙权于是亲自出马，乘坐轻型战舰，从濡须口探入曹军水营。曹操身边将士，以为又是敌人轻兵挑战，想要出而歼灭，曹操笑说："这肯定是孙权想亲身见证一下我军士气吧。"就下令各营人马严阵以待，军容整肃，但弓弩箭矢，不得随意发射。

孙权的战舰巡行五六里，掉头回去，一路笙歌鼓吹而还。

还有更加玄乎的传说：孙权乘大船去曹营观军，曹操让弓弩手万箭乱发。战船一面受箭偏重，几乎导致倾覆。孙权便让人掉转船只，让另一面也同样受箭，于是船身平衡，这才施施然返回。这个传说，是后来"草船借箭"的原型。

虽然传闻不无夸张，但经过四年戎马征战，孙权无论在心性还是经验上，都足够成熟，治军严谨，从容不迫。曹操看见吴军战舰有序，队伍齐整，仪仗井然，喟然长叹说："生子当如孙仲谋，刘表的儿子就像猪狗一样。"

孙权于是写信给曹操说："春水方生，公宜速去。"信中另附一张纸，写道："足下不死，孤不得安。"

曹操大笑，把信件拿给手下诸将看，说："孙权真是不会欺骗我呀。"

冬天转季，江南雨水充足，江水暴涨，自然对于曹操的北方军队来说，是不利因素，若是勉强持续，形势就愈发对北军不利。曹操于是顺水推舟，撤师北还。

荆州自赤壁之后，已然四分五裂，而曹操与孙权始终胶着在江淮一线。曹操要南下，便以合肥为要塞，入濡须口，可放舟直奔建业；而孙权要北上，就得打通合肥，进逼徐州。因而扬州诸郡百姓在曹孙两方的拉锯中心惊肉跳。

曹操自然晓得其中利害，唯恐长江沿岸各郡被孙权侵占，于是命令各郡内迁。此举本意，是战火所及，难免受损伤。但是夹在中间的各郡民户，反而害怕起来，巢湖周边的九江、庐江、蕲春、庐陵几郡的十多万户，纷纷向东渡江，投奔孙权。于是江北一带到合肥之间，如同无人区，唯留皖城孤城一座。曹操便赶紧派庐江太守朱光到皖城屯田，设立基地，以为南下军队提供给养。

孙权自然不会放过这个机会，建安十九年（公元 214 年），孙权突袭皖城，转瞬得手，朱光及城中数万人口全部被俘。曹操闻讯大怒，七月即亲自带兵来抢，十月空手而归。

得了皖城这个"陇"，孙权便觊觎合肥这个"蜀"。敲掉合肥这个曹操的南下据点，往北就是曹操的起家之地兖州，往东便是孙权念念不忘的徐州。越过合肥，便可窥视中原！

所以当建安二十年（公元 215 年）八月，曹操亲征张鲁的时候，孙权认为时机成熟，亲率十万大军，乘虚便要劫夺合肥。

时机倒的确真好，曹操大军尽出，合肥也可谓孤城一座，前后无援。只是这一战，打出两个可歌可泣的战将故事。

曹操临走之时，写了一道密令，让护军薛悌带给守将，信封上注明"贼至乃发"。孙权兵到，他们打开，信上写着：如果孙权来到，张辽、李典出战，乐进守城，薛悌不得与战。

众人蒙圈，不知道是什么意思，现在众寡分明，怎么出战，怎么守城，只有张辽看得明白，解释说："主公远征在外，等他发来救兵，城破人亡。所以密令的意思是说，趁着孙权包围未合，我们反而要主动出战，摧折他们的气势，这样就能安定军心，然后才可安心守城。"

诸将心里狐疑，因为双方差距太大，出战哪有胜算？张辽大怒，说："成败之机，在此一战，各位还在犹豫什么！"

李典素来和张辽不和，听到这番话，感慨道："这是国家大事，只要将军计策得当就可以了，我怎么能因为私怨而忘了公义呢？"张辽于是连夜招募八百勇士，杀牛摆宴犒赏敢死队。第二天，张辽身披铠甲，手执长戟，冲锋在前，一连斩杀了数十名敌军和两员战将，高声大叫自己的名字，直入敌人的营垒，一路杀到孙权的旗下。

孙权大吃一惊，不知如何是好，一路逃窜直到高处的一处小坡，手持长戟自保。张辽高声挑战，让孙权下来决战。

孙权不敢动弹，见张辽带的人少，就呼唤军士围拢过来，将张辽重重叠叠包围起来。张辽带着几十个部下左冲右突，杀开一条血路，冲出包围圈，其他敢死队员高声叫道："将军是要抛弃我们了吗？"张辽反身又冲进包围圈，带着众人再次突出重围。

张辽的这次突袭战，打得孙权部队胆战心惊，围城十几日，士兵斗志全无。孙权一看大势已去，只好撤兵。前部已经撤出战场，只有孙权带着吕蒙、甘宁、凌统等几位将领断后。而甘宁的部队也是远涉过江，营中遭遇瘟疫，大多数人马撤出，只留下一千虎士。张辽听闻撤军，立即带领精壮步骑，掩杀过来。

双方在合肥东边的逍遥津遭遇，张辽志在必得，甘宁和凌统却是忠心护主，因此变成一场死战。这时双方力量对比发生了逆转，成了张辽优势兵力追杀孙权，基本堪称一场屠杀。孙权断后人马几乎全军覆灭，只有凌统带领的三百勇士，拼死护着孙权逃跑。

孙权马到津桥，渡桥已为曹军所毁，一丈多宽的地方没有桥板，孙权眼见要困死桥边。他的近侍谷利让孙权抱紧马鞍，放松缰绳，他在后面使劲鞭马。骏马受力腾跃而起，飞过断桥，安全落地，得到了贺齐三千军马的接应，登上大船，才算转危为安。

凌统护送孙权到桥边，看他过桥之后，又折回抵挡追兵，所带护卫全数战死，自己身中数刀，亲手格杀了十几个人，估计孙权已经安全，这才脱离战场。因为津桥已断，他带甲潜行过河，回到孙权身边。孙权把他迎上船只，凌统痛哭失声，因为自己身边的所有护卫，没有一个活着回来。孙权亲自用袖子给他擦泪，说："死者已矣，只要你还在，还怕没人吗？"

凌统伤势较重，孙权把他留在船上，全身已被血浸透。幸亏有卓氏神药，凌统才保住一条性命。

张辽回到城里，问投降的吴兵，有一个"紫色胡子的将军，上身长，下身短，骑骏马，善射箭，是哪位将军？"吴兵回答："是孙权。"张辽和乐进面面相觑，感叹没早点知道，否则当时就应该纵马急追。全军听到这个消息，全都遗憾悔恨。

孙权重登大船，摆开宴席犒劳诸将，慰劳辛苦，感激用命。贺齐走下酒席，涕泪横流，说："您是至尊人主，应当自我保重。今天的事情，几乎给江东造成灭顶之灾。军队上下震惊恐惧，感觉天都要塌下来了。希望您以后以此为戒，不要再随意以身犯险。"

孙权走近贺齐，用衣袖擦去他的泪水，忏悔说："我非常惭愧，将军的话对我刻骨铭心，而不是仅仅把这些话写在衣带上提醒自己。"

现在，形势再次反转。孙权兵败，又给了曹操一线希望，乘着孙权的败绩，拿下濡须，直逼建业。

建安二十一年（公元 216 年）十一月，曹操大军开拔至谯县，一路行进合肥，直至驻军居巢。行到合肥时，已经转年，曹操巡行张辽血战之地，沉吟叹息良久。

这个时候，曹操六十一岁，已属高寿。但他依旧颠簸戎马，年年征战。赤壁初遇孙权，倏忽已近十年。其间双方各有往来，彼此进退，但依旧困顿在长江一线，南下的下不去，北上的上不来。算上这次，按照《后出师表》的话说，曹操四越巢湖（建安十四年，十八年，十九年，二十二年），濡须口岿然不动。而合肥城下数次鏖兵，将士浴血，却无尺寸之功。孙权硬颈，不肯屈服，对他用兵毫无成效，劝降不为所动。眼见韶华已逝，命不长久，如何才能天下归一呢？

如同往常一样，曹操此次敕令陈琳传檄，却是向孙权的部下喊话，不再冀望孙权能感悟，而是直斥他倒行逆施，拒绝王化，割据一方，不认朝廷，而期望江东将吏，辨是非，明事理，从而绑缚孙权，以求天恩。《檄吴将校部曲文》成了陈琳第二篇不朽的奇文。

陈琳檄文大意道：

昭告江东的各位将校部曲，以及孙权的中外宗亲。话说祸福无门，人自招致。见机行事，不处凶危之地，是聪明的做法。大雅君子，居安思危，免得因为犯错而后悔；而小人面临灾祸，依旧怀有妄想，坐以待毙。二者之间的差异，难道不悬殊吗？

孙权这小子，不事生产，连大豆和麦子都无从分辨；他的腰和脖子不配承受朝廷的斧钺之诛；无名之辈，声名也不配污染我们的史书。他就像一只刚刚出卵的雏鸟，长出汗毛，就猖獗放肆，竟敢反身咆哮主人。他以为仗着拥有水军，就可拒绝皇威降临，以为仗着大江大湖，就可以逃脱神灵诛杀。殊不知天网已经铺展，网眼已经张开，他就像铁锅中的鱼虾，很快就会煮到腐烂。

……天道相助顺天之人，而人道相助信义之人。侍奉主上，可以说是公义；亲近亲人，可以说是仁义。盛孝章，可以说是他的上级，但孙权杀了他。孙辅，是他的兄长，孙权也还是杀了他。贼心残忍，也比不上这样的作为。

……现在的江东，与芦苇沼泽之地无异，各位身处其中，也真是十分凶险。朝廷心胸开阔，襟怀坦荡，爱惜人民生命，只诛杀元凶首恶，与胁从者没有芥蒂。因此特地设立非常赏赐，以等待你们建立非凡的功勋。现在正是勇士们奋力诛除奸贼的最佳时机，诸位怎能不勉力而为！如果你们能够幡然醒悟，举兵反击孙权，建立功勋以换取朝廷的高官厚禄，这是无上福祉；如果不能做到，也应该估量自己的力量，求生存避死亡，这也是现在该要计划的事情。如果沉溺在祸端之中，幻想能苟延残喘，迷途不返，不明白《大雅》所讲的明哲保身的道理，背弃先贤去留取舍的经验，就好像忘记了是阳光带给万物以生机，偷生在已经折断的芦苇上，还甘之如饴，过一天算一天。覆灭之日到来时，大军杀来，玉石俱焚，到时候即使我们想要施以援手，也为时已晚。

这篇檄文，与建安十七年（公元 212 年）写给孙权的私人书信相比，已然心境巨变。上一封私人信件，写得和颜悦色，无非以为孙权乳臭未干，终不能成就大事，旨在劝诱；而檄文则是威逼江东将士奋起叛孙，以求一劳永逸，写得声色俱厉。

只是对于孙权和江东政权而言，这一切如同喃喃呓语，痴人说梦。曹操将士浴血奋战，孙权麾下不也同样血流成河？赤壁战前，南北双方只是对于统一有模糊的概念，并没有深仇大恨。但是在过去十年，双方几乎年年开战，已经尸骨如山，两军将士都有父兄亲朋血溅沙场，正所谓仇人相见，分外眼红，不是陈琳几句色厉内荏的威胁就能奏效的。

然而，这场气势汹汹的攻伐却很短促。双方略有交锋，曹操进逼濡须口，一番恶战，孙权就主动退走。但曹操却也无意大肆进攻，不到三月份，曹操就自行领兵退走，留下夏侯惇、曹仁和张辽等几位将领留守居巢。

与曹操一样，孙权此时也是心情低沉。经过将近十年，孙权从一个二十六岁的少年君主，变成了一个三十四岁的中年至尊。在这期间，扶持与鼓励他争夺天下的周瑜和鲁肃，已经相继去世，他也已经从一个刚愎自用、心比天高的热血青年，变成了一个沉潜世故的油滑之辈。

江淮一线上，曹操与孙权各自都曾有过奋力一搏，以定乾坤的迷梦。然而，几场大战下来，双方陷入了在合肥和濡须之间的鬼打墙循环。孙权进攻，孙权惨败；曹操进攻，曹操无功。双方战线，都几无推进，而将士鲜血盈野，百姓苦不堪言。

孙权悲哀地发现，只要有曹操在，他的兵马根本无法越过合肥，进击徐州。吕蒙早就看清了这一点，所以当孙权起意攻打徐州的时候，他就劝谏说：

"现在曹操远在河北，已经击破诸袁，安抚幽州、冀州，的确无暇东顾。徐州的守兵，微不足道，我们出兵，自然可以攻克，但沿途地势平坦，适于骁骑往来，至尊您今日得到徐州，曹操过不了几天，一定就翻身回来争夺。"

吕蒙说得客气。合肥区区一城，孙权数度亲征，一无所获，曹操在徐州陈列重兵，哪里是孙权打得下的？就算勉力为之，也难以久居。连江淮这片鬼打墙的土地，孙权都愣是翻越不过，哪里还谈得上北上徐州？

北上只是一个空想，一统天下、建立帝业，已经完全变成一个遥不可及的虚假幻梦。他只有忍耐，静静等待曹操的死亡，天下变动，或许还能够看见一线希望。

这已经变成孙权的心病，赤壁之后的雄心火焰彻底熄灭。他终于放弃了鲁肃坚定一生、联刘抗曹的理念。

鲁肃恰在居巢之战结束这一年（建安二十二年，公元217年）去世，孙权亲身举哀，诸葛亮派人吊唁。

但是建安二十二年（公元217年）的春天，孙权已经认识到了，他无法越过曹操，窥图中原。曹操从濡须口退出不久，他就派了都尉徐详奔赴邺城，请求投降。曹操立即答应，并派人回访，重提婚姻媾好之事。

这或者对曹操来说，的确是一件好事，最起码，他看到了从名义上统一天下的希望。曹孙两家的合力，还灭不掉刘备吗？

只是，他的时间已经不多了。

5.

从赤壁回来之后，曹操就突然发现他面对了前所未有的复杂局面。

董卓之后，事情诚然混乱。以往十三州的每个州，几乎都有过一个割据的州牧，甚或一个州里，都会有几个割据势力。但跨州连郡的军阀其实并不多，只有少数几人拥有那样的能力。

他的方法是各个击破，一个个收拾。这些人之间，要么彼此矛盾重重，相互为敌；要么小富即安，只求自保。虽然公孙瓒与袁术号称遥相呼应，刘表与袁绍互为应援，但是当冲突爆发的时候，都只不过是口惠而实不至。他甚至把一个势力，分成几个不同的小派别，等他们相互攻击完毕，他再去挨个儿收拾残局。当时他就听从了郭嘉的计谋，缓攻河北，结果袁尚和袁谭就彼此拆家，他才能够终究消灭残袁，统一北方。

南下时的策略是非常明晰的，先取荆州，后吞江东。荆州和江东本来就有世仇，孙权父亲孙坚折在了刘表手里，孙权恨不得生啖了刘表骨肉，两者当然不可能联合对抗自己。

但是他没有想到的是，丧家之犬刘备竟然能够与孙权联合起来，给了自己沉重一击。更没想到的是，孙权不但没有阻止刘备吞并荆南四郡，还把公安借给刘备作为栖身之所。赤壁之后，被养肥了的刘备与孙权互为犄角，使得他再也难以各个击破。

更加危险的信号是，孙权不仅与刘备相互呼应，并且希望打通益州，与马超连为一体。如此一来，他就会在南线与西线双面受敌。解决凉州原本并不是什么要紧的事务，并且马腾自己与马超的妻儿都扣在邺城，韩遂与马超之间也颇有龃龉，暂时不构成特别大的威胁。但是既然孙权与刘备难以在短时间内解决，并且为防双向作战，他还是得先解决这个肘腋之患。

但是征伐凉州显然没有合理的理由，因为他们都是朝廷正式任命的官员，韩遂是建安七年（公元 202 年）封的征西将军，而马超是建安十三年（公元 208 年）封的偏将军，并且数年来安静顺从，并无异动。

曹操有办法。建安十六年（公元 211 年）三月，曹操派了钟繇、夏侯渊征讨张鲁。这个决策当然很怪，在张鲁和曹操中间，恰恰隔着凉州。要征讨张鲁，就得从凉州的地界上过。

曹操这个要求，正常情况下也属正当。要打张鲁，要么从北边过去，要么从南边过去。南边是荆州，刘备和孙权现在是叛贼，总不可能借道吧。所以只能从北边过去。韩遂、马超既然是朝廷命官，官军从你的地界上过去，你有什么意见?

可你也不看看这是什么时候,所有人都知道,韩遂、马超的所谓朝廷命官,不过是名义上的。曹操想要一统天下,还有人不知道吗?这不就是假道伐虢[1]吗?

就算曹操是诚心打张鲁,难道不会顺手就把凉州给灭了吗?曹操手下的一位官员高柔很是担心,劝谏曹操说:"如果我们大兵西出的话,韩遂、马超会以为我们要袭击他们,一定会互相煽动造反。应该先安抚三辅(旧都长安周边),他们安定了,汉中可以不战而胜。"

曹操当然不同意,攻打韩、马不就是他的用意吗?

钟繇和夏侯渊的军队便直抵河东郡。最紧张的人当然是马超,他早知道,曹操总有一天不会放过自己。他找到韩遂,想和他联合,说:"之前,司隶校尉钟繇曾经任命我来攻打将军,可见关东人根本就信不过。现在我父亲被质押在邺城,您的儿子也被质押。今天我马超放弃自己的父亲,认将军为父亲。将军也应当放弃自己的儿子,认马超当儿子。"

韩遂的确从来没有过问鼎天下的野心。但是从汉灵帝中平元年(公元 184 年),他就已经称雄西北。任凭皇帝轮流换,主政者轮流转,他韩遂一直是西北的主人。他可以低头听任朝廷封赏,但是谁也别想派一兵一卒进驻他的地盘。

---

1 春秋时期,晋献公想吞并虢国和虞国,于是重重贿赂虞国,借道虞国去讨伐虢国。虞国的大夫谏说,我们和虢国之间是唇亡齿寒,怎么能借道?虞国国君不听,还会同晋国一起出兵。晋国果然顺利拿下虢国,回师路上夜宿虞国,顺手把虞国也消灭了。

马超、韩遂于是联合了侯选、程银、杨秋、李堪、张横、梁兴、成宜和马玩等十部，共同举兵造反，共有部众十万人，进据潼关，阻挡曹操。

这也实在正合曹操的心意。韩遂、马超当然是这次挥兵西北的重点。但是自从董卓伏诛之后，关中地区分裂成了无数股小势力，他也一时无暇西顾，只能用怀柔的方法，让这些人各自在自己的地盘上玩耍。既然这次要扫灭凉州，当然要一次性解决彻底。

他一边集结兵力，一边以曹仁为将抵挡关中十部，下死命只准守城，不许出战。凉州兵马从来骁勇善战，当年董卓之所以能傲立西北，不就是因为他们有长期与羌人作战的经验吗？

八月，曹操军队抵达，陈兵潼关，直接与马超和十部人马针锋相对。联军以为曹操即将强攻潼关，于是集结大部力量固守。曹操每见人马增加一部，就面有喜色。后来有人问曹操为何。曹操说：

"关中土地广阔，山水悠远，如果这些人各自占据险要来抵抗我军，没有一两年根本打不下来。现在都集中在一起了，人数虽多，但彼此并不服气，也没有一个镇服全军的统帅，由此可一举歼灭，一劳永逸，所以我很高兴。"

他以潼关为诱饵来集结敌人，但仍有疑虑。他知道必须绕过潼关北渡黄河作战，才有胜算。但从哪里渡河，却无把握。长期镇守河东的大将徐晃说："敌人既然集结在这里，就不会去守蒲阪，如果您给我精兵渡过蒲阪津，先在那里驻扎，截住敌人去路，就可击败他们。"

于是他派了徐晃、朱灵带领四千人马夜渡蒲阪津。梁兴看见徐晃渡河，带领五千人马来袭击，被徐晃击退。有了河西据点，曹操不再逗留潼关，大部队全面渡河。大部人马先渡，而曹操与许褚率一百多精兵断后。

马超听到消息，带领一万人马，快速杀到。此时，曹操犹然安坐在胡床上不动。张郃等将领见情势紧急，赶紧架起曹操，送到船上。河水湍急，船无法定向，顺水漂流了四五里。马超人马水陆并进，一路追击，岸上船上万箭齐发，矢下如雨。曹操的船工被流矢射死，许褚一手举马鞍挡住曹操，一手划船。校尉丁斐在岸上，情急之下放出许多牛马。敌军纷纷停下攻击，去抢牛马，曹操这才安全到达河西。

曹营诸将，眼看马超水陆追击，断后军队兵败如山，却不见曹操所在，都惶恐不已。等到曹操渡河，才放心下来，一时悲喜交集，涕泪横流。曹操大笑说："今天差点就让小贼给困住了。"

此前，马超估计曹操的目的地还不仅仅在河西，而要继续往南渡过渭水，才算完成作战，因此建议韩遂说，我们应当在渭水北部设营抵抗。这样，不过二十来天，河东粮草消耗殆尽，曹操就得退兵了。

韩遂说："听任他渡河吧，让他溺死在河里，岂不快哉。"

马超的计划当然是对曹操的最大威胁。曹操听说，感叹道："马儿不死，我死无葬身之地啊。"

果然如同马超所料，曹操沿着黄河，建立甬道，使联军无法威胁曹军的行进和粮草运输，然后一路南下，直抵渭水在黄河的入口。联军人马就在渭南扎营，沿江袭扰，不让曹军南渡。

曹操于是分兵多路，处处设疑，让联军无法确定他在哪里渡河，同时暗中用船装载士兵进入渭水，搭建浮桥，夜里分兵在渭水南岸筑造营垒。

马超人马自然不会坐视曹操全军渡水，于是不断袭扰，冲击曹营。曹操的军队刚刚渡河，还来不及安营扎寨，就被马超冲散。好不容易渡过河来的人，想要筑城自立，但渭水南岸多是沙地，没有泥石，根本无从建筑营垒。所以，渡河战役拉锯激烈，曹操多日无法大军尽渡。

谋士娄圭献计说："现在已经天寒地冻。我们可以先筑沙为城，然后用水灌在城上，一夜就可以建成。"

曹操让士兵们多多缝制水囊以便运水。士兵一边夜渡，一边取水。等到岸上，一些人筑城，一些人灌水。第二天早上，联军进击，却一下子傻了眼，岸边竟然竖立起一座座冰城。至此，联军所面对的，就变成了攻城战，而曹操有了岸边营垒，无论船渡，还是浮桥，完全不怕联军干扰。

韩遂、马超已无法阻挡曹操进入渭南，于是派人送信给曹操，请求割河西之地，以求和平。但是曹操根本不理，到了九月，曹操全军进入渭南，已成决战之势。

联军乱了阵脚，时而出兵挑战，曹操坚城不出；时而又请求曹操，割地求和，送子为质。贾诩劝曹操同意。曹操便问："计将安出？"

贾诩笑笑："离间而已。"

曹操笑笑："了解。"

既然双方同意割地、质子、求和，韩遂就请求见面。曹操当即同意，两人阵前相见。曹操和韩遂的父亲是同一年被举为孝廉的，而他俩年龄相当，辈分相同，因此越说越近，以致马头相交。聊了好一阵子，却根本不谈当下军事与谈判细节，而只是闲聊京中故人旧事，说到高兴之处，鼓掌欢笑。见面完毕，各自拍马回营。马超等狐疑满腹，问韩遂都说了些什么，韩遂回答，什么都没说啊。

联军本是各怀鬼胎，之所以联结起来，也只是抵御曹操，各保地盘而已。韩遂和曹操阵前交谈，什么都没说？韩遂与曹操早有交情，会不会出卖大家，以换取他自己的利益？其中大有可疑之处。

众人于是要求再次和曹操见面，这次大家都能够参与。韩遂心里无鬼，自然答应。但是曹操则不同，将领们说："主公和贼子谈话，不宜轻易置身险境，应该用木行马防止他们通过。"

再次见面的时候，韩遂和诸将突然发现，曹操这边严阵以待、木行马相隔，完全没有了与韩遂独自谈话的轻松氛围，更加狐疑重重。本来马超想趁此机会，突袭曹操。但他素来听说许褚英勇，多次护主有功，就怀疑曹操身边的随从

是许褚。他问曹操："听说您有个将领叫虎侯，在吗？"曹操
指指身边："这就是许褚。"马超一看许褚那副骁勇气派，根
本不敢轻举妄动。

当时，联军中除了汉人，还有胡人、羌人等许多异族士
兵。这些人早就听过曹操大名，都伸长脖子，想看曹操什么
样子，人挤人，人叠人，如同庙会一样热闹。

曹操大笑，大声对胡人说："你们想看曹公是什么样子
吗？也就是人而已啦。没有四眼两口，不过多智聪明而已。"
拍马阵前，让羌胡诸兵看个够。

他又故意耀兵慑敌，带了五千铁骑，排阵十重，兵器闪
亮，精光曜日，威风凛凛。那些关中诸侯、羌胡蛮兵，作战
无非为了一顿饱饭，抢抢战利品，都是临时组合的，哪里见
过这种训练有素、装备精良的军队，当时心里恐惧，已经生
出怯战的情绪。

这次见面，联军将领备受侮辱，曹操与他们谈判，言
笑自若；同时阵营凌厉，炫耀兵威，一副拒人千里之外的样
子，完全没有第一次和韩遂其乐融融的攀谈氛围。他们认
为，其中肯定有什么猫腻，于是对韩遂的怀疑更加深重。

过了几天，曹操又写了一封信给韩遂，在信上涂涂改
改，语义模糊。马超等人，自然要看曹操信中到底说了什
么，拿到手上，却发现涂改痕迹，怀疑韩遂为隐瞒他们做了
改动。

到这个时候，联军内部已经分崩离析，无心恋战，韩遂
更加无从约束联军。这个时候，曹操又突然反悔，与韩遂、

马超约战。会战之日，他仍然以轻兵挑战，一味示弱，似无战力。等敌军轻敌，加之疲惫不堪，曹操埋伏的虎骑军突入夹击，联军一触即溃，瞬间大败。

这一战斩杀成宜、李堪，韩遂、马超逃奔凉州，杨秋投奔安定，联军土崩瓦解，关中全面平定。

关中十将，除了战场战死，其后各自境遇不同。当年十月，杨秋被围安定，举城投降，复得爵位，后来也在魏国获得高官厚爵，得以善终。

张横、马玩不知所终，梁兴为夏侯渊斩杀。侯选、程银逃入汉中，后随张鲁投降，都得以授官封爵。

建安十七年（公元212年），曹操尽杀韩遂在邺城的子孙。建安十九年（公元214年），韩遂逃入氐王杨千万的部落，为夏侯渊攻破。韩遂女婿阎行反叛，准备诛杀韩遂献给曹操，韩遂再次逃入羌人部落。建安二十年（公元215年），曹操攻汉中途中，击破氐王领地，韩遂在金城为部将所杀，头颅被献给曹操（一说为病死），时年七十多岁。

建安十七年（公元212年），曹操回到邺城，也把马腾以及妻儿等一干在邺城的族人，屠戮殆尽。马超在凉州攻取首府冀城，自命并州牧，督凉州军事。建安十九年（公元214年），凉州旧部起兵反叛，暗通夏侯渊，占据冀城。马超失去根据地，南下投奔张鲁。

建安十九年（公元214年），受到张鲁部将排挤的马超投奔刘备，成为上将之一。刘备称帝，他被封为骠骑将军。

刘备的章武二年（公元 222 年），马超在忧病中去世，享年四十七岁。在给刘备的遗信中，他垂泪说，宗族两百余口，皆被曹操屠戮。

6.

话说赤壁之后天下征战日趋复杂，犹如一个充满机巧的盒子，牵一发而动全身。

原本曹操进入关中、征服十部的主要目的，是为了平定西部，以便能够安心向南，再定荆州与江东。不料引发的却是刘璋恐惧，引刘备入蜀。既已如此，他只好留夏侯渊与张部镇守关中，并伺机西进，扫荡韩遂、马超残余。而他自己收拾停当，便南下濡须坞。

而就在他与孙权对峙濡须口，春水方生之时，刘备已在益州大动干戈。等他班师返朝时，益州已全境落入刘备之手。

这种情形下，如果仍然持续攻击孙权，显然刘备会觊觎汉中，再下张鲁。那么当年周瑜所设想的取汉中与马超遥相呼应的策略就会变成现实，只不过执行人变成了刘备。所以，原本曹操假道伐张鲁，只不过是要逼反马超，现在反而就得真的拿下汉中，以免刘备得手。刘备如若得手，那么就可窥视关中，与孙权遥相呼应，一个攻合肥，一个攻长安，中原便危殆了。

所以，曹操只能暂时放手江南，先定汉中，扼住刘备出蜀的喉咙，才能再下江南，求取江东。

　　建安二十年（公元 215 年）三月，曹操再次挥兵向西，亲征张鲁。

　　张鲁从来不是一个有扩张野心的人。他三代以来，祖父张陵、父亲张衡和他自己，都是五斗米道的教主，一向以传道爱人为职责。即便作为汉中之主，他在境内行使的依旧是五斗米道那一套方法，轻罪刑，重教化，行慈善。

　　曾经有汉中民众从地下挖出一枚玉印，手下人认为预示祥瑞，就劝他称王。谋臣阎圃却劝他说："汉川百姓，民户超过十万，国富地肥，四面地形艰险，堡垒稳固。守在这里，匡扶天子，可以建立齐桓公、晋文公那样的功勋；就算不行，也能成为窦融（东汉）那样的名臣，不失富贵前程。现在我们在这里置办官署，对外斩断关系，没必要称王给自己增加麻烦。希望您暂时不要称王，以免先给自己招来灾祸。"

　　这个劝谏非常符合张鲁自己的想法，所以他虽然割据汉中数十年，但从来没有什么威逼朝廷、行为僭越的举动，只是在进贡时偶有轻慢之意。

　　所以当曹操的军马到达阳平关的时候，张鲁就准备举全境投降。但是他的弟弟张卫却不肯，带着几万人马据关坚守。

　　曹操曾经问过在凉州的官员和武都的降卒，汉中山水走势如何、关隘如何、攻取难易等等。那些人都回答说，汉中非常容易攻取，阳平城外，南北山脉相隔遥远，根本没办法筑城，所以无险可守。曹操信以为真，以为这次攻拔汉中，也就是手到擒来。

七月，曹操到了阳平关一看，山势险峻，关隘林立，根本无从着手。他叹息说："让别人提供看法和自己亲眼所见，真是相差太远啊。"

曹军于是勉强发动强攻，但是阳平山上的那些军屯，几乎无法攻取，士兵伤亡日益严重。

信息不准确，进攻又没有效果，曹操开始打起了退堂鼓。他说："这明明是妖妄之国啊，有没有它也无所谓了。我军缺乏粮食，不如赶紧撤退吧。"他就让夏侯惇、许褚招呼还在山上勤勉攻城的士兵撤退。

戏剧性的一幕出现了。曹操的前锋军队，听到撤退命令，就开始部署夜间后撤。但是当晚正好大雾弥漫，军队迷路到处转悠，结果稀里糊涂进了敌人营寨。估计是因为军营依山而建，两军之间距离也短，大家都看不见对方，没认出来是敌军，所以毫无防范就放人进去了。

张卫的军队见曹军已进军营，以为自己阵地失守，立即一哄而散。随军的官员辛毗和刘晔本来在军队后面，赶紧告诉夏侯惇，说官军占了敌人要屯，张卫部队已经逃散。

夏侯惇根本不信，这边攻城多日不就，怎么敌人自己就散了呢？他跑到前线一看，果不其然，这才赶紧跑去报告曹操，大军开进阳平关。曹操自己都大呼侥幸，他一生中善出奇兵，惑敌无算。渭南一战，将士们对他的部署都十分迷惑，他说："兵事要因应形势而不断变化，没有一个固定的套路。"

这个故事有许多演绎版本，其中有一个更加传奇，说是夜晚时，有数千头麋鹿迷了路，冲撞张卫兵营，破坏了他的营垒。曹操的将领高祚领兵，正好迷路与张卫的军队遭遇，于是吹响鼓角召集兵马。张卫大为恐惧，以为曹操的大兵已经掩杀过来，大势已去，只好投降。

不管是曹军误入敌营，还是麋鹿冲撞张卫，总之阳平关丢了。这么一来，在曹操大军和汉中首府南郑之间，就已无险可守。张鲁再一次提出，干脆投降得了。这个时候阎圃又来了，他说："我们现在是兵败，如果直接投降，就没有什么功劳，不如先去依靠杜濩，投奔朴胡。先做抵抗，然后再投降，功劳就比较多。"

当时汉中除了汉人，主要的蛮夷部落，叫"板楯蛮"，因为他们外出作战，经常拿着经过加工、坚如钢铁的木盾牌，他们的首领叫賨（音从）侯。板楯蛮本来也叫賨人，商周的时候就已经在这里，还曾经帮周武王打过纣王的军队，甚至春秋战国时期，还建立过自己的国家賨国。当时张鲁政策宽松，与賨侯和各部落首领关系良好。板楯蛮有七部首领，称为七姓夷王，分别是罗、朴、督、鄂、度、夕、龚，都各自占山为王，有兵有粮。阎圃所说的杜濩和朴胡，都是夷王。

张鲁认为有理，决定先遁入巴中。他身边的人准备把宝货仓库全部烧毁，他赶紧阻止说："我本来就准备归附朝廷的，只是时机还没到。现在逃走，只不过是避一避锋芒，并没有什么恶意。宝货仓库，本来就属于国家的，不能破坏。"于是就把仓库封藏完好，留待曹操接收。

曹操进入南郑，看见官衙民房，秋毫无伤，宝货仓库，封存良好，就知道张鲁根本没有殊死抵抗的决心，逃跑抗拒只不过是谈判策略，就派人去安慰招降。

刘备听说张鲁避居巴中，派人去接洽，说要收纳张鲁。阎圃分析说：现在两条路，要么向北投降，归附曹操，要么向西继续逃亡，归附刘备。

张鲁勃然大怒，说："我宁愿给曹操做奴才，也不做刘备座上客。"

余下汉中的抵抗，都不过走走形式。九月，未经什么抵抗，朴胡和杜濩带着七姓夷王和賨人全部缴械投降。十一月，张鲁觉得时机成熟，带着所有家眷部属出降。曹操亲自迎接，以宾客之礼相待，拜为征南将军，封阆中侯，还让自己的儿子曹宇娶了张鲁的女儿。

张鲁投降之前，庇护了许多从各个势力逃跑来奔的人，其中有渭南之战败逃的侯选和程银，还有一位叫刘雄鸣的将领。他在关中反对马超，被马超击败投奔了曹操，曹操拉着他的手说："我刚刚入关的时候，就梦见一个神人，难道是你吗？"就拜他做将军，又派他回去招降旧部。但是刘雄鸣的部属却不愿意投降，挟持着他又背叛了曹操，被夏侯渊击败，逃入汉中。张鲁投降，他又跟着张鲁出降。

曹操看见刘雄鸣，真是气不打一处来，上去就抓住刘雄鸣的胡子，叫道："老贼，这次真的抓住你了吧！"但是他也没和刘雄鸣计较，还恢复了刘雄鸣的官职，依然让他带兵打仗。

张鲁的五个儿子，还有主要谋士阎圃，全都被曹操封了侯，一门荣耀。

张鲁在投降后的第二年，也就是建安二十一年（公元216年）无病无灾，安然去世于邺城。汉中的百姓都感激张鲁善政，在张鲁殁后竖碑纪念，甚为怀念。张鲁女儿也广受尊敬，死后汉水南部建庙纪念，号为女郎庙。女郎庙前有捣衣石，石前道路，称为女郎道；道路蜿蜒入山，山名女郎山；山间有小溪汇入汉水，名为女郎水。

七月，曹操进入南郑的时候，获取汉中全境已经毫无悬念。接下来的问题摆在了面前：要不要进攻益州？

有两个人态度很坚决。一个是谋士刘晔。其实当时曹操打退堂鼓准备撤退的时候，他就认为应该坚持进攻。现在他更加坚持了。他对曹操说：

"曹公以五千的步兵起家，就诛杀董卓，北破袁绍，南征刘表。整个国家九个州，超过一百个郡，您已经兼并了百分之八十，威名震怖天下，权势震惊海外。现在夺取汉中，蜀人望风破胆，惊恐不能自持。按照这个形势继续向前，益州可以传檄而定。刘备是人中豪杰，虽然有智谋，但是行动迟缓；他获得蜀地时间不长，蜀人恐怕还不是非常服帖。我们获得汉中，蜀人一定非常害怕，自己就会乱了阵脚。以您的英勇神明，如果趁着他们内部混乱，速战速决，没有什么拿不下的。如果现在放缓脚步，事情可能就会起变化。诸葛亮是蜀地的丞相，善于治国；关羽、张飞是主要将领，能征善战。等到他们全都缓过神来，做好防御部署，凭靠险要地形拼死抵抗的话，恐怕就没法轻易取胜了。现在不打，一定成为后面的祸患。"

另一个人是司马懿，他也劝曹操趁热打铁："刘备用诡诈的手段抓住了刘璋，蜀国人到现在都还没有归附他。他现在又远在江陵，和孙权争夺荆州，机不可失，时不再来。现在我们攻取汉中的威风震动了益州，乘势进军，他们必定土崩瓦解。借势而动，是容易成就功业的。圣人不能够违背时运，但也不能够错失时机啊。"

曹操回答说："人心都是苦于不知足啊。已经得到了陇右，还想要得到蜀地！"[1]

得陇望蜀的故事来自东汉开创者光武帝刘秀。当年东汉刚刚建国，两个军阀隗嚣和公孙述分别占据陇西和西蜀。而大将岑彭已经围住了隗嚣的西城和上邽。刘秀写信给岑彭说：

"如果能够拿下两城，你就可以带兵南下攻击西蜀的逆

---

1　原句为："人苦无足，既得陇，复望蜀耶？"

贼们。人心都是苦不知足啊，已经平定了陇右，还想得到蜀地。每次一发兵，我的头发、鬓角都要白了。"

刘秀的这封信，意思其实反而是等不得时间，拿下陇右，就要立即进攻西蜀。但是曹操跟司马懿说的，是不能操之过急。

过了七天，益州投降过来的人告诉曹操说："蜀中一日之内，曾发生数十次惊扰，将领们虽然斩杀了很多人，但也不能完全让他们安定下来。"曹操问刘晔：现在还可以攻击吗？刘晔反而冷静了下来，说："现在已经小有安定，不能攻击了。"

曹操的军事行动，终于仅仅止于张鲁。十二月，他就启程离开南郑，留下夏侯渊守卫汉中。许多人都迷惑于曹操为什么突然就停止了行动，不再南下一鼓作气拿下益州呢。刘晔和司马懿的建议是十分合理的：当时刘备刚刚拿下益州一年多，蜀中多次发生刘璋旧部叛乱，立足未稳是可以肯定的；而此时刘备还远在公安，和孙权置气，争夺荆南三郡；而曹操在这么多年的时间里，从来就不会拖延战机，一个军事行动接着一个军事行动，拿下汉中，直指益州，不正符合曹操一贯的作风吗？

但是曹操引用光武帝的说法，却正是说明了他的为难之处。

荆州的教训是血淋淋的。当时他不听贾诩的劝告，没有等到荆州政局稳定，就逼兵孙权、耀兵长江，却在赤壁吃了他这一生最大的败仗，从此之后南下再无指望。得陇望蜀固然从理论上是行得通的，但是别忘了后面还有一句："每一发兵，头鬓为白。"兵者，凶事也。这个时候以曹操花了九个月时间征服汉中的疲敝之师去攻打益州，有多少胜算？汉中的兵马还没有整合，肯定是不能用的。

七天之后他问刘晔，证明他还是希望一举南下的，只是挣扎在犹豫之中。"蜀中一日数十惊"固然是事实，但能不能转化成战果却是存疑的。刘备虽在公安，但诸葛亮还在成都。刘备的将领除了关羽、张飞、赵云、马超、黄忠都在益州。蜀中并不是没有人。而蜀地的艰险，世人皆知。他拿下汉中，都是因为一个侥幸事件，而蜀地的地形地势比汉中还要复杂许多倍，并不是什么"传檄而定"的空话就能实现的。

张鲁本身就是准备投降的，而且这么多年下来，张鲁手下并没有什么能征惯战的人，连个马超，张鲁都留不住，所以张鲁的抵抗，基本上就是象征性的。张鲁部队的战力和刘备的不可同日而语。虽说蜀人对刘备还不甚服膺，但刘璋的团队，包括法正、黄权，都已经投入了刘备麾下。就算当下还不算非常稳定，但基本格局已经形成。蜀人惊惧是曹操大兵南下带来了战争阴霾，而不是背弃刘备迎接曹操的信号。

况且，还不要忘了有孙权这根刺扎在背后。曹操三月出兵汉中，孙权八月就攻打合肥。虽然张辽、李典、乐进打了个胜仗，但显然孙权的有生力量还非常强大，如果他陷入益州的泥淖之中，孙权绝不会坐视不理。一旦合肥失守，孙权大军北上，豫州、徐州都会暴露在江东政权的打击之下，中原才是曹操真正的大本营，不容有失。真的要打益州，就得先解决孙权这个大麻烦。

这才是赤壁之后天下格局的复杂之处：曹操是两面受敌。对关中十部和张鲁，他都有碾压性的优势，所以他可以势如破竹。但是对于孙权和刘备，他只能徐图，而不能急攻。

刘晔和司马懿，都是只知其一不知其二。他为什么给张鲁和五个儿子、阎圃、七姓夷王、刘雄鸣全都封了侯？就是希望收买汉中人心，稳定汉中，建立基地，一方面逐步蚕食益州领地，另一方面为未来的全面进攻奠定基础。

所以，他回去没多久，第二年十月，就收拾兵马，再度进攻濡须口。他固然希望一举征服孙权，让陈琳写了千古名篇，煽动江东世族背叛孙权，但更加核心的意思是耀兵江东，给孙权施压，免除后顾之忧，以便安心攻取益州。

他也没让夏侯渊、张郃这些留守汉中的人闲着，在他离开之后，这两位汉中主将不断侵扰益州边境，攻打巴东、巴西两郡，一直打到了刘备建立的宕渠郡。不过，刘备紧急派张飞驰援宕渠，双方相持了五十多天，张飞恰恰利用了山地地形，把张郃困在山中，以万人之众一举击溃张郃的部队，张郃仅仅带着十几个人从山间小道败退。

这样，在建安二十年（公元 215 年）年末的时候，夏侯渊和张郃退回南郑，曹操正在回师邺城；张飞坐镇宕渠，而刘备急回成都。双方暂时都安定了下来。

　　但刘备君臣，已经有了共识。张鲁避居巴中的时候，刘备派黄权带兵去"迎接"张鲁，其实是做了文武两手准备：如果张鲁愿意投降，那么顺理成章把他带到成都；如果张鲁不愿意，那就把他抓到成都。

　　为什么要得到张鲁？因为张鲁是通往汉中的一张门票。张鲁在汉中得人心，利用他的影响力，以及对汉中的了解，就拥有了进取汉中的机会。

　　但更核心的是法正的计谋。建安二十二年（公元217年），法正对刘备说：

　　"曹操攻克了汉中，拿下了张鲁，却并没有乘胜来图谋巴蜀，只是留下夏侯渊、张郃守城，自己匆匆回去了。这肯定不是他想不到、力不足，而是内部一定有什么变动。夏侯渊和张郃不是我们的对手，我们应该反过来乘机反攻汉中，肯定能拿下。这是个战略要地，上策可以颠覆曹操，夺取皇室；中策可以蚕食雍州，开疆拓土；下策也可以据险守城，长久抵抗。这真的是天赐良机。"

　　刘备对曹操极其畏惧，有很多次，只要曹操亲自出马，他都望风而逃。这次曹操西征张鲁，他几乎是听到消息的同时，就已经决定放弃荆南三郡，赶回去保卫益州。

　　曹操手下的人他的确不怕，也曾多次打过胜仗，包括火烧博望。更重要的是，法正的献策十分符合他的心意。荆州目前只剩下一半，就像庞统说的，荆州残破，人物凋零。汉中完全不一样，经过张鲁三十年经营，民富地沃；而且和益州从地形地势上天然连成一片，往北进入雍凉，往东进入关东，进可攻退可守，完全符合诸葛亮在《隆中对》中定下的战略。

而且，曹操在治理汉中时，犯下了致命的错误。他本想安定汉中，却让留守的杜袭迁移八万人填补关中长安、洛阳这些董卓之乱后形同无人区的地方。然而汉中也不过区区十万户，这个行动让汉中顿时丢失大量人口，沦为半无人区的状态，只有军队驻屯。他接下来又把凉州原属韩遂、马超的部队驱赶到汉中来，其间发生士兵哗变，虽然经过镇压和安抚，部队连同家小亲戚两万余人总算到达汉中，但汉中局势，已经极为敏感脆弱。

刘备既然战略已定，建安二十三年（公元218年），亲自带兵北上汉中，同时派张飞、马超和吴兰分别占据不同的要塞，准备合围汉中。但是留守的夏侯渊和张郃也都是身经百战，刘备的确低估了他们的能力。在当年的几次接触战中，刘备方面频频受挫。三月，曹洪击杀了吴兰，意图增援的张飞、马超被迫退却。四月，刘备到达阳平关，派陈式去切断马鸣阁道，又被徐晃打败。栈道狭窄，被徐晃攻击的蜀兵无路可退，纷纷往山谷里跳，摔死了许多。

刘备亲自率领一万多精兵，分成十部，日夜攻打张郃所部的广石，但是张郃亲自上阵，和刘备的军队缠斗。刘备和他相持近一年也无从攻破，而蜀兵日益减少，军力不济。他赶紧写信给诸葛亮，让他多多发兵支援。

诸葛亮略有犹豫，问他的副官，来自本地的杨洪。杨洪说："汉中，是益州的咽喉，关系到我们的生死存亡。如果没有汉中，就没有巴蜀。这是在家门口的祸事，发救兵当然是没有疑问的。"诸葛亮这才火速发兵。

曹操已经和孙权和解，没有了后顾之忧，而刘备先发制人发动了攻击汉中的战争，现在的确已经到了和刘备决战的时候了。七月，曹操准备再次带兵进入汉中，开启消灭刘备的进程。九月，他到了长安。

幕僚刘廙劝告他，当下南征北战，军事过于频繁，应当到休养生息的时候了。当年袁绍强大，曹操还是消灭了他；现在孙权和刘备弱小，为什么却一直消灭不掉？因为攻守的形势已经转换了，两个弱小的政权成了自强者，而曹操成了自溃者。因此，现在的形势，就应该据险自守，劝耕农桑，厉行节约，再为后图。

曹操走到刘廙面前，说："不但君要知臣，臣也要知君。你现在要我在这里践行周文王的德治，恐怕你看错了人吧。"

曹操到长安之后，后方却发生了一系列意外事件，其中最为严重的是宛城守将侯音叛乱。宛城离许都只有一步之遥，曹操紧急派曹仁前去镇压。这一仗一直打到建安二十四年（公元219年）正月，曹仁攻下宛城并且屠城。

三个月的耽搁，本来也不是什么要命的事情，毕竟从建安二十二年（公元217年）开始，双方就已经在汉中拉锯，互有胜负，已经持续了两年时间，也许还要拖上更久。

就在宛城失而复得的时候，刘备的兵马突然南渡沔水，顺着山势向前推进，并且在距离只有几十公里的定军山上安营扎寨，开始对夏侯渊进行攻击。

夏侯渊出城迎战，张郃也从阳平关赶来救援。

刘备麾下老将黄忠担任前线指挥，从山上频频往下冲击，夏侯渊就在营寨周边布置鹿角（又称拒马）抵挡。他守住南围，而张郃守住东围。

刘备命令黄忠乘夜攻营，黄忠冲在第一线，鼓励士兵，战鼓震天作响，战士高呼的声音震动山谷；同时派人烧毁夏侯渊的鹿角。刘备率部挑战张郃，张郃的军队不敌，夏侯渊就分出了一半的兵力去支援张郃，自己只带了四百亲兵，去修补鹿角。而黄忠的部队从山上突如其来冲杀下去，一举击溃了曹军，斩杀了夏侯渊。

夏侯渊是曹操的姻亲，在曹操刚刚起兵讨伐董卓的时候，就已经跟着他了。但夏侯渊好轻身陷敌，曹操告诫他说："作为将领的人，有时候也要有怯弱之心，不能单单凭靠勇气。将领以勇为本没错，但也要以智计来指挥行动。如果仅仅知道放任勇力，不过一介匹夫而已。"

夏侯渊终于还是因为恃勇轻忽而兵败被杀，曹操非常伤心，特地写下一篇《军策令》来告诫全军，作为将帅，不应亲自参加战斗，更何况去修补鹿角！

夏侯渊一死，张郃只能带人败退到阳平关。南郑落入刘备手里，意味着汉中大部分地区归刘备所有。现在，曹操的人马过来，就相当于前两年攻打张鲁的流程再来一遍。而这次，对手却是强悍的刘备军队。

三月，曹操的军队终于开出长安，从斜谷道进入汉中，一路抢夺军事要塞。

可是刘备说："曹操虽然来了，但根本干不了什么了，我肯定能得到汉中了。"现在，他已变成守方，只管守住各个要塞，无论曹操人马如何挑战，就是闭关不战。

曹操已经丧失先机，只能依靠强攻。上次他连张鲁的业余军队也攻不下，这次当然不会有什么分别。双方相持了一个多月，就像建安二十年（公元215年）的情况一样，攻城死亡人数日益增加，绝望的情绪充斥军营，逃跑的人也日益增多。

五月，曹操的军营里突然出现了一个口令，叫"鸡肋"。整个曹营的人都不知所措，不明白这个口令到底什么含义。主簿杨修开始收拾行装。大家都非常惊异，问道："你怎么知道我们要回去了？"

杨修回答说："所谓鸡肋，就是弃之可惜，食之无味。用来对比当下汉中的情形，就知道魏王要回师了。"当月，曹操的军队全面撤出汉中，回到长安。

汉中从此归属刘备。七月，刘备自立为汉中王。事后别驾从事李朝以众臣名义给汉献帝补上表章，其中写道：

"现在社稷有难，比陇蜀更加危急。曹操向外吞并天下，对内残杀同僚，朝廷有倾覆的危机，而宗亲无御敌之心，真是叫人寒心。我们就依照旧典，封刘备作汉中王，拜官大司马，督帅六军，纠合同盟，扫灭叛逆的凶徒。我们以汉中、巴、蜀、广汉、犍为作为封国，官署设置全部按照汉朝初年诸侯王的体制。这是权宜之计，如果有利于国家社稷，暂时专断是可行的。以后如果能够建立事功，我们愿意接受矫诏的罪行，虽死无憾。"

从建安十四年（公元 209 年）开始，曹操如同青年时代一样，年年带兵出征。到失去汉中的时候，他已经六十五岁了。赤壁之后的十年间，他从中原出发，向南、西、西南方向数次用兵，进入关中、凉州、汉中，攻孙权、战马超、平张鲁、征刘备，却收效甚微。

在江南，两进濡须口，却寸土未得；在关中，赶走了马超，却引发了一场又一场的叛乱；在汉中，意外夺得了汉中，却得陇不望蜀，得而复失。江东的势力，向东延伸到过半的荆州，向南制服了交州；刘备的势力，从荆南扩张到了益州，又获取了汉中。孙权虽然投降了，却仅是名义上的，他根本控制不了；而刘备干脆自立为王，处在战争状态。统一，在他的有生之年里，已经非常渺茫了。

他在朝中的敌人杀机暗伏，他与汉献帝之间的合作土崩瓦解，这个已经成年的皇帝，有自己的主张和手腕。而他和世族之间的关系，也到了你死我活的地步。

他彻底成了一个孤寂的、独自前行的人。

在西征张鲁时，他写下了两首《秋胡行》。第一首的结尾之处，满是大势已去、万念俱灰的悲苦。

　　去去不可追，长恨相牵攀。

　　去去不可追，长恨相牵攀。

　　夜夜安得寐，惆怅以自怜。

　　正而不谲，辞赋依因。

　　经传所过，西来所传。

　　歌以言志，去去不可追。


　　我知道仙人已经离去，不可追回，我真恨自己为世事牵绊，不能追随他们而去。夜夜我都难以安眠，怀抱着惆怅，自苦自怜。当年齐桓公正直而不诡谲受到天下夸奖，有德能的宁戚通过唱歌去追随他。他的事迹记载在经史里，为后世传颂。我高歌以言明我的志向，仙人离去，已经不可追回。

第九章

寒族的愿望

任何人都没有为了防卫另一个人而抵抗国家武力的自由，不论这个人是有罪还是无辜都一样：因为这种自由会使主权者失去保护我们的手段，从而对政府的根本起破坏作用。

[英]霍布斯《利维坦》

*1.*

建安二十一年（公元 216 年）五月，曹操突然把崔琰逮捕入狱。

起因小到令人难以置信。崔琰曾经举荐了一个叫杨训的人，说此人虽然才能不足，但好在人品高洁、谨守儒道，曹操也就把他征召出来做官了。曹操被封为魏王的时候，杨训也写表章祝贺。当时就有人嘲笑杨训，说杨训也不过是阿谀浮夸，虚伪贪婪而已。

崔琰要来杨训的表章看了一遍，就回信给杨训说："省表，事佳耳！时乎时乎，会当有变时。"字面的意思是说：我看了你写的表章，事情很好啊。时间啊时间啊，会等到对你的评价有变化的时候。

有人得到崔琰的这封信，就用它来裹帻笼（盛放头巾的笼子），然后大摇大摆走在大街上。有个人和崔琰素来有冤仇，远远看见写着崔琰名字的帻笼，要过来一看，竟然是这样几个字，就去向曹操举报，告发崔琰藐视同侪，诽谤时事。曹操一看这封信就勃然大怒，说："民间谚语说'生女耳'，'耳'不是什么好话。'会当有变时'是什么意思？意思所指是对我不尊重。"

于是曹操就把崔琰抓捕入狱，剃了光头，罚他做苦工。

过了几天，告密者又跑来跟曹操说："崔琰虽然做着苦工，但是对来看望他的宾客吹胡子瞪眼，心里似乎非常不平。"

曹操认为他说得很对，想杀了崔琰，就派了朝廷大员去管理崔琰所在的监狱，然后对狱卒说："三天之内，我等你的消息。"

崔琰却没有明白是怎么回事，依然我行我素。过了几天，曹操还是没等到消息，愤怒地说："崔琰难道一定要我动刀锯吗？"

狱吏便带话给崔琰，崔琰这才明白过来，向狱卒致歉，说："我太不懂事了，竟然不知道曹公的想法到了这种地步。"于是自杀。


这个事情说起来的确不可思议。崔琰是什么人？河北清河的名门望族，世族领袖、当代大儒郑玄的学生。袁绍在冀州的时候，就礼聘其为高官，后来袁谭袁尚争夺继承人位置的时候，都希望得到他的支持，被他拒绝，甚至因此被逮捕入狱，九死一生。

曹操得到冀州之后，崔琰立刻就被重用；曹操担任丞相的时候，他被任命为东曹掾；封魏公的时候，他就被任命为魏国的尚书令，后来改迁中尉。也就是说，他是曹操最重要的官员之一，负责人才选拔、都城戍卫这样重要的职责，而且他还被指定为曹丕的老师。

崔琰这个人清正不阿，根本不会逢迎曹操。相反，大多数时候，他对曹操的所作所为，都是直言劝谏。比如曹操刚刚拿下冀州的时候，他就对曹操获得人口兵甲而沾沾自喜很不以为然，劝告曹操要关注民风，救民水火。当时的人都知道，曹操很敬畏崔琰。

崔琰不仅行为端正，而且相貌堂堂，眉目舒朗，声音洪亮，胡子长四尺，形象威严。有一则编派曹操的故事说，匈奴派人来朝见，曹操自惭形秽，就让崔琰坐在王位上，自己扮成侍卫，持刀站在旁边。等接见结束，派人去问匈奴使者对曹操的印象如何。使者回答说："魏王俊雅是俊雅，但是旁边那个侍卫，才是英雄啊。"曹操就派人把使者杀了，免得他抖露自己的糗事。

这个故事当然是丑化曹操的。曹操这个人身材矮小、相貌平平，但是他从来不因此自卑。当年在征讨马超、韩遂的战场上，面对十万胡人和汉人杂糅的军队，耀武扬威，怎么可能见一个匈奴使者就突然自卑了呢？当然更不可能因为崔琰长得比自己好看就痛下杀手。

更可怕的事情是，崔琰的死还演变成了一个连环案。崔琰死后，毛玠心里非常不舒服。正好有人对毛玠说："我见那些脸上刺字的反叛者，妻子儿女都被收押成为官家的奴婢。"毛玠回答说："导致老天不下雨的原因，大概就是这事儿吧。"

曹操听到这个话，勃然大怒，也把毛玠逮捕入狱。然后派钟繇去审他，说连坐家人的事情，自古有之，怎么就和神灵责怪挂上钩了。毛玠回答了一大堆，大概的意思是说，这话我不说，也会有别人说。我就是这么认为的，做臣子的就应该说大实话。你要认为我说得不对，你杀了我吧，我就当成对我的赏赐了。

其后一大票人出来给毛玠说情，曹操就把毛玠放了。出狱后，他在家里死了。

毛玠对曹操的作用，怎么强调也不过分，就是他提出了"奉天子以令不臣"的战略，直接导致曹操把汉献帝迎接到许都，使曹操成为朝廷正宗，成了汉朝唯一的官方力量。

毛玠也是崔琰的亲密战友。曹操作为司空、丞相的时候，整个人事工作，都是由崔琰和毛玠共同负责的，可以说他们俩就是曹操的"组织部长"。曹操夸奖毛玠的话是"用人到这个地步，可以让天下人自立自强，还有什么需要我去做呢"。

崔毛二人对于曹操如此重要，因此曹操杀崔琰、囚毛玠这个案件，许多人不理解，也很不平，一直到很久以后的晋朝，还有人为崔琰喊冤。

如果说崔琰出言不逊而开罪了曹操，也似是而非。曹操麾下，从四面八方来投奔、投降的人都有，脾性不一，性格不同，在所有的割据阵营中，就属曹操手下人的成分最为复杂。这点容人的雅量都没有的话，曹操绝不可能笼络到那么多的文臣武将，谋士文胆。就拿陈琳来说，他帮袁绍写的檄文，不但把曹操说得一无是处，而且把曹操的祖宗三代都骂得狗血淋头，曹操不还一样把他当个宝贝带在身边？

　　破解崔琰疑案的核心，在于时间点：曹操刚刚被封为魏王。

　　贯穿整个汉朝，都有一个禁忌。那就是早在汉高祖的时候，就已经有了一个白马盟誓，说的是刘邦在剪除所有的异姓王之后，杀白马，立盟誓，说："非刘氏而王，天下共击之。"

　　刘姓之外封王的人，就形同叛逆了。

　　曹操称王，是叛逆吗？好像是，又好像不是。不满的大有人在，但是如果曹操不称王，还有什么能够彰显他的功绩？曹操不称王，还有什么能保障他作为汉室江山守卫者的利益？无论是封公还是封王，都是一大批崔琰和毛玠的同僚真诚提出的。曹操自己曾经是非常犹豫的，这一点连崔琰、毛玠都不能否认。

　　可以说，曹操一下子抓住了崔琰信文的本质。"事佳耳"，"耳"就不是个好词。对于曹操称王，崔琰心中是有不平的。崔琰的思路和荀彧一样，他们是汉朝的臣子。"耳"字透露出来的，是崔琰对曹操称王的不以为然。崔琰给杨训的信，可以解释成"你会等到对你的评价有变化的时候"，也可以解释成"你会等到对曹操的评价有变化的时候"。

　　可这是全部吗？就算崔琰真是冷嘲热讽，至于判他死罪吗？曹操真的就这么在乎世人的评价？

　　崔毛两人的身份，恐怕才是他们灾祸的根源。崔是清河世族，而毛是陈留世族。这两个地区，都是汉朝声名显赫的世家根据地，正如荀彧所来自的颍川以及汝南、南阳这几个中原地区。

荀彧、崔琰、毛玠，都是曹操历任的人事官员，经他们手上提拔的官员无数，而他们提拔的从来都是各地的世家大族，其中包括了司马懿、陈群等这些后来在魏国担任要职的核心人员。并且，他们从内心里都不乐见曹操成为汉朝的篡位者。

荀彧在反对曹操成为魏公的时候死了，崔琰和毛玠在反对曹操成为魏王的时候死了。而他们，都是世族领袖。

崔琰之死，不是冤枉，不是嘴贱，而是因为他们都是反对曹操的世族力量的领袖，甚至具有颠覆曹操的力量。


世族已经成为曹操最大的敌人。崔琰自杀、毛玠速死，都是因为他们已经明白了这一点。这也是曹操愤怒的来源。

曹操不得不依靠世族，这是整个汉朝的力量来源。光武帝刘秀之所以能够剪灭王莽、中兴汉朝，靠的就是世族的力量。而曹操之所以能够从弱变强、横扫天下、匡扶汉室，依靠的也是世族的力量。

如果没有荀彧的帮助，没有崔琰收纳的世族力量，没有毛玠的奉迎天子，曹操根本没有可能代表汉朝正朔，秉持汉朝天子的政令，征伐天下，收罗人才，建立功勋。他只不过和孙权、刘备、袁绍、袁术一样，是割据地盘的群雄之一，甚至根本没有机会打败袁绍、袁术、刘表这些世族所支撑的力量，而是早就被其吞没，湮灭在茫茫的历史风尘中。

但曹操之所以是曹操，恰恰因为他能够应用世族的力量，而不被它反噬。袁绍让陈琳写的檄文，是要让曹操和天下人明白，曹操和他们不是一伙的，他最大的污点就是他的身份。但荀彧、崔琰、毛玠他们知道曹操的能力，他们必须借助曹操超凡的智慧、杰出的军事才能以及匡扶天下的理想，来重振汉室，也重返世族掌握天下的时代。

当曹操露出独霸天下的獠牙，那些来自四面八方的人想在曹操的庇荫之下，建立魏国，重新洗牌，建立一个与以往时代不同的天下的时候，他们已经分道扬镳了。事实已经非常清楚：建安十七年（公元 212 年），在董昭的提议下，曹操提出重建封建五等爵；建安二十一年（公元 216 年），曹操提出废除十四州，重建九州。

这两件事，荀彧都曾反对过。重建封建五等爵，意味着世族的天下将大变。袁绍家的四世三公、杨彪家的四世三公、荀彧家的荀氏八龙、崔琰家的清河名族，可能都将退出历史舞台，代之而起的，是曹家这种"赘阉遗丑"，董昭、徐庶这种单家，郭嘉、张郃这种寒门子弟。

而按照古礼划定九州，而不是沿用西汉以来的十三州（献帝时候又变成了十四州），相当于把天下的地理重新规划，那么世族的影响力和影响范围也就发生了变化。

曹操的确是按照周公的标准在做事情。设封建、划九州，就是把汉室的天下打破，建立一个全新的、不同以往的天下。汉室虽存，汉室不再。

这才是曹操真正的理想：重建天下。他才不屑于篡夺皇帝之位，他要做的是周公，垂范天下、名流万世。

这也才是荀彧、崔琰和毛玠真正害怕的事情，他们在乎的并不是曹操称公、称王，而是公、王背后的逻辑：他打破的是汉朝得以建立的逻辑，消灭的是世族在这四百年来独一无二、无人分享的世袭规则。

表面上曹操是在维护汉室，实则他做的是拆毁汉朝的宗庙，重新结构汉朝的天下。即便汉朝仍然存在，那也是一个从此以后再不相同的汉朝了。

这是世族无法接受的。崔琰和毛玠必须死。因为他们是当时世族所仰望的领袖，而他们曾经掌握曹操的人事大权，能够动员起整个世族的力量，来阻击曹操的宏图大略，埋葬掉曹操的毕生成就。


崔琰一个模棱两可的嘲笑，毛玠一个模棱两可的讥讽，并不是他们真正的死因。真正致死的，是在嘲笑和讥讽背后，所埋藏的令人毛骨悚然的阴谋。

曹操早就明白了和世族之间结合，是同床异梦，甚至是与虎谋皮。所以一路过来，世族既是他的盟友，也是他的敌人。在杀害世族这件事上，他从来不会手软。

初平四年（公元 193 年），他杀了陈留世族边让，以及支持边让的沛国世族桓邵。

兴平二年（公元 195 年），他杀了自己儿时伙伴、号称八厨之一的东平名士，背叛自己的张邈和弟弟张超。

建安三年（公元 199 年），他杀掉了投奔吕布的东郡世族陈宫。

建安十年（公元 205 年），他杀了帮助他平定冀州的南阳世族许攸，理由同样是因为许攸嘴臭，说了一句："此家非得我，则不得出入此门也。"此门是什么门，只是邺城之门吗？


另一位死掉的南阳世族是娄圭。娄圭是有大功劳的人，在初平年间曾经跟过刘表，但很快就投入了曹操的军营。曹操虽然封他做大将，却不让他带兵，而是常以军国大事咨询他。刘琮投降的时候，曹操尚有怀疑，而娄圭说，刘琮带着汉朝的符节来投降，是真诚的。所以曹操不费一兵一卒就接收了荆州。

渭南之战时，是娄圭提出的浇水为冰的计谋，使曹操一夜之间筑沙为城，建立了渭河南岸的军事据点，才有了后来的耀兵离间之策。

曹操对娄圭非常倚重，因此也多有赏赐，家里积累千金。曹操还笑话说："娄圭家富贵安乐，比我还有钱，只是权势不如我罢了。"也曾经感叹说，"娄圭的计谋，我比不上啊"。

大概就是在曹操封公的那一年，娄圭因为"嘴贱"死了。事情也很蹊跷。那一年曹操和曹丕一家出门，和娄圭同乘一辆车的习授说："你看人家父子，何其快乐啊！"娄圭的回答说："人生在这个世间，应当依靠自己的努力，光看别人有什么意思！"

习授掉头就把娄圭的话传给了曹操。曹操以娄圭有腹诽的意思，就杀了娄圭。

颍川与南阳，都是中原核心地带世族聚集的地方。想来荀彧与娄圭同为中原名士，或许是多有往来的，当时同在曹操门下，也可能过从甚密。娄圭这种阴阳怪气的话，如果不是与曹操称魏公或荀彧之死有关，难以想象。

世族子弟一想起早前另外两个人——祢衡和孔融的死，就心存恐惧。

祢衡是平原般县名士。曹操迎献帝刚刚定都许都的时候，祢衡从荆州流浪来到了许都附近。他虽然刚刚二十四岁，却恃才傲物，什么人都不放在眼里，并且放肆评论当世人物。看到不如自己的人，就连话也懒得说，因此得罪了许多人。他本来也想投奔权贵，刚到颍川就写了一张"名片"（名刺）放在怀里，却找不到可以投奔的人，以至"名片"被汗水浸没，连字都看不清了。

他是真正的嘴贱。有人问他，为什么不投奔陈群、司马朗呢？祢衡说："你是想让我投奔杀猪宰牛卖酒的人吗？"又有人问："曹操、荀彧和赵融（当时的荡寇将军）都应该是盖世英雄吧？"祢衡避开曹操，说："荀彧可以借他的脸面去别人家吊唁，赵融可以让他来监管厨房接待客人。"意思是说，荀彧就只有一张脸好看，没啥能耐，而赵融大腹便便，除了吃肉啥也不会。

他在许都得罪了曹操后，被派往荆州。被他得罪过的人想报他以前出言不逊之仇，就商量好了说："我们虽然在这里设宴送行，但他以前嘴太臭了，趁着他今天晚到，我们都坐着不动，以此来羞辱他。"祢衡到场，众人或坐或卧，都不吱声。祢衡就开始放声大哭。大家反而奇怪了，觉得祢衡终于还是动了情，反过来安慰他。祢衡揶揄说："坐着的是坟墓，躺着的是尸体，行走在坟墓和尸体之间，能不悲伤吗？"大家才知道，又被祢衡摆了一道。

但祢衡也有喜欢的人，他只跟孔融和杨修交往深厚，常常对别人说："大儿孔文举，小儿杨德祖。其他人都庸庸碌碌，不值一提。"

偏偏孔融也极其欣赏他，专门给汉献帝写了推荐祢衡的表章，又多次向曹操推荐祢衡，安排他们见面。曹操当然也素闻祢衡声名，想要见面。但祢衡狂疾大发，不但不肯见曹操，还背地里说三道四。曹操听说，大为不满，想羞辱祢衡，听说他很会打鼓，就把他征召为鼓史。

八月朝会的时候，曹操大宴宾客，击鼓是其间的一个娱乐项目。到了祢衡上场，他演奏了名曲《渔阳参挝》，座上宾客惊为天音，神情慷慨激昂。按照当时的礼仪，鼓史打完鼓，去参见主人宾客的时候，要换上鼓史专门的制服。但祢衡没有换就直接上前，被管礼仪的官员厉声斥责。祢衡也不说话，当着曹操的面，一件一件把衣服全都脱掉，一直到赤身裸体。然后慢慢把鼓史的衣服鞋帽一件一件穿上，再回到鼓前击鼓，面无愧色。

　　曹操尴尬大笑，对在座宾客说："我本来想羞辱祢衡，没想到反而让他给羞辱了。"孔融也觉得祢衡太骄纵，责备了他，然后告知曹操还是器重他的，让他还是去拜会曹操。祢衡也答应了："冲着你的面子，我会去的。"

　　到了十月朝会，孔融碰见曹操，就告诉他说，祢衡想求见你。

　　曹操特地摆下筵席，等待祢衡，还吩咐门吏，一旦有客人来，立即通报。曹操翘首以盼，直至深夜，祢衡才施施然而来，穿着布衣，头戴疏巾，完全是一副瞧不起人的装扮，手拿一根三尺长的木棒，敲着地面大骂曹操。门吏以为没等到客人，赶紧向曹操通报说："外面来了一个狂生，坐在营门口，言语反常，请让我把他抓起来问罪。"

　　曹操大怒，对孔融说："祢衡这小子，怎敢如此无礼。我杀死他，就像杀死老鼠、麻雀一样容易。听说这小子有一些虚名，如果杀了他，远近的人会以为我心胸狭窄，不能容人。我现在把他送给刘表，看看他会有什么下场。"

　　他让手下人立刻准备了两匹快马、两个壮士，把祢衡直接抓到马上，一路直接送到了南阳。


　　刚到荆州的时候，祢衡对刘表算十分客气，也能恪尽职守。刘表很是器重，凡写表章奏折，祢衡不到，就不能定稿。刘表有次拟写奏章，正好遇上祢衡外出，就和手下的文人一起写了草稿。等祢衡回来，还没看完，他就把奏章撕了扔在地上。刘表大吃一惊，但见祢衡拿过纸笔，不一会儿就重新写了一份，不管内容还是辞章，都华美工整，刘表非常高兴。

没过多久，祢衡又故态复萌，开始对刘表出言不逊，直至辱骂。刘表深感耻辱，不能容忍。他素来知道江夏太守黄祖性情急躁，就把祢衡送给了黄祖，让黄祖来整他。

但是祢衡确实是有才，给黄祖当书记官，文章辞令，轻重疏密，非常得体。黄祖握着祢衡的手说："先生，您写的正合我的本意啊，就和我肚中想说的完全一样。"

黄祖的儿子黄射尤其欣赏祢衡，常和祢衡一起出游。祢衡也真心喜欢黄射，总和黄射唱酬往来，其中一篇《鹦鹉赋》，也成了千古名篇。

但祢衡的个性就是如此，不能长久，慢慢又和黄祖产生了冲突。建安六年（公元198年）十月朝会的时候，黄祖在自己的蒙冲船中招待宾客，有一道菜是肉糜粥。祢衡自顾自吃完，在那里搅弄肉粥。座中有客人看不过眼，就调笑说："礼教是怎样的呀？吃成这个样子。"祢衡看都不看一眼，继续搅弄。黄祖本来想调和一下，就对祢衡说："先生，不应该回答他吗？"祢衡看着黄祖说："君子岂会听车前的马屁？"

黄祖大怒，出言大骂。祢衡盯着黄祖回敬道："你个打铁的死老头。"黄祖被揭了老底，勃然大怒，叫旁边一个低阶军官把他拖出去，本来也就准备杖打而已，祢衡却更加不依不饶，破口大骂。黄祖越发愤怒，就下令把他绞杀。黄祖的一个部下向来讨厌祢衡，一听命令，怕黄祖反悔，立马绞杀了祢衡。黄射听到消息，打着赤脚就赶了过来，但是已经来不及了。

黄射哭着说："这种天才，曹操和刘表都不杀。大人你为什么要杀呢。"黄祖说："这个人骂你父亲是打铁老头，怎能不杀？"但他回过神来，也开始后悔，给祢衡办了一个隆重的葬礼。

按说祢衡也不是曹操杀的，为什么世族要把罪过安在曹操身上？并且祢衡的名声也不好，很多人都吃过他的亏，有什么理由为祢衡喊冤？

固然祢衡生性乖张，惹人厌烦，但他毕竟是名士，并且深受孔融和杨修的器重。有些人就是这样，生前不招人待见，死后却被纷纷怀念。祢衡虽然并非死在曹操手里，却被曹操有意侮辱，并且被一手送到荆州，也算间接死在他手里。把这账算到曹操手上，也不是太冤。

更重要的是，人们通过怀念祢衡，真正怀念的是曹操后来所杀的，两个与祢衡相互欣赏、交好的人，孔融和杨修。

如果说祢衡只是民间名士，而荀彧、崔琰算是地方世家大族，那么，孔融便是真正名扬天下、领袖群伦，连汉献帝都十分敬重的世族形象代表。

孔融是鲁国人，孔子的第二十世孙。毫无疑问，他处于一个比清河、颍川、南阳、汝南都还要有名得多的世家。但这当然并不是孔融成为世族领袖的理由，他年轻的时候，就已经是个名流。

他年轻时有两件事使他声名鹊起。十六岁时，一个得罪了宦官首脑的官员逃亡到他家，找他哥哥孔褒寻求庇护。正好孔褒不在家，官员看他岁数小，不告他发生了什么事。他直接就说："难道我就不能成为接待你的主人吗？"坚持把官员留下藏起来了。

结果事情泄露，朝廷派人来追查，他说："把那人留下来的是我，我应该来承担责任。"孔褒也出来认领责任，说那个人是来找他的，"他来求我，罪责是因我引起，我弟弟没有过错，请来抓我"。兄弟俩争着伏法，郡县官员都不敢擅作决定，于是上报，最后是孔褒入罪。

另外一件事，是他受司徒杨赐，也就是杨彪父亲征召，成了他府中的官员，经常揭发宦官亲属的贪污情节，毫无顾忌，搞得杨赐非常难做，干脆就派了他一个差事，让他去拜谒河南尹何进，庆贺他荣升大将军。结果门吏没有及时通报，孔融从门房那里夺回拜帖直接走人。何进倍感羞耻，觉得被孔融侮辱，想派剑客把孔融杀了。马上就有人进谏何进说："孔融这个人名声很大，将军如果和他结怨，只怕天下豪杰都会弃将军而去。不如宽宏大量，反而待之以礼，可以把咱们的名声广告天下。"

因为有代兄赴死、不阿权贵的高贵品行，孔融年纪轻轻就已经名满天下，成为受人景仰的道德楷模。他的做派的确也是一以贯之，董卓当政时他在朝廷任职，每次和董卓谈话都直言不讳，甚至出言教训，搞得董卓很是难堪，把他调到了议郎的虚职上，最后索性暗示三公府将孔融安排到黄巾最盛的北海国。

孔融这个人从头到尾就是一介儒生，军事能力极其拙劣，每战必败，越打越没有实力。他自称胸怀大志，想要举兵匡扶天下。但他被任命为北海国相的时候，只管每天跟各界名流打交道、赴宴会，高谈阔论，一事无成。因为地方租赋上缴稍迟，他就一日之间杀了五部督邮（郡守助理）。地方贪官污吏、地痞恶霸，他一个也收拾不了。

黄巾军正好打过来，孔融出兵迎战，吃了败仗，撤退到都昌。面对敌军，他实在无力抵抗，情急之下派太史慈突围，向时任平原相的刘备求救，搞得刘备莫名惊诧，问出了"孔北海竟然知道天下还有刘备？"

当时诸侯兼并已经开始，袁绍就派袁谭来接收青州。袁谭赶走了公孙瓒的人，接下来就攻打都昌，从春天打到夏天，战士只剩下区区几百人。城池小，敌军多，袁谭下令放箭，整个城池就像下了雨一样落箭。但是孔融毫无所动，靠在茶几上读书阔论如旧。袁谭很快就攻下了都昌，孔融只身逃跑，妻子儿女全都被袁谭俘虏。

汉献帝在许都落脚之后，马上就征召孔融来，先是任命为将作大匠，负责朝廷宫室的营建，后来又任命为少府（管理财政、税收和宫廷事务），都是实务型官员。

在建安初期，汉献帝自然励精图治，与曹操亲密无间。

而孔融在这时也与曹操相得益彰，关系良好。当时太傅马日
磾奉命出使，结果被袁术拦截，夺了使节，还强留在军营之
中。马日磾气不过，吐血而死。朝廷想要表彰他，孔融反
对，认为马日磾并没有以死殉节，反而在袁术营中逗留超过
一年时间，不值得表彰。其实是通过这件事，来谴责袁术。
后来孔融上书斥责刘表悖逆放肆、行为不轨，也是深得曹操
欣赏。袁绍没有迎接汉献帝，错失一招，后悔不迭，想借曹
操之手除掉自己的宿敌杨彪、孔融和大长秋梁绍，却被曹操
直接拒绝。也算是曹操救了孔融一命。

　　作为汉献帝的重臣，和曹操合作自然是免不了的事情，
因此，孔融在几年的时间里，事实上向曹操推荐了不少人
才。除了祢衡不太靠谱，他推荐的人也多为曹操所用，甚至
从一而终。杨修与他同为祢衡赞赏之人，自然也得到不少来
自孔融的赞美。

　　其次就是南阳经学名宿谢该。谢该成名很早，在经学领
域造诣很深，弟子遍天下。孔融向汉献帝隆重写了荐表，曹
操也从善如流，把谢该征召为议郎。这个位置虽然是个虚
职，但是曹操看重的，当然是谢该门下多达上千的门人，也
算用人到位。

　　邴原来自北海，不过是寒士出身，也是孔融举荐他成为
朝廷预备官员。不过黄巾军势力强盛的时候，他避居到了辽
东。辽东军阀公孙度残暴，邴原九死一生回归中原，落地就
服务于曹操，大约也赖孔融推荐有功。邴原后来也是曹丕的

老师之一，一直是曹操官署的重要官员。

为袁谭收尸，被曹操收入麾下的王修同样来自北海，也是孔融提拔他当了代理高密令。王修一生，每侍奉一主，都是以死相拼，忠心耿耿。最终病死在任上。

除了推荐人才之外，在孙策、孙权先后屠戮江东世族的时候，孔融也曾和曹操联手，试图拯救会稽四姓，其中尤以盛孝章最为著名。建安九年（公元 204 年），听说孙权想要对盛孝章下毒手，他写了著名的《论盛孝章书》，请求曹操施以援手。这篇文章情意绵绵、文采斐然，也见当时孔融与曹操颇为相得。大意为：

> 岁月总不停留，消逝如同流水。五十岁倏忽而至。曹公刚刚年满，而我已经过了两年。海内你我相识，都已零落殆尽，只有盛孝章还尚存认识。这人困在孙家，妻儿都已死去，单身一人，孤苦伶仃，深陷险境，愁苦难耐。如果忧郁可以伤人，此人怕是寿命不久矣。
>
> ……现在只有曹公您匡扶汉室，宗庙社稷即将倾覆，您却又能够给予扶正。而扶正宗庙的方法，实在需要求得贤人。珍珠美玉，没有脚而能够到人的身边来，是因为人们喜爱它们，何况这些贤人还是有脚的呢。……上面所说的这些话，您都非常了解。而我如此絮叨的原因，也不过是希望您能够重视并坚守交友之道罢了。

曹操倒是真听了孔融的话，紧急让朝廷征召盛孝章做骑都尉，可惜任命书还没到江东，孙权已经杀了盛孝章。

会稽四姓的另外一人虞翻，曾是会稽太守王朗的部下，和孔融也关系良好，多次通信与孔融讨论自己所著的《易经》注解。曹操也曾征召虞翻，大约也是出于孔融举荐。但虞翻不愿离开家乡，终于没有投奔曹操而成为孙权的官员。但他始终未得重用，反而因为屡屡直言而开罪孙权，几次险些成为刀下鬼。后来孙权干脆把他远远贬到交州，他最终病死在那里。

另外一个重要的人，也在孔融的帮助下投奔曹操，就是原会稽太守、东海人王朗，在守会稽时被孙策攻破，无奈出降。他拒绝任职江东，被流放曲阿，穷困潦倒，朝不保夕。曹操征召不至，又让孔融写信，劝他尽快入朝。王朗辗转数年，才到达许都，成为曹操的军事参谋。


这时候的曹操与孔融，恰是一个硬币的两面。曹操果敢刚毅、行动力强、多有权谋，熟读兵法，能征善战、精力旺盛、雄心勃勃；而孔融经历许都之前的种种挫折，颠沛流离、妻离子散、征战无能，宁愿留在后方。他喜好交友，善于言语，高谈阔论，人脉广阔，深得世族崇敬。他们在内心里都奉汉献帝为正朔，都有扫荡天下之志，却性格不同，长处相异，配合起来天衣无缝，正是汉献帝的文臣武将。

在那时，孔融是真心服膺曹操的，甚至写下了一首赞颂曹操的诗：

从洛到许巍巍，曹公忧国无私。

减去厨膳甘肥，群僚率从祁祁。

虽得俸禄常饥，念我苦寒心悲。

当然，两人之间并不是没有分歧，尤其在杨彪事件上留下了巨大裂痕。孔融在阻止曹操杀杨彪时，口出不逊："今天你横杀无辜，那么海内众人听到看到，谁不心寒？孔融是鲁国男子，明天就应当脱下官服而去，不会继续在朝为官了。"

孔融竟然以辞官来要挟曹操，透露出这样的信息：曹操需要收拢人心，而杨彪的遭遇恐怕会成为风向标；孔融不在朝会影响曹操的管理，那么曹操大约是需要倚重孔融的人脉与影响力。

事情就这么过去，以曹操妥协、杨彪无恙为结果。

孔融终究是一个书生，他并没有从以往失败的政治生涯中吸取教训，依然不懂真正的政治运行的规则。他以为凭自己的影响力要挟曹操是有效的，因此他可与曹操形成一种政治平衡。

但是他们并不平衡。孔融的力量是虚弱的，而曹操的力量才是真切的。但孔融不明白这一点，在未来的时日中他越来越恣意妄为、言行放诞，终成曹操的心腹大患。

早在建安三年（公元 198 年），曹操与袁绍对峙的局面就越来越清晰了。所有人都明白，这是一场决定汉朝未来命运的决战，谁赢了，谁就能大概率赢得整个中原。汉廷自然惶惶不安，与袁绍暗通款曲的人不在少数。孔融虽然并无心思支持袁绍，却认为曹操必败。他对荀彧盛赞袁绍兵强、将勇、臣智，并断定曹操打不赢袁绍。孔融这人酷好议论时事，这种话也不会只对荀彧一个人讲，说他散布失败论，应该是实有其事。人在屋檐下，如此放肆而言，不说扰乱军心，也是不合时宜。

当时认为曹操必败的人不是一个两个，本来也不值得深究。一个从来没有打过胜仗的人来论军，曹操大约也就当成一个笑话。但孔融在战后不合时宜的玩笑，的确招人嫌恶。攻陷邺城之后，袁氏家族的女子多被曹操的部队侵犯。他就给曹操写信说："武王伐纣，把妲己赐给了周公。"曹操以为孔融博闻强记，大概是本什么冷门书里有记载。后来见面就问，这是哪里写的？孔融说："以今天的事看回去，那是想当然的事。"曹操这才明白，原来他在嘲笑夺取邺城之后，曹丕抢夺了袁熙的妻子甄氏。

建安十二年（公元207年），曹操出征乌桓，他又嘲讽曹操说："大将军远征，在海外很是逍遥啊。当年肃慎族不进贡楛矢，丁零族偷盗苏武牛羊，可以并案处理了。"他引用了两个典故。肃慎族原本臣服于周朝，有义务向周朝进贡一种特殊木材，用以制箭。到周室衰微的时候，他们自然也就不进贡了。丁零族是匈奴旁边的一个部族，苏武被困匈奴，为单于牧羊，常苦于被丁零族人偷盗牛羊。这两句话是嘲讽曹操，为了一丁点的事情，就远征乌桓，其实根本毫无意义。

这些军国大事，其实并不是惯于高堂期会的孔融所能了解的，他对于曹操的高瞻远瞩自然也一无所知。出言不逊，其实大约也和祢衡一样，不过是卖弄自己的高明。

这样的促狭固然令人讨厌，但对于曹操来说，毕竟无关宏旨。让曹操真正担心的，是孔融在涉及战略国策的大事上，日益与自己龃龉。

连年征战之下，各地粮食告急，而饥饿士兵闹事日趋严重，因此曹操上表汉献帝，要禁止用粮食酿酒。结果孔融连写好几封信，不仅反对禁酒，而且语言傲慢无礼，几乎有侮辱的嫌疑了。

在信中开头他就写："酒成就道德，是自古以来的事情。古代的先哲圣王，祭天地、祀六宗、和众神、定人心，施惠万国，没有酒，就不能够实现。"然后说，这么看来，酒哪里会辜负施政呢？

曹操回信之后，他又写了一封信，言辞更加激烈："夏朝和商朝都是因为妇人而失了天下，今天难道要下令禁止婚姻了吗？现在独独这么着急禁酒，我恐怕您的目的不过是节省粮食罢了，说什么以过去亡国之君为戒呢？"

不过，最为致命的是他给汉献帝的一件奏章。建安九年（公元 204 年），曹操攻下邺城，领冀州牧，他第一次提出要按照古制恢复九州，但立即被荀彧劝住，打消了念头。

但这件事反而让孔融敏感起来，他给汉献帝进了表章，名为《复王畿古制书》，提出颍川、南阳、陈留、上党诸郡不封诸侯，并且京都方圆千里之内，全部划分归司隶校尉管理，作为皇帝的直属领地，收取赋税。

这封进表简直就是和曹操针锋相对，或者可以看成反制措施。到了这个时候，他们之间的关系已经彻底破裂，只剩什么时候翻脸的问题。

建安十三年（公元 208 年）年初，孔融被改任太中大夫，只是一个闲职。他于是日日置酒高会、呼朋引伴、宾客盈门，常常叹息说："座上客恒满，樽中酒不空，我就没有什么好担心的了。"他这时经常想念蔡邕，有护卫的虎贲士长得像蔡邕，他喝醉了就叫他一起坐下，然后口中诵念《诗经》里的一句："虽无老成人，尚有典刑。"朝中虽然没有德高望重的人，幸亏还有他的遗风典型。

也正是这一年，曹操南征荆州之前，公开处决了孔融。丞相府的官员路粹写了一封告发信，列明了孔融的四大罪状，大意是：

> 孔融在北海的时候就口出狂言，有反心，"我是大圣人的后代，只是被宋所灭。拥有天下的人，何必是卯金刀（刘字繁体）？"
>
> 孔融在和孙权的使者对话时，有诽谤埋怨朝廷的言论。
>
> 他不遵朝廷礼仪，不戴头巾，冲撞宫廷礼仪。
>
> 最重要的是，身为孔子的后代，却异常不孝，曾经

和白衣平民祢衡放荡嚼舌，说："父亲和儿子有什么亲情呢？论他的本意，不过是情欲发泄后的结果而已。儿子和母亲，又有什么恩情呢？不过就像把东西寄存在瓦罐里罢了，出来之后就分别了。"他还和祢衡相互吹捧，祢衡说他是"不死的孔子"，孔融答说祢衡是"复生的颜回"。这个人大逆不道，应该判处重刑。

孔融死得凄惨，连妻子儿女全都难以幸免。不仅如此，曹操还亲自写了手令，宣称孔融是罪有应得："太中大夫孔融已经入罪伏法了，然而世人都被他的虚名所迷惑，很少看见他的真实面目。孔融浮华艳丽，素来喜欢哗众取宠，于是被他的谎言迷惑，而不再觉察到他败坏风俗。豫州人告诉我说，祢衡不仅接受、传播孔融的谬论，认为父母和子女之间并无亲情，怀胎不过像东西暂时寄存盛放在瓶子里面；又说如果遭遇饥荒，父亲不贤的话，宁可赡养其他活人。孔融违反天道、败坏伦理，虽然尸体在街市上示众，但也遗憾于这么晚才做这件事。我把这些事例都列明在上，公开告知将领、军士、官吏、家属，使大家都知道他的罪状。"

孔融的四大罪状，无一能够查实。

他曾是青州一州之主，可以拥兵自立。虽然个人能力不足，但他还是力抗黄巾，直至只身逃命，从来没有过违背朝廷的行为，更不可能说出"何必卯金刀"这样的话。孔融与孙权治下的许多人，的确有着深厚的关系。张纮曾经代表孙权到许都公干，留居甚久。孙权大战黄祖的时候，张纮留守，孔融写信对他说："今天我们分隔两地，无缘见面。假如能够道路笔直，旅途清静，相见还会这么难吗？"他如果要诽谤埋怨，只可能针对曹操，而不是朝廷。

冒犯宫廷更不可能。孔融一生，都以道德洁癖而闻名，待人接物，无有一事为人诟病，汉献帝更是对他恩宠有加，这事怎么看都像无中生有。

至于和祢衡论父母，祢衡已经死去多年，死无对证，到哪里去求证这么悖逆伦理的话来？


孔融被杀，消息立即传遍中原内外，所有人都感到惊惧。后来人们看见路粹，就会想起是他一手制造了孔融的冤案，欣赏他的文采，却害怕他的笔端。

这么明显的冤案，曹操自己知道是否能够服人？恐怕连他自己都无法相信。但是杀掉孔融的时机的确很好，是在南征荆州与江东之前。人人都认为这是一个军事行为：因为孔融久与曹操不和，杀掉后顾之忧，言之成理。孔融和荆州刘表的部属韩嵩、刘巴，都曾在许都当过同僚；而孙权麾下，更有是仪、孙邵等谋士曾是孔融的部下，即便只是诽谤曹操，也都是可怕的通敌行为；和张纮更是书信频密，如果出卖军事情报也不无可能。

制造这么个漏洞百出的冤案，其实是在掩藏曹操真正对孔融下手而无法明言的原因。

汉献帝到了许都，身边的忠诚臣子逐渐凋零。杨彪去职，董承谋反，可以依靠的，大概也只有孔融了。他逐渐成为汉献帝的主要高参，许多朝廷重要的意见都出于孔融之手，包括对马日磾的评价，对刘表僭越的态度，以及对复古九州的狙击，都是孔融一手操办。当时汉献帝朝会讨论的主要议题，都是由孔融拟定，其他的公卿大夫，都只不过是附和署名而已。

孔融虽然没有军事能力，但是在辅佐汉献帝建立朝廷制度，以及人才建设方面，的确成绩斐然，并且深受尊重。孔融听到别人的长处，就好像自己也有那么高兴；别人的言论如果值得采纳，就会广而告之。当着别人的面会严肃指出错误，而在别人的背后，却经常表扬优点。积极推荐贤达人士，奖励提携后辈学人。如果知道有什么问题却没有及时说出，就会认为是自己的问题，因此受到青年才俊的普遍拥戴。

孔融少年成名，天下人脉可谓当世第一。他在北海的时候，视大儒郑玄为自己的父亲，郑玄唯一的儿子都为解救孔融而死。同时，他又有恩于杨彪、王朗、盛孝章和虞翻。而郑玄和谢该的门生弟子，可谓遍布天下。

除了曹操之外，他在割据群雄中有故人、朋友和知交。他和刘备是故交，和刘表是朋友，和孙权麾下的干才也都非常熟悉。假如离开曹操，那么汉献帝也能够在孔融的帮助下，得到任何一方世族势力的拥戴。有他在，可以说给汉献帝铺开了一个立于不败之地的局面。

这才是孔融真正可怕的地方。孔融俨然成为汉献帝重建世族势力的一个形象，一个代表。他是遍布天下的世族力量的真正领袖，是世族势力的一个连接点。这个力量不忠诚于任何一个派别，而只忠于汉廷，忠于自己置酒高会的生活方式，忠于世族在汉家四百年来所形成的仪轨道德、锦绣文章，忠于所有人认同的世族身份。

他们之间可以彼此应援、鸿雁往来。他们可以在彼此敌对的阵营之中，前方作战，后方依然诗文唱酬。他们相互营救，彼此推荐，就像孔融营救盛孝章和王朗那样，也可以和身在孙权旗下的虞翻讨论《易经》。他们共同尊崇的是汉室这个正朔，汉献帝这个皇帝。他们形成了一个巨大的关系网，是曹操不可进入、不可突破、不可拆解的。


孔融在军事上和政治上，不能够威胁曹操一分半毫。孔融手下没有一兵一卒，更谈不上有什么军事威胁；在政治上就如同小孩一般幼稚，胸无城府，口无遮拦。曹操当然不会在乎他逞一时口舌之快的那些冷嘲热讽。但是孔融和他的世族朋友已经变成了一种"成事不足败事有余"的反面力量。他们可以让曹操当丞相，却不能让他成为汉廷本身。他还不能篡位，而且只能是皇帝手下的一名权臣。曹操不能设九州，不能行封建，因为这些权力是皇帝的权力，而不是权相的权力。他们嘲笑曹操的道德缺陷和身份缺陷，是因为和他们的世族身份相比较，曹操只是一个行伍出身的权贵寒族。真正掌握天下走向的，是郑玄、卢植、孔融这样名满天下的国家型世家，是许靖、荀彧、崔琰这样的地方世家，是他们的文章、道德、礼仪，应该继续指挥这个国家前行的方向。

曹操的方法就是快刀斩乱麻。杀了孔融这个连接点，天下世族也就四分五裂，各自遵从于自己的主子。荀彧、崔琰归曹操，顾、陆、朱、张归孙权，蒯越、韩嵩归刘表。他把这张网打破了，然后在自己的旗帜下重新组织起来——但必须在新的体制下，在九州与封建的基础上重新组织起来。

所以孔融必须死，而且必须死在南下之前。只有打破天下世族是一家的关系网，他才能各个击破，没有阻碍。以前他不过是诸侯之一，既没有能力，也没有意义去毁灭这张网。现在他是北方的主人，他要统一全国，把全国真正变成一盘活棋的是政治的重建，世族权力的重新分配，社会结构的重新组织。

世人都觉得曹操是因嫉贤妒能而杀了孔融这个不逊的家伙。但他不仅仅是消灭孔融的肉体，而且以变乱伦理这个看上去并不成立的理由，从心理上彻底摧毁世家大族向来引以为豪的所谓道德、修养和文化的优越感。新的天下是由曹操这个寒族建立的，那么它就应该有寒族的体制、权力和色彩。这是曹操不能宣之于口的真正目的。

连孔融自己大概也没弄明白自己具有怎样巨大的作用。这就是政治家与小政客之间的差异。在临终的绝命诗中，他犹自怨艾命运之多舛，时运之不济，以及个体性情之乖张，而并不知道，他的死宣告汉家世族一体化的时代彻底终结，汉献帝从此陷入了无依无靠的境地。汉朝的残喘，不过是时间的仁慈。

> 言多令事败，器漏苦不密。
>
> 河溃蚁孔端，山坏由猿穴。
>
> 涓涓江汉流，天窗通冥室。
>
> 谗邪害公正，浮云翳白日。
>
> 靡辞无忠诚，华繁竟不实。
>
> 人有两三心，安能合为一？
>
> 三人成市虎，浸渍解胶漆。
>
> 生存多所虑，长寝万事毕。

孔融死的时候，已经五十六岁，不算太年轻。

## 2.

杨修也是突然被杀的，在建安二十四年（公元219年）快到年底的时候。死时四十四岁，即便在那个年代的文人里，也不算年纪太大。

曹操给杨修定的罪名是"前后漏泄言教，交关诸侯"，意思是泄露曹操教令机密，私自结交诸侯。另外有一个理由是，他是袁术的外甥。

杨修临死的时候说："我本来就知道，我死得已经算晚了。"

　　这些罪名也都很奇怪。他是袁术外甥这件事情，从他出生开始就存在了，袁术已经死了几十年，现在突然想起这个，并且当成杀他的理由，有点说不过去。

　　泄露曹操教令秘密勉强说得上。当年五月曹操从汉中撤兵的时候，口令鸡肋，就是杨修给翻译出来的。但是对于一个已经执行的口令，做了一番解释就是死罪，也有点勉强。

　　所以大多数人认为杨修真正的死因是交关诸侯，也就是参与了曹丕和曹植的夺嫡之争。这当然是个大罪。问题却在于，当时夺嫡的事情已经水落石出很久了，曹丕在建安二十二年（公元217年）被立为太子，时间已经过去了两年。而且，被认为曹植党羽的人还有丁仪、丁廙。这两个人才是曹植的铁杆支持者。曹操却并没有杀他们，一直到曹丕接任魏王之后，两人才被曹丕所杀。

　　没有任何证据表明杨修积极参与了曹丕与曹植的夺嫡之争。事实上，杨修一直小心翼翼在两人之间寻求平衡。而他一直是作为曹操的"机要秘书"参与政事的，而没有曹植幕僚的身份。

　　曹植的确曾经和杨修有非常密切的书信往来，但是彼此之间的对话十分客气，一点也没有互为同党的亲密与信任。曹植的信一上来就说："几天不见，非常想念您。想来您也和我一样吧。"

　　杨修的回信是这样说的："几天不见您，就好像过了几年一样，这难道仅仅是您对我的眷顾太过隆重，使我思慕敬仰之情日益深厚所致吗？"

　　曹植在信中，可谓对杨修一片马屁之声，说："王粲、陈琳、徐干、刘桢、应场这些人都非常厉害，但是都有各自的问题，都不如您啊。"

　　杨修的回信，虽对曹植视辞赋为小道提出了不同意见，行文却与曹植的来信一样充满了阿谀过誉之辞，把曹植的文章比作《诗经》的《雅》和《颂》，比作孔子的《春秋》和吕不韦的《吕氏春秋》。在信里他说："如果不忘治国的大业，流传千载的美名，会将功劳刻在编钟之上，美名载入史册之中。这些都来自您非凡的气度，是平素所积累，怎么会和文章相妨碍呢？每得到您惠赐的大作，我总像盲乐师那样，虽然看不见，但也一定高声吟唱，怎么敢像惠施那样忝列庄子的知音呢？"

　　话的确说得漂亮，文采飞扬。但是字字句句所表现的，是尊敬与等级的疏离。一个是夺嫡斗争中的贵公子，一个是曹操帐下的机要秘书，既不能太近，也不能太远。保持尊敬的距离，的确需要煞费苦心。

　　曹植因为几次铸下大错，杨修已经在努力疏远他；是曹植不断想攀扯他，他又不敢公开断绝关系，才勉强保持联系。

　　相比起来，反而是曹丕对杨修有比较深厚的感情。杨修曾经送给曹丕一把从王髦处所得的剑，曹丕经常佩戴，以此为荣。当了皇帝之后，他定都洛阳，有一次出宫，怀念杨修命薄，抚摸着剑，停下车来，对自己的侍从说："这就是杨修以前所说的王髦剑。王髦现在在哪里呢？"

他之后召见了王髦，还赏赐给王髦许多布帛粮食。

除此之外，他也和杨修有书信来往，其中一封提到杨修"又赠送我琉璃杯子，非常感谢您的厚意"。


曹丕登基之后，把丁仪、丁廙兄弟杀了还不算，而且诛灭了丁家全族。但他登基之后，马上就想封杨修父亲杨彪为太尉，派了人去咨询杨彪的意愿，杨彪说："杨彪在汉朝担任三公，遭遇世事倾覆，却不能够有所帮助。现在已经年老多病，还能对新朝有什么作用呢。"曹丕并没有强迫他，于是封了他一个名誉头衔光禄大夫，还赐给了他代表荣誉的衣袍和拐杖，入朝觐见的时候可以拄着拐杖来，可以说极尽荣宠。

因此，曹丕对于杨修可谓毫无芥蒂，杨修绝无可能是曹植的死党。

更加奇怪的是曹操杀了杨修之后的所作所为。

杨修死后，曹操见到杨彪，问："您怎么瘦了这么多？"

杨彪回答说："非常惭愧没有金日磾那样的先见之明，依然有着老牛舐犊的私人之爱。"曹操听了，也为之动容。杨彪所说的金日磾，是汉武帝时候的大臣，他的儿子弄儿是汉武帝的宠臣，因宠而骄，举止放荡。金日磾怕日后惹下事端，就把儿子杀了。

曹操特地写了一封信去安慰杨彪（即《与太尉杨彪书》）："我和足下共举海内大义，足下不嫌弃，让您贤良的儿子来辅助我。现在中原虽然已经平静，但是周围边境尚未平定。军事征伐很多，百姓非常不安宁。我制定军令规则，作为主簿，应当谨守。而您的儿子，倚仗自己的父亲是豪杰，经常和我并不同心同德。我常常想要用法纪纠正他，但是他却心怀怨恨。我最初认为他是能够改正的，于是就想要宽容他。但是如果再继续放纵的话，恐怕会牵连您全家跟着遭受大难，所以才下令处决。我顾念您的父子之情，心中也非常悲伤。但这也许并不一定完全是坏事吧。现在送给您锦制皮衣两件，用银镶角的八节桃竹杖一根，青色毛毡床褥三条，官绢五百匹，钱六十万，彩绘车轮、四面有窗、纯色窗帘的七香车一辆，青色母牛两头，能日行八百里的好马一匹，用红绒和金属装饰的鞍辔十副，铃钹一个，差人两个。并赠送您的夫人错彩罗縠皮衣一件，织成的靴子一双，细心的侍女两个，长久在左右伺候您。所赠与的东西并不多，只是用来表达我的心意。足下应当慨然收下，不用再推来推去。"

杨彪回信："您对我的雅量眷顾如此隆重诚挚，我都收到了，私下里以此为荣耀与安慰。小儿性情顽劣鲁莽，您不嫌弃他而给予录用，他不能按所期待地尽心效力，以报答您对他的宠爱。现在大军征战不停，他负有职责，协理政事，应当与您同心同德，却宽纵自己，违背法制。儿子是什么样的人，父亲再清楚不过。我常常忧虑我的儿子，会招致失败。足下宽容饶恕，以至于他的罪行拖延到今天才受到惩处。听到您的安慰，我肝肠碎裂。这只是凡人的感情，谁不是这样吗？我只能深追他的过失，以使自己释怀。您赠与的马和杂物，如果不是亲信故旧，谁能做到如此呢？我看着您的这些赏赐，心里更感悲惧。"

曹操自己写信不够，还让自己的夫人卞夫人，给杨彪的妻子写了一封慰问信："贵家不嫌弃，让您的贤良公子前来辅佐，因此每每感激您的恩德，感怀至深。您的公子道德高尚，有盖世的文采，我们全家都非常钦佩，以为至宝，妙用无限。现在外面时局骚动，兵马常常异动。主簿是曹公的股肱近臣，征伐大事，常常咨询他。官府建立法制，而听说他违犯军令，曹公性情急躁，易于愤怒，在外就施行了军法。我当时也并不知道详情，听到时心肝涂地，惊愕之情难以言表，也为此悲伤痛悼，情不自禁。夫人是一个宽容的人，我祈求能够得到您的宽恕。因此送衣服一笼，文绢百匹，官锦百斤，我自己经常乘坐的香车一辆，牛一头。我知道这些东西非常微薄，只是用来表达我的诚意，希望得到您的接纳。"

杨彪的夫人，是袁术的妹妹，也算是杨修案中的直接关系人。她回信写道："我们两家路途虽近，但也长久不曾相互走动了。您对我们的礼遇与挂念，令我们的感激堆积如山。曹公匡扶天下，救济黎民，世间远近，都得以安宁，四海之内，归附景仰，无不感恩戴德。小儿学识粗疏，承蒙曹公不弃，予以采纳，还没有上报知遇之恩，就已经自己招来罪孽。我思念他，深感痛苦，五内俱裂。夫人处事周到，特地写信告知。我看见曹公与太尉之间的书信往来，才知道其中的原委。评判儿子的行为，没人能超过父母。小儿违例僭越，命该如此。但我可怜他才刚过立身处世之年，就已经身归尘土。他遗留下来的孤儿，还要我们来养育。说起这些，我内心不免崩溃。曹公赏赐的已经很多，现在您又追加这么多的物品。礼节之上，已非我们所能承受。因此把收到赠礼的感激之情由信差给您送去。"

曹操夫妻与杨彪夫妻的书信往来，过于异常。如果说杨修是罪有应得，死有余辜，那么曹操不怪罪、追责杨彪，已经算是法外开恩了，何至于拉上夫人一起，再三再四隆重给予安慰？曹操对于那些心怀不轨或怀有二志的人，也常常痛下杀手，株连三族，孔融就是个例子。但是如果杨修犯下那么严重的罪行，怎么不但没有株连，反而再三安慰？

因此只能说明一个事情，那就是曹操和杨彪心里都明白杨修之死，并不是表面上曹操给出的罪名那么简单，因为曹操心怀愧疚，与夫人一起致信送礼，是对杨彪的致歉，也是一种心理补偿。

因此，杨修之死，终究还是成了一个冤案，疑案。


曹操杀杨修的公开理由过于诡异，以致迟至后世，还有人编出许多故事，用以说明杨修如何聪明多智，如何扶持曹植，与曹丕争锋，也属罪有应得。

有一个故事说，曹操当丞相的时候，杨修当主簿，曹操常来问事。杨修出外，能够预测曹操会问些什么问题，于是写下答案，交给下属，让他们按照顺序为曹操解答。结果有风吹过，弄乱了纸片次序。下属不知其中奥妙，频频出错。

曹操大怒，拷问其中原因，于是杨修害怕，以实情相告。但是杨修的答案很对曹操的胃口，因此并没有追责。

另外一个故事则显得杨修人品卑劣，为了扶植曹植不择手段。说曹家兄弟夺嫡期间，曹丕常常要询问他的幕僚吴质。但是宫中来往不便，于是让吴质躲在出入宫禁的破篓里出入。杨修就把这件事告知给了曹操。曹丕听说了，非常害怕，就问吴质怎么办，吴质说："不用担心，您明天还是继续车载装满绢的篓进出，用以迷惑杨修。他知道了一定会再次告发，但是告发了，却没有发现我，他就会被曹公怪罪。"第二天，杨修果然又去告发，结果只发现绢而没发现人，于是曹操开始对杨修生疑。

但是这些故事，都是从曹操的罪名中反推和派生出来的附会之事，没有一个是靠谱的，并且与杨修真正的个性行事风格恰好相反。


那么，杨修究竟是为什么而死的呢？

和孔融、崔琰被杀一样，杨修的身份和地位是他被杀的根本原因。因为杨修已经替代了这两个人，成为当时曹操政权之下——甚至跨越了曹操领地——新生代的世族领袖。

与传说中的杨修为人跋扈、卖弄才思不同，杨修为人低调谦恭，博学多才，不爱抛头露面。他年纪轻轻，就被举为孝廉，并且被曹操亲自任命为主簿，作为他的机要秘书。

整个建安年间，曹操南征北战，事务繁多，而杨修对内外大事，均有参与，所做之事，都非常符合曹操的心意。因而，整个朝廷上下的人都钦佩杨修，从曹丕到曹植、公卿大夫，都争着和杨修交好。

杨修成为朝廷交往圈子里的核心人物，也成为世族子弟仰望的对象。

他是整个汉朝历史上难以忽略的弘农杨氏的后人。西汉刚刚开国的时候，他的祖先杨喜因为参与斩杀项羽，被封为侯。他的四世祖杨震官至太尉，被人称为"关西孔子"。到他的父亲杨彪为止，四世三公，身世与袁绍一般显赫。而他的母亲是汝南袁氏，也就是袁术的妹妹。他是整个天下最有势力的两大世族的结晶。

而杨修自己呢？曹操的两个儿子曹丕和曹植，都与他诚心结交，奉为上宾。

祢衡真心看得上和交往的人只有两个：孔融和杨修，开玩笑说自己的两个儿子"大儿孔文举，小儿杨德祖"。

孔融当然和杨修关系也很要好。孔融第一次出来当官，就是在杨修祖父杨赐的门下，并且颇得重用。建安初年，杨彪险些被曹操所杀，也是孔融施以援手，杨彪才得以死里逃生。救父之恩，肯定是感恩戴德的。

曹植觉得当时的六子——王粲、陈琳、徐干、刘桢、阮瑀、应场都有很多缺点，都比不上杨修；而在曹丕的眼中，还要加上孔融，共为建安七子。但是在当时，杨修的文名也很盛，想来和这些人都有深厚的交情。而这七个人，基本上是世家子弟。

　　杨修供职主簿，和他共事的是贾逵，河东名族；还有王凌，是杀死董卓的司徒王允的侄子，也是世族出身。

　　而且，杨修的交往圈子，也已经超出了曹操政权的范围。曹操征荆州的时候，刘璋派了张松前来修好，杨修和张松对谈，非常欣赏他，多次向曹操推荐，曹操却看不上，所以未能录用。杨修之后仍然保持了和张松的友谊，并且给张松看了曹操所著的兵书。

　　所以，杨修虽然官职并不高，但是身处机要，影响力重大。他的父亲杨彪已经垂垂老矣，但是杨修的影响力却在冉冉上升，并且触角已跨越国境。从政治倾向上来说，杨修和父亲杨彪、长辈孔融一样，都力挺世族，心向汉朝。

　　如果说杨修真的参与了夺嫡，并且成为其中一方忠心耿耿的助手的话，曹操反而并不会杀掉他。因为这意味着他是忠诚于新朝局的，像司马懿和陈群那样。


　　那么，杨修为什么说知道自己是死得算晚的呢？因为他本来应该和孔融一起死掉，成为曹操对世族宣战的牺牲品，而曹操竟然又容忍了他十年的时间。

　　在杀掉杨修之时，曹操完成了对世族三代领袖的戕害。老一代的孔融，是从桓灵时代就开始成长的，和杨彪一样，是旧时代的遗留。中生代的崔琰，是在群雄争霸时代中成长起来的，曾经辗转服务于不同的人，始终在几方势力中游走，试图光复汉朝，重建世族。新生代的杨修，带着老一代世族的余韵，虽然世族的力量多已臣服在不同势力之下，但依然期望世族凭借巨大的影响力，独立于政治势力之外，重建世族时代的荣光。

这是曹操最不能允许的事情。他决不允许世族跨越边境，连成一片，继续成为独霸政治的一个阻力。在他所构想的新时局中，应该是不同出身的人共同构成主宰天下的力量。像他这样的寒族，郭嘉那样的单家，已经在统一战争、中兴汉朝的历程中付出了巨大的牺牲，怎么能继续由世家来主宰天下。况且，汉朝难道不就是在世族的腐朽统治中土崩瓦解的吗？

他现在不仅仅要斩杀掉这些世族领袖，而且要在制度上摧毁世族存在的土壤。而他的方法，几乎是极其露骨的，和世家大族所秉承的礼仪道德针锋相对。

建安十五年（公元 210 年），他颁布了《求贤令》：

"自古受命开国与中兴的君主，哪里不和贤人君子一起共治天下呢？他得到的那些贤人，有的都不曾走出过乡里民间，难道都是偶然相遇的吗？都是在上位的人去求取而来的。现在天下尚未平定，正是求贤的紧急时分。《论语》说，'孟公绰做赵、魏的家臣是优秀的，但是不能够充当滕、薛这些小国的大夫。'现在天下难道没有穿着布衣但有真才实学，像姜子牙那样在渭水边上钓鱼的人吗？又难道没有像陈平那样蒙受盗嫂受金的污名，却还没有遇见魏无知那样的伯乐吗？我的部下们要帮助我发现那些地位低下而被埋没的人，唯才是举，我才能够得到并且使用他们。"

在处决孔融两年后，曹操以这封告令，吹响了直接向世族宣战的号角。汉朝的人才选拔，施行的是察举制，察的是孝廉，举的是秀才。但就同那首著名的童谣中所唱的："举秀才，不知书；察孝廉，父别居。"

察举制度已经完全成为世家大族的囊中之物，朝中的政权被世家大族所垄断，全是世世代代为官，选出来的是四世三公这样的世袭权贵，而孔融的家族，已经从春秋时代，延续到了现在。

尽管曹操现在已经位极人臣，已经成了丞相，但他的家族和背景，依然成为人们诟病的话题。而他自己的幕僚，也多数来自世家大族。

在这个诏令中提到的人，恰恰是从蒙满尘埃的背景中，成为千古名臣的。传说中姜子牙在商朝的时候，只是一个屠夫，在渭水边上直钩垂钓，然后被周文王发现，成了推翻商朝的关键人物。而陈平呢，是汉高祖的功臣、汉文帝的丞相，在家乡的时候，被人告发说和自己的嫂嫂通奸，而在刘邦与项羽对峙的关键时刻，他还被人揭发接受他人的贿赂。而魏无知虽然是信陵君的后代，却并不在乎陈平的出身，向汉高祖举荐了陈平。

《求贤令》就是要打破被世家大族所垄断的人才举荐权，绕过崔琰、毛玠这些把控曹营，也把控了朝廷用人权力的人，把人才选拔的权力，直接从世家大族的手上夺取过来，向下延伸。

建安十九年（公元214年），他又颁行了《敕有司取士毋废偏短令》：

"那些有品行的人，未必有进取之心；有进取之心的人，又未必能有品行。陈平难道是一个笃守品行的人，苏秦难道是一个谨守信用的人吗？但是陈平协助砥定汉朝大业，苏秦救助了弱小的燕国。由此来看，人才即便有缺陷，又怎么能废弃呢？有关部门应当好好思考这个道理，那么人才就不会被遗漏不用，官府就不会有废置的工作。"

在世家大族的口中，义理从来是他们不绝于口的口头禅，所有的事情，都要合乎礼仪，重于道德。他们以此来鄙薄那些来自底层的人，但从根本上来说，这些礼仪道德，终究也不过是他们用来私相授受、彼此荐举的理由罢了。

建安二十二年（公元217年），他更加露骨地颁布了《举贤勿拘品行令》：

"以前，伊尹、傅说出身于奴隶，管仲是齐桓公的敌人，但是重用了他们之后，结果都是国家兴旺。萧何、曹参只不过是县里的官吏，韩信、陈平都背负污名，常常被人耻笑，却终于能够成就王业，名垂千秋。吴起是一个贪渎的将领，在鲁国时，为了取信于鲁王，杀了自己齐国的妻子，散尽家产求取官位，母亲死了也不回家。但是他在魏国的时候，秦人不敢向东进攻；他在楚国的时候，三晋不敢向南图谋。现在天下难道没有那些德行高尚的人流落在民间，以及英勇果敢、遇见敌人拼死奋战，或者身为小官，但是才能卓著、品质优异，可以成为将领太守的人吗？那些背负污名、被人耻笑，甚至不仁不孝，但有治国用兵才能的人，官员们都应该举荐，不要遗漏。"

这封教令，处处与世家大族所倡导的规则相违背：他们的职位与地位世代相传，而这个教令却要求从底层选拔官员；他们的祖训家谱，要求他们讲究礼仪道德，而这个教令寻找不仁不孝的人；他们要求品行端正、举止得当，而这个教令，却抛弃了所有这一切束缚。

这三个"求贤令"，都在求"不贤之人"。寻找人才当然是一方面的诉求，但更重要的是，使用人才的标准完全发生了变化。

曹操已经对世家大族忍无可忍。一方面，他大开杀戒除掉了那些挡住他理想的世族领袖，包括他自己多年的战友荀彧和崔琰。另一方面，通过这些求贤令，他试图将来自寒门甚至庶民阶级的人，拔擢到政权体系之中来，以替换、冲淡和改变世族所占领的位置，从而让他曹操打下来的天下，变成至少是庶民、寒门与世族共享的世界。

曹操一生中，有无数的敌人：二袁、刘备、孙权、马超……但是这些人，在曹操的征伐之下，要么烟消云散，要么俯首称臣，要么偏安一隅。在武功之上，他的确已经天下无敌。

他最凶险的敌人却不是这些携枪带棒的人，而是世族。曹操想要成为新的周公，重新制礼作乐，但是他们认为曹操没有资格，因为他只是富贵寒族；曹操想要重新封建五爵，但是他们只想谨守世族势力；曹操想要划分九州，他们却只想家乡故里。

到最后在他们的眼里曹操是什么？是一个权臣，一个弄臣，一个真正败坏了大汉江山的人。按照毛玠的话说："使天不雨者，盖此也。"

如果是这样，曹操就只能杀其人，坏其制。然后一切从头来过。

### 3.

但饶是曹操这样的老奸巨猾，这样的深谋远虑，这样的杀伐果断，比起世族来，他终究只是一个幼稚的政治家。

世族的领袖可以杀，制度可以改，但是他们可以隐忍，如同沙子一样，无所不在，遍布在曹操的天下里，成为他杀不尽、改不掉的隐秘的力量。

曹操杀了孔融，杀了崔琰，杀了杨修，但他还是漏过了两个关键性的人物，在未来的日子里，他们逐渐再次崛起，成为新新一代的世族领袖，并且颠覆了曹操的所有努力，把天下重新变成了世族的天下。

一个是司马懿。河内司马家是一个不折不扣的世族，起源于汉代司马印。司马印原本是秦朝的官员，并且曾经臣服过项羽，但是在刘邦出关、楚汉争霸的时候，他投降了刘邦。

　　司马家族在汉朝算不上显赫，但也是历代为官，一直到司马懿父亲司马防这一代，都历任地方上的太守之职，而司马防也算争气，做到了京兆尹和骑都尉这一级别。

　　在后来的记载中，司马懿曾多次拒绝在曹操旗下任职。司马懿年轻的时候聪明而有才略，常怀忧国之心。建安六年（公元201年），曹操要征辟他，但他不愿意出仕，于是诡称自己有风痹症。曹操特务机关的校事（负责侦察刺探官民情事）趁夜里他睡着了去察看，司马懿躺着一动不动，就好像真的得了病一样。

　　建安十三年（公元208年），曹操再一次征辟司马懿，并且威胁说，如果这次你不出来，我就只有杀了你，于是司马懿只好就职。

　　还有传说，曹操听说司马懿有狼顾之相，于是想要看看，就让司马懿背对自己站着，然后上身不动，回过头来，果然发现司马懿眼中露出豺狼凶光。因此曹操非常不喜欢他。曹操还梦见过三马同槽，醒来之后十分忌讳。他告诫曹丕说："司马懿不是能够成为别人臣子的人，一定会干预你的家事。"但是曹丕总是护着司马懿，和他关系很好。而后来的事实验证了曹操的怀疑和梦境，司马懿和他的两个儿子（司马师和司马昭），先后把持魏国的朝政，最后甚至侵夺了政权。

　　这些传说和记载尽管有板有眼，甚至宣之于史书，然而真实性都可堪怀疑，更像是根据后来所发生的司马夺魏、建立晋朝的事情反推过来的故事，用以塑造曹操生性多疑，而司马懿忍辱韬晦的性格。

事实是，司马懿是荀彧推荐的，而崔琰也非常看重他。崔琰曾经对司马朗说："您的弟弟聪慧明智，果敢而有决断，大概成就不是你所能达到的。"司马朗还不相信，但崔琰非常坚持这个说法。

那么司马懿为什么能逃出生天，不被曹操所诛戮呢？因为曹操根本就没有必要杀司马懿。

司马家族只能算是东汉时期一个普通的世族，在各个地方、各个郡县，像司马家这样世代为官的，多不胜数，如果曹操要全部杀掉，那就几乎没有可用之人了。

司马懿的父亲司马防对曹操是有恩的。他刚刚出道的时候，司马防就非常欣赏他，经常夸奖，并且身体力行地实践这种欣赏，推荐曹操当了平生第一个实职官：洛阳北部尉。曹操对此非常感念，他被封为魏王之后，特地把司马防叫到邺城，设宴款待他。席间曹操问司马防："您看我今天还可以做洛阳北部尉吗？"

司马防回答说："我当年荐举大王的时候，大王刚好适合做都尉。"

曹操大笑认同。

从司马防开始，司马家就真心诚意地认同曹操的事业，并且全身心投入支持曹操。司马防一共有八个儿子，当时人称"司马八达"。长子司马朗，字伯达，曾经在董卓手下做事，很早开始就起兵护佑乡里。二十二岁，就已经被征召到曹操手下做司空掾属。

司马家的八个兄弟，成熟一个就送一个到曹操的旗下做事，除了司马朗、司马懿（字仲达）之外，司马孚（字叔达）是曹丕的幕僚。司马朗在曹操手下虽然没有什么大功绩，但是勤勉努力。建安二十二年（公元217年）随同夏侯惇出征江东时，军中发生瘟疫，他探望兵士、寻医问药，最后染病身死，也算是死于公务。

更重要的是在曹操当政期间，司马家族虽然全都成为曹操的部下，但都悄无声息，没有显山露水的重要人物。他们都只是曹家谦卑而忠诚的侍从。他们没有任何反抗，没有任何独立的意志。他们并不像杨彪和杨修所代表的弘农杨氏，或者崔琰所代表的清河崔氏对世家大族有巨大的影响力，对汉室忠诚。他们真诚认同曹家的权势与政权，并为此而努力工作。

不仅如此，在建安二十四年（公元219年）劝进曹操代汉和延康元年（公元220年）劝进曹丕代汉的人中，司马懿都属于第一批。

但也正是司马懿和继承他的司马师、司马昭，以及司马昭的儿子司马炎所创立的晋朝，不仅颠覆了曹操、曹丕父子创立的魏朝，而且把世族独霸朝廷的成例，变成了牢不可破的制度，成为中国世族时代最为鼎盛的时期。

另外一个逃脱了曹操杀戮的世族人士是陈群。

陈群的家族是真正名震天下的大家族。当时具有天下影响力的四大家族汝南袁氏、颍川荀氏、弘农杨氏和颍川陈氏，他就来自最后一家。陈群的祖父陈寔，官虽然没当多大，但是名声很大。年轻的时候就遭遇党锢之祸，隐居了起来。

陈寔的去世，是当时的一件天下大事，司空荀爽、太仆令韩融亲自穿着孝服，以子孙之礼来拜祭。天下自发前来吊唁的，一共有三万人；其中亲着孝服、以子孙之礼祭拜的，则有成百上千。大将军何进也派人吊唁，赐予谥号"文范先生"。

陈群的父亲陈纪，在汉朝官至侍中。建安元年（公元196年），杨彪被免职，本来被封为太尉的袁绍耻居曹操之下，于是准备推荐陈纪去当太尉，他却拒绝了，只接受了大鸿胪的位置。陈纪是一个学者型的人物，当时人称"陈子"，建安四年（公元199年）就去世了。

陈群也是年纪轻轻，就已经暴得大名，尤其受到孔融青睐。孔融先是和陈纪成为朋友，后来又成为陈群的朋友。孔融拜陈纪为长辈，因此陈群相当于和孔融平辈，一时名满天下。

刘备任豫州牧时，就征辟了陈群。陶谦死了，刘备准备去接收徐州，陈群却劝他别去，预料吕布会袭击后方。后来果不其然，刘备失去了后方，也同时失去了陈群。就在那个时候，曹操攻破了吕布，征辟了陈群。

那么陈群为什么没有成为曹操的打击目标？

他父亲陈纪虽然名声大，陈家也的确是大世族，但陈纪死得早，当时曹操势力尚且不强，陈纪根本还没机会表达不满或作出反抗，就已经过世，并没有给曹操造成任何威胁。而陈群在父亲去世后就辞官守丧，多年脱离官场。

陈群在曹操阵营中，职务也多有变迁，主要的职责是与钟繇一起管理法律事务，算是一个技术官僚，并没有过多参与政争。他还有一层保护罩——他是荀彧的女婿，在相当长的时间里，荀彧都可以护佑着他。

更根本的是，和司马懿一样，在整个曹操当政期间，陈群是低调的。颍川陈氏像消失在世家大族的版图中一样无声无息。不像弘农杨氏和汝南袁氏之间的结合那么轰轰烈烈，颍川两个大家族荀氏和陈氏的结合，好像没有激起任何水花，甚至变得更为默默无闻。既不为汉室声张，也不为世族发言。曹操当政时期，没有听见颍川陈氏的任何声响。

他怎么会去为难这样的世族呢？这反而是他要争取和团结的力量。而在建安二十四年（公元219年），拟表劝进的人当中，就赫然有陈群的名字。这应当并不是陈群的违心之举，可能说明陈群是诚心服膺曹操的。


但是后来的一件事情，改换了曹操时代那个沉默的陈群的面目。曹丕代汉的时候，整个魏国阵营都沸腾了。改朝换代总是令人欣喜的，这意味着所有的功臣战将都不必蜷曲在汉朝这面早已破碎的旗帜之下，而能够以魏朝开国功勋的身份，加官晋爵，开启新生活，踢掉汉朝的老东西了。于是几乎所有人都向曹丕进表拜贺，喜不自胜。

　　只有两个人神情黯淡，郁郁寡欢。一个是魏国的相国华歆，另外一个就是陈群。曹丕忍了许多天，实在气不过，就来质问陈群："我应天命，受禅让，百官后宫，人人欢喜，喜形于色。只有相国和你摆出一副不开心的样子，为什么？"

　　陈群赶紧离席，长跪在地，回答说："我和相国曾经在汉朝当官，心里虽然喜悦，但是要把礼义挂在脸上，也担心陛下您会觉得我们善变而憎恶我们。"曹丕于是大喜，更加看重他们。

　　这种话，怎么听都像是敷衍之词。背地里哭泣的大有人在，只不过有的被发现了，有的没有。曹丕的妹妹，汉献帝的皇后很愤怒，交出皇后玉玺的时候，甚至把玉玺摔在地上，可以理解；曹植哭了，是因为他知道从此以后不会再有好日子了；苏则哭了，因为他是忠于汉朝的。但陈群如果是真心拥戴新朝，满朝文武、世家大族都欢欣鼓舞，他有什么必要惺惺作态哭丧着脸？而且他向来与曹丕关系良好，必定是会受到重用的人，更应欢天喜地。

　　所以可能说明一点：他过往在曹营中的沉默与隐忍，是自知没有能力抵挡潮流、低调自保而已。

　　陈群蛰伏多年，一直到曹操去世、曹丕荣登大宝，突然像一颗炸弹爆发开来，成了整个曹魏王朝最重要的官员。在曹魏早期，他的地位远远高过司马懿。

　　是陈群奠定了整个魏晋，以及未来的南北朝时期，世家

大族说一不二的政治地位。世家大族在数百年的时间里权势
滔天，甚至可以废立皇帝。而皇帝如果没有世族的支持，根
本就是无源之水、无根之木，随时可以被人赶走，这全都仰
赖陈群为世家大族世世代代执掌朝政而制定的九品官人法
（又称九品中正制）。

　　陈群在曹操去世的当年、曹丕履新魏王的延康元年，便
已拟定颁行九品官人法，几乎连一分钟都不愿多等。他在曹
操旗下沉潜，对多个求贤令不置一词。而曹操一去，他几乎
立刻就把九品官人法写了出来，显见这个计划早在他心中酝
酿多年，滚瓜烂熟。他在曹操治下十多年几无声息的忍耐之
功，绝非常人所能比拟。

　　九品官人法规定，州郡设置大中正，由大中正推荐产生
小中正，负责选拔官员。大中正必须是在中央任职且德行高
尚者，负责品评人物。小中正则通过考察与访问，从乡土田
陌之间寻找人才，报大中正核查。再由大中正层层上报。将
人才的能力分成上上、上中、上下、中上、中中、中下、下
上、下中、下下九品，以供朝廷遴选。

　　中正的设置，似乎与察举中的乡举里选并无差异，只不
过更加制度化而已。然而，既然中正来自朝廷中枢，本来就
由世家大族把持，所谓德行高尚，只由朝廷中人彼此评定而
已，居高位者当然享誉天下。因此中正之职，几无可能落入
世族之外。

　　而之所以说九品官人法彻底落入了世族之手，是因为各
个品级的厘定主要有三个内容：家世、行状（品行才能的评

语）与定品。其中，家世至关重要，即定品定级，首要考察候选人的家世，父祖在历代以来的官职、爵位与升迁，称之为簿世。

行状与定品，自然是由大小中正品评，作为参考意见。而最重要的还是簿世，寒门单家当然没有什么父祖行历可供考察，即使能得到中正官的青睐，按照制度，也是从下品做起，起家既低，升迁也慢。

九品官人法的后果是，天下归世族所有，制度性地排除了寒门与单家入仕的道路，世族独享天下，寒门难有出路。在未来的几百年时间里，上品无寒门，下品无士族。皇帝轮流做，亦不过都在世族的谈笑之间。寒门子弟几乎唯剩军功一条路，而文人墨客背后往往有金光闪闪的门阀底色。

后来唐朝的刘禹锡曾说道：旧时王谢堂前燕，飞入寻常百姓家。东晋时的王导是琅琊王氏世族，谢安是陈郡阳夏世族，他们都在三国归晋，司马家收拾山河之后成长起来。而他们家的燕子，要飞几百年，才会落脚寻常人家。

曹操哪里知道这些。在他的杀伐果决之中，世族领袖都已零落成泥，成为冢中枯骨；而剩下的世家子弟在他的刀剑光芒之下，沉潜噤声。寒族扬眉，单家吐气，似乎一个新时代正在冉冉升起。

但曹操的内心却异常孤独。朝中的世族朋友与敌人，都已被他剿除干净，而他就更加孤苦伶仃。重建天下的理想固

然伟大，但他的内心，既不足为外人道，亦不能为外人道，
越是流血千里，越是内心凄楚。

　　他写下《善哉行》，悲叹身世之凄凉，身为寒族，孤独
与恶名如影随形，理想远在天边，而孤寂浸没魂灵。


　　　　　　自惜身薄祜，凤贱罹孤苦。

　　　　　　既无三徙教，不闻过庭语。

　　　　　　其穷如抽裂，自以思所怙。

　　　　　　虽怀一介志，是时其能与。

　　　　　　守穷者贫贱，悢叹泪如雨。

　　　　　　泣涕于悲夫，乞活安能睹？

　　　　　　我愿于天穷，琅琊倾侧左。

　　　　　　虽欲竭忠诚，欣公归其楚。

　　　　　　快人由为叹，抱情不得叙。

　　　　　　显行天教人，谁知莫不绪。

　　　　　　我愿何时随？此叹亦难处。

　　　　　　今我将何照于光曜？释衔不如雨。


　　我自怜身世微薄，失怙无依，没有母亲如同孟母那样为
我的教育而三迁，也无父亲如同孔子那样教导饱读《诗经》
的幸运。我虽然胸怀大志，但这样的抱负何时才能实现？雨
有停时，而我依旧泪如倾盆。

## 4.

赤壁之战后，汉献帝和曹操的关系急转直下。

其实，变化是在战前。建安十三年（公元208年）正月，曹操开始在邺城开掘玄武池练水军，当时的司徒赵温不知道搭错了哪根筋，突然要征辟曹丕为司徒掾属。

赵温并不是一个简单的人。早在董卓之乱的时候，他就一路紧随汉献帝，担任过司空，后来改司徒。当汉献帝东迁、一路逃奔，是赵温等功臣随同护驾，数次险些被李傕所杀。许都建立之后，他就一直担任司徒这个职务。征辟曹丕，也许是出于向曹操示好的目的，也许可能还有汉献帝的授意。如果曹丕在赵温手上的话，那么虽顶着朝廷官员的名义，他也能成为赵温和汉献帝的人质。

所以曹操当场就大怒，上表说："赵温征辟臣的儿子，并没有以实际才能作为选拔标准。"然后就罢免了赵温。当年，赵温就死了，享年七十二岁。

同年八月，曹操杀了孔融。

献帝身边已经没有了可信赖之人。太尉杨彪早在建安元年（公元196年）就被罢免了太尉之职；建安四年（公元199年），汉献帝又把他拉出来当了太常，可是建安十年（公元205年）他又被罢免了；建安十一年（公元206年），杨彪连爵位也被褫夺了。杨彪知道曹操不会继续容他在汉献帝身边任职，于是借口脚上有病，从此再也不出仕，甚至连门也不出了。

他的岳父伏完，皇后伏寿的父亲，汉朝的世代忠良，在东迁之前是辅国将军。按照东汉的成例，国丈基本上都会成为掌握实权的大将军，多少年多少代都是如此。但是何进、董卓之后，这一成例就不存在了，连名义上的形式都没有了。所以伏完非常识相，干脆就把印绶全部奉还，领了个闲职中散大夫，做个富贵闲人，万事不理。

三公、大将军都已经名存实亡，孔融也伏诛了。尚书令荀彧虽说是忠于汉朝的，但他毕竟还是曹操的人。所以他身边空空如也。

所以到六月，曹操改革官制、废除三公、重设丞相的时候，事态就很明朗了。曹操已经大权独揽，而他与曹操的合作也必须改换策略了。


汉献帝当年同意迁都许都，固然是走投无路，更重要的目的当然还是中兴汉室。在建安之前，虽然他只是一个落难天子，在洛阳的废墟里坐困愁城，甚至身边的大臣竟然因为缺粮而饿死，但他依然是天下共主，并不是没有选择。

刘表已经上贡了，如果他提出要求，毕竟都是皇家血脉，刘表应该也不会拒绝；袁绍在河北兵强马壮，虽然拒绝了沮授的建议，但是也可以成为选择之一；还有其他军阀，例如杨奉、张绣，都有奉迎天子之意。

但最终他选择了曹操。曹操当时也不过占据兖州一州而已，并不算实力很强的力量。袁绍、袁术、刘表、公孙瓒，甚至远在一州的刘焉，论实力都胜过曹操一筹。汉献帝看中的是曹操的才干、远见，更重要的是忠诚。

无疑他是必须感激曹操的。在许都他所建立的，是一个代表天下的朝廷，而不是只有曹操一方臣属。

他甚至曾经试图重建天下尊严。按照汉朝旧制度，三公如果领兵在外，在朝廷朝觐的时候，必须把戟架在脖子上，由侍卫拎着去见皇帝。建安二年（公元197年）曹操出征张绣时，就是这么去见汉献帝的。曹操见完出来，汗流浃背。从此之后他领兵出去，都是表章告知，再也不去朝觐了。一直到建安十七年（公元212年）赐曹操剑履上殿的时候，这个制度理论上都还存在。

然而，《左传》里说"国之大事，在戎与祀"。曹操管的是"戎"，他管的是"祀"。在和平年代，这自然是合理的，因为军队的力量是随时可以收回的。但在乱世里，军队是忠诚于个人的。因为曹操的军队一刀一枪打出来的，不是汉献帝可以随时收回的。

汉献帝手上并没有从本质上能制衡曹操的力量。外面的割据者，并没有一个是真心诚意要恢复汉室江山的，这是最本质的问题。他手上没有可以倚靠的军事力量，能打的牌实在有限。所以他只能看着曹操把他手上的牌一张张地抽走，变成一个孤家寡人。但他必须忍耐，再忍耐，把一切交给时间。建安十三年（公元208年），曹操已经五十四岁了，而他只有二十七岁。只要汉室还在，只要曹操统一了江山，他可以忍受曹操这个统揽一切的权臣。这样的事情在汉朝发生得还少吗？当年霍光不就是权倾天下的权臣吗？但是汉宣帝却忍耐着，一直等到霍光死了，他才成为中兴之君。他必须支持曹操，配合他统一天下，然后他才能成为汉朝真正的中兴之君。

但是，出乎他和曹操自己的意料，南征之战竟然以一败涂地收场。曹操无往不利、无战不胜的势头被遏制住了，停留在了长江北岸。而之后他和孙权、刘备竟然瓜分了荆州，天下三分，形势变得复杂起来。

然而事态并不算绝望，汉室依然拥有天下最广阔的土地，中原以及北方已经重归朝廷，曹操依然拥有天下最强大的军队，而他进取的野心并没有停止。汉献帝不仅没有责怪曹操，还要不断奖赏勉励，让曹操更加勤勉地在一统天下的道路上前进。

因而，从建安十四年（公元 209 年）开始，在一系列的诏书中，汉献帝不断加大曹操的权力，扩增他的地盘，抬高他的位置。这不仅是一种荣宠，而且是一种压力，通过朝廷诏书奖赏的方式，向全天下昭告汉室对曹操的信任、推崇和勉励。同时，这种的公开宠幸也把曹操逼上了道德的绝境：辜负朝廷，会让他背负千古骂名。

建安十五年（公元 210 年），曹操筹备攻打关中。汉献帝诏封曹操的三个儿子为侯，并且每人赏食邑一万户。这次赏赐，地广四县，食邑三万，在整个汉朝的历史上也属罕见。曹操写下《述志令》，并且上表让封两万户，要求只保留武平侯的一万户食邑。但是献帝坚决不许，建安十六年春天仍然封曹植为平原侯、曹据为范阳侯、曹豹为饶阳侯，只是食邑减少为每人五千户。同年，封曹丕为五官中郎将，作为丞相的副手襄理朝务，并可以独立开设官衙。

建安十七年（公元212年）正月，曹操从关中回来，汉献帝诏令按照西汉开国丞相萧何的待遇，"赞拜不名，入朝不趋，剑履上殿"：上朝的时候可以不唱名，不小步快跑，可以带剑穿鞋。割各郡十四城到魏郡，扩大了曹操直接管辖的领地。

建安十八年（公元213年），曹操南征孙权后，回到邺城。按照曹操的规划，把全国十四州按照古制重新划分为九州。五月，派郗虑持使节，册封曹操为魏公，在冀州一共取了十个郡国，作为魏公国的地盘。九月，礼聘曹操的三个女儿为贵人，因为小女儿年纪尚小，继续养在魏公国。

建安十九年（公元214年）三月，诏令魏公的地位高于刘姓诸侯王，并且改用金印。


在当时的舆论和后来历史的书写中，这一切似乎都成了曹操步步逼迫汉献帝的罪证。然而，一桩桩地分析下来，这却是一场惊心动魄的心理战。

建安十五年（公元210年）封侯赐地的行动如此高调，超越了汉朝除了王莽之外的任何其他先例。曹操又不是愚蠢的人，如何能够如此落下口实？况且他向来是一个敢作敢为的人，要做就做了，从来不会顾忌外人的议论。曹操对于几个儿子的要求向来严格。年纪轻轻的，高位厚禄，除了徒增骄纵之心，能有什么好处？

　　这个分封诏书一下，当时震惊海内外，天下扰攘，关于曹操逼封的谣言四起。曹操不得不写下《让县自明本志令》，退还封地，而且几乎公开白纸黑字地向天下表明，他绝无篡位之心。

　　曹操的这封自白书，意在平息逼封的谣言，并且通过自明心迹，向天下，从而也是向汉献帝表明自己的真实意图。他并不觊觎皇位，但是必须权柄在手，因为只有如此，才能一统天下，才能重现周公，删削世族，整顿汉室。他如果在那个时候交出权柄，不但己身难保，汉室也将危若累卵，要知道当时还有"几人称帝，几人称王"！

　　汉献帝的这次封赏无疑是十分高明的，但也几乎意味着两人分道扬镳的正式开始。这样高调而过度的恩宠，显然已经把曹操架在了火上。他无论如何剖白，也已经很难让人相信他没有取而代之的野心。以往的恩赏，都只在权位与荣誉之上，而这次已经是大片土地的实质性的分封，权力是用来做事的，而土地才是利益的体现。《述志令》中的言辞，是努力的剖白，但也是绝望的自证。从此以后，他曹操就要永远被钉在有篡夺之志的奸臣的耻辱柱上了。

　　而在这里，他能够看见汉献帝的聪慧和野心。这个年轻人如此能够控制人心的去向，在未来，他曹操百年之后，这个人会如何对待他曹家的子孙和功臣？霍光家族的案例未必不会在他眼前闪过：在霍光死后仅仅两年，霍氏被满门抄斩，牵连灭族与屠戮的，达数千家之巨。他也必须有所打算。

因此，建安十六年（公元 211 年）曹丕位置的确定，恐怕是曹操的一种反制措施。曹操着手安排继承的事务。汉朝的历史就是一部世家大族父死子继的历史，子承父业早就成为一种惯例，就像汝南袁家和弘农杨家。但是权臣继承与世族继承完全不可同日而语。世族子弟继承父亲的官职和爵位，尽管约定俗成，但是必须遵循一定的程序和流程，并且一直是在皇帝的监控与干预之下进行。只要皇帝还有一定权力，事实上能否继承，还得经过皇帝的认同与批准。但当时是乱世，权臣继承的不仅仅是职位和爵位，更重要的是权力，是军队，是部属结构的完整，是效忠体系。只有这样，即便曹操死去，曹丕也能完整继承曹操的权力与军队，汉献帝就学不成汉宣帝，就无法褫夺曹家的权力，诛灭曹家的势力。

建安十七年（公元 212 年）的那场曹营内部，曹操与荀彧之间的斗争，汉献帝早就了然于胸。尽管当董昭劝进，曹操心有犹豫，但是给自己设立安全保障的心态，曹操早已建立了。荀彧反对，结果反而导致自己身灭。汉臣在曹营之中的势力日渐式微，而拥戴曹操建立独立王国的势力逐渐加强。如果汉献帝不能阻挡这样的趋势，那为什么不顺水推舟，让曹操享受更加史无前例的恩宠，把他死死捆绑在自己的战车上，持续把他推向道德困境，让他完全丧失取代汉室的口实？如果他反抗，不是反而给了曹操借口？

而且，汉献帝这一年也并不是没有作为，他把四个儿子也都分封了：刘熙为济阴王，刘懿为山阳王，刘邈为济北王，刘敦为东海王。

分封魏公的诏书，汉献帝写得非常真诚。他写道："我天生德薄，从小就遭遇凶险，四处漂泊，自身难保，更不用说祭祀祖先，维持宗庙，天下的万民，我一个都不能够拥有。"

然后细数曹操如何平定中原，剿灭群凶，维护汉室，功高盖世。"我以这微弱渺小之身，漂浮于万民百姓之上，常常能够感知治理国家的艰难，因此自己如同行走在深渊之边，薄冰之上。如果没有您的辅助救济，我就无从胜任。"

他们彼此都清楚，分封魏公已是铁板钉钉。曹操家族的安全保障，曹营文武的利益欲望，以及双方信任基础的破坏，都已经把事情推动到这个层面上了：汉献帝需要曹操给出明确的维持汉室的承诺，而曹操需要汉献帝给予明确的安全与利益保障，双方的合作才能维系下去。

所以这是一场亦真亦假的戏。汉献帝感激曹操为重建许都朝廷所做的一切，芟夷割据势力，辅助重建汉室；但是对于曹操剪除汉官、孤立自己，成为独一无二的权臣，他是心怀恐惧的。

而曹操一样是感激汉献帝的，这么多年无论在内政还是和战，汉献帝真正做到了垂拱而治，没有给他制造任何障碍，给了他实现一统天下、匡扶汉室、名垂青史的机会。但是汉献帝的心机与荣宠，也把他逼上了无以自证的道德困境和无法安定的未来恐惧。

于是君臣表演了一场三让三封的剧本。曹操辞让书中说："接受九锡（九种封赏，代表九种德行和权力），广开领地，这是周公才能做的事啊。当年汉朝的八位异姓王，和高祖一起从平民身份起兵，开创王业，他们功劳之大，我怎么能比呢？"

接下来就是群臣的表演，屡屡劝进。然后曹操终于接受。

出人意料的是，他在只需客套的《上书谢策命魏公》中竟然动了感情："当年二袁气焰沸腾、侵犯汉室的时候，陛下和我一样，内心寒冷，心存忧惧，张望京师，进受猛敌，常常恐惧我们会一起深陷虎口。有赖祖宗保佑，我们才能诛灭群丑，使微臣获得虚名。"

按古制恢复九州和分封魏公，使曹操和汉献帝又回到了维持相对平衡的状态之中。分封魏公是给予曹操的一种安全宣言，从此之后魏公国成了曹操的独立王国。即使天下统一了，汉献帝得回权柄，依靠魏公国，曹操家族也有自卫的能力。而那些劝进的曹营忠诚成员，包括夏侯家族、钟繇、程昱、董昭，也都有上升空间。

建安十七年（公元212年），荀彧死后，重建封建五爵已经实现；建安十八年（公元213年），按照古制重新划分九州也已经落实。曹操朝着"周公第二"的步履又进了一步。尽管世间对他的评价依然充满怀疑，但他也一样，可以把未来交给时间。

他和汉献帝一样期待统一实现。他只要统一了天下，五爵、九州、平定世族、拔擢寒门，这些事情都能够顺理成章地实现。日久见人心，历史能够还他一个公道。

这是一场耐性的比赛。


但是建安十九年（公元214年），他们之间的关系却彻底破裂了。发生了两件事情。

议郎赵彦向汉献帝进献时策，被曹操杀了。建议了什么事情其实并不重要，关键的问题是他挑战了曹操的权威，挑动了曹操的神经。他和汉献帝之间的平衡已经太脆弱了，经不起任何的挑战。

汉献帝身边官员被曹操剪灭，又不是第一次发生，本来应当习以为常了。但是这一次，汉献帝却没忍住，他一贯的沉默与顺从，不过是火山之口的脆弱封印。在曹操进宫言事的时候，他突然爆发情绪，对曹操说："如果您能够尽心辅佐我，那么就请对我好一点。如果您不愿意的话，那么请求您开恩放了我吧。"

曹操当场就脸色大变，俯仰作拱，磕头如捣，请求马上离开宫殿。

这句话是致命的。汉献帝什么意思呢？这就是在指责曹操把他扣为人质了。这不就是外面天天在说的"挟天子以令诸侯"吗？这些年来曹操与汉献帝之间的合作是一种双赢局面。汉祚得以延续，汉献帝从身无长物、垂死之间，成为真正意义上的天下共主；而曹操也能够在汉室正朔的旗帜下一统江山，重塑天下。这句话把一切都打破了。汉献帝既然是他挟持的人质，那么曹操所做的一切，就变成了个人利益的贪图。既然他没有篡夺之心，那么他图什么呢？

他现在进退失据了。进不能取而代之，退不能保全身家。他彻底被卡死在一个没有出路的尴尬境遇中。

紧接着，在十一月发生了一件更匪夷所思的事。

建安五年（公元 200 年），在曹操与袁绍官渡决战之前，董承谋反被杀，董承女儿董贵人也被株连，汉献帝没能保住她。对于当时的皇后伏寿来说，这个事件太可怕了。她关心的不是董贵人为何而死，而是汉献帝也保不住有孕的董贵人，那就意味着所有不是曹营的人，都有危险。她未必能看得清天下的格局，看得清汉献帝与曹操的关系，但是她看得见自己的风险。所以她怕了。

她写了封信给父亲，诉说曹操威逼汉献帝的情状，然后让伏完找机会杀了曹操。但伏完能做什么？他到了许都，就已经把名存实亡的辅国将军之位交出去了，他只有一个闲职是中散大夫，后来改任屯骑校尉，也还只是一个虚职。即便他有心也无力，根本没有可能。董承和刘备绑在一起，两个手上多少都有点兵力的人，都不能伤曹操一根汗毛，他不等于纯粹找死吗？

伏完把这件事压了下来，在建安十四年（公元 209 年）无灾无难死了。

秘密就这样掩埋了十四年，不知道为什么，却在建安

十九年（公元214年）突然被曹操发现了。但也许不是偶然，
而是汉献帝暴怒事件的延续。

因为伏寿的信，不只有伏完看了。伏完看到女儿的信，
心中非常恐惧，拿了信去找荀彧商量。荀彧什么人？在这样
的时间谋杀曹操，是有理智的人能想出来的吗？他非常厌
恶，但也不敢直说，于是一言不发。

伏完没有从荀彧那里得到答案，又把信给自己的妻弟樊
普看了。樊普反手就给了曹操。曹操什么也没做，只是内心
有所防备而已。

但是荀彧却越想越恐惧，在曹操的官署迁移到邺城以
后，有一次他派人去邺城，建议曹操嫁女给汉献帝。曹操
说："现在朝廷里有伏皇后，我的女儿怎么能配得上？再
说，我是以自己的功劳获得朝廷的认可，怎么能依靠女儿得
宠呢？"

荀彧说："伏皇后没有生儿子，性情又凶悍。我看到她
以前给父亲写的信，言辞丑恶不堪，可以借此废掉她。"

曹操问："信的事情，你之前怎么没说过呢？"

荀彧假装吃惊说："我以前和您说过啊。"

曹操回答说："这又不是小事，我怎么会忘呢？"

荀彧有点不太架得住，只能推脱说："真的没和您说
吗？大概当时因为您在官渡和袁绍对峙，我怕您又担心内部
混乱，所以没说吧。"

曹操说："那官渡之后，你为什么又不说？"

荀彧无言以对，只好谢罪。

有些人以为，荀彧大概不会这样伪情矫饰，前后矛盾。但对于荀彧来说，这件事确实太大，他处理起来是非常棘手的：一边是伏皇后，是朝廷的脸面，而一边是曹操，他内心认可的、能够拯救天下和汉室的英雄。

他想要盖，却怕盖不住；他想要说，又怕引起朝廷的腥风血雨，使汉献帝和曹操之间互生疑窦。

他最后只能以别扭的方式说出来。当时，曹操也并非在为难荀彧，而只是期望以此来告诫荀彧，彼此之间应该更加坦诚。他看重荀彧，并不希望以此造成两人之间的嫌隙。

但无论是从荀彧那里，还是从樊普那里，他都已经得到了伏皇后的信。他并没有发作。

伏皇后毕竟不同于董贵人。董承谋反，是铁板钉钉的事情，所以杀掉董贵人无可厚非。但伏皇后的信，不过是她的一个臆测，伏完也没有任何动作。杀掉伏皇后，那是惊天动地的举动，朝廷会因此动荡，他和汉献帝的关系也会因此恶化。最起码，当时还在平定天下的关键时期，朝廷不宜发生如此重大的变故。

现在不一样了。面对汉献帝的手腕、愤怒和毫无掩饰的不满，他不能不有所动作，有所告诫。

所以十一月，他宣称自己发现了伏皇后的这个秘密，于是把伏皇后废黜，幽禁在暴室，也就是宫廷里面的织染坊，宫廷嫔妃获罪的关押场所。过后不久，伏皇后就死了。

曹操以汉献帝的名义写了一封废后诏书："皇后伏寿，

以卑贱之身获得尊位，地位显贵，独占椒房，迄今已经二十四年了。她既没有周文王母亲太任、周文王王后太姒的美好，又缺乏谨慎立身安享尊荣的福分，却暗怀忌恨，包藏祸心，不配承受天命，侍奉祖宗。现在派御史大夫郗虑带着使节和诏令，收缴她的皇后印玺，退出中宫，迁居别处。呜呼哀哉，这是伏寿自作自受。没有被法办，这已经算她幸运了。"

曹操对于伏皇后的处置，可谓心狠手辣。伏皇后所生的两个儿子，全被毒死。兄弟和宗族亲戚，连坐的达到上百人。伏皇后的母亲等十九个人，被流放到涿郡。在当时，那里是国家的边疆，天寒地冻，野兽出没。

但是杀害伏皇后的过程，又被东吴的人编成了一个极富戏剧化的故事。说当时废黜伏皇后，郗虑是使臣，又派了尚书令华歆为副手，还带着兵进宫。伏皇后听到消息，吓得躲了起来，藏在自己寝宫的夹壁里。华歆派兵搜宫，把整个寝宫都砸烂了，捣开墙壁，把伏皇后揪了出来。

汉献帝当时和郗虑坐在前殿，等待华歆捉拿伏皇后。伏皇后披头散发，打着赤脚被华歆推搡经过，她扑过去抓住汉献帝的手，喊道："陛下难道不能够想办法让我活命吗？"

汉献帝幽幽说道："我也不知道自己能活到什么时候。"他回头看了一眼郗虑："郗公，天下有这样的事情吗？"

过程细致惨烈，让人不禁愤恨曹操与华歆的残暴与无礼。因为伏皇后的阴谋，捉拿和杀害她或许可以理解。但是当着汉献帝的面，以如此不体面的酷烈方式，令皇家脸面丧失，礼义廉耻全无。刘备当时刚刚拿下益州，听说了这件事，立刻为伏皇后发丧。

但如此生动的描摹，令人颇为生疑。曹操尽管此时已然决定给汉献帝一个严正的警告，但是自从汉献帝迁居许都，他从来礼敬有加，在汉献帝面前总是俯首称臣，极尽礼数。他俩都是聪明人，根本不需要以非礼的方式彼此相待。

而华歆这个人在曹营中从来都是一个有名的谦谦君子，以讲求礼义而著名。当时三个著名读书人，合称一龙：华歆为龙头，邴原为龙腹，管宁为龙尾。而华歆也始终自认汉臣，后来曹丕夺汉，他是少数几个敢于公开表示不满的人。曹操手下愿做脏活的人多的是，武将不说，文臣里像告密的路粹、忠诚的董昭，哪个不能？华歆起初臣服于孙策，后来在孙权手下改投曹操，大约东吴人想以此羞辱华歆吧。

但无论如何，伏皇后都算凄惨而死，这是一个事实。伏皇后的家族也是世族而非卑贱之家。她的祖上叫伏生，秦始皇焚书，他冒死把《尚书》藏在家里的夹壁之中，汉文帝的时候，天下唯有他握有《尚书》的书写本，其余都是口传。伏生传到伏皇后，一共十五代，直系亲属从此泯灭。与伏皇后同时被杀的有她的四个姐妹，据说合葬在许都的郊区，合称五女冢。

汉献帝领悟了曹操的信息，从此变得极其配合，不发一言。建安二十年（公元 215 年），他立曹操的次女曹节为皇后，另外两个女儿曹宪和曹华仍为贵人。当年九月，曹操征张鲁的时候，他把在外拜爵封侯的权力赋予曹操。建安二十一年（公元216年），进封曹操为魏王，同样做足了三让三进的戏码。建安二十二年（公元217年），让曹操设立天子旌旗，出入警跸[1]，可以戴皇帝专属的有十二根垂旒的皇冠，坐皇帝专用的、用六匹马拉的金根车。任命曹丕为太子。

至此，汉献帝把一切皇帝能有的待遇都给了曹操，在礼仪之上，已经没有什么差异，只差一个皇帝的名号而已。当然，曹操是在魏王国的范围之内享受皇帝待遇，外面仍是汉朝。

曹操为什么不干脆取而代之？或许是当年汉献帝逼着曹操写下了《述志令》，曹操囿于面子，已经不好改口；或许只是曹操一念之间的最后执着，不肯背负篡夺汉室的千古骂名；又或者，这算是曹操和汉献帝之间彼此遵守的一个诺言。但这对汉献帝而言已经没有任何意义了，他所有一切的幻梦都已经破灭：曹丕终将继承王位，获取曹操的一切待遇，而他的中兴梦想再也没有可能实现，他变成了一个真正意义上的傀儡。

建安十九年（公元214年）对于汉献帝是一个分水岭。他和曹操翻脸，曹操已经六十岁，命不久矣；曹丕成为副丞相，注定成为接班人；孙权和刘备逐渐壮大，曹操屡次讨伐

---

1　帝王出入时清道戒严。

毫无见效，统一已经不大可能。伏皇后之死是对他的致命一击，这意味着他与曹操的合作已经彻底破灭，他成为曹操手上的一枚棋子，甚至自身难保，不知骨埋何处。汉室覆亡的真正危机，就在一瞬之间。

他必须另寻出路。

*4.*

也就是从建安十九年（公元 214 年）开始，在曹操和汉献帝控制之下的北方，突然发生了多次神秘的叛乱。

建安年间，也并不是说北方在曹操治下一片太平。其间也有多次叛乱。像袁绍外甥高干，先降后叛，反复无常，无非就是要给自己争地盘。或者像青州东莱的海贼管承，作乱乡里，建安十一年（公元 206 年）为乐进所败，自己请降。还有一种，建安十七年（公元 212 年），苏伯和田银在河间起兵叛乱，为曹丕所平，不过是民间起事而已。

当时天下扰攘，战乱不停，而各个势力之间犬牙交错，彼此煽动，又加上黄巾军余党尚在，多有异动，所以叛乱虽然繁多，多数都是一战而平，而且越来越稀少。曹操荡平北方之后，所派出治理的官员多数历尽沧桑、辗转多处，见惯了民间的疾苦，富有经验、拥有手段、恩威有度，常常不多时就能让乡里与百姓复归平静。常年征战，用度繁巨，平常人家日子还是苦楚，税负也重。但在乱世之中，能得一片安宁之土，衣食饱足，已经是感恩戴德的了，谁还愿意无事生非？因此，除了扰扰攘攘的诸侯叛乱，将领变节，其他的一些零星异动，不值一提。

但是建安十九年（公元 214 年）后，却年年都有叛乱。这些叛乱都是直指许都与曹操，其中人物面目古怪，行为奇异，目标模糊，颇为神秘，令人费解。

建安二十一年（公元 216 年），曹操杀了琅琊王刘熙，废除了琅琊国，罪名是图谋过江投奔孙权。

刘熙是前琅琊王刘容的儿子。当年曹操起兵反董卓，曹嵩不肯跟随，带着曹操的弟弟曹德，避居琅琊国，就托庇在刘容治下。初平四年（公元 193 年），刘容派弟弟刘邈前往朝廷朝觐汉献帝，向皇帝盛赞曹操忠心汉室，令曹操十分感激。可当年刘容就过世，郡国被废除。曹嵩无路可走，只好去投奔曹操，路上被陶谦的人马所杀。

建安十一年（公元 206 年），在曹操的主持下，朝廷废除了八个郡国，却唯独恢复了琅琊国，并且把刘容的儿子刘熙复立为王。

只要汉室在，只要曹操在，刘熙的诸侯国就在。哪怕真的有一天天下换成曹家，刘熙因着父亲对曹家的恩情，也能够保得一世富贵无忧。他一个小小的诸侯王，无兵无将，应该也不会有什么替代曹操、争雄天下的野心。况且在琅琊国与江东之间，还隔着扬州的广阔地面，他为什么要过江？

除非，朝廷有人让他去与江东结交。

大概也在同一年，邺城发生了一起叛乱，一个名叫严才的人和部属几十人，攻打邺城宫城侧门掖门。当时曹操在铜雀台上。王修听说叛变，等不及车马，带着下属步行去平叛。曹操远远看见人来，说："来人一定是王修。"

这次叛乱语焉不详，但曹操当时就在邺城，目标自然是刺杀曹操。

到了建安二十三年（公元218年）正月，许都发生了一场惊天大叛乱。

叛乱的主谋有四个人，个个都是声名显赫的大人物。

金祎是京兆人，来自西汉的故都长安。他的祖上是汉武帝的忠臣金日磾，世代忠良。后来的罪状说他看见汉室倾危，曹家将要取代汉家，因而发奋维护汉室。当时曹操虽在邺城，但曹营在荆州和关羽的战争正如火如荼。所以曹操把丞相长史（丞相府秘书长）王必留在许都，拱卫首都安全。许都周边都是朝廷内境，已经相当安全了，犯不着派大将和大兵糜费不必要的资源。

金祎祖上金日磾本是匈奴王子，而他自己的行为做派也颇有胡风，王必很喜欢他，经常带在身边。

耿纪，当时官至少府，是掌管许都宫廷内部事务的重要官员。他的祖上是东汉的开国功臣耿弇，名列云台二十八将第四名。曾祖父耿秉，汉明帝时曾率军打破北匈奴，封为美阳侯。耿纪自己也从小就名声很好，连曹操都非常敬重，很早就把他征辟为丞相掾。

韦晃，当时官职是丞相司直，俸禄为两千石。按照官制，这是个直属皇帝的职位，虽然是丞相的下属，帮助丞相监察朝中官员，但同时也对皇帝负责，监察丞相本人。

吉本，当时是太医令，掌管宫廷医院。他的祖上似乎当过太守之职。

参与叛乱的还有吉本的两个儿子吉邈和吉穆。他们认为金祎很有祖先金日磾那种维护汉室、忠贞不贰的作风，平时又和王必关系良好，应该有机会成功，于是参与叛乱。


叛乱的过程非常具有戏剧性。吉邈和吉穆先带着家里的仆佣和临时凑集的一千多人，火烧王必的营门。而金祎早就在王必的营中埋伏了内应，想要射杀王必。但王必仅是肩上中箭，于是逃出军营，前往金祎家里寻求庇护。

他到金祎家门口叫门，金祎的家人却以为是吉邈得手了，就大声问话说："王长史已经死了吗？看来你们的事情要成功了！"

王必大吃一惊，这才知道原来是金祎和叛军勾结，要杀掉自己，于是忙不迭逃往其他地方。等到天亮，王必还在，于是军心安定，他会合了带兵在许都郊区负责屯田的典农中郎将严匡杀回营中。叛军原本就是乌合之众，哪里抵挡得了正规军的冲击，于是一哄而散，一天之内就被平定了。

所有叛乱的人全被逮捕并斩首。临刑之前，耿纪大声呼喊曹操的名字，说："我只恨自己没有主意，竟然被这些小孩子误了大事。"而韦晃则在那里死命磕头，扇自己的耳光，直到咽气。

王必受伤过重，挨了十多天，还是死了。曹操听说王必战死，怒不可遏，把汉廷的百官全部叫了过来，询问当天谁参与了为王必营垒救火，救火的人在左，没有救火的人在右。大家都以为救火的人应该是没有参与叛乱的，就纷纷站到左边。这却是曹操的计策。他认为，不救火的人其实只是不添乱，而那些救火的人才是假装的扑火者、实际的叛乱者，于是把左边的人全杀了。

耿纪原本是世族，许多族人都在朝中做官，冠盖如云。但是因为这次叛乱，被屠戮一空，耿家险些灭了种。

这个事件颇为蹊跷。参与叛乱的人，全都是内廷官员、皇帝近臣，和汉献帝关系非常密切，而曹操旗下的人都没有参与。按照后来叛乱者的招供，叛乱的目的是先杀了王必，然后"挟持"汉献帝号召勤王，攻打魏国，再向南连接刘备。可是就算拿下王必，宫廷守卫难道是死的？不也需要攻打皇宫才能"挟持"汉献帝吗？他们怎么会连这点打算都没有？应该同时攻打皇宫才对。向南连接刘备？他们几个都算不上曹营的重要人物，刘备凭什么理他们？除非，他们能够带着汉献帝的旨意，才能引起刘备的重视。

虽然没有什么证据，但汉献帝的影子，总是隐隐约约在背后。


这件事刚刚平息下去没多久，又发生了一起谋反案，案中人与事显得更加神秘。

建安二十四年（公元 219 年）九月，邺城发生了一起谋反案，案件的主角是魏相国西曹掾魏讽。而主理这件事的人是太子曹丕，牵连数千人。

在事后被牵连和诛杀的人背景也十分蹊跷。

魏讽是沛国人，曹操、曹丕的老乡。这个人在当时非常有名、口才一流、交友广阔，丞相以下的所有官员名士，都诚心想与他结交。因为名声很大，魏国的相国钟繇推荐他当了西曹掾。他是主谋。

参与谋反的人叫陈祎，长乐卫尉。他是许都的官，按照当时的官制，主要负责宫禁守卫，是两千石俸禄的官，非常显赫。

被牵连诛杀的人背景十分复杂，来自各种势力。刘伟是魏国黄门侍郎刘廙的弟弟。他们都是汉朝宗室，长沙定王之后。刘廙的哥哥刘望之被刘表所杀，全家逃亡北方投在曹操门下。刘伟很早就与魏讽有交往，但是刘廙警告他说："我看魏讽这个人不修养德行，而专喜欢和人勾勾搭搭，华而不实，这是一个搅乱世事以博取名声的人。你要小心，不要再和他有来往。"但是刘伟听不进去。

宋忠的儿子。宋忠在荆州的时候是刘琮的臣子，被派去告知刘备，刘琮已经投降曹操，差点被刘备所杀，后来跟着刘琮投奔了曹操。宋忠似乎并不是叛党，但事情搅得这么大，宋忠自然也就和儿子一起被斩首了。

张绣的儿子张泉。张绣投降曹操之后被封侯，张泉继承了他的爵位。曹操的大儿子曹昂和侄子曹安民征宛城时被张绣所杀，因此曹丕对于张绣十分愤怒，有几次在宴会上碰见张绣，都怒不可遏，指着张绣的鼻子骂说："你杀了我哥哥，还有什么面目见人！"

王粲的两个儿子。王粲是建安期间最知名的文人之一，山阳郡高平人，曾祖父和祖父是汉朝的太尉和司空。王粲在建安二十二年（公元217年）的时候，因为一场席卷北方的瘟疫，已经过世。

这件事牵连虽广，但是事后的处置却不算严苛。刘伟自然被杀，但是刘廙却被曹操放过。曹操说："以前晋国的时候，羊舌肸的弟弟羊舌虎犯罪被杀，他也只是被抓而并没有被杀掉。"法外开恩没有追究刘廙。

文钦是曹操大将文稷的儿子，谯县人，也是曹操家乡旧部。虽然没有参与谋反，但被人告发说他和魏讽关系密切，经常在一起说话，被捉拿下狱，鞭笞过百，后来也被赦免释放。

任览是曹操旧部将领任峻的儿子，河南中牟人，和魏讽交情很好。当时任览的同乡郑袤认为魏讽是一个奸雄，最后肯定会有危害，劝任览远离。不过任览也未受牵连。

最直接的关系人是钟繇，他被停职了。不过三个月以后，就恢复官位。另外一个当事人是杨俊，魏国的中尉，是魏王国首都邺城的最高军事长官，事后自己写信给曹丕认罪，被贬为平原太守。

这些谋反的人中，有曹操家乡沛国的老将，也有各方的投降人士，还有文人之子。谋反的罪名，是攻打魏国，诛杀曹操。

有些人猜测说，这起案件是曹丕做局，剪除异己。但这个名单里，真正与曹丕有仇的，只有张绣儿子张泉。钟繇是曹丕的嫡系，王粲和曹丕之间文墨来往频繁，本是好友。曹丕怎么会无中生有找他们开刀？如果真是做局杀人，应该要找对自己威胁最大的人。魏讽不过一个文吏，无职无权，找他来说军事政变，岂非太过奇怪？

案中却有两大疑点，似乎透露出一些秘密。谋反的时间是建安二十四年（公元 219 年）九月。这一年五月，刘备攻取了汉中，关羽北伐，围曹仁于樊城。到了八月，曹操派于禁率领七军驰援，当时连日大雨导致汉水暴涨，驻扎在低洼地带的于禁部队全军覆没，于禁投降，庞德被斩。许都以南，军民纷起响应，曹操甚至开始考虑迁都，以避其锋。

而曹操也早在前一年就离开邺城去增援夏侯渊，与刘备争夺汉中。这年五月，他已经撤兵回到长安，根本不在邺城。所以诛杀曹操从何而来？

魏讽如果在此时叛乱，显然是准备向南连接关羽，和刘备的势力相结合。而乱党之中，恰好有刘备的旧相识宋忠。他是刘备寄居荆州时候的老朋友。更有意思的事情是，关羽镇守荆州，为什么突然发动主动进攻，并且兵锋直指许都？

而另外一个疑点更加难以解释。长乐卫尉是许都宫廷的最高军事指挥官，他在这个时候为什么突然出现在邺城？魏讽叛乱失败的原因在于根本还没来得及发动政变，约定时间还没到的时候，长乐卫尉陈祎就怂了，主动向曹丕告发。

　　曹丕虽然也诛杀了数千人，但是其中涉案的曹营人物，几乎全部得到了包庇，没有深究。甚至，曹操知道了王粲的两个儿子都死于非命的时候，还叹息说："如果我在邺城，不会让王粲绝后。"如果真是曹营内部的人叛乱，曹操如何肯这样高高举起，轻轻放下？这与建安二十三年（公元218年）许都叛乱的大肆屠戮，完全不同。这大约是外人煽动的一次叛乱，曹操心知肚明，不肯自断臂膀。

　　这里的外人只有一个，长乐卫尉陈祎。陈祎突然出现在邺城，绝不可能是自己擅离职守前来造反，而是带有特殊使命。但他从许都而来，没有兵将，而是就地发动对曹操不满的人。而魏讽恰好在邺城交游广阔，深知邺城中各派势力的过往与历史，知道能够发动谁来举兵叛乱。

　　陈祎在许都，是守卫皇宫的最高军事指挥，自然是汉献帝的近臣。除了汉献帝之外，还有谁能让他远离许都，奔赴邺城？而曹操在事后，也没有杀害汉朝高官，对魏国官员全都放过，恰恰不正说明他深知这场叛乱的背景，却有难言之隐，并不能高调地进行大规模的搜捕与杀害？


　　建安二十一年（公元216年）刘熙被杀的时候，曹操正与江东交锋不断，刘熙准备过江投奔孙权；建安二十二年（公元217年）春天，孙权派人向曹操投降，江东臣服曹操。这年开始，刘备与曹操争夺汉中。建安二十三年（公元218年）的金祎、吉本叛乱，二十四年（公元219年）的魏讽叛乱，目标全都是南联刘备、解救许都，为首的都是汉献帝近臣。在此之前北方境内的所有叛乱，都不是以推翻曹操，而是拥兵自立作为目标。

建安十九年（公元214年）伏皇后死后，汉献帝只是像一个发诏机器一样，给曹操发放各种待遇，直至与自己平起平坐。他看上去像一个坐困愁城、颓废摆烂的无能君主。那个在少年时代敢于和郭汜、李傕翻脸，不顾性命危险东迁的果决君王去哪里了？那个在青年时期高坐许都，敢于让侍卫把戟架在曹操脖子之上，发诏怒责刘表僭越的英武皇帝去哪里了？难道因为久坐许都宫殿，所以髀肉横生，成了一个三十三岁、懦弱无能的中年木偶？那么他为什么会在建安十九年（公元214年）冲冠一怒，斥责曹操？

最后这些年，从诸侯国到许都，再到邺城的多次叛乱，背后影影绰绰都有汉献帝的身影在，难道不会是他准备奋力一搏，先找孙权，后联刘备，以期消灭曹操，捍卫大汉最后的倔强？

但一切都已经随风飘散，他一切的努力都无济于事。他依然坐困愁城，等待大汉最后的时光缓缓而至。

对于曹操来说，这一切岂非无奈？从中平六年（公元189年）他在陈留起兵反董卓开始，到建安十九年（公元214年）与汉献帝决裂，二十六年时间里，他付出所有的心血与力量，牺牲了自己的儿子、亲戚、朋友，一心一意想要恢复汉室河山，但一路以来，被怀疑、被猜忌，被追杀、被围剿，九死一生。到最后，汉献帝却说，他才是真的要挟持皇帝的人。

统一无望，周公做不成了，他的名声就是汉贼。而他也时日无多，还能怎么办？他要保全家人、朋友、部属，保全自己一生奋斗的成果，保全治下的黎民百姓，保全自己的名声，只有一个方法——让魏国永恒存在。那么当自己烟消云散，魏国的社稷、史书和子孙，能够为他正名，为他存留汉朝纯臣、天下救主的理想与名誉。

他救不了汉朝了，也救不了皇帝了，只能救自己。

建安二十四年（公元219年）七月，孙权派遣使者觐见曹操，并上书称臣，信中一方面说愿意讨伐关羽，以表效命，另一方面说汉祚已尽，天命在公。

曹操拿着孙权的书信给自己的臣下看，笑着说："这小子是想把我放到炉子上烤啊。"

陈群、桓阶、司马懿等马上上奏，说："汉朝到现在只有名号，一尺土、一个民，都不归汉室所有。运道已然耗尽，天命也早就终结，也不是今天才开始的。……所以孙权在远处称臣，这是天人感应，天下异口同声。……希望您也能够敬畏天命，不应推让。"

夏侯惇也对曹操说："天下人都知道汉朝气数已经完了，肯定要被取代。自古以来，能够为民除害，为百姓所拥戴的人，就是万民共主。殿下您从戎三十多年，对黎民百姓有恩德，是天下人的依靠。您应该应天命，顺民意，还有什么好怀疑的呢？"

曹操回答说:"'施于有政,是亦为政'[1],如果天命真的是在眷顾我,那么我就当周文王吧。"

周文王在商纣王麾下,逐渐扩大自己的版图势力,却到死都向商称臣,没有称王,死时正式的职位也不过是周伯,文王是他儿子追认的。而他的儿子周武王终于树起了消灭纣王的大旗,推翻商纣王,建立了周朝。

曹操一生的理想,都是做周公。周公旦是周武王的弟弟,武王死时托孤给他,要他辅佐自己的儿子周成王。而周公旦不但一手抚养教育了周成王,而且制定礼仪、立封建、开井田,成了万世垂范的宰相模范。周公旦如果想要夺取王位,是一件轻而易举的事情。但他并没有。

在赤壁之战后,曹操写过两首《短歌行》,其中一首,对于那些冒称维护汉室,实际包藏祸心,不过想要割据一方或僭越代汉的人,深恶痛绝。他一心想要的,就是"周公吐哺,天下归心。"

> 周西伯昌,怀此圣德。
>
> 三分天下,而有其二。
>
> 修奉贡献,臣节不坠。
>
> 崇侯谮之,是以拘系。
>
> 后见赦原,赐之斧钺,

---

[1] 出自《论语》,意思是如果一个人能够用孝友之道去影响政治的话,那么也算是参与政治了。

得使征伐，为仲尼所称。

达及德行，犹奉事殷，论叙其美。

齐桓之功，为霸之道。

九合诸侯，一匡天下。

一匡天下，不以兵车。

正而不谲，其德传称。

孔子所叹，并称夷吾，民受其恩。

赐与庙胙，命无下拜。

小白不敢尔，天威在颜咫尺。

晋文亦霸，躬奉天王。

受赐珪瓒，秬鬯彤弓。

卢弓矢千，虎贲三百人。

威服诸侯，师之所尊。

八方闻之，名亚齐桓。

河阳之会，诈称周王，是其名纷葩。

西伯姬昌，占据了天下三分之二的土地，依旧勤勉侍奉商朝、保守臣节，是被人诬陷，才会被抓起来，后来终于被赐予了征伐的权利，还在为商朝工作，连孔子都赞颂他的美名。齐桓公联合诸侯，匡扶天下，为人刚正，即便是天子赐予了他不下拜的待遇，他也不敢造次，认为天子的威严始终在自己面前。晋文公也称霸，奉养周王室，他的军队镇服了诸侯。但是在河阳会盟，他假称天子巡狩，把周王叫来出席，因此有损他的声誉。

作为匡扶天下的人，就应该敬重汉室、侍奉汉室、扶持汉室，而不应该仗着自己的功劳贬损皇帝。周公秉政的时候是全权在握的，而周成王把周公当成老师、父亲来看待，信任他，给予一切权力。等到周公旦制礼作乐、一切安定之后，才把权力都还给了周成王。这是世界上最完美的事情。

可是曹操得到了什么呢？责骂，轻贱，怀疑。满天下无一人不是如此。

他和汉献帝都是全天下顶顶聪明的人。但是他们没能像伊尹和太甲、周公和周成王那样有君臣之遇，彼此信赖和成就，成为万世楷模。他们的相遇，是各自的幸运，又是各自的不幸。

周公是做不成了。他应该很绝望。一切自己曾经深恶痛绝的事情，终于都降临到了他的头上。但是即便这一切都已经无可奈何，他也有最后的倔强。那就是他要学习周文王，秉持汉室的大旗和臣子的身份，一直到最后一刻。作为忠臣，作为纯臣，留在历史里。身后的事情，他不想管，也管不了。


建安二十四年（公元 219 年）冬天，他带兵回到洛阳。这是他起初入仕的地方。他下令重修洛阳北部尉的官衙，要修旧如旧。

在这座破落旧衙门面前的，是一个由曾经屠龙的少年变成的恶龙。掏空汉室，杀人如麻，背叛诺言和友谊。他马上就要六十六岁了，时日无多。戎马一生后，又回到了起点。然而，这个行将就木的老人，在最后的岁月中，迸发出来的竟然是儿时一般的促狭、轻佻和赤子之心。是这个世界误解了他，还是岁月的风尘将他重重包裹，使世人再也看不见在他那血腥与暴戾外表下，依然跳动的，济世报国的赤诚之心？

寒风四起，悲凉入骨。往昔如梦，泪下如雨。

终章

有智慧的人不追求财富，但他对光荣不会无动于衷。当他看到荣誉如此胡乱分配时，他那仅需一点鼓励即可活络与造福社会的德行也陷入颓丧，并在悲哀与遗忘中熄灭。

[法]卢梭《德行堕落与不平等的起源》

## 1.

建安二十四年（公元219年），卞夫人被立为魏国王后的时候，已经六十岁了，比曹操小五岁。四十年来，她跟着曹操一起，荣辱与共、休戚相关。

卞夫人身份低贱。她出身世代倡家，也就是歌姬俳优。二十岁的时候流落在谯县，抛头露面、卖唱谋生，被时为顿丘令的曹操纳为侍妾。

这个被当时的正妻丁夫人蔑视的姜室，却勇武果断，挽救了曹家一次濒临解体的危机。

那是在中平六年（公元189年），她三十岁的时候。董卓的军队刚刚入关，曹操决心不与董卓为伍，于是换了平民的衣服，逃出洛阳去招兵买马。袁术马上就散布谣言，说曹操已经死了。他在洛阳的府宅马上乱成一团，手下部属想各自逃生。

她挺身而出，告诫这些文臣武士说："曹君的生死吉凶还不能确定。你们今天逃走了，如果他没死，改天回来，你们还有什么面目见他？就算是祸事临头，一起死又能怎样呢？"部属们听她这么一说，都羞愧难当，于是留了下来。

那时她还只是一个妾，正妻是丁夫人。

曹操之前还有一个刘夫人，生了曹昂、曹铄和清河长公主，但红颜薄命，早早过世，留下的孩子由丁夫人抚养。

丁夫人视几个孩子如同己出，疼爱有加。但是建安二年（公元197年）曹昂被张绣所杀，丁夫人从此落下了病根，常常责骂曹操说："你害死了我的儿子，也从来都不想他。"丁夫人毫无节制的哭泣和埋怨，让曹操很是心烦，于是就把她打发回娘家，本想让她冷静冷静，再接她回来。丁夫人却已经无法重回一个失去了儿子的家庭。

曹操去接她。家人通报说："曹公来了。"她坐在那里织布，动也不动。

曹操抚摸着她的背说："和我一起坐车回去吗？"

丁夫人也不回答，也不回头。

曹操走出门外，逡巡半天，又回头，站在门口说："真的没有挽回的余地了吗？"

丁夫人一言不发。

曹操还站在门口说："我真的走了。"

丁夫人没有回头。

曹操始终还是不忍心丁夫人就这样空度余生。他嘱咐丁夫人娘家人把她再嫁出去，但是丁家却不敢，她只能空守闺阁直至老死。

卞夫人就这样成为正室。丁夫人之前是正室，又养着曹操的长子，心高气傲，很是看不上卞夫人母子。卞夫人转正之后，却对丁夫人关照有加，常常趁曹操外出的时候，派人送东西给她，也常常私下请她去曹府说话，而且总是把丁夫人摆在正室的位置上，而自己在下席作陪。

丁夫人谢罪说："我是一个被废外放的人，夫人怎么能一直对我如此客气。"丁夫人死的时候，卞夫人请求曹操把她葬在了许都的城南。

其实丁夫人多少有些使性子，曹操对于曹昂是始终不忘的。他生病自知不治的时候，还叹息说："我做人向来随心所欲，但是也不曾辜负过什么人。今天如果死了还有灵魂的话，曹昂看见我，问我母亲在哪里，我拿什么来回答他呀。"

素来厌恶曹操的江东人，编了一个编派曹操的段子说："曹操这个人，性格轻佻而没有威严，好音乐，常常让倡优陪伴自己，通宵达旦。身上穿的东西轻巧奢华，随身带一个小皮囊，用来装手巾等其他小物件。有时也会戴帢帽[1]去见宾客，和人谈话的时候肆无忌惮，嘲弄揶揄，无所隐瞒。一旦开心大笑，甚至把头都埋到杯盘中，吃的喝的都沾染在巾帻上，他也毫不在意。"这虽然是诋毁，与曹操的生活习性却也颇有一致之处。

说起来，曹操的性格的确非常直率而平易，而他与卞夫人在生活习性上有许多相合之处。他是一个极其喜欢音乐

---

1　当时的一种丝织便帽，戴之以显示其不拘小节。

的人，所谓登高必赋；也酷爱写诗，他的诗常常写出来就会作谱，是当时许多人都喜欢的"流行音乐"。卞夫人是倡优出身，想来两个人在家常常琴瑟和鸣，也不是什么稀奇的事情。

卞夫人和他一样，都是非常俭省的人。卞夫人的衣服，没有花纹绣样，她也不佩戴珠玉这些饰品。她自己的用具，涂的都是黑漆，而很少使用颜色。曹操曾经得到几块名贵的玉器，拿去让卞夫人挑选，她就选了中等档次的一块。曹操很奇怪，问她为什么。她回答说："如果拿了最好的，就显得自己很贪心；拿了最差的，大家就会觉得我很虚伪，所以拿了个中间的。"

曹操自己也是节俭成性，他的后宫不允许穿锦绣衣服，甚至限制侍者鞋的数量，不许有多种颜色。他宫里的帷幕屏风，坏了就修修补补，并不轻易换成新的。枕头被褥，都只不过用来御寒，简单朴实，没有绣花纹饰。

他也不是做做样子，而是以此来严格约束家人。在多年时间里，他断断续续写下许多《内戒令》，要求家人俭省。大意为：

　　我不喜欢装饰过度的箱子，所用的都是新旧皮掺杂的皮箱，用黄皮嵌做里子。碰上乱世了，没有皮子来做箱子，我就用方形的竹箱。用粗布裹在外面，我平时就用这些。

我的衣服被子都已经用了十年以上，每年都会拆洗缝补一下再用。

官吏和百姓，都会用刺绣装饰衣服鞋子，我常常告诫他们，丝质的鞋子不得用朱红、紫色、金黄等几种颜色来制作，因为会浪费材料。以前，我在江陵得到各种花色的丝鞋，就把它们给了家人，但我也和他们约定，要把这些鞋子都穿到坏了为止，不许再仿制。

以前天下刚刚安静下来的时候，我就禁止家里不得使用熏香。后来三个女儿都做了贵人，她们就有资格用熏香了，所以在家里也烧熏香。我不喜欢烧熏香，所以遗憾不能够按照我所要求的禁令来办。但是我现在重申禁止家里烧香，把香藏在衣服里、带在身上，也不可以。

在卞夫人的眼中，她的丈夫曹操大概真的是盖世英雄，天下奇男子。武能上马征战，荡平天下；文能挥毫作诗，奇绝当世。他当然不会像那些世族子弟一样，养尊处优，四体不勤。曹操的兴趣广泛，对民间万事，都是兴怀盎然。对于制造器械、发明兵器、建筑宫室、修缮屋宇，桩桩件件，常常亲力亲为。

建安元年（公元 196 年），汉献帝刚刚到达许都，他不仅进献了许多宫廷所需的器物，而且亲自挑选，在上表里把许多杂物的性状描写得极其详尽，显然都是自己用心挑选的："有御用的物品三十种，其中纯金香炉一枚，自带下方的托盘；贵人公主有纯银香炉四枚；皇太子有纯银香炉四枚，西园贵人铜香炉三十枚……"同时，他还教授汉献帝他家乡县令郭芝传授的九酝春酒酿酒法。

虽然节俭成性，曹操宫里多数情况下只允许出现一个肉菜，但是对于食材与食物，他却别有兴趣，曾经写下一个食谱叫《四时食制》，详细记录了天下各种鱼的出处和烹饪方法。

> 东海有大鱼像山那么大，长可以达到五六里，叫做鲸鲵，小的也有房子那么大。有时候会搁浅死在岸上，鱼膏流出来可以淌到九顷那么远。它的胡须长一丈，宽三尺，厚六寸，眼睛像三升的碗那么大。大的骨头可以用来做矛。

> 疏齿鱼的味道像猪肉，出产在北海。

曹操多才多艺，诗文就不用说了，书法造诣也非常高，擅于写章草。汉灵帝的时候，号称书法第一家的，名叫师宜官。传说师宜官常常不带钱出门喝酒，结账的时候，挥毫立就写下一墙字，让人付钱观赏。他的徒弟叫梁鹄，师宜官不肯教，于是梁鹄把师父灌醉，偷了信札来学习。

梁鹄后来投奔刘表。曹操拿下荆州的时候，悬赏招募梁鹄，他只好把自己绑起来去见曹操。但是曹操并不是要杀他，而是让他在秘书处任职，负责文字誊写。曹操常常把梁鹄的字挂在帐幕之中欣赏，乃至钉在墙上临摹，认为梁鹄水平已经超过了师宜官。后来梁鹄又被调到魏国邺城，宫殿所有题字，都出自梁鹄之手。

曹操营中的书法大家甚多，魏国的相国钟繇，就堪称古今一人，与后世的王羲之并称钟王。邯郸淳，更是书法百科全书式的存在。时人认为梁鹄第一，邯郸淳第二。

卞夫人出身贫贱，因此深知一个庶民在这乱世之中，生计艰难。她和曹操一样，深为体恤民生之艰。建安二十三年（公元218年），曹操发布《赡给灾民令》：

"去年冬天，天降瘟疫，民众有人口损失，而军队征战在外，垦田减少了不少，我很是忧虑。现在命令所有的官吏和百姓：女人七十以上如果没有丈夫和儿子，或者年龄十二以下没有父母和兄弟，以及那些眼睛看不见、手不能劳作、脚不能行走，又没有妻子、父母、兄弟遗留产业的，由官府发给粮食赡养终身。那些贫穷而不能养活自己的，按人头借贷口粮。家里有老人在九十岁以上要靠别人养活的，每家免除一个人的徭役。"

卞夫人也常有这样的切身之痛，所以有时候跟随军队外出，看见年龄大有白头发的，就会停下车驾，叫来嘘寒问暖，并送上布帛钱粮，流着泪说："只恨父母不给我尽孝的机会啊。"

与世家大族对门户与身份的讲究迥然不同，感激曹操的妻妾，不只有身世低贱的卞夫人，他的许多夫人恐怕都有这样的心情。曹操一生所纳妻妾十几个，其中竟然有好几人，都是寡妇或人妻。这与当时的世族做派真是大相径庭，故而当时儒生编派曹操，说他爱夺人之妻。

建安二年（公元197年），曹操征伐宛城，张绣投降，曹操就娶了张绣叔叔张济的寡妻。建安三年（公元198年）他又娶了何进的寡居儿媳妇尹氏。同年，他在徐州征伐吕布。吕布派部下秦宜禄去勾结袁术，袁术就把汉朝宗室的女子许配给了秦宜禄。秦宜禄怕自己不是渣男，就把老婆孩子丢在了下邳。曹操破城之后，就又娶了秦宜禄的妻子杜氏。

尹氏和杜氏其实都是"拖油瓶"，尹氏的孩子叫何晏，杜氏的孩子叫秦朗，小名阿苏。曹操和卞夫人把这两个孩子视同己出，和自己的孩子们同等待遇，并无分别。秦朗自小就非常谨慎，从来不做过分之举。但是何晏却胆大妄为，常常穿得和曹丕一样，因此曹丕非常厌恶他，在人前都不叫他名字，叫他"假子"。但曹操却非常疼爱这两位养子，出门经常把何晏带在身边，又对别人说："世界上有疼爱养子像我疼秦朗这样的吗？"

传说关羽曾经想和曹操抢夺杜氏。在攻城之前，就向曹操提出要娶杜氏，曹操答应了。可城破之前，关羽又对曹操说了好多次，让曹操预感杜氏可能是国色天香，亲自察看后，便把杜氏占为己有。这样的故事虽然香艳，不过只是孤证罢了。

曹操所娶的妻妾多数不是人妻，之前的丁夫人、刘夫人、卞夫人都是初嫁。当时习俗，再娶人妻，并不稀罕。三大枭雄，刘备所娶的刘璋兄弟刘瑁的寡妇吴氏，后来也成为皇后；孙权也娶陆尚的寡妻徐氏为妾。他们都不是世族出身，因而没有世族的那些规矩。

曹操一共有二十五个儿子、六个女儿，而其中早卒的曹冲，他最为痛惜。曹冲为人早熟，到六七岁的时候就已经有了成人一样的智力，妇孺皆知的曹冲称象的故事，就发生在他幼小的时候。但是就当时的人来说，广为传颂的却是曹冲的仁厚。有一位管仓库的小官，因为曹操的马鞍被老鼠咬坏，担心被问罪。曹冲知道了，就拿了一件衣服，用刀割裂，好像老鼠咬坏一样，装出一副很不开心的样子。曹操看见，问是怎么回事。曹冲就说，老鼠咬坏了，怕是不吉祥。曹操安慰道，这是民间乱说，不要相信。这时，仓库官跑去向曹操自首，曹操回应说，孩子的衣服就在身边还被老鼠咬坏，况且马鞍挂在柱子上，不是正常的吗？类似于这种，曹冲救下的有数十人之多。

曹操曾经和一些下属说过，希望将来能由曹冲继承。可惜建安十三年（公元 208 年），曹冲十三岁就因病亡故了。曹操每每说起曹冲，总是眼泪汪汪。曹丕去安慰父亲，曹操叹息说："这是我的不幸，却是你们的幸运啊。"

曹操的女儿，除了三个嫁给汉献帝之外，清河长公主嫁给了夏侯惇的儿子夏侯楙，安阳公主嫁给了荀彧的儿子荀恽，金乡公主嫁给了养子何晏。在后来曹家与世家大族的较量之中，她们全都命运多舛，遭逢不幸。

曹操的孩子中，早夭的不在少数，有七八个之多，其中也包括了卞夫人的小儿子曹熊。所幸，卞夫人的另外三个儿子——曹丕、曹彰和曹植，都得以长大成人，并且在历史上留下了赫赫声名。

曹操对于儿子们的期望并不相同，而是因材施教，各用所长。他曾经把孩子们都召集在一起，问他们的志向所在。曹彰早早显示出了粗而无文的迹象。他从小喜爱骑射，空手和猛虎搏斗，不怕危险。曹操也希望他能文武全才，警告他说："你不喜欢念书，追随圣人之道；只喜欢骑马击剑，这是匹夫之勇，没有什么值得提倡的。"但是曹彰却死活不爱读书，对下属说："大丈夫就应该像卫青、霍去病那样，带领十万铁骑，驰骋沙漠，驱逐戎狄，建功立业，怎么能去做博士呢？"

后来果然如他所愿，建安二十三年（公元218年），代郡乌桓族人作乱，曹操派曹彰为北中郎将，带兵平乱。曹彰先是固守城邑，等到敌军撤退时，出城追击，身先士卒，持弓射敌，应声而倒的前后连成一片。他身上的铠甲也中了几箭，斗志却更加昂扬，一直追击到距离代郡卫所两百里远的地方。

曹彰手下的幕僚将领，都觉得已经追得太远，加之军令规定，不能超出代郡管辖范围，纷纷萌生退意。曹彰说："率领部队出征，只要看是否有利战果，跟军令限制有什么关系？而且胡人逃得还不是很远，追上他们一定能够大败敌军。遵从限令，放跑敌人，不是好将领。"

他下达军令说，不听从命令掉队的人斩首。于是在其后两天一夜的时间，追赶逃敌，杀死和生擒了数百个敌人。战后，他以平时两倍的数量，赏赐有功的将士。在旁观战的鲜卑首领轲比能看见曹彰如此英勇善战，于是臣服了。

曹操让曹彰到长安汇报战况，经过邺城时，曹丕对曹彰说："你刚刚有功，现在向西去见父王，不要过于夸耀自己，要像平时那样多说自己的不足。"

曹彰听从哥哥的话，向曹操汇报时，把功劳都归给手下将领，曹操大喜，揪着曹彰的胡须说："我的黄须儿竟然如此令我惊叹啊。"曹彰的胡子是黄色的，所以曹操喜欢叫他黄须儿。

但因只喜欢打仗，曹彰早早退出了继承权的竞争。

## 2.

卞夫人最大的不幸，是亲眼看见两个亲生儿子，陷入夺嫡的争斗。

在曹操之子中，曹昂是老大，建安二年（公元197年）就已经过世。而他最喜欢的曹冲，也在建安十三年（公元208年）病逝。这一年，最大的儿子曹丕二十二岁；曹彰二十岁，只喜欢好勇斗狠；曹植十七岁。

建安十六年（公元211年），曹丕被任命为五官中郎将，作为副丞相出现。而这一年，曹植也被封为平原侯。按照这一年的形势来看，曹操大约已经确定了接班的人选为曹丕。

　　曹丕和曹植的性格有很大差异，小时候还看不出，越长大区别就越明显。曹丕为人严谨、心思深沉，与世家大族及其子弟过往甚密，深受他们的影响；而曹植这个人却性情简单、易于亲近，不太讲究树立威望，车马鞍具、衣服用度从来节俭，不讲究色彩华丽，和曹操性格很是相像。曹操起了犹疑之心，总感觉曹植和自己更像一些，由此产生立曹植为嫡的心思。

　　建安十九年（公元 214 年），曹植改迁为临菑侯。曹操出征孙权的时候，让曹植留守邺城，并留话给他说："我当顿丘令的时候是二十三岁，回忆当时的所作所为，到今天也没有后悔。今年你也二十三岁了，能不自我勉励吗？"

　　曹丕和曹植虽然都有定国安邦的壮志，但是为人处事大不一样。当曹操心生动摇之后，群臣之中自然就有了分野，于是两人各自有了自己的党羽，基本上也都是世家大族。曹植继承父亲性格中更加放荡不羁的部分，并且有过之而无不及。

　　从荆州来的名士邯郸淳，是曹丕和曹植都在争夺的人，曹操做主给了曹植。

　　曹植初见邯郸淳的时候，正是夏天炎热之际，他请邯郸淳就座，却也不和他说话。叫随从打来井水，就地洗澡。擦干之后擦爽身粉，也不穿衣服不戴帽，摇着头，就开始跳胡舞、椎锻，玩跳丸、击剑，又背诵俳优的各种戏曲几千句。等这些游戏都玩完了，笑着问邯郸淳："邯郸先生觉得怎么样？"

这才慢慢穿上衣服、整肃仪容，和邯郸淳天南地北聊起来，话题从盘古开天辟地说起，谈及万物生灵区别；然后评论三皇五帝以来圣贤、名臣、烈士的优劣之差；背诵古今文章辞赋；再谈政事用人孰先孰后，用兵摆阵如何出奇。一直到晚上烤肉喝酒，宴席之上的人只能默默听讲，没有人能和他辩论高下。

邯郸淳晚上回到家里，和人说起曹植的文韬武略、游戏为人，感叹之至，惊为天人。但是曹植天性外露，难以遵循世家大族的规则。曹操派河间名士邢颙去担任他的家丞，邢颙数度和曹植起冲突。他劝谏曹植遵守礼法，不可越矩，却被曹植疏远。连建安七子之一的刘桢也看不下去，写信劝谏曹植和邢颙和好，但邢颙始终未被曹植接纳，他被迫投奔了曹丕。

曹丕却不太一样。少年人的性情当然是贪玩成性，曹丕也一样。建安十年（公元 205 年），曹丕才十八岁，曹操北征并州高干的时候，曹丕和崔琰留守邺城。曹丕改穿猎装，偷偷出城打猎。崔琰写信劝谏他，语气十分严厉：

"世子应该做的是遵循正道大路，谨慎端正自己的行为，思考经营国家的策略，对内以近世的教训为戒，对外弘扬高远的气节。您要深刻认知自己作为储君的责任，把身体当成宝物善加珍重。您却不顾身份，随意穿上士兵的服装外出打猎，驱马奔驰、身临险境，一心只想着捕获野鸡、兔子这样的微小娱乐，忘记了社稷江山的重大责任。这只能让有识之士为您感到揪心。希望您烧掉盛放弓箭的匣子，扔掉骑马狩猎的衣装，以满足众人的期望，不要让老臣得罪上苍。"

曹丕看到了信，马上回信说："昨天收到您苦心教诲，教给我高尚的道理。您希望我烧掉箭匣、扔掉猎衣，现在匣毁掉了，猎衣也已经扔掉了。如果我以后还有这样不成才的行为，请您再给我教诲。"

曹丕果真从此以后收束玩兴，勤勉于政事。

在曹丕担任五官中郎将的时候，北海名士邴原被任命为五官将长史。他曾多次和另外一位名士张范，陪曹丕留守邺城。曹丕身边的世族名士，都受到礼遇和重视。

曹丕在与曹植争雄的时候，也曾跑去问贾诩，应该如何自处。贾诩回答说："希望将军能够尊崇德行，宽大胸怀，就像一个普通的士人一样去追求事业，每天早晚孜孜不倦于政事，不违背作为人子之道，如此而已。"

贾诩的告诫，其实再明白不过。如果一门心思夺嫡，苦心钻研，显然会荒废政事。而像一个普通士人一样去工作，像一个普通儿子那样孝敬父母，那么就能垂范天下，收获人心。这才是一个优秀太子的样子。曹操能看到，众人也能看到，所获支持自然也就能建立起来。曹丕内心一下就明白了贾诩的意思，于是勤勉于政道，不再有刻意争夺太子之位的举动。

　　曹植的确曾经有过良机，主要有丁仪、丁廙兄弟俩暗中运作。兄弟两个都是曹操少时好友丁冲的儿子。丁仪因为个人恩怨，与曹丕有私仇。丁仪一只眼睛瞎了，当初曹操想把清河长公主嫁给他，却被曹丕搅黄了，因此对曹丕怀恨在心。

　　丁廙的话深深打动了曹操。他说："临菑侯天性仁孝，都是发自自然。……天下的雄才君子，不管老少，都愿意跟他交往，为他而死，这是上天给大魏种下的福分，可以永远享受这福祉啊。"

　　这个时候，曹操的求贤三令都已经颁发。他对于世家大族的愤恨，已到达顶点。丁廙的意思，实际上暗指天下的人才，都倾心于性情随和的曹植，而不是严谨守礼的曹丕。曹操回答说："曹植，我很爱他。真希望他能像你说的那样。我想要立他做太子，你觉得怎么样？"

　　丁廙回答："这是国家之所以兴衰、天下之所以存亡的根本，不是我这样愚昧的人敢于随便评论的。但是我听说，知臣莫若君，知子莫若父。如果做君主的人不论明暗，做父亲的人不问贤愚，那么如何能够了解臣子和儿子？君臣父子相知，并不是一朝一夕，凭借一事一物，就能作出判断的。您又是盖世英雄，熟知自己的儿子。相信您已经有了自己的判断。您的决定只在瞬间，但是影响却绵延万世。我本来不应该说这些话，这是要杀头的罪过。但既然您问了我，就得知无不言。"

　　丁廙的话是一种暗示。曹丕已经是副丞相，法定继承人了。但是曹操是否足够了解曹丕，又是否足够了解曹植？没有经过详细考察，就确定了曹丕，是不是一个草率的决定？

曹操非常认同丁廙的论说。

但曹操显然心有顾虑。尽管曹植也颇有些服膺他的党羽，但多数是资历尚浅的年轻一代，包括丁仪、丁廙、邯郸淳这些人；而在曹丕身边的，却是崔琰、贾诩、毛玠、邢颙、张范、陈群、司马懿这些颇具影响力的世家大族和跟随他长期征战的谋士名臣。

为了保险起见，他要试探这些老臣子的意思，于是秘密发出信件，询问他们对于废立的态度。

邢颙回答说："以庶子代替嫡长的事情，以前各朝各代都已经有了深刻的教训，希望殿下您能够慎重考虑。"

毛玠也秘密回信说："哪怕按照最近的教训来考察，袁绍因为嫡庶不分，导致了宗族覆灭，国家消亡。废立这种大事，真不是我们应该听到的啊。"

而崔琰几乎是代表整个世族在发话。他也不管曹操是秘密询问，直接将整件事情摊到台面上，以露版作答（公开回信）的方式回答说："我听说春秋的大义，立太子要以长子为先。加上五官中郎将仁孝聪明，应该继承大统。崔琰即便死，也要守卫这个原则。"

曹操和贾诩谈事时，把左右的侍者都屏退出去，问贾诩对于立嗣的意见。贾诩沉默不言。

曹操奇怪，问："我在和你说这么重要的事情，你却不回答，为什么？"

贾诩说："我刚好想事情入神，所以没有马上回答。"

曹操问："想什么？"

贾诩说："在想袁绍、刘表父子。"

曹操大笑，却已经下定决心。

邢颙和毛玠的态度尽管坚决，但说的事例是老生常谈，对曹操没有什么影响。这些利弊，他早就已经知道。他想要试探的是，以曹植这样的心性，加上他所交往的圈子，如果被立为王储的话，这些老臣到底会怎么想，怎么做。

崔琰是个谨守礼义的人，他的态度基本上能够代表世家大族，就是以死守之。也就是说，如果曹操一意孤行，那么，崔琰的家族和他所代表的世家大族不会支持曹植。而曹操一旦死去，这些世家大族将会如何行动，就不是曹操所能决定的了。如果到时曹植立足未稳，那么魏国的基业都会动摇。

而贾诩是个最聪明的人。他的沉默和提供的案例，给曹操留下充足的思考空间。曹操的确可以因为曹植性情像自己，而强行改立。可当年袁绍也是因为喜欢袁尚，让他替代了袁谭。结果怎样？是袁氏家族底下的世家大族分裂为两派，本土世族与外来世族之间疯狂争斗，导致了袁家颠覆。

而刘表的案例更加清晰。刘琮得到的支持来自世家大族，像蒯越、韩嵩；而刘琦得到的是新生力量，像诸葛亮。最终决定刘家命运的却是世家大族，他们不但赶走了刘琦，而且立即投奔了代表朝廷的曹操。

贾诩并没有正面回答曹操，因为他的意思根本不是支持谁的问题，而是指出了一个致命的要点：世族到底站在哪一边。

汉朝四百年以来的世族，从来都是谨守春秋大义的，而无论是西汉前期的今文学者，还是后来兴起的古文学者，以《春秋公羊传》作为原本，还是以《春秋左氏传》作为原本，都认定一件事：立嫡以长不以贤，立子以贵不以长。曹丕和曹植，都出自正室卞夫人，没有贵贱之分，而曹丕现在是长子。动了这个规矩，也就动摇了世族的道德根本，世族绝对不会承认曹植。

曹操尽管从建安十五年（公元 210 年）开始就已经发布了各种求贤令，但是天下重要势力，都掌握在世族的手里，如果没有世族的支持，曹家岌岌可危。崔琰的露版作答，不是做给曹操看的，是做给天下世族看的，如果曹操要动摇世族的道德根基，那么大家都要"以死守之"。而贾诩的沉默和故作高深，其实是在警告曹操，天下立足不稳，不要与世族为敌。

这是曹操无法逃避的悖论。他想要重塑天下，但是给他的时间却并不充分，他还来不及改变天下的权力结构。曹植也许能够继承他的心志，但是如果连曹植自己都无法立足，谈什么改变？曹丕虽然与世族关系亲近，无从根本了解父亲内心所愿，但他能够守住魏国江山；自己的声名和事业，由此得以稳固。

就在这个关键的时刻，曹植接连犯下大忌。

曹植的妻子是崔琰的侄女。曹操登台巡视，却看见曹植的妻子身穿锦绣。他大怒，因为这违背了宫中不得穿锦绣的命令。于是赐她回家自尽。

曹植才高气傲，虽然文韬武略，却对自己缺乏约束。有一次在洛阳喝得酩酊大醉，半夜乘车奔跑在旧皇宫的驰道上，开了司马门，呼啸而出，一直游玩到金门。司马门和金门，都属于宫禁大门，除了王者与皇帝，所有人进出，都必须下车步行。

曹操大怒，把负责门卫的公车令连坐处死，连下两道命令，斥责曹植。

一道说给大臣听的："起初，我说子建（曹植的字）是我所有儿子中最能商量大事的人。可是，自从成为临菑侯的他，私自从宫中进出，竟然一路从司马门到金门大开其道，现在让我以不同的眼光来看待这个孩子了！"

另外一道说给诸侯属吏听的："各位诸侯属下的长史和官吏，你们知道我外出时常常带着诸侯同行的原因吗？自从子建私自打开司马门以来，我都已经不敢相信诸侯了。我就怕在我刚好外出的时候，他们又到处乱跑，所以要管束他们的行动。不要让他们以为，我会把谁当成心腹之人！"

然后，他写了封信给曹彰，说："我现在告知子文（曹彰的字），你们个个都封侯了。只有子桓（曹丕的字）不封，而一早就担任了五官中郎将，早就是太子了，你们应该知道的呀。"

曹操给曹彰的信，显然是对自己立储犹豫不决的一次找补。但他对于曹植几个错误的处理，未免太重。其实，曹植的这些错误虽然的确需要处理，但都属于家事，根本无需大张旗鼓宣扬出来。但是通过给曹植定论，等于向天下宣示，曹植已经失去了曹操的宠爱。曹丕立为太子之后，曹植再也不能够依仗曹操的宠爱，挑战曹丕的位置。

也就因此，他公示了立曹丕为魏国太子的命令。


曹丕实在压抑得太久了，立太子的消息一出来，他高兴地抱着辛毗的脖子说："辛先生知道我有多开心吗？"

辛毗回家，告诉女儿辛宪英，她摇着头说："太子是替代君主未来管理宗庙社稷的人。替代君主，意味着君主即将逝去，难道不应该感到悲伤吗？从此管理宗庙社稷，难道不应该感到恐惧吗？应该悲伤的时候，却感到开心，这怎么能长久呢？魏国怎么能昌盛啊。"

和辛宪英一样反应平淡的，是卞夫人。当时阖府上下的人都来祝贺，说："五官中郎将拜为太子，天下之人欢喜异常，王后应该把府藏的金银宝贝拿出来赏赐给大家吧。"但是卞夫人只是淡淡说道："魏王只不过因为曹丕年纪比较大，才立他为嗣而已。没有因为没教导好他而承担过错，我就很侥幸了，没有什么值得高兴的。哪值得因此重赏大家呢？"

曹操赞扬卞夫人说："发怒没有改变容态，欢喜没有失去节制，这是最难的事情啊。"

对于卞夫人来说，如果没有夺嫡发生，也许她能心安理得享受欢喜。但是夺嫡既已发生，那么未来曹丕的种种疑虑和恐惧，会随之而来。她的孩子们，难免命悬一线。袁绍的儿子相互攻杀，刘表的儿子刘琦奔走四方，都是最近的事情。而当年刘邦作为开国之君，亲生儿子几乎折损殆尽，都是血淋淋的历史。她怎么能不深感忧虑？

而后来的历史证明，她淡然背后所隐藏的忧虑，全都变成了事实。曹彰在曹丕登基四年之后被毒杀，曹植被多次贬谪，差点连爵位都保不住。

曹操终于选了一个并不深谙自己，性情也相去甚远的儿子。他已经无法保证，这些年以来与世族的争斗能够换得曹丕未来的延续。曹丕已经完全被世家大族及其子弟包围了，他只能自己动手，来消减他们的影响力。

建安二十一年（公元 216 年），在崔琰露版作答之后不久，他杀了这位清河崔氏的领袖。建安二十四年（公元 219年），在他离生命末端不久，又杀了弘农杨氏的领袖杨修。

或许，曹丕并非不明白父亲的心中所想，只是无法认同。他出生的时候，曹操已经是名满天下的英雄了，他目睹父亲在荀彧、荀攸、崔琰这些世家大族的协助下，由弱小到强大的过程。他亲身参与了剿灭袁绍遗留势力的邺城之战，也随着曹操大军南下，征服荆州。曹操的帐下，什么时候缺少过世家大族的勠力协助？

先后辅导过他的几位"老师"，包括崔琰、邴原、邢颙，也都是饱学之士，为人正派、影响巨大。他本人其实和曹植一样，都酷好文学；平生交友，王粲、陈琳、刘桢等建安七子，也都是世族子弟。他也喜欢杨修，少年老成，谦恭博学。在那个时代，只有世家子弟才有足够多的时间和金钱，投身经史文论之中。平常人家，在各地战火之下，但求苟全性命，一日温饱，哪有余裕饱读诗书？

他父亲一生饱受身份之累，凭借杀伐果断、兼容并包，才在那个乱世之中拼杀出来，对于世家大族由爱生恨，越爱越恨。但是这样的身份危机从来没有降临到他的头上。像许攸那样不长眼睛的怪物，像娄圭那种恃才傲物的狂生，都眨眼之间被父亲碾灭，他哪里会感受到什么身份歧视？

他从一出生就成为世族的一个部分了。他父亲确实没有篡位的念头，但越是如此，他越要保住世子的位置。如果不成为世族，还有什么机会？自从曹昂过世，他就成了长子，明确了自己的地位。早在建安十年（公元205年），崔琰已经以培养太子的心态在培养、教导他。也只有世族，才会顽固谨守嫡长子制度，他想要继承大位，除了依靠世族，还能依靠谁？

他和父亲所处位置不同，时代不同，感受不同。他非但没有体验到世族的威胁，反而感受到了宗亲的压迫：曹植的争夺，何晏的僭越，清河长公主丈夫夏侯楙的违悖。事实上，他必须紧紧依靠自己的老师、朋友这些世族力量，才能抵挡住宗亲势力一波又一波的冲击。他不仅没有消灭世族的念头，反而有着深刻的与世族联盟的动力。

曹操其实对曹植也并没有把握，所以他并不坚决。曹植固然和自己性情相近一些，但是他身边也都围绕着世族子弟，只是他们的力量羽翼未丰而已。而且，曹植毕竟行为过于放荡，并不像自己这样是从尸山血海中爬出来的，不会像自己这样杀伐果决，也并不会像自己那样对世族虚伪的道德和制度，深恶痛绝。大概只有他自己知道，革除掉世族的种种特权，才能重塑天下，创造新世界。

无论是曹丕还是曹植，都被世族子弟们丰富的辞藻、华丽的说辞和引经据典的炫技给迷惑了，所以他们俩的文字都大同小异，辞章华彩，情感细腻，思虑深远。而曹操自己所做的诗文，总是忧患重重、悲凉风生，仰察天道、俯视疾苦，从来没有一句空泛的议论，全都是扑出心胸的热望。

但这一切都不重要了。他已油尽灯枯，大限将至。他征战一生，杀伐一生，悲歌一生，一直到建安二十四年（公元219 年）的冬天。离最后时限，也才不到一百天。

但是卞夫人，这个时候的卞王后，却还有十年的光景。她虽然与曹操一样，深知寒族与庶民在汉家天下的无望与挣扎，但她无能为力。她眼睁睁看着在曹丕的时代里，世家大族日益坐大，直至攫取天下大权，成为曹家的心腹大患，拥有了能够颠覆丈夫一生事业的能量。但她连亲生儿子，都无力保全。

那样的时代中，一众男子尚且在血海中漂浮，旦夕难保，她一个后宫女子能做什么呢？她的果敢勇决，在曹操的护佑之下，尚能有所作为；但作为太后，她的余生不过空自打发时间，以母仪天下的表演，勉力维持皇家的尊严。

她在孙子曹叡当政的太和四年（公元230年）安然去世，享年七十岁。两年之后，她钟爱的儿子曹植，在多次向哥哥曹丕、侄子曹叡祈求出仕无果之后，郁郁而终。


3.


建安二十五年（公元220年）正月，六十六岁的曹操写下最后的文字《遗令》，大意为：


我半夜醒来，觉得身体小有不佳，天亮的时候喝了些粥，出了汗，又喝了些当归汤。

我在军中执法严厉，那是对的。至于有时会有小愤怒，有时也会有大过失，都不应该仿效。

天下还没有安定，所以不要盲目遵从古制。我有头痛病，所以很早就戴了头巾。我死之后，穿的礼服应该就像平时一样，不要遗忘了。百官中如果需要到宫中举哀，以礼节哭丧，十五声就可以了。下葬结束，就脱掉丧服。那些在外面带兵、屯戍边境的，都不得离开自己的驻所。各个职能部门，都安定在各自的职位上。

入殓的时候，就穿平时的衣服，埋葬在邺城西边的山岗上，和西门豹祠靠近，不要在棺椁里放金器、玉器、珠宝这些奢侈物品。

我的婢妾和乐工都很辛苦，就让她们住在铜雀台上，好好对待她们。在铜雀台的正堂之上，放置一张六尺的床，挂上灵幔，早晚供奉肉干、干饭等各类祭品。每个月的初一、十五，从早上到中午，就向着灵幔的方向演奏歌舞。你们这些兄弟姐妹，要经常到铜雀台上来，看看我在西陵的墓田。

我遗留下来的香料，可以分给各位夫人，不要用这些东西来祭祀。各房的人如果没有事做，可以学着做点鞋子、丝绸带子去卖钱。我历年做官所得到的绶带，都在我的库房里。我遗留下来的衣物，可以放到别的仓库里去。如果不行的话，你们兄弟几个就把它们分掉吧。

# 尾声

曹操在洛阳去世的时候，曹丕正留守邺城。听到噩耗，他终日啼哭不止。按照礼制，册封新王，要等到皇帝的诏书。尚书陈矫说："王上在外亡故，天下惶惶不可终日。太子应该停止悲伤，立即承继大统，以符合远近的官吏民众的期望。现在王上另有爱子曹彰在洛阳，万一生变，那么社稷就危险了。"

当下在邺城的官吏，立刻就把继位的礼仪用度全部置办完毕。第二天，以卞王后命令的方式，曹丕登上王位。

汉献帝的诏书姗姗来迟，再一次声情并茂："我得以垂拱而治，依赖倚重他已经二十多年了。老天不愿遗留给我一位元老，而只护佑我一个人。他过早去世，令我哀悼痛惜。……现在外面还有遗留的敌人，远方的蛮族还未归附，军队的旗鼓还在边境，刀剑还没到时候卸刃，现在正是你发扬宏愿、恢宏壮烈、立功留名的时候。"


建安二十五年（公元 220 年）正月，曹丕改汉献帝年号为延康元年，延续安康的意思。

哪怕到了这个时候，汉献帝对于曹丕未必完全没了幻想。他们之间的年岁差别并不很大，曹丕刚刚继位，立足未稳。而在魏国之外，孙权和刘备都虎视眈眈。虽然孙权称臣，但那不过是一个有名无实的假象。曹丕要收服魏国文武的人心，平息不安定的边境，也要继续征伐孙刘。天下未靖，保留汉室，对他来说依然有保护色的作用。

但一切显然已经太迟。不仅是曹家要改换门庭，连天下世族都已迫不及待。

汉朝末期成长起来的一代世族元老，已经凋亡殆尽。他们要么是像袁绍、刘表那样的军阀，要么是像荀彧、孔融那样的朝臣，要么是像张昭、许靖那样服务于吴蜀。在过去的三十年时间里，战争与朝争如同镰刀一样，把这一代人几乎全数收割，只剩下杨彪等少数人也都垂垂老矣，无能为力。

中生代与新生代世族，像崔琰和杨修，也被曹操屠戮殆尽，省了曹丕许多手脚。

新一代的世族子弟，例如陈群、司马懿等人，所见已是乱世，对于汉朝没有情感束缚，都在曹操的军营与朝廷中成长。他们所依附的，从来都是曹家天下。他们并不愿意在一个有名无实的皇帝底下去争取功名。并且，这些年来，世族的权力格局已经变更，在曹操手下，许多地方世族已经成长为全国性的世族，需要重新划分地盘、分割职位。这一切，只需要曹家来话事，而不再需要汉献帝这个橡皮图章。

从八月份开始，各地纷纷报出祥瑞，就好像当年禅让王莽时的情形。十一月开始，魏国大臣挨个上表劝进，从陈群、陈矫、司马懿，到汉朝的宗室包括刘廙、刘晔等，一直到老世族如华歆、辛毗、王朗等，几乎所有无论在汉室或魏国的人，都纷纷陈情劝进，汉祚已终，魏室当兴。

汉献帝平静地接受了这一切。作为汉朝的末代皇帝，他已经做了一切自己能做的事。虽然汉室在自己的手上终结，但是起源并不在他，他以幼冲之年被董卓推到这个台上，却既无兵威，也无权柄。他终其一生，逃亡、发奋、周旋，恢复礼制、发动政变，以仁孝聪睿之心，得末世君主之运。他只能感叹命运乖蹇，这一生竟然同时遇见了曹操、刘备和孙权三个才智绝伦的枭雄。他也无愧于汉朝四百年来的列祖列宗了。

他简单地写下了自己的禅让诏书："我在位三十二年，遭遇天下的动荡倾覆，幸亏依赖祖宗的灵性，在危难之中继续前行。但是我抬头瞻望天象，低头俯察民心，赤帝刘邦的命数已经散亡，而行使天命的权限已归曹氏。因此前面的魏王已经建立了神武的功绩，而现在的魏王又能发扬光明的德行。人应当遵从时代的召唤，这是非常明确的。大道之行，天下为公。因为要选择贤明的和有才能的人治理国家，尧能够不私藏权力于自身，而让位给舜，所以他的英名流传于无穷的时间。我非常羡慕他，因此要追随尧的足迹，禅让给魏王。"

汉献帝恐怕是非常真诚的。曹丕表演了三让的传统剧情，但汉献帝竟然四次下诏给他。当月就完成了所有手续，建筑高台举行了禅让仪式。这一年，改了三个年号，从建安二十五年改延康元年，又改成黄初元年。曹丕把汉献帝刘协分封为山阳公，给了他一万户的食邑，并允许他在自己的地盘里仍然称帝，上书可以不称臣。

最初的传闻是曹丕把汉献帝给杀了，篡夺了皇位。刘备在成都听说了这个事情，为汉献帝发丧。诸葛亮等群臣劝进。他们沿用建安年号到二十六年，刘备称帝，国号为汉，改元为章武元年（公元221年）。刘备随后发动攻打孙权的战争，为关羽报仇，但是被陆逊打败。章武三年（公元223年），曹操死后三年，刘备病逝白帝城。刘备比曹操小六岁，死的时候六十三岁。

曹丕当了七年的皇帝，就病逝了，死的时候才四十岁。孙权一直对魏国称臣，在曹丕去世三年之后，才称帝，国号为吴，改元黄龙元年（公元229年）。孙权比曹操小二十八岁，在曹操死后三十二年才死去，寿终七十一岁，当时已经是吴国的神凤元年（公元252年）。

汉献帝，或者山阳公，在魏国无病无灾活到了魏明帝青龙二年（公元234年），在曹操死后十四年去世，享年五十四岁。魏明帝亲自到山阳国哭灵，并以汉天子之礼，将他埋葬在禅陵。

在曹操帐下即便不算小字辈，也不过地方世族的司马懿，在魏文帝曹丕的关照之下，成为魏国最有权势的人之一。他和曹真的儿子曹爽一起，被曹丕的儿子魏明帝曹叡托孤，却被曹爽打压、孤立乃至幽禁。

在曹操手下，他就已经学会了忍字功，装了三年病，在曹爽派人去刺探的时候甚至口水流了一袖子。他却在曹爽祭奠魏明帝的时候，在洛阳发动政变，诛了曹爽三族，圈禁了所有曹氏宗族。曹操的后代，也如同汉献帝一样，有名无实。司马懿和儿子司马师、司马昭一起，控制了曹魏的所有权力，实现了"三马同槽"。但是也像曹操一样，他终其一生，没有篡位，而是把这个机会留给了后代。司马懿比曹操小二十四岁，在曹操死后三十一年，即嘉平三年（公元251年）去世，死的时候七十三岁。

司马昭的儿子司马炎学了曹丕，让魏元帝禅让给自己，定国号为晋，史称西晋。曹操的事业彻底覆亡。

曹操一生追求三大功业：成为周公第二；荡平天下，一统汉室；拔擢寒素，破除世家独霸天下的世界。

但是他的三大功业，无一成功，并且几乎都与他所预想的方向背道而驰。

周公之后，天下再没有出现过第二人。而每一个以周公作为理想的人，最后都成为万世唾骂的奸臣。王莽是这样，曹操是这样，司马懿的孙子司马炎也是……后来南北朝像走马灯一样的禅让，都是以周公之名进行的。

似乎也只有曹操一个人，真心想成为周公。但没有人认为他是，千百年来，他始终是"托名汉相，其实汉贼"的典型。一旦有人谋朝篡位，就会用他来举例子。

> 王濬楼船下益州，金陵王气黯然收。
> 千寻铁锁沉江底，一片降幡出石头。

这是唐朝诗人刘禹锡写三国归晋最后一战的诗。太康元年（公元280年），晋武帝司马炎六路大军进攻吴国，一统天下。汉室留下来的烂摊子，从董卓进京（公元189年）开始，到这时经过了九十一年几乎年年血腥攻伐的日子，终于重归一姓。虽然时间短暂，并且几乎没多久就开启了另外一个更加血腥的乱世，但毕竟实现过天下归一。这个时候离曹操去世，也已经过去了六十年时间。

王莽篡汉理由是汉德已终。他没有破灭世族天下的格局。倒是世族觉得被王莽骗了，他搞的那套东西，华而不实，没有什么鬼用。所以世族改为支持刘秀。东汉就是在世族豪强的支持下建立的。

但曹操不一样，他想要打破汉朝世族的格局，然而统一志向不能成功，在于他终究没能在汉室的旗帜下，把天下世族的力量重新组织起来。他过于把自己的理想当一回事了，于是割据政权之下的世族，在他那里看不到前途，纷纷效力于自己的主子。刘晔在曹操进攻汉中的时候看得清楚，需要休养生息，需要让世族在汉室的旗帜下归于一统。但是曹操不肯。

司马家族虽然统一了，但他们根本看不到这些。司马家族只是简单的篡位者，见曹家势力衰弱了，乘势夺权而已。症结却还在这里，他们把朝廷的权力都给了世族，却无力也无能把世族的势力做一个令人心服口服的重新分配。世族权力分赃不均，于是南方的归南方，北方的归北方。胡人一闹，晋朝也就散架了。世族各自霸着地盘，谁也没法说服谁，统一就不可能实现。

所以分裂的局面，从公元317年西晋崩溃开始，又一路行进到东晋和南北朝，一直到公元589年隋朝重新统一天下，其间又历时二百七十二年。

曹操理想最大的破灭，是冀望对世族制度的更改。他是寒族出身，他切身的体会，是自己出身于宦官人家。他一生所奋斗的一切，始终被身份所累，被家族历史所累；而他的性格与爱憎，与世族全然不同。

他用人不分贵贱。世族也用，平民也用，倡家也用。他为人轻率直爽，爱则如同至宝，恨则如同寇仇。他提笔写诗，下马唱歌。武动八方，文盖当世。他视道德规则如粪土，却又谨守人臣的本分。

世族则不同。从春秋以来，经过周公和孔子的制礼作乐，经过汉武帝、汉宣帝、汉明帝一系列明君的制度改良，儒生文臣已经形成了一套行之有效的社会制度。那就是君为天授，臣为世袭。偶有命运安排，个别穷困人家因为皇帝的青睐而跻身显贵,世族也能忍受。但要彻底推翻这个制度,却是人人得而诛之。

曹操的时代,还远远没到世族衰败的阶段。但他实实在在让世族看到了被颠覆的风险。曹操这样的寒族,竟然拥一地之众,可涤荡天下,使世族引颈就戮。通过一纸政令,不分贵贱、不分家世,让出身低微或贫寒之人切入政权、掌握中枢,褫夺本来仅仅属于世族的世袭领地。

曹操太超前于时代了。他是一个异数。他想要做的,是一个千年巨变的事情。他看到的不只是个人问题,而且是千年传承的制度。他以一己之力,六十六年寿数的短暂时间,根本无助于这么一个庞大命题的改写。

很少有人愿意承认曹操胸怀大志,这些世族,以及深受世族文化影响的后来人,那些心怀君主和礼义廉耻的人,常常把曹操看成有篡夺之心的奸臣贼子。

唐朝诗人白居易曾有名句:

周公恐惧流言日,王莽谦恭未篡时。
向使当初身便死,一生真伪复谁知。

周公旦被武王托孤之后,他的另外几个兄弟管叔、蔡叔到处散播谣言,说周公要独揽大权,取成王而代之。周公恐惧,避祸封地。

而王莽在还没有篡位之前,是整个社会,从官吏到民间

的道德偶像。只有到他真正篡位的时候，众人才从迷梦中醒
过来。

如果周公在谣言盛传的时候死去，或者王莽在还没来得
及篡位的时候死去，那么谁会知道他们真正的忠奸？

可是曹操早已有篡位的能力，而且当时有一大半的臣子
已经在劝进了。可是他到死都不肯取汉献帝而代之。无论在
语言上，还是在行动上，他始终不肯篡位。

但是没有人相信他不篡位。即便他没有，也把篡位的
机会留给了他儿子。人们都这么说。忠奸之辨，真的有标
准吗？


但是无所谓。曹操所有的事业与理想，全然毁灭了。最
先背叛他的，是他的儿子曹丕。

曹丕在世族的包围中长大，受的是世族的教育，用的
是世族的臣子，读的是世族的文字。他的心，始终与世族同
进退。

建安二十五年（公元 220 年），也即曹操死的那一年。
陈群制定九品官人法，堵塞了朝廷中一切寒族与平民上升的
道路。起于微末的人，除了造反之外，几乎全无出路。西晋
及其后的朝代与皇权，都必须在世族的鼻息之下婉转求欢，
才能得以延续。而世族中人，对于皇家动辄行废立之事，极
为寻常。


曹操诛戮的几个大家族，从来没有消亡，反而越加根深

蒂固，势力庞大。

孔融的家族是圣人之家，当不当官无所谓，至圣先贤的家族从来不需要证明自己，从来都是朝廷必须修缮孔庙，追踪后人。

崔琰死后，堂弟崔林替代了他在魏国的位置，一直做到司空。崔家在西晋、东晋都声名显赫，官宦无数。一直到北魏时期，名臣崔浩也是崔氏后人。崔家在唐朝依然是显赫门第，被称为"阀阅第一姓"，历唐朝之世，共有十三位宰相。

至于颍川荀氏，荀彧死后，儿子荀恽继承了他的爵位。而荀氏子弟终魏晋之世，都有三公之职。家族一直延续到南朝，因为参与政治过深，许多子弟遭到屠戮，终于衰亡，不再成为望族。

曹操兴起之时，琅琊王氏就已经避祸庐江，因此躲过了曹操毒手。曹丕起用了已经年老的王祥，王祥官至太尉。司马家族得手之后，继续重用王家。晋之时，王家成为显贵豪门，王敦、王导成为朝廷栋梁。史称"王与马，共天下"。王家的故事，一直延续到唐朝。

北朝时期，从北魏分裂出来的北齐、北周，把世族模式移植到了军事领域，建立关陇军事集团。其中一支，就是杨家。

这就是最为吊诡的弘农杨氏。在有汉一代，弘农杨氏都具有不可动摇的地位。四世三公，家门喧嚣。杨彪之后却逐渐衰微，至北魏之后已不可考。但是，天下冒充弘农杨氏的大人物数不胜数，难辨真伪。

　　到了南北朝末年，北周出了个权臣杨坚，自称是弘农杨氏杨震的后人，也就是和杨彪、杨修同出一源。但是他列出的族谱漏洞百出，殊不可信。杨家曾被鲜卑赐姓"普六茹"，发迹之后才改回汉姓。不过，杨坚的妻子独孤伽罗，虽然父亲独孤信是鲜卑人，母亲却是真正的世族——清河崔氏后人。

　　公元581年，杨坚又是通过禅让，篡夺了北周皇帝的位置，定名为隋，随后统一全国，打开了隋唐盛世的大门。

　　这位仿冒的弘农杨氏后人，却做了一件曹操真正想做的事。他在登临大位的开皇七年（公元587年），采用分科考试的方法录取民间人才，彻底取代九品官人法。自此，凡是读书之人，都可以不问门第、自由取士，此法名为科举。

　　世族之门，至此才真正被徐徐阖上。世族之家，至唐衰之后，渐不可闻。阀阅门第，湮灭于尘烟之中。

　　这时，距离曹操离世，已经过了三百六十七年。

# 致谢

这本书能够得以成形，首先应该感谢的，当然是《三国志》。我所使用的，是上海古籍出版社出版的、晋代陈寿著、南朝宋代裴松之注、民国卢弼集解的版本。这套八卷本《三国志》我来来回回翻了几十遍，每翻一遍，都感觉像在读一本新书，会有新的资料和思路跳脱出来。

陈寅恪先生说："陈承祚著三国志，下笔严谨。"这是历来有公论的。但是他太惜墨如金，所以有许多的细节，还需要用裴松之注来补足。而卢弼的这部《三国志》集解，则犹如一部关于三国的百科全书，从历史事件、人物、职官、地理、天文、野史、传闻，无所不包，如同宝山。所以古人所谓皓首穷经，真正地能读通一部书，已是幸甚。

而我尤其要感谢的是方诗铭先生。他的作品《论三国人物》是我最重要的参考书之一。我在书中采用了他许多独到的见解，比如关于吕布和孙坚的出身、刘备的为人、丹杨兵的作用、关羽的结局等等。我因此而常常感慨前辈学人的功力与智识，只怕是当今多数学者难望项背的。哪怕今天的数据与图书馆技术已经有了巨大的进步，但是对于历史事实的触类旁通，对于史料的掌握，对于历史变迁的精到见解，远远难以企及他们所能达到的高度。

易中天先生在百家讲坛上的演讲《易中天品三国》，也是我反反复复听过多遍的作品。易先生对于曹操与世族之间关系的论述，对我有着巨大的启示。我也是在了解了易先生的观点之后，才在这个议题上有了充足的信心，从而进入深度挖掘。后来我看见陈寅恪先生的论断，也是万分欣喜，对于自己的见解，有了坚定的信念。姜鹏先生在百家讲坛上所讨论的汉献帝，也给予我对曹操和汉献帝的关系以颇多启示。

除了《三国志》，我也参考了许多的三国史，包括张作耀先生的《曹操评传》《孙权传》，朱永嘉先生的《论曹操》，澳大利亚张磊夫先生的《国之枭雄》，日本堀敏一先生的《曹操》，陈舜臣先生的《曹操残梦》，金性尧先生的《三国谈心录》，戴燕先生的《三国志讲义》，田晓菲女士的《赤壁之戟》，吕思勉先生的《三国史话》，日本宫崎市定先生的《九品官人法研究》等几十部作品。无法一一列出，心存感激。


丝绒陨自告奋勇的"监工"角色，为这本书成为现实出力不少。我很放心地把对这本书的评判交到他的手里。他作为一个退役的图书编辑所成就的不凡销售，以及作为一个现役的诗人对于书籍的品质鉴赏和市场判断，令我十分信赖。

对于赫哲先生和申强先生的感谢，必须延长到几年以前。当我谈起在中国希望推行非虚构写作的时候，他们的支持是我得以前进的动力。而在此之后，他们给我的持续激励和鞭策，也是这本书能够推进的重要理由。我很惭愧经过这么多年之后，才能够提供给他们一个微小的样本。但我的确希望，这是一个起点。

还必须感谢"前辈"张明扬。几年前，我们在一个四川餐馆里打了个赌，看看谁能先写作出符合市场口味的历史书。这是这本书最早的起源之一。但是在那之后，他以每年一本的速度，成为这个大众历史市场的新秀，而我还在慢悠悠地磨着刀。我承认难以望其项背，但我总算稍有交代了。

写作过程与出版过程中提供帮助的人有许多，天扬和严清名义是我们的酒肉朋友，但是他们的见识与信任，是我始终保持对人性信心的重要来源。他们对我的写作不做评点，却总是关怀我的进程。有时候朋友无须言说，他们的存在，就是力量的源泉。

我想用这本书来缅怀我的母亲。她只读到了小学三年级，我以往所有的写作，她都无从读懂。但曹操是她熟悉的人物，如果她看到，不知道会不会也拿起来翻一翻？这个答案我永远无从得知了。2022 年，她的离去是我人生迄今最大的打击，我知道我再也不是同一个人了。她给了我生命，而她的离去，给了我生命另外一重面貌。我从来没有停止过想念她，我残余的一生都会时时在想念她的悲痛中度过。

最后，也是最重要的，这本书当然要献给我的妻子唐跳跳。一个人一生中可能会有那么几个诤友，如果这个诤友是与你朝夕相处的家人，这种感觉非常奇妙。我知道她喜欢我的文字，我也知道她对我的文字十分挑剔。我每次自我放纵的挥洒，最终都逃不过她尖锐的评判。我当然非常感激她温暖的陪伴，以及对我依旧形同江湖浪子般放肆生活的宽容。我最感激的，是她出现在我的身边。只要有她在，生活就永远是值得的。在这本书编辑的过程中，她正在孕育一个新的生命。这使我将同时迎接两个"新生儿"：我生物学上的孩子和精神上的孩子。无论是哪一个，我的妻子，都是我生命中的缪斯，精神上的支柱。